·200多个税务筹划方案　·400多个税务筹划法律文件

税务筹划实务与案例

—— 一本书看透企业税务筹划

翟继光　王珺 ◎ 编著

税务筹划的"宝典"

本书对各个税种、生产经营的各个阶段以及主要产业所涉及的税务筹划都进行了详尽的介绍

本书的税务筹划方案全部是真实的经典案例，可参考学习并直接应用到实际工作中

本书参考的法律法规的发布时间截至2023年10月31日，合法节税，无限接近但不可逾越

图书在版编目（CIP）数据

税务筹划实务与案例：一本书看透企业税务筹划／翟继光，王珺编著．—上海：立信会计出版社，2023.10

ISBN 978-7-5429-7450-1

Ⅰ.①税… Ⅱ.①翟… ②王… Ⅲ.①企业管理—税收筹划—案例—中国 Ⅳ.① F279.23 ② F812.423

中国国家版本馆 CIP 数据核字（2023）第 193593 号

责任编辑　毕芸芸

税务筹划实务与案例——一本书看透企业税务筹划
SHUIWU CHOUHUA SHIWU YU ANLI——YIBENSHU KANTOU QIYE SHUIWU CHOUHUA

出版发行	立信会计出版社		
地　　址	上海市中山西路 2230 号	邮政编码	200235
电　　话	（021）64411389	传　　真	（021）64411325
网　　址	www.lixinaph.com	电子邮箱	lixinaph2019@126.com
网上书店	http://lixin.jd.com		http://lxkjcbs.tmall.com
经　　销	各地新华书店		
印　　刷	北京鑫海金澳胶印有限公司		
开　　本	787 毫米 ×1092 毫米　1/16		
印　　张	30		
字　　数	693 千字		
版　　次	2023 年 10 月第 1 版		
印　　次	2023 年 10 月第 1 次		
书　　号	ISBN 978-7-5429-7450-1/F		
定　　价	96.00 元		

如有印订差错，请与本社联系调换

前言

税务筹划是在法律允许的范围内，或者至少在法律不禁止的范围内，纳税人通过对生产经营活动的一些调整和安排，最大限度地减轻自身税收负担的行为。税务筹划是纳税人的一项基本权利，是国家应当鼓励的行为。可以说，税收是对纳税人财产权的一种合法剥夺，纳税人必然会采取各种方法予以应对，税务筹划是纳税人的一种合法应对手段，而偷税、抗税、逃税等则属于非法应对手段。既然纳税人有这种需求，与其让纳税人采取非法的应对手段，不如引导纳税人采取合法的应对手段。

税务筹划不仅对纳税人有利，对国家也是有利的。纳税人有了合法的减轻税负的手段，就不会采取或者较少采取非法手段减轻税负，这对国家是有利的。税务筹划的基本手段是充分运用国家出台的各项税收优惠政策。国家出台税收优惠政策正是为了让纳税人从事该政策所鼓励的行为，如果纳税人不进行税务筹划，对国家的税收优惠政策视而不见，那么，国家出台税收优惠政策就达不到其预先设定的目标了。可见，税务筹划是国家顺利推进税收优惠政策必不可少的条件。税务筹划也会利用税法的漏洞，通过避税等手段获取一些国家本来不想让纳税人获得的利益，表面看来，这种税务筹划对国家不利，但实际不然。纳税人的种种税务筹划方案暴露了国家税法的漏洞，这本身就是对国家税收立法的完善所做出的重要贡献，如果纳税人不进行税务筹划，怎么能凸显出税法漏洞呢？税法的漏洞不凸显出来，如何能够通过税收立法来完善相关的法律制度呢？发达国家的税务筹划非常普遍，其税法也非常完善和庞杂，两者有没有必然的联系呢？我们认为是有的，正因为其税务筹划比较普遍，税法的各种漏洞暴露无遗，国家才能制定各种应对税务筹划的方案，从而完善税法制度。税法制度的完善又使得纳税人减轻自身的税收负担比较困难而必须由专业人士为其进行税务筹划，由此推动了税务筹划作为一门产业的兴旺和发达。

我国还有很多人对税务筹划存在错误的认识，包括纳税人和税务机关的工作人员。其实，税务筹划是构建和谐的税收征纳关系所必不可少的润滑剂。当然，我们一直强调税务筹划是在法律允许的范围内的活动，有些人以税务筹划为幌子，进行税收违法行为，这是真正的税务筹划专业人士所反对的，也是法律不允许的。专家进行税务筹划靠的是专家对税法的理解，靠的是专家的智慧，而不是靠非法的手段。

本书由翟继光教授和王珺律师联合编写。本书与一般的税务筹划书籍相比具有如下特点：

第一，全面系统。本书全面系统地介绍了税务筹划的实践操作问题，特别是对税务筹划所涉及的各个税种、各种生产经营阶段以及主要产业都进行了详细的阐述和介绍。

第二，实用性强。本书的税务筹划方案全部是从现实生活中来的，而且可以直接应用到现实生活中去，具有非常强的实用性。

第三，简洁明了。本书的税务筹划重在方法的阐述和操作步骤的介绍，不深究相应的理论基础，主要的方法均通过典型的案例予以讲解，让纳税人一看就懂。

第四，合法权威。本书介绍的税务筹划方案完全是在法律允许的范围内进行的，纳税人按照本书介绍的方法进行税务筹划，不会涉及违反法律规定的问题，更不会涉及违法犯罪问题。

前　言

本书列举了近 200 个税务筹划方案以及近 400 个税务筹划法律文件，可谓纳税人进行税务筹划的"宝典"。本书适宜作为广大企事业单位和高净值人士进行纳税筹划的工具书，也适宜作为广大高等院校法律、税务、财务、会计、企业管理等相关专业的参考教材。本书参考的法律法规的截止时间为 2023 年 9 月 30 日。虽然作者进行了大量的调研，搜集了大量的资料，研读了大量的法律文件和相关论著，但书中仍难免有疏漏之处，恳请广大读者和学界专家批评指正，以便再版时予以修正。联系邮箱：zhaijiguang2008@sina.com。

作者

2023 年 10 月 8 日

目录

第一章 企业设立阶段税务筹划 ········ 001

第一节 选择企业组织形式 ········ 001
第二节 选择投资国家扶持产业、地区和项目 ········ 006
第三节 利用税收优惠政策进行投资 ········ 025

第二章 企业经营阶段税务筹划 ········ 034

第一节 利用小微企业及加计扣除税收优惠 ········ 034
第二节 利用加速折旧和亏损结转税收政策 ········ 042
第三节 利用公益捐赠和费用转化 ········ 050
第四节 利用企业所得税与印花税税务政策 ········ 060

第三章 企业融资阶段税务筹划 ········ 072

第一节 利用利息抵税效应 ········ 072
第二节 利用职工与关联方融资 ········ 082

第三节　将融资转换为其他方式 ··· 086

第四章　企业重组改制阶段税务筹划 ······································· 090

第一节　企业利润转移中的税务筹划 ·· 090
第二节　企业债务重组与清算中的税务筹划 ···································· 094
第三节　企业收购中的税务筹划 ·· 097
第四节　企业合并分立中的税务筹划 ·· 101

第五章　企业跨国经营阶段税务筹划 ······································· 115

第一节　境外企业境内投资的税务筹划 ··· 115
第二节　境内企业境外投资的税务筹划 ··· 120
第三节　利用税收协定优惠 ··· 128

第六章　个人综合所得税务筹划 ··· 131

第一节　利用综合所得扣除项目 ·· 131
第二节　利用涉外人员税收优惠 ·· 140
第三节　利用综合所得税收优惠 ·· 144
第四节　劳务报酬所得税务筹划 ·· 154
第五节　稿酬与特许权使用费所得税务筹划 ···································· 158

第七章　个人经营所得与其他所得税务筹划 ······························ 161

第一节　经营所得税务筹划 ··· 161
第二节　财产转让所得税务筹划 ·· 166
第三节　股息所得税务筹划 ··· 177
第四节　财产租赁所得税务筹划 ·· 181

第八章 企业经营中增值税税务筹划 183

第一节 增值税纳税人身份的税务筹划 183
第二节 增值税核算方式的税务筹划 188
第三节 利用增值税优惠政策 194

第九章 企业营改增税务筹划 205

第一节 选择小规模纳税人身份 205
第二节 选择简易计税方法 207
第三节 利用房产转让增值税优惠 215
第四节 利用增值税免税优惠 220
第五节 利用增值税其他政策 228

第十章 企业经营中消费税税务筹划 234

第一节 利用消费税征税范围及计税依据 234
第二节 利用消费税征税环节及核算方法 240
第三节 利用消费税的其他制度 244

第十一章 房地产领域税务筹划 249

第一节 利用土地增值税优惠 249
第二节 土地增值税核算中的税务筹划 252
第三节 企业重组与土地增值税清算中的税务筹划 255
第四节 房产税税务筹划 259
第五节 契税税务筹划 264

第十二章 公司股权架构税务筹划

第一节 非货币性资产投资税务筹划 ·· 268
第二节 股权转让税务筹划 ·· 270

第十三章 主要税收优惠政策指引

第一节 加计扣除税收优惠政策指引 ·· 276
第二节 组合式税费支持政策指引 ·· 288
第三节 支持绿色发展税费优惠政策指引 ·································· 316
第四节 稳外贸、稳外资税收政策指引 ····································· 352
第五节 支持小微企业和个体工商户发展税费优惠政策指引 ········· 387
第六节 支持乡村振兴税费优惠政策指引 ·································· 399

第一章

企业设立阶段税务筹划

第一节 选择企业组织形式

一、法人型企业与非法人型企业的选择

 税务筹划问题

赵女士原计划创办一家有限责任公司,预计该公司年度利润总额为400万元,无纳税调整事项,公司的税后利润全部分配给股东。

该公司需要缴纳企业所得税100万元(400×25%),税后利润为300万元(400－100)。如果税后利润全部分配,赵女士需要缴纳个人所得税60万元(300×20%),获得税后利润200万元(300－100)。赵女士综合税负为40%[(100＋60)÷400×100%]。

请对此提出税务筹划方案。

 税务筹划思路

根据现行的个人所得税和企业所得税政策,个体工商户、个人独资企业和合伙企业等非法人型企业不征收企业所得税,仅对投资者个人征收个人所得税。2019年1月1日后,经营所得适用的个人所得税税率如表1-1所示。公司需要缴纳25%的企业所得税,自然人投资者从公司获得股息时还需要缴纳20%的个人所得税。由于个人投资公司需要缴纳两次所得税,因此,对于个人投资者准备设立不享受税收优惠的企业而言,最好设立个体工商户、个人独资企业或者合伙企业,而设立公司的税收负担比较重。需要注意的是,由于小型微利企业可以享受诸多税收优惠,对于规模较小的企业而言,设立公司的税负可能更轻。

表 1-1 个人所得税税率表（经营所得适用）

级数	全年应纳税所得额	税率	速算扣除数
1	不超过 30 000 元的	5%	0
2	超过 30 000 元至 90 000 元的部分	10%	1 500
3	超过 90 000 元至 300 000 元的部分	20%	10 500
4	超过 300 000 元至 500 000 元的部分	30%	40 500
5	超过 500 000 元的部分	35%	65 500

 税务筹划方案

赵女士可以考虑设立个人独资企业，该企业本身不需要缴纳企业所得税，赵女士需要缴纳个人所得税 133.45 万元（400×35%－6.55），税后利润为 266.55 万元（400－133.45）。

赵女士综合税负为 33.36%（133.45÷400×100%）。通过税务筹划，赵女士的综合税负下降了 6.64%。

税务筹划依据

（1）《中华人民共和国企业所得税法》（2007 年 3 月 16 日第十届全国人民代表大会第五次会议通过，根据 2017 年 2 月 24 日第十二届全国人民代表大会常务委员会第二十六次会议《关于修改〈中华人民共和国企业所得税法〉的决定》第一次修正，根据 2018 年 12 月 29 日第十三届全国人民代表大会常务委员会第七次会议《关于修改〈中华人民共和国电力法〉等四部法律的决定》第二次修正，下同）。

（2）《中华人民共和国企业所得税法实施条例》（2007 年 12 月 6 日中华人民共和国国务院令第 512 号公布，根据 2019 年 4 月 23 日《国务院关于修改部分行政法规的决定》修订，下同）。

（3）《中华人民共和国个人所得税法》（1980 年 9 月 10 日第五届全国人民代表大会第三次会议通过，根据 1993 年 10 月 31 日第八届全国人民代表大会常务委员会第四次会议《关于修改〈中华人民共和国个人所得税法〉的决定》第一次修正，根据 1999 年 8 月 30 日第九届全国人民代表大会常务委员会第十一次会议《关于修改〈中华人民共和国个人所得税法〉的决定》第二次修正，根据 2005 年 10 月 27 日第十届全国人民代表大会常务委员会第十八次会议《关于修改〈中华人民共和国个人所得税法〉的决定》第三次修正，根据 2007 年 6 月 29 日第十届全国人民代表大会常务委员会第二十八次会议《关于修改〈中华人民共和国个人所得税法〉的决定》第四次修正，根据 2007 年 12 月 29 日第十届全国人民代表大会常务委员会第三十一次会议《关于修改〈中华人民共和国个人所得税法〉的决定》第五次修正，根据 2011 年 6 月 30 日第十一届全国人民代表大会常务委员会第二十一次会议《关于修改〈中华人民共和国个人所得税法〉的决定》第六次修正，根据 2018 年 8 月 31 日第十三届全国人民代表大会常务委员会第五次会议《关于修改〈中华人民共和国个人所得税法〉的决定》第七次修正,下同)。

(4)《中华人民共和国个人所得税法实施条例》(1994年1月28日中华人民共和国国务院令第142号发布,根据2005年12月19日《国务院关于修改〈中华人民共和国个人所得税法实施条例〉的决定》第一次修订,根据2008年2月18日《国务院关于修改〈中华人民共和国个人所得税法实施条例〉的决定》第二次修订,根据2011年7月19日《国务院关于修改〈中华人民共和国个人所得税法实施条例〉的决定》第三次修订,2018年12月18日中华人民共和国国务院令第707号第四次修订自2019年1月1日起施行,下同)。

二、子公司与分公司的选择

 税务筹划问题

总部位于上海的甲公司准备在北京和南京各设立一家分支机构,原计划设立两家全资子公司——A公司和B公司。

预计A公司前四个年度的应纳税所得额分别为－1 000万元、－500万元、1 000万元和2 000万元。A公司前四年缴纳企业所得税分别为0、0、0和375万元。

预计B公司前四个年度连续亏损,合计亏损2 000万元,四年后解散。B公司不需要缴纳企业所得税。

请对此提出税务筹划方案。

 税务筹划思路

企业设立分支机构主要有两种组织形式:一是分公司,二是子公司。两种不同的组织形式在所得税处理方式上是不同的。分公司不具有独立的法人资格,不能独立承担民事责任,在法律上与总公司被视为同一主体。因此,在纳税方面,也是同总公司作为一个纳税主体,其成本、费用、损失和收入并入总公司共同纳税。而子公司具有独立的法人资格,可以独立承担民事责任,在法律上与母公司被视为两个主体。因此,在纳税方面,也是同母公司相分离,作为一个独立的纳税主体承担纳税义务,其成本、费用、损失和收入全部独立核算,独立缴纳企业所得税和其他各项税收。

两种组织形式在法律地位上的不同导致两种分支机构在税收方面各有利弊,分公司由于可以和总公司合并纳税,因此,分公司的损失可以抵消总公司的所得,从而降低公司整体的应纳税所得额,子公司则不具有这种优势。但子公司可以享受法律以及当地政府所规定的各种税收优惠政策,如减免企业所得税等。因此,企业如何选择分支机构的形式需要综合考虑分支机构的盈利能力,尽量在分支机构亏损期间采取分公司形式,而在分支机构盈利期间采取子公司的形式。

一般来讲,分支机构在设立初期需要大量投资,多数处于亏损状态,而经过一段时间的发展以后则一般处于盈利状态,因此,一般在设立分支机构初期采取分公司形式,而在分支机构盈利以后转而采取子公司的形式,当然,这仅是一般情况,并不是绝对的。在某些情况下,企业本身所适用的税率与准备设立的分支机构所适用的税率不同时,企业对其分支机构选择分公司还是子公司的形式差别很大,一般来讲,如果本企业所适用的税率高于分支机构所适用的税率,则选择子公司形式比较有利,反之,则选择分公司的形式比较有利。

 税务筹划方案

建议将 A 公司设立为分公司,由于分公司和全资子公司的盈利能力大体相当,可以认为 A 公司形式的变化不会影响 A 公司的盈利能力。因此,A 公司在前两个年度将分别亏损 1 000 万元和 500 万元,上述亏损可以弥补总公司的应纳税所得额。由此,总公司在前两个年度将分别少纳企业所得税 250 万元和 125 万元。后两个年度 A 公司的利润应分别缴纳企业所得税 250 万元和 500 万元。从四个年度的整体来看,该分支机构无论是作为子公司还是分公司,纳税总额是相同的,都是 375 万元,但设立分公司可以在亏损产生的年度弥补亏损,而设立子公司只能等到子公司盈利的年度再弥补亏损。设立分公司使得该公司提前两年弥补了亏损,相当于获得了 250 万元和 125 万元的两年期无息贷款,其所节省的利息就是该税务筹划的收益。

B 公司如果设立为分公司,其产生的 2 000 万元亏损可以弥补总公司的利润,为总公司减轻所得税负担 500 万元,相当于降低亏损 500 万元。

 税务筹划依据

(1)《中华人民共和国企业所得税法》第五十条、第五十二条。
(2)《中华人民共和国企业所得税法实施条例》第一百二十五条。

三、分公司与子公司之间的灵活转化

 税务筹划问题

甲公司计划在全国增设 10 家分公司,经测算,每家分公司每年应纳税所得额约为 100 万元,均符合小型微利企业的标准,该 10 家分公司需要缴纳企业所得税 250 万元(100×10×25%)。请对此提出税务筹划方案。

 税务筹划思路

我国在最近几年连续出台了针对小型微利企业的减税优惠政策。自 2019 年 1 月 1 日至 2020 年 12 月 31 日,对小型微利企业年应纳税所得额不超过 100 万元的部分,减按 25% 计入应纳税所得额,按 20% 的税率缴纳企业所得税;对年应纳税所得额超过 100 万元但不超过 300 万元的部分,减按 50% 计入应纳税所得额,按 20% 的税率缴纳企业所得税。自 2021 年 1 月 1 日至 2022 年 12 月 31 日,对小型微利企业年应纳税所得额不超过 100 万元的部分，减按 12.5% 计入应纳税所得额，按 20% 的税率缴纳企业所得税。自 2022 年 1 月 1 日至 2027 年 12 月 31 日，对小型微利企业年应纳税所得额超过 100 万元但不超过 300 万元的部分，减按 25% 计入应纳税所得额，按 20% 的税率缴纳企业所得税。自 2023 年 1 月 1 日至 2027 年 12 月 31 日，对小型微利企业年应纳税所得额不超过 100 万元的部分，减按 25% 计入应纳税所得额，按 20% 的税率缴纳企业所得税。

根据现行企业所得税政策，企业的下列所得，可以免征、减征企业所得税：①从事农、林、牧、渔业项目的所得；②从事国家重点扶持的公共基础设施项目投资经营的所得；③从事符合条件的环境保护、节能节水项目的所得；④符合条件的技术转让所得。

国家重点扶持的公共基础设施项目是指《公共基础设施项目企业所得税优惠目录》规定的港口码头、机场、铁路、公路、城市公共交通、电力、水利等项目。企业从事国家重点扶持的公共基础设施项目的投资经营的所得，自项目取得第一笔生产经营收入所属纳税年度起，第一年至第三年免征企业所得税，第四年至第六年减半征收企业所得税。

符合条件的环境保护、节能节水项目，包括公共污水处理、公共垃圾处理、沼气综合开发利用、节能减排技术改造、海水淡化等。企业从事符合条件的环境保护、节能节水项目的所得，自项目取得第一笔生产经营收入所属纳税年度起，第一年至第三年免征企业所得税，第四年至第六年减半征收企业所得税。

符合条件的技术转让所得免征、减征企业所得税是指一个纳税年度内，居民企业技术转让所得不超过 500 万元的部分，免征企业所得税；超过 500 万元的部分，减半征收企业所得税。

企业在投资以及生产经营过程中应当充分利用上述减免税优惠政策，这是一种重要的税务筹划手段。在利用上述税收优惠政策的过程中也应当进行税务筹划，例如，对于享受定期减免税优惠的企业而言，应当尽量增加享受减免税期间的所得，而减少正常纳税期间的所得。从支出的角度而言，企业在享受减免税期间应当尽量减少开支，而在正常纳税期间则应当尽量增加开支。

 税务筹划方案

建议甲公司设立 10 家子公司，每家子公司独立纳税，则其均可以享受小型微利企业的税收优惠，10 家子公司合计缴纳企业所得税 50 万元（100×25%×20%×10），可减轻所得税负担 200 万元（250－50）。

 税务筹划依据

（1）《中华人民共和国企业所得税法》第二十八条。
（2）《中华人民共和国企业所得税法实施条例》第九十二条。
（3）《财政部 税务总局关于实施小微企业普惠性税收减免政策的通知》（财税〔2019〕13 号）。
（4）《财政部 国家税务总局关于实施小微企业和个体工商户所得税优惠政策的

公告》（财政部　税务总局公告 2021 年第 12 号）。

（5）《财政部　税务总局关于进一步实施小微企业所得税优惠政策的公告》（财政部　税务总局公告 2022 年第 13 号）。

（6）《财政部　税务总局关于小微企业和个体工商户所得税优惠政策的公告》（财政部　税务总局公告 2023 年第 6 号）。

（7）《财政部　税务总局关于进一步支持小微企业和个体工商户发展有关税费政策的公告》（财政部　税务总局公告 2023 年第 12 号）。

第二节　选择投资国家扶持产业、地区和项目

一、选择投资国家扶持产业

甲企业准备投资 5 000 万元用于养猪或者养鱼。预计养猪每年可以获得利润总额 500 万元，养鱼每年可以获得利润总额 560 万元。假设无纳税调整事项，从税务筹划的角度出发，企业应选择哪一个项目？

税务筹划强调整体性，往往从投资伊始就要进行相应的筹划。投资决策中的税务筹划往往是整体税务筹划的第一步。投资决策是一个涉及面非常广的概念，从企业的设立到企业运营的整个过程都涉及投资决策的问题。投资决策中需要考虑的因素非常广泛，其中任何一个因素都有可能对投资决策的最终效果产生影响甚至是决定性的影响，因此，投资决策是企业以及个人的一项非常慎重的活动。

企业或者个人进行投资，首先需要选择的就是投资的产业。投资产业的选择需要考虑众多因素，仅就税收因素而言，国家对于不同产业的政策并不是一视同仁的，而是有所偏爱的。有些产业是国家重点扶持的，而有些产业则是国家限制发展甚至禁止发展。国家对产业进行扶持或限制的主要手段之一就是税收政策。在税收政策中，最重要的是所得税政策，因为所得税是直接税，一般不能转嫁，国家减免所得税，其利益就直接进入了企业或个人的腰包。流转税由于是间接税，税负可以转嫁，国家一般不采取间接税的优惠措施，但由于流转税影响产品的成本，减免流转税同样可以刺激相关产业的发展，因此，也有少量间接税优惠措施。

1. 目前国家通过减免所得税的方式来扶持的主要产业

（1）高新技术产业。根据现行企业所得税政策，国家需要重点扶持的高新技术企业，减按 15% 的税率征收企业所得税。国家需要重点扶持的高新技术企业是指拥有

核心自主知识产权，并同时符合下列条件的企业：产品（服务）属于《国家重点支持的高新技术领域》规定的范围；研究开发费用占销售收入的比例不低于规定比例；高新技术产品（服务）收入占企业总收入的比例不低于规定比例；科技人员占企业职工总数的比例不低于规定比例；高新技术企业认定管理办法规定的其他条件。

（2）技术先进型服务企业。自2017年1月1日起，对经认定的技术先进型服务企业，减按15%的税率征收企业所得税。享受上述企业所得税优惠政策的技术先进型服务企业必须同时符合以下条件：在中国境内（不包括港、澳、台地区）注册的法人企业；从事《技术先进型服务业务认定范围（试行）》中的一种或多种技术先进型服务业务，采用先进技术或具备较强的研发能力；具有大专以上学历的员工占企业职工总数的50%以上；从事《技术先进型服务业务认定范围（试行）》中的技术先进型服务业务取得的收入占企业当年总收入的50%以上；从事离岸服务外包业务取得的收入不低于企业当年总收入的35%。从事离岸服务外包业务取得的收入是指企业根据境外单位与其签订的委托合同，由本企业或其直接转包的企业为境外单位提供《技术先进型服务业务认定范围（试行）》中所规定的信息技术外包服务（ITO）、技术性业务流程外包服务（BPO）和技术性知识流程外包服务（KPO），而从上述境外单位取得的收入。自2018年1月1日起，对经认定的技术先进型服务企业（服务贸易类），减按15%的税率征收企业所得税。上述所称技术先进型服务企业（服务贸易类）须符合的条件及认定管理事项，按照《财政部　税务总局　商务部　科技部　国家发展改革委关于将技术先进型服务企业所得税政策推广至全国实施的通知》（财税〔2017〕79号）的相关规定执行。其中，企业须满足的技术先进型服务业务领域范围按照《技术先进型服务业务领域范围（服务贸易类）》执行。

（3）污染防治企业。自2019年1月1日起至2027年12月31日，对符合条件的从事污染防治的第三方企业（以下称第三方防治企业）减按15%的税率征收企业所得税。第三方防治企业是指受排污企业或政府委托，负责环境污染治理设施（包括自动连续监测设施，下同）运营维护的企业。第三方防治企业应当同时符合以下条件：在中国境内（不包括港、澳、台地区）依法注册的居民企业；具有1年以上连续从事环境污染治理设施运营实践，且能够保证设施正常运行；具有至少5名从事本领域工作且具有环保相关专业中级及以上技术职称的技术人员，或者至少2名从事本领域工作且具有环保相关专业高级及以上技术职称的技术人员；从事环境保护设施运营服务的年度营业收入占总收入的比例不低于60%；具备检验能力，拥有自有实验室，仪器配置可满足运行服务范围内常规污染物指标的检测需求；保证其运营的环境保护设施正常运行，使污染物排放指标能够连续稳定达到国家或者地方规定的排放标准要求；具有良好的纳税信用，近三年内纳税信用等级未被评定为C级或D级。第三方防治企业，自行判断其是否符合上述条件，符合条件的可以申报享受税收优惠，相关资料留存备查。税务部门依法开展后续管理过程中，可转请生态环境部门进行核查，生态环境部门可以委托专业机构开展相关核查工作。

（4）农业。根据现行企业所得税政策，企业从事下列项目的所得，免征企业所得税：①蔬菜、谷物、薯类、油料、豆类、棉花、麻类、糖料、水果、坚果的种植；②农作物新品种的选育；③中药材的种植；④林木的培育和种植；牲畜、家禽的饲养；

⑤林产品的采集；⑥灌溉、农产品初加工、兽医、农技推广、农机作业和维修等农、林、牧、渔服务业项目；⑦远洋捕捞。企业从事下列项目的所得，减半征收企业所得税：①花卉、茶以及其他饮料作物和香料作物的种植；②海水养殖、内陆养殖。企业从事国家限制和禁止发展的项目，不得享受上述规定的企业所得税优惠。

（5）公共基础建设产业。根据现行企业所得税政策，企业从事国家重点扶持的公共基础设施项目投资经营的所得可以免征、减征企业所得税。国家重点扶持的公共基础设施项目是指《公共基础设施项目企业所得税优惠目录》规定的港口码头、机场、铁路、公路、城市公共交通、电力、水利等项目。企业从事上述规定的国家重点扶持的公共基础设施项目的投资经营的所得，自项目取得第一笔生产经营收入所属纳税年度起，第一年至第三年免征企业所得税，第四年至第六年减半征收企业所得税。企业承包经营、承包建设和内部自建自用上述规定的项目，不得享受上述规定的企业所得税优惠。

2. 软件产业和集成电路产业实行的所得税优惠政策

（1）集成电路线宽小于0.8微米（含）的集成电路生产企业，经认定后，在2017年12月31日前自获利年度起计算优惠期，第一年至第二年免征企业所得税，第三年至第五年按照25%的法定税率减半征收企业所得税，并享受至期满为止。

（2）集成电路线宽小于0.25微米或投资额超过80亿元的集成电路生产企业，经认定后，减按15%的税率征收企业所得税，其中经营期在15年以上的，在2017年12月31日前自获利年度起计算优惠期，第一年至第五年免征企业所得税，第六年至第十年按照25%的法定税率减半征收企业所得税，并享受至期满为止。

（3）我国境内新办的集成电路设计企业和符合条件的软件企业，经认定后，在2017年12月31日前自获利年度起计算优惠期，第一年至第二年免征企业所得税，第三年至第五年按照25%的法定税率减半征收企业所得税，并享受至期满为止。

（4）国家规划布局内的重点软件企业和集成电路设计企业，如当年未享受免税优惠的，可减按10%的税率征收企业所得税。

（5）符合条件的软件企业按照《财政部 国家税务总局关于软件产品增值税政策的通知》（财税〔2011〕100号）规定取得的即征即退增值税款，由企业专项用于软件产品研发和扩大再生产并单独进行核算，可以作为不征税收入，在计算应纳税所得额时从收入总额中减除。

（6）集成电路设计企业和符合条件软件企业的职工培训费用，应单独进行核算并按实际发生额在计算应纳税所得额时扣除。

（7）企业外购的软件，凡符合固定资产或无形资产确认条件的，可以按照固定资产或无形资产进行核算，其折旧或摊销年限可以适当缩短，最短可为2年（含）。

（8）集成电路生产企业的生产设备，其折旧年限可以适当缩短，最短可为3年（含）。

（9）上述集成电路生产企业是指以单片集成电路、多芯片集成电路、混合集成电路制造为主营业务并同时符合下列条件的企业：①在中国境内（不包括港、澳、台地区）依法注册并在发展改革、工业和信息化部门备案的居民企业；②汇算清缴年度具有劳动合同关系且具有大学专科以上学历职工人数占企业月平均职工总人数的比例不低于40%，其中研究开发人员占企业月平均职工总数的比例不低于20%；③拥有核心关键技术，并以此为基础开展经营活动，且汇算清缴年度研究开发费用总额占企业销售（营业）收入（主营业务收入与其他业务收入之和，下同）总额的比例不低于5%，其中，企业在中国境内发生的研究开发费用金额占研究开发费用总额的比例不低于60%；④汇算清缴年度集成电路制造销售（营业）收入占企业收入总额的比例不低于60%；⑤具有保证产品生产的手段和能力，并获得有关资质认证（包括ISO质量体系认证）；⑥汇算清缴年度未发生重大安全、重大质量事故或严重环境违法行为。

（10）上述集成电路设计企业是指以集成电路设计为主营业务并同时符合下列条件的企业：①在中国境内（不包括港、澳、台地区）依法注册的居民企业；②汇算清缴年度具有劳动合同关系且具有大学专科以上学历的职工人数占企业月平均职工总人数的比例不低40%，其中研究开发人员占企业月平均职工总数的比例不低于20%；③拥有核心关键技术，并以此为基础开展经营活动，且汇算清缴年度研究开发费用总额占企业销售（营业）收入总额的比例不低于6%，其中，企业在中国境内发生的研究开发费用金额占研究开发费用总额的比例不低于60%；④汇算清缴年度集成电路设计销售（营业）收入占企业收入总额的比例不低于60%，其中集成电路自主设计销售（营业）收入占企业收入总额的比例不低于50%；⑤主营业务拥有自主知识产权；⑥具有与集成电路设计相适应的软硬件设施等开发环境（如EDA工具、服务器或工作站等）；⑦汇算清缴年度未发生重大安全、重大质量事故或严重环境违法行为。

（11）上述软件企业是指以软件产品开发销售（营业）为主营业务并同时符合下列条件的企业：①在中国境内（不包括港、澳、台地区）依法注册的居民企业；②汇算清缴年度具有劳动合同关系且具有大学专科以上学历的职工人数占企业月平均职工总人数的比例不低于40%，其中研究开发人员占企业月平均职工总数的比例不低于20%；③拥有核心关键技术，并以此为基础开展经营活动，且汇算清缴年度研究开发费用总额占企业销售（营业）收入总额的比例不低于6%，其中，企业在中国境内发生的研究开发费用金额占研究开发费用总额的比例不低于60%；④汇算清缴年度软件产品开发销售（营业）收入占企业收入总额的比例不低于50%［嵌入式软件产品和信息系统集成产品开发销售（营业）收入占企业收入总额的比例不低于40%］，其中：软件产品自主开发销售（营业）收入占企业收入总额的比例不低于40%［嵌入式软件产品和信息系统集成产品开发销售（营业）收入占企业收入总额的比例不低于30%］；⑤主营业务拥有自主知识产权；⑥具有与软件开发相适应软硬件设施等开发环境（如合法的开发工具等）；⑦汇算清缴年度未发生重大安全、重大质量事故或严重环境违法行为。

（12）国家规划布局内重点集成电路设计企业除符合上述集成电路设计企业的一般规定，还应至少符合下列条件中的一项：①汇算清缴年度集成电路设计销售（营业）收入不低于2亿元，年应纳税所得额不低于1 000万元，研究开发人员占月平均职工总数的比例不低于25%；②在国家规定的重点集成电路设计领域内，汇算清缴年度集成电路设计销售（营业）收入不低于2 000万元，应纳税所得额不低于250万元，研究开发人员占月平均职工总数的比例不低于35%，企业在中国境内发生的研发开发费用金额占研究开发费用总额的比例不低于70%。

（13）上述新办企业认定标准按照《财政部　国家税务总局关于享受企业所得税优惠政策的新办企业认定标准的通知》（财税〔2006〕1号）规定执行。

（14）上述获利年度是指该企业当年应纳税所得额大于零的纳税年度。

（15）上述集成电路设计销售（营业）收入是指集成电路企业从事集成电路（IC）功能研发、设计并销售的收入。

（16）上述软件产品开发销售（营业）收入是指软件企业从事计算机软件、信息系统或嵌入式软件等软件产品开发并销售的收入，以及信息系统集成服务、信息技术咨询服务、数据处理和存储服务等技术服务收入。

（17）上述国家规划布局内重点软件企业除符合上述软件企业的一般规定，还应至少符合下列条件中的一项：①汇算清缴年度软件产品开发销售（营业）收入不低于2亿元，应纳税所得额不低于1 000万元，研究开发人员占企业月平均职工总数的比例不低于25%；②在国家规定的重点软件领域内，汇算清缴年度软件产品开发销售（营业）收入不低于5 000万元，应纳税所得额不低于250万元，研究开发人员占企业月平均职工总数的比例不低于25%，企业在中国境内发生的研究开发费用金额占研究开发费用总额的比例不低于70%；③汇算清缴年度软件出口收入总额不低于800万美元，软件出口收入总额占本企业年度收入总额比例不低于50%，研究开发人员占企业月平均职工总数的比例不低于25%。

（18）国家规定的重点软件领域及重点集成电路设计领域，由国家发展改革委、工业和信息化部会同财政部、税务总局根据国家产业规划和布局确定，并实行动态调整。

（19）软件、集成电路企业规定条件中所称研究开发费用政策口径，2015年度仍按《国家税务总局关于印发〈企业研究开发费用税前扣除管理办法（试行）〉的通知》（国税发〔2008〕116号）和《财政部 国家税务总局关于研究开发费用税前加计扣除有关政策的通知》（财税〔2013〕70号）的规定执行，2016年及以后年度按照《财政部 国家税务总局 科技部关于完善研究开发费用税前加计扣除政策的通知》（财税〔2015〕119号）的规定执行。

（20）集成电路生产企业、集成电路设计企业、软件企业等依照规定可以享受的企业所得税优惠政策与企业所得税其他相同方式优惠政策存在交叉的，由企业选择一项最优惠政策执行，不叠加享受。

（21）依法成立且符合条件的集成电路设计企业和软件企业，在2018年12月31日前自获利年度起计算优惠期，第一年至第二年免征企业所得税，第三年至第五年按照25%的法定税率减半征收企业所得税，并享受至期满为止。

（22）国家鼓励的集成电路线宽小于28纳米（含），且经营期在15年以上的集成电路生产企业或项目，第一年至第十年免征企业所得税；国家鼓励的集成电路线宽小于65纳米（含），且经营期在15年以上的集成电路生产企业或项目，第一年至第五年免征企业所得税，第六年至第十年按照25%的法定税率减半征收企业所得税；国家鼓励的集成电路线宽小于130纳米（含），且经营期在10年以上的集成电路生产企业或项目，第一年至第二年免征企业所得税，第三年至第五年按照25%的法定税率减半征收企业所得税。对于按照集成电路生产企业享受税收优惠政策的，优惠期自获利年度起计算；对于按照集成电路生产项目享受税收优惠政策的，优惠期自项目取得第一笔生产经营收入所属纳税年度起计算，集成电路生产项目需单独进行会计核算、计算所得，并合理分摊期间费用。国家鼓励的集成电路生产企业或项目清单由国家发展改革委、工业和信息化部会同财政部、税务总局等相关部门制定。

（23）国家鼓励的线宽小于130纳米（含）的集成电路生产企业，属于国家鼓励的集成电路生产企业清单年度之前5个纳税年度发生的尚未弥补完的亏损，准予向以后年度结转，总结转年限最长不得超过10年。

（24）国家鼓励的集成电路设计、装备、材料、封装、测试企业和软件企业，自获利年度起，第一年至第二年免征企业所得税，第三年至第五年按照25%的法定税率减半征收企业所得税。国家鼓励的集成电路设计、装备、材料、封装、测试企业和软件企业条件，由工业和信息化部会同国家发展改革委、财政部、税务总局等相关部门制定。

（25）国家鼓励的重点集成电路设计企业和软件企业，自获利年度起，第一年至第五年免征企业所得税，接续年度减按10%的税率征收企业所得税。国家鼓励的重点集成电路设计和软件企业清单由国家发展改革委、工业和信息化部会同财政部、税务总局等相关部门制定。

（26）符合原有政策条件且在2019年（含）之前已经进入优惠期的企业或项目，2020年（含）起可按原有政策规定继续享受至期满为止，如也符合上述第（1）项至第（4）项规定，可按规定享受相关优惠，其中定期减免税优惠，可按上述规定计算优惠期，并就剩余期限享受优惠至期满为止。符合原有政策条件，2019年（含）之前尚未进入优惠期的企业或项目，2020年（含）起不再执行原有政策。

（27）集成电路企业或项目、软件企业按照规定同时符合多项定期减免税优惠政策条件的，由企业选择其中一项政策享受相关优惠。其中，已经进入优惠期的，可由企业在剩余期限内选择其中一项政策享受相关优惠。

（28）上述规定的优惠，采取清单进行管理的，由国家发展改革委、工业和信息化部于每年3月底前按规定向财政部、税务总局提供上一年度可享受优惠的企业和项目清单；不采取清单进行管理的，税务机关按照财税〔2016〕49号第十条的规定转请发展改革、工业和信息化部门进行核查。

（29）集成电路企业或项目、软件企业按照原有政策规定享受优惠的，税务机关按照财税〔2016〕49号第十条的规定转请发展改革、工业和信息化部门进行核查。

（30）上述所称原有政策，包括：《财政部　国家税务总局关于进一步鼓励软件产业和集成电路产业发展企业所得税政策的通知》（财税〔2012〕27号）、《财政部　国家税务总局　发展改革委　工业和信息化部关于进一步鼓励集成电路产业发展企业所得税政策的通知》（财税〔2015〕6号）、《财政部　国家税务总局　发展改革委　工业和信息化部关于软件和集成电路产业企业所得税优惠政策有关问题的通知》（财税〔2016〕49号）、《财政部　税务总局　国家发展改革委　工业和信息化部关于集成电路生产企业有关企业所得税政策问题的通知》（财税〔2018〕27号）、《财政部　税务总局关于集成电路设计和软件产业企业所得税政策的公告》（财政部　税务总局公告2019年第68号）、《财政部　税务总局关于集成电路设计企业和软件企业2019年度企业所得税汇算清缴适用政策的公告》（财政部　税务总局公告2020年第29号）。

3.物流企业实行的大宗商品仓储设施用地城镇土地使用税优惠政策

2023年1月1日至2027年12月31日，对物流企业自有（包括自用和出租）

或承租的大宗商品仓储设施用地，减按所属土地等级适用税额标准的50%计征城镇土地使用税。物流企业是指至少从事仓储或运输一种经营业务，为工农业生产、流通、进出口和居民生活提供仓储、配送等第三方物流服务，实行独立核算、独立承担民事责任，并在工商部门注册登记为物流、仓储或运输的专业物流企业。大宗商品仓储设施是指同一仓储设施占地面积在6 000平方米及以上，且主要储存粮食、棉花、油料、糖料、蔬菜、水果、肉类、水产品、化肥、农药、种子、饲料等农产品和农业生产资料，煤炭、焦炭、矿砂、非金属矿产品、原油、成品油、化工原料、木材、橡胶、纸浆及纸制品、钢材、水泥、有色金属、建材、塑料、纺织原料等矿产品和工业原材料的仓储设施。仓储设施用地，包括仓库库区内的各类仓房（含配送中心）、油罐（池）、货场、晒场（堆场）、罩棚等储存设施和铁路专用线、码头、道路、装卸搬运区域等物流作业配套设施的用地。物流企业的办公、生活区用地及其他非直接用于大宗商品仓储的土地，不属于上述规定的减税范围，应按规定征收城镇土地使用税。

4. 公共租赁住房税收优惠政策

2025年12月31日前，继续支持公共租赁住房（以下称公租房）建设和运营，有关税收优惠政策如下：

（1）对公租房建设期间用地及公租房建成后占地，免征城镇土地使用税。在其他住房项目中配套建设公租房，按公租房建筑面积占总建筑面积的比例免征建设、管理公租房涉及的城镇土地使用税。

（2）公租房经营管理单位免征建设、管理公租房涉及的印花税。在其他住房项目中配套建设公租房，按公租房建筑面积占总建筑面积的比例免征建设、管理公租房涉及的印花税。

（3）对公租房经营管理单位购买住房作为公租房，免征契税、印花税；对公租房租赁双方免征签订租赁协议涉及的印花税。

（4）对企事业单位、社会团体以及其他组织转让旧房作为公租房房源，且增值额未超过扣除项目金额20%的，免征土地增值税。

（5）企事业单位、社会团体以及其他组织捐赠住房作为公租房，符合税收法律法规规定的，对其公益性捐赠支出在年度利润总额12%以内的部分，准予在计算应纳税所得额时扣除，超过年度利润总额12%的部分，准予结转以后三年内在计算应纳税所得额时扣除。个人捐赠住房作为公租房，符合税收法律法规规定的，对其公益性捐赠支出未超过其申报的应纳税所得额30%的部分，准予从其应纳税所得额中扣除。

（6）对符合地方政府规定条件的城镇住房保障家庭从地方政府领取的住房租赁补贴，免征个人所得税。

（7）对公租房免征房产税。对经营公租房所取得的租金收入，免征增值税。公租房经营管理单位应单独核算公租房租金收入，未单独核算的，不得享受免征增值税、房产税优惠政策。

（8）享受上述税收优惠政策的公租房是指纳入省、自治区、直辖市、计划单列市人民政府及新疆生产建设兵团批准的公租房发展规划和年度计划，或者市、县人民政府批准建设（筹集），并按照《关于加快发展公共租赁住房的指导意见》（建保〔2010〕87号）和市、县人民政府制定的具体管理办法进行管理的公租房。

（9）纳税人享受上述优惠政策，应按规定进行免税申报，并将不动产权属证明、载有房产原值的相关材料、纳入公租房及用地管理的相关材料、配套建设管理公租房相关材料、购买住房作为公租房相关材料、公租房租赁协议等留存备查。

5. 国家商品储备税收优惠政策

2024年1月1日至2027年12月31日，继续支持国家商品储备，部分商品储备有关税收优惠政策如下：

（1）对商品储备管理公司及其直属库营业账簿免征印花税；对其承担商品储备业务过程中书立的买卖合同免征印花税，对合同其他各方当事人应缴纳的印花税照章征收。

（2）对商品储备管理公司及其直属库自用的承担商品储备业务的房产、土地，免征房产税、城镇土地使用税。上述房产、土地，是指在承担商品储备业务过程中，用于办公、仓储、信息监控、质量检验等经营及管理的房产、土地。

（3）上述所称商品储备管理公司及其直属库，是指接受县级以上人民政府有关部门委托，承担粮（含大豆）、食用油、棉、糖、肉5种商品储备任务，取得财政储备经费或者补贴的商品储备企业。承担中央政府有关部门委托商品储备业务的储备管理公司及其直属库，包括中国储备粮管理集团有限公司及其分（子）公司、直属库，华商储备商品管理中心有限公司及其管理的国家储备糖库、国家储备肉库。

承担地方政府有关部门委托商品储备业务的储备管理公司及其直属库，由省、自治区、直辖市财政、税务部门会同有关部门明确或者制定具体管理办法，并报省、自治区、直辖市人民政府批准。

（4）企业享受上述免税政策，应按规定进行免税申报，并将不动产权属证明、房产原值、承担商品储备业务情况、储备库建设规划等资料留存备查。

由于养猪（属于牲畜的饲养）可以享受免税优惠政策，企业投资养猪每年可以获得净利润500万元。由于养鱼（属于内陆养殖）可以享受减半征税的优惠政策，企业每年需要缴纳企业所得税70万元（560×25%×50%），净利润为490万元（560－70）。养猪的利润总额低于养鱼的利润总额，但养猪的净利润（即税后利润）高于养鱼的净利润，企业应选择种植养猪。

（1）《中华人民共和国企业所得税法》第二十七条、第二十八条。

（2）《中华人民共和国企业所得税法实施条例》第八十六条、第八十七条、第九十三条。

（3）《财政部 国家税务总局关于进一步鼓励软件产业和集成电路产业发展企业所得税政策的通知》（财税〔2012〕27号）。

（4）《财政部 国家税务总局 发展改革委 工业和信息化部关于软件和集成电路产业企业所得税优惠政策有关问题的通知》（财税〔2016〕49号）。

（5）《财政部 税务总局 商务部等关于将技术先进型服务企业所得税政策推广至全国实施的通知》（财税〔2017〕79号）。

（6）《财政部 税务总局 商务部等关于将服务贸易创新发展试点地区技术先进型服务企业所得税政策推广至全国实施的通知》（财税〔2018〕44号）。

（7）《财政部 税务总局 国家发展改革委 生态环境部关于从事污染防治的第三方企业所得税政策问题的公告》（财政部 税务总局 国家发展改革委 生态环境部公告2019年第60号）。

（8）《财政部 税务总局关于集成电路设计和软件产业企业所得税政策的公告》（财政部 税务总局公告2019年第68号）。

（9）《财政部 税务总局 发展改革委 工业和信息化部关于促进集成电路产业和软件产业高质量发展企业所得税政策的公告》（财政部 税务总局 发展改革委 工业和信息化部公告2020年第45号）。

（10）《财政部 税务总局关于延长部分税收优惠政策执行期限的公告》（财政部 税务总局公告2022年第4号）。

（11）《财政部 税务总局关于继续实施物流企业大宗商品仓储设施用地城镇土地使用税优惠政策的公告》（财政部 税务总局公告2023年第5号）。

（12）《财政部 税务总局 国家发展改革委 生态环境部关于从事污染防治的第三方企业所得税政策问题的公告》（财政部 税务总局 国家发展改革委 生态环境部公告2023年第38号）。

（13）《财政部 税务总局关于继续实施公共租赁住房税收优惠政策的公告》（财政部 税务总局公告2023年第33号）。

（14）《财政部 税务总局关于继续实施部分国家商品储备税收优惠政策的公告》（财政部 税务总局公告2023年第48号）。

二、选择投资国家扶持地区

 税务筹划问题

甲公司原计划在广州设立一高科技企业，预计该企业每年取得利润总额为1 000万元。经过市场调研，该企业设在广州还是深圳对企业的盈利能力没有实质影响，该企业在深圳预计每年取得利润总额为900万元。假设无纳税调整事项，请对该企业的投资计划提出税务筹划方案。

税务筹划思路

投资的地区也是投资决策中需要考虑的一个重要因素，不同地区设立企业所享受的税收政策以及其他方面的政策是不同的。税收政策的不同也就相当于设立企业的税收成本是不同的，在进行投资决策的过程中应当将税收成本作为重要因素予以考虑。目前地区性的税收优惠政策主要包括经济特区和西部地区。

根据现行企业所得税政策，法律设置的发展对外经济合作和技术交流的特定地区内，以及国务院已规定执行上述地区特殊政策的地区内新设立的国家需要重点扶持的高新技术企业，可以享受过渡性税收优惠。法律设置的发展对外经济合作和技术交流的特定地区是指深圳、珠海、汕头、厦门和海南经济特区；国务院已规定执行上述地区特殊政策的地区是指上海浦东新区。对经济特区和上海浦东新区内在2008年1月1日（含）之后完成登记注册的国家需要重点扶持的高新技术企业（以下称新设高新技术企业），在经济特区和上海浦东新区内取得的所得，自取得第一笔生产经营收入所属纳税年度起，第一年至第二年免征企业所得税，第三年至第五年按照25%的法定税率减半征收企业所得税。

国家需要重点扶持的高新技术企业是指拥有核心自主知识产权，同时符合《中华人民共和国企业所得税法实施条例》（以下简称《企业所得税法实施条例》）第九十三条规定的条件，并按照《高新技术企业认定管理办法》认定的高新技术企业。经济特区和上海浦东新区内新设高新技术企业同时在经济特区和上海浦东新区以外的地区从事生产经营的，应当单独计算其在经济特区和上海浦东新区内取得的所得，并合理分摊企业的期间费用；没有单独计算的，不得享受企业所得税优惠。经济特区和上海浦东新区内新设高新技术企业在按照规定享受过渡性税收优惠期间，由于复审或抽查不合格而不再具有高新技术企业资格的，从其不再具有高新技术企业资格年度起，停止享受过渡性税收优惠；以后再次被认定为高新技术企业的，不得继续享受或者重新享受过渡性税收优惠。

根据《国家税务总局关于深入实施西部大开发战略有关企业所得税问题的公告》（国家税务总局公告2012年第12号）第二条的规定，企业主营业务属于《西部地区鼓励类产业目录》范围的，经主管税务机关确认，可按照15%的税率预缴企业所得税。年度汇算清缴时，其当年度主营业务收入占企业总收入的比例达不到规定标准的，应按税法规定的税率计算申报并进行汇算清缴。

根据《财政部 国家税务总局关于执行企业所得税优惠政策若干问题的通知》（财税〔2009〕69号）第一条及第二条的规定，企业既符合西部大开发15%的优惠税率条件，又符合《中华人民共和国企业所得税法》（以下简称《企业所得税法》）及其实施条例和国务院规定的各项税收优惠条件的，可以同时享受。在涉及定期减免税的减半期内，可以按照企业适用税率计算的应纳税额减半征税。

总机构设在西部大开发税收优惠地区的企业，仅就设在优惠地区的总机构和分支机构（不含优惠地区外设立的二级分支机构在优惠地区内设立的三级以下分支机构）的所得确定适用15%的优惠税率。在确定该企业是否符合优惠条件时，以该企业设在优惠地区的总机构和分支机构的主营业务是否符合《西部地区鼓励类产业目录》及其主营业务收入占其收入总额的比重加以确定，不考虑该企业设在优惠地区以外分支机构的因素。该企业应纳所得税额的计算和所得税缴纳，按照《国家税务总局关于印发〈跨地区经营汇总纳税企业所得税征收管理暂行办法〉的通知》（国税发〔2008〕28号）第十六条和《国家税务总局关于跨地区经营汇总纳税企业所得税征收管理若干问题的通知》（国税函〔2009〕221号）第二条的规定执行。有关审核、备案手续向总机构主管税务机关申请办理。

总机构设在西部大开发税收优惠地区外的企业，其在优惠地区内设立的分支机构（不含仅在优惠地区内设立的三级以下分支机构），仅就该分支机构所得确定适用15%的优惠税率。在确定该分支机构是否符合优惠条件时，仅以该分支机构的主营业务是否符合《西部地区鼓励类产业目录》及其主营业务收入占其收入总额的比重加以确定。该企业应纳所得税额的计算和所得税缴纳，按照国税发〔2008〕28号第十六条和国税函〔2009〕221号第二条的规定执行。有关审核、备案手续向分支机构主管税务机关申请办理，分支机构主管税务机关需将该分支机构享受西部大开发税收优惠情况及时函告总机构所在地主管税务机关。

根据《财政部　国家税务总局关于赣州市执行西部大开发税收政策问题的通知》（财税〔2013〕4号）的规定，对赣州市内资鼓励类产业、外商投资鼓励类产业及优势产业的项目在投资总额内进口的自用设备，在政策规定范围内免征关税。鼓励类产业的内资企业是指以《产业结构调整指导目录》中规定的鼓励类产业项目为主营业务，且其主营业务收入占企业收入总额70%以上的企业。鼓励类产业的外商投资企业是指以《外商投资产业指导目录》中规定的鼓励类项目和《中西部地区外商投资优势产业目录》中规定的江西省产业项目为主营业务，且其主营业务收入占企业收入总额70%以上的企业。

自2021年1月1日起执行以下西部大开发企业所得税政策：①2021年1月1日至2030年12月31日，对设在西部地区的鼓励类产业企业减按15%的税率征收企业所得税。上述所称鼓励类产业企业是指以《西部地区鼓励类产业目录》中规定的产业项目为主营业务，且其主营业务收入占企业收入总额60%以上的企业。②自2021年3月1日起执行《西部地区鼓励类产业目录》（2020年本）。③税务机关在后续管理中，不能准确判定企业主营业务是否属于国家鼓励类产业项目时，可提请发展改革等相关部门出具意见。对不符合税收优惠政策规定条件的，由税务机关按《中华人民共和国税收征收管理法》（以下简称《税收征收管理法》）及有关规定进行相应处理。具体办法由省级发展改革、税务部门另行制定。④上述所称西部地区包括内蒙古自治区、广西壮族自治区、重庆市、四川省、贵州省、云南省、西藏自治区、陕西省、甘肃省、青海省、宁夏回族自治区、新疆维吾尔自治区和新疆生产建设兵团。湖南省湘西土家族苗族自治州、湖北省恩施土家族苗族自治州、吉林省延边朝鲜族自治州和江西省赣州市，可以比照西部地区的企业所得税政策执行。

某些地区性的税收优惠政策也值得关注。例如，根据《新疆维吾尔自治区促进股权投资类企业发展暂行办法》（新政办发〔2010〕187号）的规定，合伙制股权投资类企业的投资收益，依法可采取"先分后税"的方式，由合伙人分别依法缴纳个人所得税或企业所得税。合伙制股权投资类企业的合伙人应缴纳的个人所得税，由合伙制股权投资类企业代扣代缴。合伙制股权投资类企业的合伙人为自然人的，合伙人的投资收益，按照"利息、股息、红利所得"或者"财产转让所得"项目征收个人所得税，税率为20%。合伙人是法人或其他组织的，其投资收益按有关规定缴纳企业所得税。

根据《新疆金融工作办公室　经济和信息化委员会　工商行政管理局　国家税务局　地方税务局关于鼓励股权投资类企业迁入我区的通知》（新金函〔2010〕87号）

的规定，股权投资类企业迁入新疆是指新疆以外的企业，为参与国家西部大开发和新疆跨越式发展，享受国家规定的鼓励政策，将企业迁入新疆，并将法定工商注册地变更至《新疆维吾尔自治区促进股权投资类企业发展暂行办法》（新政办发〔2010〕187号，简称《暂行办法》）第四条规定的喀什经济开发区、霍尔果斯经济开发区、乌鲁木齐经济技术开发区、乌鲁木齐高新技术开发区或者石河子经济技术开发区。迁入新疆的公司制股权投资类企业申请变更为合伙企业的，按照《自治区工商行政管理局关于有限责任公司变更为合伙企业的指导意见》（新工商企登〔2010〕172号）办理。迁入的公司符合企业所得税"两免三减半"政策条件的，迁入时可以直接变更登记为合伙企业。不符合企业所得税"两免三减半"政策条件的，先办理公司迁入手续，再按国家有关规定办理有限责任公司变更为合伙企业。

为推进新疆跨越式发展和长治久安，根据中共中央、国务院关于支持新疆经济社会发展的指示精神，新疆困难地区有关企业所得税优惠政策如下：①自2021年1月1日至2030年12月31日，对在新疆困难地区新办的属于《新疆困难地区重点鼓励发展产业企业所得税优惠目录》（以下简称《目录》）范围内的企业，自取得第一笔生产经营收入所属纳税年度起，第一年至第二年免征企业所得税，第三年至第五年减半征收企业所得税。②新疆困难地区包括南疆三地州、其他国家扶贫开发重点县和边境县市。③属于《目录》范围内的企业是指以《目录》中规定的产业项目为主营业务，其主营业务收入占企业收入总额60%以上的企业。④第一笔生产经营收入是指新疆困难地区重点鼓励发展产业项目已建成并投入运营后所取得的第一笔收入。⑤按照上述规定享受企业所得税定期减免税政策的企业，在减半期内，按照企业所得税25%的法定税率计算的应纳税额减半征税。⑥财政部、国家税务总局会同有关部门研究制订《目录》，经国务院批准后公布实施，并根据新疆经济社会发展需要及企业所得税优惠政策实施情况适时调整。⑦对难以界定是否属于《目录》范围的项目，税务机关应当要求企业提供省级以上（含省级）有关行业主管部门出具的证明文件，并结合其他相关材料进行认定。

为推进新疆跨越式发展和长治久安，贯彻落实《中共中央 国务院关于推进新疆跨越式发展和长治久安的意见》（中发〔2010〕9号）和《国务院关于支持喀什、霍尔果斯经济开发区建设的若干意见》（国发〔2011〕33号）精神，新疆喀什、霍尔果斯两个特殊经济开发区有关企业所得税优惠政策如下：①自2021年1月1日至2030年12月31日，对在新疆喀什、霍尔果斯两个特殊经济开发区内新办的属于《目录》范围内的企业，自取得第一笔生产经营收入所属纳税年度起，五年内免征企业所得税。第一笔生产经营收入是指产业项目已建成并投入运营后所取得的第一笔收入。②属于《目录》范围内的企业是指以《目录》中规定的产业项目为主营业务，其主营业务收入占企业收入总额60%以上的企业。③对难以界定是否属于《目录》范围的项目，税务机关应当要求企业提供省级以上（含省级）有关行业主管部门出具的证明文件，并结合其他相关材料进行认定。

自2020年1月1日起执行至2024年12月31日，为支持海南自由贸易港建设，实行以下企业所得税优惠政策：①对注册在海南自由贸易港并实质性运营的鼓励类产业企业，减按15%的税率征收企业所得税。鼓励类产业企业是指以海南自由贸易港鼓励类产业目录中规定的产业项目为主营业务，且其主营业务收入占企业收入总额60%以上的企业。实质性运营是指企业的实际管理机构设在海南自由贸易港，并对企业生产经营、人员、账务、财产等实施实质性全面管理和控制。对不符合实质性运营的企业，不得享受优惠。海南自由贸易港鼓励类产业目录包括《产业结构调整指导目录（2019年版）》《鼓励外商投资产业目录（2019年版）》和海南自由贸易港新增鼓励类产业目录。对总机构设在海南自由贸易港的符合条件的企业，仅就其设在海南自由贸易港的总机构和分支机构的所得，适用15%税率；对总机构设在海南自由贸易港以外的企业，仅就其设在海南自由贸易港内的符合条件的分支机构的所得，适用15%税率。②对在海南自由贸易港设立的旅游业、现代服务业、高新技术产业企业新增境外直接投资取得的所得，免征企业所得税。新增境外直接投资所得应当符合以下条件：从境外新设分支机构取得的营业利润；或从持股比例超过20%（含）的境外子公司分回的，与新增境外直接投资相对应的股息所得。被投资国（地区）的企业所得税法定税率不低于5%。旅游业、现代服务业、高新技术产业，按照海南自由贸易港鼓励类产业目录执行。③对在海南自由贸易港设立的企业，新购置（含自建、自行开发）固定资产或无形资产，单位价值不超过500万元（含）的，允许一次性计入当期成本费用在计算应纳税所得额时扣除，不再分年度计算折旧和摊销；新购置（含自建、自行开发）固定资产或无形资产，单位价值超过500万元的，可以缩短折旧、摊销年限或采取加速折旧、摊销的方法。固定资产是指除房屋、建筑物以外的固定资产。

2027年12月31日前，为支持农村金融发展，延续实施有关企业所得税政策如下：①对金融机构农户小额贷款的利息收入，在计算应纳税所得额时，按90%计入收入总额。②对保险公司为种植业、养殖业提供保险业务取得的保费收入，在计算应纳税所得额时，按90%计入收入总额。③上述所称农户，是指长期（一年以上）居住在乡镇（不包括城关镇）行政管理区域内的住户，还包括长期居住在城关镇所辖行政村范围内的住户和户口不在本地而在本地居住一年以上的住户，国有农场的职工和农村个体工商户。位于乡镇（不包括城关镇）行政管理区域内和在城关镇所辖行政村范围内的国有经济的机关、团体、学校、企事业单位的集体户；有本地户口，但举家外出谋生一年以上的住户，无论是否保留承包耕地均不属于农户。农户以户为统计单位，既可以从事农业生产经营，也可以从事非农业生产经营。农户贷款的判定应以贷款发放时的承贷主体是否属于农户为准。上述所称小额贷款，是指单笔且该农户贷款余额总额在10万元（含本数）以下的贷款。上述所称保费收入，是指原保险保费收入加上分保费收入减去分出保费后的余额。④金融机构应对符合条件的农户小额贷款利息收入进行单独核算，不能单独核算的不得适用上述优惠政策。

2027年12月31日前，对边销茶生产企业销售自产的边销茶及经销企业销售的边销茶免征增值税。上述所称边销茶，是指以黑毛茶、老青茶、红茶末、绿茶为主要原料，经过发酵、蒸制、加压或者压碎、炒制，专门销往边疆少数民族地区的紧压茶。

 税务筹划方案

建议甲公司在深圳设立高科技企业，因为高科技企业在经济特区内取得的所得，可以享受下列税收优惠政策：自取得第一笔生产经营收入所属纳税年度起，第一年至第二年免征企业所得税,第三年至第五年按照25%的法定税率减半征收企业所得税。按照该企业每年利润总额1 000万元计算,如果设在广州,该企业五年需要缴纳企业所得税1 250万元(1 000×25%×5),税后利润为3 750万元(1 000×5－1 250)。如果设在深圳,该企业五年需要缴纳企业所得税337.5万元(900×25%×50%×3),税后利润为4 162.5万元(900×5－337.5)。故应当设立在深圳。通过税务筹划,可增加税后利润412.5万元(4 162.5－3 750)。

税务筹划案例

新疆股权投资企业优惠政策于2010年8月25日开始实施,当年主要进行宣传,迁移新疆和新注册的企业很少。2011年迁移入驻新疆的股权投资企业逐步增多,2013年形成了热潮。亚太科技2013年1月13日的限售股份上市流通公告表明,公司第六大股东湖南唯通资产管理有限公司、第七大股东深圳兰石创业投资有限公司,已分别于2011年9月和2011年3月变更为新疆唯通股权投资管理合伙企业(有限合伙)与新疆兰石创业投资有限合伙企业,两企业分持亚太科技538.2万股和292.5万股,均已解禁流通。长信科技第二大股东2011年3月进驻新疆,名称由芜湖润丰科技有限公司变更为新疆润丰股权投资企业(有限合伙)。东方电热第四大股东上海东方世纪企业管理有限公司,根据3月8日公告,其名称已变更为新疆东方世纪股权投资合伙企业,其所持占东方电热9.9%的890万股,于2012年5月18日解禁上市流通。请分析上述企业迁移所带来的税务筹划利益。

根据上述新疆税收优惠政策,上述企业迁移前税负为40%,迁移后税负为28%,降低税负12%。个人持有上市公司限售股,解禁后转让,需要就差价缴纳20%的个人所得税。投资公司持有上市公司限售股,解禁后转让,需要就差价缴纳25%的企业所得税,个人股东从该投资公司取得股息还要缴纳20%的个人所得税,综合税率为40%。个人持有新疆合伙企业股权,合伙企业持有上市公司股权,解禁后个人按照5%～35%的税率缴纳个人所得税。地方退税20%。综合税率低于28%。个人持有新疆公司股权,新疆公司持有上市公司股权,解禁转让后,新疆公司享受"两免三减半"优惠不纳税,个人取得股息缴纳20%的个人所得税,地方退税为20%,实际税负为16%。与个人直接持股上市公司相比,税负降低4%。与个人通过公司间接持有上市公司相比,税负降低24%。

全国多数影视公司均在霍尔果斯设立了子公司,有超过一半的公司注册在了同一个地方——霍尔果斯市北京路以西、珠海路以南合作中心配套区查验业务楼8楼,同一楼层里超过100家公司办公。在霍尔果斯能享受如此优惠政策的不仅仅是影视传媒公司。凡是被列入《新疆困难地区重点鼓励发展产业企业所得税优惠目录》的行业都能享受以上优惠政策。

税务筹划依据

(1)《中华人民共和国企业所得税法》第五十七条。

（2）《中华人民共和国企业所得税法实施条例》。

（3）《国务院关于经济特区和上海浦东新区新设立高新技术企业实行过渡性税收优惠的通知》（国发〔2007〕40号）。

（4）《财政部 国家税务总局关于执行企业所得税优惠政策若干问题的通知》（财税〔2009〕69号）。

（5）《国家税务总局关于西部大开发企业所得税优惠政策适用目录问题的批复》（国税函〔2009〕399号）。

（6）《财政部 海关总署 国家税务总局关于深入实施西部大开发战略有关税收政策问题的通知》（财税〔2011〕58号）。

（7）《国家税务总局关于深入实施西部大开发战略有关企业所得税问题的公告》（国家税务总局公告2012年第12号）。

（8）《财政部 国家税务总局关于赣州市执行西部大开发税收政策问题的通知》（财税〔2013〕4号）。

（9）《新疆维吾尔自治区促进股权投资类企业发展暂行办法》（新政办发〔2010〕187号）。

（10）《新疆金融工作办公室 经济和信息化委员会 工商行政管理局 国家税务局 地方税务局关于鼓励股权投资类企业迁入我区的通知》（新金函〔2010〕87号）。

（11）《财政部 国家税务总局关于新疆困难地区新办企业所得税优惠政策的通知》（财税〔2011〕53号）。

（12）《财政部 国家税务总局关于新疆喀什、霍尔果斯两个特殊经济开发区企业所得税优惠政策的通知》（财税〔2011〕112号）。

（13）《财政部 税务总局 国家发展改革委关于延续西部大开发企业所得税政策的公告》（财政部 税务总局 国家发展改革委公告2020年第23号）。

（14）《财政部 税务总局关于海南自由贸易港企业所得税优惠政策的通知》（财税〔2020〕31号）。

（15）《财政部 税务总局关于新疆困难地区及喀什、霍尔果斯两个特殊经济开发区新办企业所得税优惠政策的通知》（财税〔2021〕27号）。

（16）《西部地区鼓励类产业目录（2020年本）》（国家发展和改革委员会令第40号）。

（17）《财政部 税务总局关于延续实施支持农村金融发展企业所得税政策的公告》（财政部 税务总局公告2023年第55号）。

（18）《财政部 税务总局关于延续实施边销茶增值税政策的公告》（财政部 税务总局公告2023年第59号）。

三、选择投资国家扶持项目

税务筹划问题

2023纳税年度，某科技型中小企业符合小型微利企业的从业人数和资产总额标准，但预计年应纳税所得额会达到 400 万元。该企业应如何利用研发费用加计扣除的优惠政策进行税务筹划？

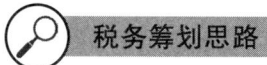 税务筹划思路

根据现行企业所得税政策，企业从事符合条件的环境保护、节能节水项目的所得可以免征、减征企业所得税。符合条件的环境保护、节能节水项目，包括公共污水处理、公共垃圾处理、沼气综合开发利用、节能减排技术改造、海水淡化等。企业从事上述符合条件的环境保护、节能节水项目的所得，自项目取得第一笔生产经营收入所属纳税年度起，第一年至第三年免征企业所得税，第四年至第六年减半征收企业所得税。

企业开发新技术、新产品、新工艺发生的研究开发费用可以在计算应纳税所得额时加计扣除。

企业开展研发活动中实际发生的研发费用，未形成无形资产计入当期损益的，在按规定据实扣除的基础上，自 2023 年 1 月 1 日起，再按照实际发生额的 100% 在税前加计扣除；形成无形资产的，自 2023 年 1 月 1 日起，按照无形资产成本的 200% 在税前摊销。

集成电路企业和工业母机企业开展研发活动中实际发生的研发费用，未形成无形资产计入当期损益的，在按规定据实扣除的基础上，在 2023 年 1 月 1 日至 2027 年 12 月 31 日期间，再按照实际发生额的 120% 在税前扣除；形成无形资产的，在上述期间按照无形资产成本的 220% 在税前摊销。

企业享受研发费用加计扣除政策的其他政策口径和管理要求，按照《财政部 国家税务总局 科技部关于完善研究开发费用税前加计扣除政策的通知》（财税〔2015〕119 号）、《财政部 税务总局 科技部关于企业委托境外研究开发费用税前加计扣除有关政策问题的通知》（财税〔2018〕64 号）等文件相关规定执行。

企业综合利用资源，生产符合国家产业政策规定的产品所取得的收入，可以在计算应纳税所得额时减计收入。减计收入是指企业以《资源综合利用企业所得税优惠目录》规定的资源作为主要原材料，生产国家非限制和禁止并符合国家和行业相关标准的产品取得的收入，减按 90% 计入收入总额。

自 2019 年 6 月 1 日起至 2025 年 12 月 31 日，提供社区养老、托育、家政服务取得的收入，在计算应纳税所得额时，减按 90% 计入收入总额。社区是指聚居在一定地域范围内的人们所组成的社会生活共同体，包括城市社区和农村社区。为社区提供养老服务的机构是指在社区依托固定场所设施，采取全托、日托、上门等方式，为社区居民提供养老服务的企业、事业单位和社会组织。社区养老服务是指为老年人提供的生活照料、康复护理、助餐助行、紧急救援、精神慰藉等服务。为社区提供托育服务的机构是指在社区依托固定场所设施，采取全日托、半日托、计时托、临时托等方式，为社区居民提供托育服务的企业、事业单位和社会组织。社区托育服务是指为 3 周岁（含）以下婴幼儿提供的照料、看护、膳食、保育等服务。为社区提供家政服务的机构是指以家庭为服务对象，为社区居民提供家政服务的企业、

事业单位和社会组织。社区家政服务是指进入家庭成员住所或医疗机构为孕产妇、婴幼儿、老人、病人、残疾人提供的照护服务，以及进入家庭成员住所提供的保洁、烹饪等服务。

企业购置用于环境保护、节能节水、安全生产等专用设备的投资额，可以按一定比例实行税额抵免。税额抵免是指企业购置并实际使用《环境保护专用设备企业所得税优惠目录》《节能节水专用设备企业所得税优惠目录》和《安全生产专用设备企业所得税优惠目录》规定的环境保护、节能节水、安全生产等专用设备的，该专用设备的投资额的10%可以从企业当年的应纳税额中抵免；当年不足抵免的，可以在以后5个纳税年度结转抵免。享受上述规定的企业所得税优惠的企业，应当实际购置并自身实际投入使用上述规定的专用设备；企业购置上述专用设备在5年内转让、出租的，应当停止享受企业所得税优惠，并补缴已经抵免的企业所得税税款。

自2019年6月1日起，同时符合以下条件的部分先进制造业纳税人，可以自2019年7月及以后纳税申报期向主管税务机关申请退还增量留抵税额：①增量留抵税额大于零；②纳税信用等级为A级或者B级；③申请退税前36个月未发生骗取留抵退税、出口退税或虚开增值税专用发票情形；④申请退税前36个月未因偷税被税务机关处罚两次及以上；⑤自2019年4月1日起未享受即征即退、先征后返（退）政策。

上述所称部分先进制造业纳税人是指按照《国民经济行业分类》生产并销售非金属矿物制品、通用设备、专用设备及计算机、通信和其他电子设备销售额占全部销售额的比重超过50%的纳税人。上述销售额比重根据纳税人申请退税前连续12个月的销售额计算确定；申请退税前经营期不满12个月但满3个月的，按照实际经营期的销售额计算确定。上述所称增量留抵税额是指与2019年3月31日相比新增加的期末留抵税额。

部分先进制造业纳税人当期允许退还的增量留抵税额，按照以下公式计算：

$$允许退还的增量留抵税额 = 增量留抵税额 \times 进项构成比例$$

进项构成比例，为2019年4月至申请退税前一税款所属期内已抵扣的增值税专用发票（含税控机动车销售统一发票）、海关进口增值税专用缴款书、解缴税款完税凭证注明的增值税额占同期全部已抵扣进项税额的比重。

部分先进制造业纳税人申请退还增量留抵税额的其他规定，按照《财政部　税务总局　海关总署关于深化增值税改革有关政策的公告》（财政部　税务总局　海关总署公告2019年第39号，以下称39号公告）执行。

除部分先进制造业纳税人以外的其他纳税人申请退还增量留抵税额的规定，继续按照39号公告执行。

符合39号公告和上述规定的纳税人向其主管税务机关提交留抵退税申请。对符合留抵退税条件的，税务机关在完成退税审核后，开具税收收入退还书，直接送交同级国库办理退库。税务机关按期将退税清单送交同级财政部门。

自2020年1月1日起，综试区内的跨境电商企业，同时符合下列条件的，试行核定征收企业所得税办法：①在综试区注册，并在注册地跨境电子商务线上综合服务平台登记出口货物日期、名称、计量单位、数量、单价、金额的；②出口货物通过综试区所在地海关办理电子商务出口申报手续的；③出口货物未取得有效进货凭证，其增值税、消费税享受免税政策的。

综试区内核定征收的跨境电商企业应准确核算收入总额，并采用应税所得率方式核定征收企业所得税。应税所得率统一按照 4% 确定。

税务机关应按照有关规定，及时完成综试区跨境电商企业核定征收企业所得税的鉴定工作。综试区内实行核定征收的跨境电商企业符合小型微利企业优惠政策条件的，可享受小型微利企业所得税优惠政策；其取得的收入属于《企业所得税法》第二十六条规定的免税收入的，可享受免税收入优惠政策。上述综试区是指经国务院批准的跨境电子商务综合试验区；上述所称跨境电商企业是指自建跨境电子商务销售平台或利用第三方跨境电子商务平台开展电子商务出口的企业。

自 2018 年 1 月 1 日起至 2027 年 12 月 31 日止，对纳税人从事大型民用客机发动机、中大功率民用涡轴涡桨发动机研制项目而形成的增值税期末留抵税额予以退还；对上述纳税人及其全资子公司从事大型民用客机发动机、中大功率民用涡轴涡桨发动机研制项目自用的科研、生产、办公房产及土地，免征房产税、城镇土地使用税。

自 2019 年 1 月 1 日起至 2027 年 12 月 31 日止，对纳税人生产销售新支线飞机暂减按 5% 征收增值税，并对其因生产销售新支线飞机而形成的增值税期末留抵税额予以退还。

自 2019 年 1 月 1 日起至 2027 年 12 月 31 日止，对纳税人从事大型客机研制项目而形成的增值税期末留抵税额予以退还；对上述纳税人及其全资子公司自用的科研、生产、办公房产及土地，免征房产税、城镇土地使用税。

上述所称大型民用客机发动机、中大功率民用涡轴涡桨发动机、新支线飞机和大型客机是指上述发动机、民用客机的整机，具体标准如下：

（1）大型民用客机发动机是指：①单通道干线客机发动机，起飞推力 12 000～16 000kgf；②双通道干线客机发动机，起飞推力 28 000～35 000kgf。

（2）中大功率民用涡轴涡桨发动机是指：①中等功率民用涡轴发动机，起飞功率 1 000～3 000kW；②大功率民用涡桨发动机，起飞功率 3 000kW 以上。

（3）新支线飞机是指空载重量大于 25 吨且小于 45 吨、座位数量少于 130 个的民用客机。

（4）大型客机是指空载重量大于 45 吨的民用客机。

纳税人符合规定的增值税期末留抵税额，可在初次申请退税时予以一次性退还。纳税人收到退税款项的当月，应将退税额从增值税进项税额中转出。未按规定转出的，按《税收征收管理法》有关规定承担相应法律责任。退还的增值税额由中央和地方按照现行增值税分享比例共同负担。

自 2023 年 1 月 3 日起至 2027 年 12 月 31 日止，纳税人生产销售空载重量大于 25 吨的民用喷气式飞机，暂减按 5% 征收增值税，并对其因生产销售新支线飞机而形成的增值税期末留抵税额予以退还。

企业可以充分利用上述税收优惠政策进行税务筹划。

 税务筹划方案

该企业可以进行一项新产品的研发，投入研发资金 60 万元，该 60 万元研发费用可以直接计入当期费用，同时可以加计扣除 100% 的费用，也就是可以在当期扣除 120 万元的费用，这样，该企业的应纳税所得额就变成 280 万元，可以享受小型微利企业的低税率优惠政策。如果该企业不进行税务筹划，需要缴纳企业所得税 100 万元（400×25%）；经过税务筹划，需要缴纳企业所得税 14 万元（280×25%×20%），可减轻税收负担 86 万元（100－14）。

税务筹划依据

（1）《中华人民共和国企业所得税法》。

（2）《中华人民共和国企业所得税法实施条例》。

（3）《财政部　税务总局关于实施小微企业普惠性税收减免政策的通知》（财税〔2019〕13 号）。

（4）《财政部　税务总局　发展改革委　民政部　商务部　卫生健康委关于养老、托育、家政等社区家庭服务业税费优惠政策的公告》（财政部公告 2019 年第 76 号）。

（5）《财政部　税务总局关于明确部分先进制造业增值税期末留抵退税政策的公告》（财政部　税务总局公告 2019 年第 84 号）。

（6）《国家税务总局关于跨境电子商务综合试验区零售出口企业所得税核定征收有关问题的公告》（国家税务总局公告 2019 年第 36 号）。

（7）《财政部　税务总局关于进一步实施小微企业所得税优惠政策的公告》（财政部　税务总局公告 2022 年第 13 号）。

（8）《财政部　税务总局关于进一步完善研发费用税前加计扣除政策的公告》（财政部　税务总局公告 2023 年第 7 号）。

（9）《财政部　税务总局关于民用航空发动机、新支线飞机和大型客机税收政策的公告》（财政部　税务总局公告 2019 年第 88 号）。

（10）《财政部　税务总局关于延长部分税收优惠政策执行期限的公告》（财政部　税务总局公告 2021 年第 6 号）。

（11）《财政部　税务总局关于民用飞机增值税适用政策的公告》（财政部　税务总局公告 2022 年第 38 号）。

（12）《财政部　税务总局关于民用航空发动机和民用飞机税收政策的公告》（财政部　税务总局公告 2023 年第 27 号）。

（13）《财政部　税务总局　国家发展改革委　工业和信息化部关于提高集成电路和工业母机企业研发费用加计扣除比例的公告》（财政部　税务总局　国家发展改革委　工业和信息化部公告 2023 年第 44 号）。

第三节　利用税收优惠政策进行投资

一、利用双层公司股息免税优惠政策

 税务筹划问题

李先生拥有甲公司40%的股份，每年可以从该公司获得500万元的股息，根据我国现行个人所得税制度，李先生每年需要按照20%的税率缴纳100万元的个人所得税。李先生所获得的股息全部用于股票投资或者直接投资于其他企业。李先生应当如何进行税务筹划来规避上述20%的个人所得税？

 税务筹划思路

根据现行个人所得税政策，个人从投资公司获得的股息要缴纳20%的个人所得税。根据现行企业所得税政策，企业从其投资的公司中获得的股息不需要纳税。如果个人投资者从公司取得的股息仍然用于投资，则可以考虑以成立公司的方式来减轻税收负担。成立公司以后可以将各类股息汇总到该公司，由于此时公司并不需要缴纳企业所得税，该公司就可以将免税所得用于各项投资。而如果由个人取得该股息，则应当首先缴纳20%的个人所得税，税后利润才能用于投资，这样就大大增加了投资的税收成本。

 税务筹划方案

李先生可以用该股权以及部分现金投资设立一家一人有限责任公司——李氏投资公司，由李氏投资公司持有甲公司40%的股权。李先生也可以先设立李氏投资公司，再由李氏投资公司从李先生手中收购甲公司40%的股权。这样，李氏投资公司每年从甲公司获得的500万元股息就不需要缴纳企业所得税。李先生原定的用股息投资于股票或者其他的投资计划可以由李氏投资公司来进行，李氏投资公司投资于其他企业所获得的股息同样不需要缴纳企业所得税，这样就免除了李先生每次获得股息所得所应当承担的个人所得税纳税义务。

 税务筹划依据

（1）《中华人民共和国企业所得税法》。
（2）《中华人民共和国企业所得税法实施条例》。

（3）《中华人民共和国个人所得税法》。
（4）《中华人民共和国个人所得税法实施条例》。

二、恰当选择享受税收优惠的起始年度

 税务筹划问题

甲公司根据税法规定，可以享受自项目取得第一笔生产经营收入的纳税年度起，第一年至第三年免征企业所得税，第四年至第六年减半征收企业所得税的优惠政策。该公司原计划于 2022 年 12 月开始该项目的生产经营，2022 年预计会有亏损，从 2023 年度起的未来六年，每年预计应纳税所得额分别为 100 万元、500 万元、800 万元、1 000 万元、1 500 万元和 2 000 万元。请计算从 2022 年度起的七个年度，该公司应当缴纳的企业所得税并提出税务筹划方案。

 税务筹划思路

根据现行的税收政策，企业所得税按纳税年度计算。纳税年度自公历 1 月 1 日起至 12 月 31 日止。企业在一个纳税年度中间开业，或者终止经营活动，使该纳税年度的实际经营期不足 12 个月的，应当以其实际经营期为一个纳税年度。

企业从事国家重点扶持的公共基础设施项目的投资经营的所得，自项目取得第一笔生产经营收入所属纳税年度起，第一年至第三年免征企业所得税，第四年至第六年减半征收企业所得税。企业从事符合条件的环境保护、节能节水项目的所得，自项目取得第一笔生产经营收入所属纳税年度起，第一年至第三年免征企业所得税，第四年至第六年减半征收企业所得税。

对经济特区和上海浦东新区内在 2008 年 1 月 1 日（含）之后完成登记注册的国家需要重点扶持的高新技术企业，在经济特区和上海浦东新区内取得的所得，自取得第一笔生产经营收入所属纳税年度起，第一年至第二年免征企业所得税，第三年至第五年按照 25% 的法定税率减半征收企业所得税。

企业所得税的一些定期优惠政策是从企业取得生产经营所得的年度开始计算的，如果企业从年度中间甚至年底开始生产经营，该年度将作为企业享受税收优惠政策的第一年。由于该年度的生产经营所得非常少，因此，企业是否享受减免税优惠意义并不是很大，此时，企业就应当恰当选择享受税收优惠的第一个年度，适当提前或者推迟进行生产经营活动的日期。原则上，企业应当在年底或年初成立，在年初取得第一笔生产经营收入。

 税务筹划方案

该公司从 2022 年度开始生产经营，应当计算享受税收优惠的期限。该公司 2022 年度至 2024 年度可以享受免税待遇，不需要缴纳企业所得税。2025 年度至 2027 年度可以享受减半征税的待遇，因此，需要缴纳企业所得税 412.5 万元〔（800＋1 000＋

1 500）×25%×50%］。2028年度不享受税收优惠，需要缴纳企业所得税500万元（2 000×25%）。因此，该公司从2022年度至2028年度合计需要缴纳企业所得税912.5万元（412.5＋500）。

如果该公司将该项目的生产经营日期推迟到2023年1月1日，2023年度就是该公司享受税收优惠的第一年，2023年度至2025年度，该公司可以享受免税待遇，不需要缴纳企业所得税。2026年度至2028年度，该公司可以享受减半征收企业所得税的优惠待遇，需要缴纳企业所得税562.5万元［（1 000＋1 500＋2 000）×25%×50%］。经过税务筹划，可减轻税收负担350万元（912.5－562.5）。

 税务筹划依据

（1）《中华人民共和国企业所得税法》第五十三条。
（2）《中华人民共和国企业所得税法实施条例》第八十七条、第八十八条。
（3）《国务院关于经济特区和上海浦东新区新设立高新技术企业实行过渡性税收优惠的通知》（国发〔2007〕40号）。

三、利用国债利息免税优惠政策

 税务筹划问题

甲公司拥有1 000万元闲置资金，准备用于获得利息。假设五年期国债年利率为4%，银行五年期定期存款年利率为5%，借给其他企业五年期年利率为6%。甲公司应当如何选择投资方案？

 税务筹划思路

根据现行的企业所得税政策，企业的下列收入为免税收入：①国债利息收入；②符合条件的居民企业之间的股息、红利等权益性投资收益；③在中国境内设立机构、场所的非居民企业从居民企业取得与该机构、场所有实际联系的股息、红利等权益性投资收益；④符合条件的非营利性组织的收入。

国债利息收入是指企业持有国务院财政部门发行的国债取得的利息收入。根据《企业所得税法》及其实施条例的规定，企业国债投资业务企业所得税处理政策如下：

（1）国债利息收入时间确认：根据《企业所得税法实施条例》第十八条的规定，企业投资国债从国务院财政部门（以下简称发行者）取得的国债利息收入，应以国债发行时约定应付利息的日期，确认利息收入的实现。企业转让国债，应在国债转让收入确认时确认利息收入的实现。

（2）国债利息收入计算：企业到期前转让国债或者从非发行者投资购买的国债，其持有期间尚未兑付的国债利息收入，按以下公式计算确定：

国债利息收入＝国债金额×（适用年利率÷365）×持有天数

上述公式中的"国债金额"，按国债发行面值或发行价格确定；"适用年利率"按国债票面年利率或折合年收益率确定；如企业不同时间多次购买同一品种国债的，"持有天数"可按平均持有天数计算确定。

（3）国债利息收入免税问题：根据《企业所得税法》第二十六条的规定，企业取得的国债利息收入，免征企业所得税。具体按以下规定执行：企业从发行者直接投资购买的国债持有至到期，其从发行者取得的国债利息收入，全额免征企业所得税。企业到期前转让国债或者从非发行者投资购买的国债，其按上述计算的国债利息收入，免征企业所得税。

（4）国债转让收入时间确认：企业转让国债应在转让国债合同、协议生效的日期，或者国债移交时确认转让收入的实现。企业投资购买国债，到期兑付的，应在国债发行时约定的应付利息的日期，确认国债转让收入的实现。

（5）国债转让收益（损失）计算：企业转让或到期兑付国债取得的价款，减除其购买国债成本，并扣除其持有期间按照上述计算的国债利息收入以及交易过程中相关税费后的余额，为企业转让国债收益（损失）。

（6）国债转让收益（损失）征税问题：根据《企业所得税法实施条例》第十六条的规定，企业转让国债，应作为转让财产，其取得的收益（损失）应作为企业应纳税所得额计算纳税。

（7）国债成本确定：通过支付现金方式取得的国债，以买入价和支付的相关税费为成本；通过支付现金以外的方式取得的国债，以该资产的公允价值和支付的相关税费为成本。

（8）国债成本计算方法：企业在不同时间购买同一品种国债的，其转让时的成本计算方法，可在先进先出法、加权平均法、个别计价法中选用一种。计价方法一经选用，不得随意改变。

免税收入是不需要纳税的收入，因此，企业在条件许可的情况下应当尽可能多地获得免税收入。当然，获得免税收入都是需要一定条件的，企业只有满足税法所规定的条件才能享受免税待遇。例如，国债利息免税，当企业选择国债或者其他债券进行投资时，就应当将免税作为一个重要的因素予以考虑。又如，直接投资的股息所得免税，与此相关的是，企业的股权转让所得要纳税。因此，当企业进行股权转让时尽量将该股权所代表的未分配股息分配以后再转让。

 税务筹划方案

甲公司如果将闲置资金用于购买国债，年利息为40万元（1 000×4%），税后利息为40万元。

甲公司如果将闲置资金存入银行，年利息为50万元（1 000×5%），税后利息为37.5万元（50－50×25%）。

甲公司如果将闲置资金借给企业，年利息为60万元（1 000×6%），增值税及其附加为4万元（60×6.72%），税后利息为42万元［（60－4）×（1－25%）］。

从税后利息来看，存入银行的利息最小，不足取，购买国债的利息高于储蓄利息但低于借给企业的利息，但由于购买国债风险较小，借给企业风险较大，该公司应当在充分考虑借给该企业的风险以后确定是否选择借给企业。

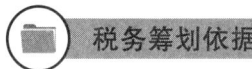 税务筹划依据

（1）《中华人民共和国企业所得税法》第二十六条。
（2）《中华人民共和国企业所得税法实施条例》第八十二条。
（3）《国家税务总局关于企业国债投资业务企业所得税处理问题的公告》（国家税务总局公告 2011 年第 36 号）。

四、充分利用创业投资优惠政策

 税务筹划问题

甲公司为创业投资企业，适用 25% 的企业所得税税率，计划在 2022 年 12 月或者 2023 年 1 月对外股权投资 10 亿元。相关部门提出两种方案：方案一是投资一家成熟的大型高新技术企业；方案二是投资一家初创期中型科技型企业。两个方案的投资收益率大体相当，请为甲公司提出税务筹划方案。

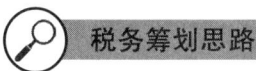 税务筹划思路

1. 创业投资企业和天使投资个人有关税收政策

（1）自 2015 年 10 月 1 日起，全国范围内的有限合伙制创业投资企业（以下简称合伙创投企业）采取股权投资方式投资于未上市的中小高新技术企业满 2 年（24 个月，下同）的，该合伙创投企业的法人合伙人可按照其对未上市中小高新技术企业投资额的 70% 抵扣该法人合伙人从该合伙创投企业分得的应纳税所得额，当年不足抵扣的，可以在以后纳税年度结转抵扣。合伙创投企业的法人合伙人对未上市中小高新技术企业的投资额，按照合伙创投企业对中小高新技术企业的投资额和合伙协议约定的法人合伙人占合伙创投企业的出资比例计算确定。

（2）公司制创业投资企业采取股权投资方式直接投资于种子期、初创期科技型企业（以下简称初创科技型企业）满 2 年的，可以按照投资额的 70% 在股权持有满 2 年的当年抵扣该公司制创业投资企业的应纳税所得额；当年不足抵扣的，可以在以后纳税年度结转抵扣。

（3）合伙创投企业采取股权投资方式直接投资于初创科技型企业满 2 年的，该合伙创投企业的合伙人分别按以下方式处理：①法人合伙人可以按照对初创科技型企业投资额的 70% 抵扣法人合伙人从合伙创投企业分得的所得，当年不足抵扣的，可以在以后纳税年度结转抵扣；②个人合伙人可以按照对初创科技型企业投资额的 70% 抵扣个人合伙人从合伙创投企业分得的经营所得；当年不足抵扣的，可以在以后纳税年度结转抵扣。

（4）天使投资个人采取股权投资方式直接投资于初创科技型企业满 2 年的，可以按照投资额的 70% 抵扣转让该初创科技型企业股权取得的应纳税所得额；当期不足抵

扣的，可以在以后取得转让该初创科技型企业股权的应纳税所得额时结转抵扣。

天使投资个人投资多个初创科技型企业的，对其中办理注销清算的初创科技型企业，天使投资个人对其投资额的70%尚未抵扣完的，可自注销清算之日起36个月内抵扣天使投资个人转让其他初创科技型企业股权取得的应纳税所得额。

（5）上述所称初创科技型企业，应同时符合以下条件：①在中国境内（不包括港、澳、台地区）注册成立、实行查账征收的居民企业；②接受投资时，从业人数不超过300人，其中具有大学本科以上学历的从业人数不低于30%；资产总额和年销售收入均不超过5 000万元；③接受投资时设立时间不超过5年（60个月）；④接受投资时以及接受投资后2年内未在境内外证券交易所上市；⑤接受投资当年及下一纳税年度，研发费用总额占成本费用支出的比例不低于20%。

（6）享受上述规定税收政策的创业投资企业，应同时符合以下条件：①在中国境内（不含港、澳、台地区）注册成立、实行查账征收的居民企业或合伙创投企业，且不属于被投资初创科技型企业的发起人；②符合《创业投资企业管理暂行办法》（发展改革委等10部门令第39号）规定或者《私募投资基金监督管理暂行办法》（证监会令第105号）关于创业投资基金的特别规定，按照上述规定完成备案且规范运作；③投资后2年内，创业投资企业及其关联方持有被投资初创科技型企业的股权比例合计应低于50%。

（7）享受上述规定的税收政策的天使投资个人，应同时符合以下条件：①不属于被投资初创科技型企业的发起人、雇员或其亲属（包括配偶、父母、子女、祖父母、外祖父母、孙子女、外孙子女、兄弟姐妹，下同），且与被投资初创科技型企业不存在劳务派遣等关系；②投资后2年内，本人及其亲属持有被投资初创科技型企业股权比例合计应低于50%。

（8）享受上述规定的税收政策的投资，仅限于通过向被投资初创科技型企业直接支付现金方式取得的股权投资，不包括受让其他股东的存量股权。

（9）上述所称研发费用口径，按照《财政部　国家税务总局　科技部关于完善研究开发费用税前加计扣除政策的通知》（财税〔2015〕119号）等规定执行。

（10）上述所称从业人数，包括与企业建立劳动关系的职工人员及企业接受的劳务派遣人员。从业人数和资产总额指标，按照企业接受投资前连续12个月的平均数计算，不足12个月的，按实际月数平均计算。

上述所称销售收入，包括主营业务收入与其他业务收入；年销售收入指标，按照企业接受投资前连续12个月的累计数计算，不足12个月的，按实际月数累计计算。

上述所称成本费用，包括主营业务成本、其他业务成本、销售费用、管理费用、财务费用。

（11）上述所称投资额，按照创业投资企业或天使投资个人对初创科技型企业的实缴投资额确定。合伙创投企业的合伙人对初创科技型企业的投资额，按照合伙创投企业对初创科技型企业的实缴投资额和合伙协议约定的合伙人占合伙创投企业的出资比例计算确定。合伙人从合伙创投企业分得的所得，按照《财政部　国家税务总局关于合伙企业合伙人所得税问题的通知》（财税〔2008〕159号）规定计算。

（12）天使投资个人、公司制创业投资企业、合伙创投企业、合伙创投企业法人合伙人、被投资初创科技型企业应按规定办理优惠手续。

（13）初创科技型企业接受天使投资个人投资满2年，在上海证券交易所、深圳证券交易所上市的，天使投资个人转让该企业股票时，按照现行限售股有关规定执行，其尚未抵扣的投资额，在税款清算时一并计算抵扣。

（14）享受上述规定的税收政策的纳税人，其主管税务机关对被投资企业是否符合初创科技型企业条件有异议的，可以转请被投资企业主管税务机关提供相关材料。对纳税人提供虚假资料，违规享受税收政策的，应按《税收征收管理法》相关规定处理，并将其列入失信纳税人名单，按规定实施联合惩戒措施。

上述规定的天使投资个人所得税政策自2018年7月1日起执行，其他各项政策自2018年1月1日起执行。执行日期前2年内发生的投资，在执行日期后投资满2年，且符合上述规定的其他条件的，可以适用上述规定的税收政策。

2.创业投资企业个人合伙人所得税政策

2027年12月31日前，继续支持创业投资企业（含创投基金，以下统称创投企业）发展，有关个人所得税政策如下：

（1）创投企业可以选择按单一投资基金核算或者按创投企业年度所得整体核算两种方式之一，对其个人合伙人来源于创投企业的所得计算个人所得税应纳税额。上述所称创投企业，是指符合《创业投资企业管理暂行办法》（发展改革委等10部门令第39号）或者《私募投资基金监督管理暂行办法》（证监会令第105号）关于创业投资企业（基金）的有关规定，并按照上述规定完成备案且规范运作的合伙制创业投资企业（基金）。

（2）创投企业选择按单一投资基金核算的，其个人合伙人从该基金应分得的股权转让所得和股息红利所得，按照20%税率计算缴纳个人所得税。创投企业选择按年度所得整体核算的，其个人合伙人应从创投企业取得的所得，按照"经营所得"项目、5%~35%的超额累进税率计算缴纳个人所得税。

（3）单一投资基金核算，是指单一投资基金（包括不以基金名义设立的创投企业）在一个纳税年度内从不同创业投资项目取得的股权转让所得和股息红利所得按下述方法分别核算纳税：①股权转让所得。单个投资项目的股权转让所得，按年度股权转让收入扣除对应股权原值和转让环节合理费用后的余额计算，股权原值和转让环节合理费用的确定方法，参照股权转让所得个人所得税有关政策规定执行；单一投资基金的股权转让所得，按一个纳税年度内不同投资项目的所得和损失相互抵减后的余额计算，余额大于或等于零的，即确认为该基金的年度股权转让所得；余额小于零的，该基金年度股权转让所得按零计算且不能跨年结转。个人合伙人按照其应从基金年度股权转让所得中分得的份额计算其应纳税额，并由创投企业在次年3月31日前代扣代缴个人所得税。如符合《财政部　税务总局关于创业投资企业和天使投资个人有关税收政策的通知》（财税〔2018〕55号）规定条件的，创投企业个人合伙人可以按照被转让项目对应投资额的70%抵扣其应从基金年度股权转让所得中分得的份额后再计算其应纳税额，当期不足抵扣的，不得向以后年度结转。②股息红利所得。单一投资基金的股息红利所得，以其来源于所投资项目分配的股息、红利收入以及其他固定收益类证券等收入的全额计算。个人合伙人按照其应从基金股息红利所得中分得的份额计算其应纳税额，并由创投企业按次代扣代缴个人所得税。③除前述可以扣除的成本、费用之外，单一投资基金发生的包括投资基金管理人的管理费和业绩报酬在内的其他支出，不得在核算时扣除。上述规定的单一投资基金核算方法仅适用于计算创投企业个人合伙人的应纳税额。

（4）创投企业年度所得整体核算，是指将创投企业以每一纳税年度的收入总额减除成本、费用以及损失后，计算应分配给个人合伙人的所得。如符合《财政部 税务总局关于创业投资企业和天使投资个人有关税收政策的通知》（财税〔2018〕55号）规定条件的，创投企业个人合伙人可以按照被转让项目对应投资额的70%抵扣其可以从创投企业应分得的经营所得后再计算其应纳税额。年度核算亏损的，准予按有关规定向以后年度结转。按照"经营所得"项目计税的个人合伙人，没有综合所得的，可依法减除基本减除费用、专项扣除、专项附加扣除以及国务院确定的其他扣除。从多处取得经营所得的，应汇总计算个人所得税，只减除一次上述费用和扣除。

（5）创投企业选择按单一投资基金核算或按创投企业年度所得整体核算后，3年内不能变更。

（6）创投企业选择按单一投资基金核算的，应当在按照上述规定完成备案的30日内，向主管税务机关进行核算方式备案；未按规定备案的，视同选择按创投企业年度所得整体核算。创投企业选择一种核算方式满3年需要调整的，应当在满3年的次年1月31日前，重新向主管税务机关备案。

企业在基本具备上述条件时，可以充分利用上述创业投资税收优惠政策进行税务筹划。

税务筹划方案

建议甲公司选择第二种方案，该套方案可以为甲公司创造可抵扣应纳税所得额7亿元（10×70%），未来可以减少应纳税额1.75亿元。同时建议甲公司在2022年12月31日前完成相关投资，这样可以在2024年度享受该项优惠，如果在2023年1月1日以后投资，则需推迟至2025年度才能开始享受该项优惠。

甲公司投资满2年后即可撤出，再选择其他初创期中型科技型企业进行投资，这样，该10亿元的投资可以每2年为企业创造7亿元的抵扣额，相当于每年3.5亿元的抵扣额，即每年节税8 750万元，相当于8.75%的年化收益率。

税务筹划依据

（1）《中华人民共和国企业所得税法》第三十条。
（2）《中华人民共和国企业所得税法实施条例》。
（3）《财政部 国家税务总局关于将国家自主创新示范区有关税收试点政策推广

到全国范围实施的通知》（财税〔2015〕116号）。

（4）《财政部 国家税务总局关于创业投资企业和天使投资个人有关税收政策的通知》（财税〔2018〕55号）。

（5）《财政部 税务总局 国家发展改革委 中国证监会关于延续实施创业投资企业个人合伙人所得税政策的公告》（财政部 税务总局 国家发展改革委 中国证监会公告2023年第24号）。

第二章

企业经营阶段税务筹划

第一节 利用小微企业及加计扣除税收优惠

一、充分利用小型微利企业税收优惠

 税务筹划问题

某运输公司共有10个运输车队,每个运输车队有员工20人,资产总额为1 000万元,每个车队年均盈利100万元,整个运输公司年盈利1 000万元。请对该运输公司提出税务筹划方案。

 税务筹划思路

根据《企业所得税法》及其实施条例的规定,符合条件的小型微利企业,减按20%的税率征收企业所得税。符合条件的小型微利企业是指从事国家非限制和禁止行业,并符合下列条件的企业:①工业企业,年度应纳税所得额不超过30万元,从业人数不超过100人,资产总额不超过3 000万元;②其他企业,年度应纳税所得额不超过30万元,从业人数不超过80人,资产总额不超过1 000万元。

如果企业规模超过了上述标准,但企业各个机构之间可以相对独立地开展业务,则可以考虑采取分立企业的方式来享受小型微利企业的税收优惠政策。

小型微利企业的税收优惠政策有一个循序渐进的变化过程,近十几年的变化如下:

(1)2011年1月1日至2011年12月31日,对年应纳税所得额低于3万元(含3万元)的小型微利企业,其所得减按50%计入应纳税所得额,按20%的税率缴纳企业所得税。

(2)2012年1月1日至2013年12月31日,对年应纳税所得额低于6万元(含6万元)的小型微利企业,其所得减按50%计入应纳税所得额,按20%的税率缴纳

企业所得税。

（3）2014年1月1日至2016年12月31日，对年应纳税所得额低于10万元（含10万元）的小型微利企业，其所得减按50%计入应纳税所得额，按20%的税率缴纳企业所得税。

（4）2017年1月1日至2018年12月31日，将小型微利企业的年应纳税所得额上限由30万元提高至50万元，对年应纳税所得额低于50万元（含50万元）的小型微利企业，其所得减按50%计入应纳税所得额，按20%的税率缴纳企业所得税。

（5）2019年1月1日至2021年12月31日，对小型微利企业年应纳税所得额不超过100万元的部分，减按25%计入应纳税所得额，按20%的税率缴纳企业所得税；对年应纳税所得额超过100万元但不超过300万元的部分，减按50%计入应纳税所得额，按20%的税率缴纳企业所得税。

（6）2021年1月1日至2022年12月31日，对小型微利企业年应纳税所得额不超过100万元的部分，减按12.5%计入应纳税所得额，按20%的税率缴纳企业所得税。

（7）自2022年1月1日至2027年12月31日，对小型微利企业年应纳税所得额超过100万元但不超过300万元的部分，减按25%计入应纳税所得额，按20%的税率缴纳企业所得税。

（8）自2023年1月1日至2027年12月31日，对小型微利企业年应纳税所得额不超过100万元的部分，减按25%计入应纳税所得额，按20%的税率缴纳企业所得税。

最新的小型微利企业标准是从事国家非限制和禁止行业，且同时符合年度应纳税所得额不超过300万元、从业人数不超过300人、资产总额不超过5 000万元这三个条件的企业。

从业人数，包括与企业建立劳动关系的职工人数和企业接受的劳务派遣用工人数。从业人数和资产总额指标，应按企业全年的季度平均值确定。具体计算公式如下：

季度平均值＝（季初值＋季末值）÷2

全年季度平均值＝全年各季度平均值之和÷4

年度中间开业或者终止经营活动的，以其实际经营期作为一个纳税年度确定上述相关指标。

自2023年1月1日起，符合财政部、税务总局规定的小型微利企业条件的企业（以下简称小型微利企业），按照相关政策规定享受小型微利企业所得税优惠政策。企业设立不具有法人资格分支机构的，应当汇总计算总机构及其各分支机构的从业人数、资产总额、年度应纳税所得额，依据合计数判断是否符合小型微利企业条件。

小型微利企业无论按查账征收方式或核定征收方式缴纳企业所得税，均可享受小型微利企业所得税优惠政策。小型微利企业在预缴和汇算清缴企业所得税时，通过填写纳税申报表，即可享受小型微利企业所得税优惠政策。小型微利企业应准确填报基础信息，包括从业人数、资产总额、年度应纳税所得额、国家限制或禁止行业等，信息系统将为小型微利企业智能预填优惠项目、自动计算减免税额。

小型微利企业预缴企业所得税时，从业人数、资产总额、年度应纳税所得额指标，暂按当年度截至本期预缴申报所属期末的情况进行判断。原不符合小型微利企业条件的企业，在年度中间预缴企业所得税时，按照相关政策标准判断符合小型微利企业条件的，应按照截至本期预缴申报所属期末的累计情况，计算减免税额。当年度此前期间如果因不符合小型微利企业条件而多预缴的企业所得税税款，可在以后季度应预缴的企业所得税税款中抵减。企业预缴企业所得税时享受了小型微利企业所得税优惠政策，但在汇算清缴时发现不符合相关政策标准的，应当按照规定补缴企业所得税税款。

小型微利企业所得税统一实行按季度预缴。按月度预缴企业所得税的企业，在当年度4月、7月、10月预缴申报时，若按相关政策标准判断符合小型微利企业条件的，下一个预缴申报期起调整为按季度预缴申报，一经调整，当年度内不再变更。

税务筹划方案

该运输公司可以将10个运输车队分别注册为独立的子公司，这样，每个子公司都符合小型微利企业的标准，可以享受小微企业的优惠税率。如果不进行税务筹划，该运输公司需要缴纳企业所得税250万元（1 000×25%）。税务筹划后，该运输公司集团需要缴纳企业所得税50万元（100×25%×20%×10），减轻税收负担200万元（250－50）。如果某车队的盈利能力超过了小型微利企业的标准，该运输公司可以考虑设立更多的子公司，从而继续享受小型微利企业的税收优惠政策。

税务筹划依据

（1）《中华人民共和国企业所得税法》第二十八条。
（2）《中华人民共和国企业所得税法实施条例》第九十二条。
（3）《财政部 国家税务总局关于执行企业所得税优惠政策若干问题的通知》（财税〔2009〕69号）。
（4）《财政部 国家税务总局关于继续实施小型微利企业所得税优惠政策的通知》（财税〔2011〕4号）。
（5）《财政部 国家税务总局关于小型微利企业所得税优惠政策有关问题的通知》（财税〔2011〕117号）。
（6）《财政部 国家税务总局关于扩大小型微利企业所得税优惠政策范围的通知》（财税〔2017〕43号）。
（7）《财政部 税务总局关于实施小微企业普惠性税收减免政策的通知》（财税〔2019〕13号）。
（8）《财政部 国家税务总局关于实施小微企业和个体工商户所得税优惠政策的公告》（财政部 税务总局公告2021年第12号）。
（9）《财政部 税务总局关于进一步实施小微企业所得税优惠政策的公告》（财政部 税务总局公告2022年第13号）。
（10）《财政部 税务总局关于小微企业和个体工商户所得税优惠政策的公告》（财政部 税务总局公告2023年第6号）。
（11）《国家税务总局关于落实小型微利企业所得税优惠政策征管问题的公告》（国家税务总局公告2023年第6号）。
（12）《财政部 税务总局关于进一步支持小微企业和个体工商户发展有关税费政策的公告》（财政部 税务总局公告2023年第12号）。

二、充分利用研发费用加计扣除税收优惠

 税务筹划思路

甲公司为科技型中小企业，适用15%的企业所得税税率，2023纳税年度计划增加1 000万元支出，其既可以用于公司研究开发，也可以作为其他支出，甲公司应当如何选择？

 税务筹划思路

企业安置残疾人员的，在按照支付给残疾职工工资据实扣除的基础上，按照支付给残疾职工工资的100%加计扣除。

企业开展研究开发活动（以下简称研发活动）中实际发生的研发费用，未形成无形资产计入当期损益的，在按规定据实扣除的基础上，自2023年1月1日起，再按照实际发生额的100%在税前加计扣除；形成无形资产的，自2023年1月1日起，按照无形资产成本的200%在税前摊销。研发活动是指企业为获得科学与技术新知识，创造性运用科学技术新知识，或实质性改进技术、产品（服务）、工艺而持续进行的具有明确目标的系统性活动。

研发费用的具体范围包括：①人员人工费用。直接从事研发活动人员的工资薪金、基本养老保险费、基本医疗保险费、失业保险费、工伤保险费、生育保险费和住房公积金，以及外聘研发人员的劳务费用。②直接投入费用。研发活动直接消耗的材料、燃料和动力费用；用于中间试验和产品试制的模具、工艺装备开发及制造费，不构成固定资产的样品、样机及一般测试手段购置费，试制产品的检验费；用于研发活动的仪器、设备的运行维护、调整、检验、维修等费用，以及通过经营租赁方式租入的用于研发活动的仪器、设备租赁费。③折旧费用。用于研发活动的仪器、设备的折旧费。④无形资产摊销。用于研发活动的软件、专利权、非专利技术（包括许可证、专有技术、设计和计算方法等）的摊销费用。⑤新产品设计费、新工艺规程制定费、新药研制的临床试验费、勘探开发技术的现场试验费。⑥其他相关费用。与研发活动直接相关的其他费用，如技术图书资料费、资料翻译费、专家咨询费、高新科技研发保险费，研发成果的检索、分析、评议、论证、鉴定、评审、评估、验收费用，知识产权的申请费、注册费、代理费、差旅费、会议费等。此项费用总额不得超过可加计扣除研发费用总额的10%。⑦财政部和国家税务总局规定的其他费用。

下列活动不适用税前加计扣除政策：①企业产品（服务）的常规性升级。②对某项科研成果的直接应用，如直接采用公开的新工艺、材料、装置、产品、服务或知识等。③企业在商品化后为顾客提供的技术支持活动。④对现存产品、服务、技术、材料或工艺流程进行的重复或简单改变。⑤市场调查研究、效率调查或管理研究。⑥作为工业（服务）流程环节或常规的质量控制、测试分析、维修维护。⑦社会科学、艺术或人文学方面的研究。

不适用税前加计扣除政策的行业如下：①烟草制造业。②住宿和餐饮业。③批发和零售业。④房地产业。⑤租赁和商务服务业。⑥娱乐业。⑦财政部和国家税务总局规定的其他行业。

上述行业以《国民经济行业分类与代码（GB/4754—2011）》为准，并随之更新。

委托境外进行研发活动所发生的费用，按照费用实际发生额的80%计入委托方的委托境外研发费用。委托境外研发费用不超过境内符合条件的研发费用2/3的部分，可以按规定在企业所得税前加计扣除。上述费用实际发生额应按照独立交易原则确定。委托方与受托方存在关联关系的，受托方应向委托方提供研发项目费用支出明细情况。委托境外进行研发活动应签订技术开发合同，并由委托方到科技行政主管部门进行登记。相关事项按《技术合同认定登记管理办法》及技术合同认定规则执行。

集成电路企业和工业母机企业开展研发活动中实际发生的研发费用，未形成无形资产计入当期损益的，在按规定据实扣除的基础上，在2023年1月1日至2027年12月31日期间，再按照实际发生额的120%在税前扣除；形成无形资产的，在上述期间按照无形资产成本的220%在税前摊销。

企业可以充分利用上述加计扣除的税收优惠来降低应纳税所得额。

税务筹划方案

建议甲公司将1 000万元支出计入公司研究开发费用。如果计入其他费用，可以抵扣企业所得税150万元（1 000×15%）。如果计入研究开发费用，可以抵扣企业所得税300万元［1 000×（1＋100%）×15%］，可减轻企业所得税负担150万元（300－150）。

税务筹划依据

（1）《中华人民共和国企业所得税法》第三十条。
（2）《中华人民共和国企业所得税法实施条例》第九十五条、第九十六条。
（3）《财政部 国家税务总局 科技部关于完善研究开发费用税前加计扣除政策的通知》（财税〔2015〕119号）。
（4）《财政部 税务总局 科技部关于企业委托境外研究开发费用税前加计扣除有关政策问题的通知》（财税〔2018〕64号）。
（5）《财政部 税务总局关于进一步完善研发费用税前加计扣除政策的公告》（财政部 税务总局公告2023年第7号）。
（6）《财政部 税务总局 国家发展改革委 工业和信息化部关于提高集成电路和工业母机企业研发费用加计扣除比例的公告》（财政部 税务总局 国家发展改革委 工业和信息化部公告2023年第44号）。

三、充分利用残疾人工资加计扣除税收优惠

税务筹划问题

甲公司因生产经营需要准备招用100名普通职工。由于该项工作不需要职工具备特殊技能而且是坐在椅子上从事工作，具有一定腿部残疾的人员也可以完成。该公司原计划招收非残疾人员，人均月工资为4 000元，合同期限为3年。请对该公司的招工计

划进行税务筹划。

 税务筹划思路

根据现行企业所得税政策，企业的下列支出，可以在计算应纳税所得额时加计扣除：①开发新技术、新产品、新工艺发生的研究开发费用；②安置残疾人员及国家鼓励安置的其他就业人员所支付的工资。

企业安置残疾人员所支付的工资的加计扣除是指企业安置残疾人员的，在按照支付给残疾职工工资据实扣除的基础上，按照支付给残疾职工工资的100%加计扣除。残疾人员的范围适用《中华人民共和国残疾人保障法》（以下简称《残疾人保障法》）的有关规定。企业安置国家鼓励安置的其他就业人员所支付的工资的加计扣除办法，由国务院另行规定。

由于企业雇用国家鼓励安置的残疾人员可以享受工资支出加计扣除100%的优惠政策，因此，如果企业的部分生产经营活动可以通过残疾人员来完成，则可以通过雇用残疾人员来进行税务筹划。

企业安置残疾人员的，按实际支付给残疾职工工资的100%加计扣除。残疾人员的范围适用《残疾人保障法》的有关规定。根据《残疾人保障法》第二条的规定，残疾人是指在心理、生理、人体结构上，某种组织、功能丧失或者不正常，全部或者部分丧失以正常方式从事某种活动能力的人。残疾人包括视力残疾、听力残疾、言语残疾、肢体残疾、智力残疾、精神残疾、多重残疾和其他残疾的人。残疾标准由国务院规定。一般而言，残疾人员包括经认定的视力、听力、言语、肢体、智力和精神残疾人员。从程序的角度来讲，残疾人员必须持有《中华人民共和国残疾人证》或者《中华人民共和国残疾军人证》（1至8级）。

根据《中国实用残疾人评定标准（试用）》（中国残疾人联合会〔1995〕残联组联字第61号）的规定，目前我国的残疾人分为6类。其标准分别为：

（1）视力残疾标准。视力残疾是指由各种原因导致双眼视力障碍或视野缩小，通过各种药物、手术及其他疗法而不能恢复视功能（或暂时不能通过上述疗法恢复视功能），以致不能进行一般人所能从事的工作、学习或其他活动。视力残疾包括盲及低视力两类。视力残疾的分级为：一级盲，最佳矫正视力低于0.02；或视野半径小于5度。二级盲，最佳矫正视力等于或优于0.02，而低于0.05；或视野半径小于10度。一级低视力，最佳矫正视力等于或优于0.05，而低于0.1。二级低视力，最佳矫正视力等于或优于0.1，而低于0.3。

（2）听力残疾标准。听力残疾是指由各种原因导致双耳不同程度的听力丧失，听不到或听不清周围环境声及言语声（经治疗一年以上不愈者）。听力残疾包括：听力完全丧失及有残留听力但辨音不清，不能进行听说交往两类。

（3）言语残疾标准。言语残疾指由各种原因导致言语障碍（经治疗一年以上不愈者），而不能进行正常的言语交往活动。言语残疾包括：言语能力完全丧失及言语能力部分丧失，不能进行正常言语交往两类。言语残疾的分级：一级指只能简单发音而言语能力完全丧失者；二级指具有一定的发音能力，语音清晰度在10%～30%，言语能力等级测试可通过一级，但不能通过二级测试水平；三级指具有发音能力，语音清

晰度在 31%～50%，言语能力等级测试可通过二级，但不能通过三级测试水平；四级指具有发音能力，语言清晰度在 51%～70%，言语能力等级测试可通过三级，但不能通过四级测试水平。

（4）智力残疾标准。智力残疾是指人的智力明显低于一般人的水平，并显示适应行为障碍。智力残疾包括：在智力发育期间，由各种原因导致的智力低下；智力发育成熟以后，由各种原因引起的智力损伤和老年期的智力明显衰退导致的痴呆。智力残疾的分级：根据世界卫生组织（WHO）和美国智力低下协会（AAMD）的智力残疾的分级标准，按其智力商数（IQ）及社会适应行为来划分智力残疾的等级。

（5）肢体残疾标准。肢体残疾是指人的肢体残缺、畸形、麻痹所致人体运动功能障碍。肢体残疾包括：脑瘫（四肢瘫、三肢瘫、二肢瘫、单肢瘫），偏瘫，脊髓疾病及损伤（四肢瘫、截瘫），小儿麻痹后遗症，后天性截肢，先天性缺肢、短肢、肢体畸形、侏儒症，两下肢不等长，脊柱畸形（驼背、侧弯、强直），严重骨、关节、肌肉疾病和损伤，周围神经疾病和损伤。肢体残疾的分级：以残疾者在无辅助器具帮助下，对日常生活活动的能力进行评价计分。日常生活活动分为 8 项，即：端坐、站立、行走、穿衣、洗漱、进餐、如厕、写字。能实现一项算 1 分，实现困难算 0.5 分，不能实现的算 0 分，据此划分三个等级。

（6）精神残疾标准。精神残疾是指精神病人患病持续 1 年以上未痊愈，同时导致其对家庭、社会应尽职能出现一定程度的障碍。精神残疾可由以下精神疾病引起：精神分裂症；情感性、反应性精神障碍；脑器质性与躯体疾病所致的精神障碍；精神活性物质所致的精神障碍；儿童少年期精神障碍；其他精神障碍。精神残疾的分级：对于患有上述精神疾病持续 1 年以上未痊愈者，应用"精神残疾分级的操作性评估标准"评定精神残疾的等级。

根据《国家税务总局 民政部 中国残疾人联合会关于促进残疾人就业税收优惠政策征管办法的通知》（国税发〔2007〕67 号）的规定，申请享受《财政部 国家税务总局关于促进残疾人就业税收优惠政策的通知》（财税〔2007〕92 号）规定的税收优惠政策的符合福利企业条件的用人单位，安置残疾人超过 25%（含 25%），且残疾职工人数不少于 10 人的，在向税务机关申请减免税前，应当先向当地县级以上地方人民政府民政部门提出福利企业的认定申请。盲人按摩机构、工疗机构等集中安置残疾人的用人单位，在向税务机关申请享受《财政部 国家税务总局关于促进残疾人就业税收优惠政策的通知》（财税〔2007〕92 号）第一条、第二条规定的税收优惠政策前，应当先向当地县级残疾人联合会提出认定申请。申请享受《财政部 国家税务总局关于促进残疾人就业税收优惠政策的通知》（财税〔2007〕92 号）规定的税收优惠政策的其他单位，可直接向税务机关提出申请。民政部门、残疾人联合会应当按照《财政部 国家税务总局关于促进残疾人就业税收优惠政策的通知》（财税〔2007〕92 号）第五条规定的条件，对前项所述单位安置残疾人的比例和是否具备安置残疾人的条件进行审核认定，并向申请人出具书面审核认定意见。《中华人民共和国残疾人证》和《中华人民共和国残疾军人证》的真伪，分别由残疾人联合会、民政部门进行审核。各地民政部门、残疾人联合会在认定工作中不得直接或间接向申请认定的单位收取任何费用。如果认定部门向申请认定的单位收取费用，则上述单位可不经认定，直接向主管税务机关提出减免税申请。取得民政部门或残疾人联合会认定的单位（以下简称纳税人），可向主管税务机关提出减免税申请,并提交以下材料:①经民政部门或残疾人联合会认定的纳税人,出具上述部门的书面审核认定意见;②纳税人与残疾人签订的劳动合同或服务协议(副本);③纳税人为残疾人缴纳社会保险费缴费记录;④纳税人向残疾人通过银行等金融机构实际支付工资凭证;⑤主管税务机关要求提供的其他材料。

不需要经民政部门或残疾人联合会认定的单位(以下简称纳税人),可向主管税务机关提出减免税申请,并提交以下材料:①纳税人与残疾人签订的劳动合同或服务协议(副本);②纳税人为残疾人缴纳社会保险费缴费记录;③纳税人向残疾人通过银行等金融机构实际支付工资凭证;④主管税务机关要求提供的其他材料。

残疾人就业保障金(以下简称保障金)是为保障残疾人权益,由未按规定安排残疾人就业的机关、团体、企业、事业单位和民办非企业单位(以下简称用人单位)缴纳的资金。用人单位安排残疾人就业的比例不得低于本单位在职职工总数的1.5%。具体比例由各省、自治区、直辖市人民政府根据本地区的实际情况规定。用人单位安排残疾人就业达不到其所在地省、自治区、直辖市人民政府规定比例的,应当缴纳保障金。用人单位将残疾人录用为在编人员或依法与就业年龄段内的残疾人签订1年以上(含1年)劳动合同(服务协议),且实际支付的工资不低于当地最低工资标准,并足额缴纳社会保险费的,方可计入用人单位所安排的残疾人就业人数。用人单位安排1名持有《中华人民共和国残疾人证》(1至2级)或《中华人民共和国残疾军人证》(1至3级)的人员就业的,按照安排2名残疾人就业计算。保障金按上年用人单位安排残疾人就业未达到规定比例的差额人数和本单位在职职工年平均工资之积计算缴纳。计算公式如下:

保障金年缴纳额=(上年用人单位在职职工人数×所在地省、自治区、直辖市人民政府规定的安排残疾人就业比例-上年用人单位实际安排的残疾人就业人数)×上年用人单位在职职工年平均工资

用人单位在职职工是指用人单位在编人员或依法与用人单位签订1年以上(含1年)劳动合同(服务协议)的人员。季节性用工应当折算为年平均用工人数。以劳务派遣用工的,计入派遣单位在职职工人数。用人单位安排残疾人就业未达到规定比例的差额人数,以公式计算结果为准,可以不是整数。上年用人单位在职职工年平均工资,按用人单位上年在职职工工资总额除以用人单位在职职工人数计算。

自2023年1月1日起至2027年12月31日,延续实施残疾人就业保障金分档减缴政策。其中,用人单位安排残疾人就业比例达到1%(含)以上,但未达到所在地省、自治区、直辖市人民政府规定比例的,按规定应缴费额的50%缴纳残疾人就业保障金;用人单位安排残疾人就业比例在1%以下的,按规定应缴费额的90%缴纳残疾人就业保障金。在职职工人数在30人以下的企业,继续免征残疾人就业保障金。

税务筹划方案

由于该项工作残疾人员也可以胜任,因此,甲公司可以通过招用残疾人来进行税务筹划。根据税法的规定,甲公司可以享受按实际支付给残疾职工工资的100%加计扣除的优惠政策。3年内,支付给残疾职工的工资可以为企业节约企业所得税360万元(0.4×100×12×3×25%)。

除此以外,雇佣残疾人还可以为企业节约残保金的支出。假设甲公司共有员工5 000人,按1.5%的标准应当雇佣残疾人75人。如果不雇佣上述100名残疾人,

假设该公司人均年工资为6万元，该公司每年应当缴纳残保金450万元（75×6）。

税务筹划依据

（1）《中华人民共和国企业所得税法》第三十条。

（2）《中华人民共和国企业所得税法实施条例》第九十六条。

（3）《中华人民共和国残疾人保障法》（1990年12月28日第七届全国人民代表大会常务委员会第十七次会议通过，2008年4月24日第十一届全国人民代表大会常务委员会第二次会议修订，根据2018年10月26日第十三届全国人民代表大会常务委员会第六次会议《关于修改〈中华人民共和国野生动物保护法〉等十五部法律的决定》修正）第二条。

（4）《国家税务总局 民政部 中国残疾人联合会关于促进残疾人就业税收优惠政策征管办法的通知》（国税发〔2007〕67号）。

（5）《财政部 国家税务总局 中国残疾人联合会关于印发〈残疾人就业保障金征收使用管理办法〉的通知》（财税〔2015〕72号）。

（6）《财政部关于延续实施残疾人就业保障金优惠政策的公告》（财政部公告2023年第8号）。

第二节 利用加速折旧和亏损结转税收政策

一、充分利用固定资产加速折旧税收政策

税务筹划问题

甲公司新购进一台机器设备，原值为40万元，预计残值率为3%，经税务机关核定，该设备的折旧年限为5年。请比较各种不同折旧方法的异同，并提出税务筹划方案。

税务筹划思路

《企业所得税法》第十一条规定："在计算应纳税所得额时，企业按照规定计算的固定资产折旧，准予扣除。"固定资产是指企业为生产产品、提供劳务、出租或者经营管理而持有的、使用时间超过1年的非货币性资产，包括房屋、建筑物、机器、机械、运输工具以及其他与生产经营活动有关的设备、器具、工具等。固定资产按照直线法计算的折旧，准予扣除。企业应当自固定资产投入使用月份的次月起计算折旧；停止使用的固定资产，应当自停止使用月份的次月起停止计算折旧。企业应当根据固定资产的性质和使用情况，合理确定固定资产的预计净残值。固定资产的预计净残值一经确定，不得变更。

除国务院财政、税务主管部门另有规定外，固定资产计算折旧的最低年限如下：

①房屋、建筑物，为20年；②飞机、火车、轮船、机器、机械和其他生产设备，为10年；③与生产经营活动有关的器具、工具、家具等，为5年；④飞机、火车、轮船以外的运输工具，为4年；⑤电子设备，为3年。

可以采取缩短折旧年限或者采取加速折旧方法的固定资产，包括：①由于技术进步，产品更新换代较快的固定资产；②常年处于强震动、高腐蚀状态的固定资产。

企业拥有并使用的固定资产符合上述规定的，可按以下情况分别处理：

（1）企业过去没有使用过与该项固定资产功能相同或类似的固定资产，但有充分的证据证明该固定资产的预计使用年限短于《企业所得税法实施条例》规定的计算折旧最低年限的，企业可根据该固定资产的预计使用年限和相关规定，对该固定资产采取缩短折旧年限或者加速折旧的方法。

（2）企业在原有固定资产未达到《企业所得税法实施条例》规定的最低折旧年限前，使用功能相同或类似的新固定资产替代旧固定资产的，企业可根据原有固定资产的实际使用年限和相关规定，对新替代的固定资产采取缩短折旧年限或者加速折旧的方法。

企业采取缩短折旧年限方法的，对其购置的新固定资产，最低折旧年限不得低于《企业所得税法实施条例》第六十条规定的折旧年限的60%；若为购置已使用过的固定资产，其最低折旧年限不得低于《企业所得税法实施条例》规定的最低折旧年限减去已使用年限后剩余年限的60%。最低折旧年限一经确定，一般不得变更。

企业拥有并使用符合上述规定条件的固定资产采取加速折旧方法的，可以采用双倍余额递减法或者年数总和法。加速折旧方法一经确定，一般不得变更。

双倍余额递减法是指在不考虑固定资产预计净残值的情况下，根据每期期初固定资产原值减去累计折旧后的金额和双倍的直线法折旧率计算固定资产折旧的一种方法。应用这种方法计算折旧额时，由于每年年初固定资产净值没有减去预计净残值，所以在计算固定资产折旧额时，应在其折旧年限到期前的两年期间，将固定资产净值减去预计净残值后的余额平均摊销。计算公式如下：

年折旧率＝2÷预计使用寿命（年）×100%

月折旧率＝年折旧率÷12

月折旧额＝月初固定资产账面净值×月折旧率

年数总和法，又称年限合计法，是指将固定资产的原值减去预计净残值后的余额，乘以一个以固定资产尚可使用寿命为分子、以预计使用寿命逐年数字之和为分母的逐年递减的分数计算每年的折旧额。计算公式如下：

年折旧率＝尚可使用年限÷预计使用寿命的年数总和×100%

月折旧率＝年折旧率÷12

月折旧额＝（固定资产原值－预计净残值）×月折旧率

无论采用哪种折旧提取方法，对于某一特定固定资产而言，企业所提取的折旧总额是相同的，同一固定资产所抵扣的应税所得额并由此所抵扣的所得税额也是相同的，所不同的只是企业在固定资产使用年限内每年所抵扣的应税所得额是不同的，由此导致每年所抵扣的所得税额也是不同的。在具备采取固定资产加速折旧条件的情况下，企业应当尽量选择固定资产的加速折旧，具体方法的选择可以根据企业实际情况在法律允许的三种方法中任选一种。

自2014年1月1日起，对生物药品制造业，专用设备制造业，铁路、船舶、航空航天和其他运输设备制造业，计算机、通信和其他电子设备制造业，仪器仪表制造业，信息传输、软件和信息技术服务业等6个行业的企业2014年1月1日后新购进的固定资产，可缩短折旧年限或采取加速折旧的方法。对上述6个行业的小型微利企业2014年1月1日后新购进的研发和生产经营共用的仪器、设备，单位价值不超过100万元的，允许一次性计入当期成本费用在计算应纳税所得额时扣除，不再分年度计算折旧；单位价值超过100万元的，可缩短折旧年限或采取加速折旧的方法。

对所有行业企业2014年1月1日后新购进的专门用于研发的仪器、设备，单位价值不超过100万元的，允许一次性计入当期成本费用在计算应纳税所得额时扣除，不再分年度计算折旧；单位价值超过100万元的，可缩短折旧年限或采取加速折旧的方法。

自2014年1月1日起，对所有行业企业持有的单位价值不超过5 000元的固定资产，允许一次性计入当期成本费用在计算应纳税所得额时扣除，不再分年度计算折旧。

自2015年1月1日起，对轻工、纺织、机械、汽车等4个领域重点行业的企业2015年1月1日后新购进的固定资产，可由企业选择缩短折旧年限或采取加速折旧的方法。对上述行业的小型微利企业2015年1月1日后新购进的研发和生产经营共用的仪器、设备，单位价值不超过100万元的，允许一次性计入当期成本费用在计算应纳税所得额时扣除，不再分年度计算折旧；单位价值超过100万元的，可由企业选择缩短折旧年限或采取加速折旧的方法。企业按上述规定缩短折旧年限的，最低折旧年限不得低于《企业所得税法实施条例》第六十条规定的折旧年限的60%；采取加速折旧方法的，可采取双倍余额递减法或者年数总和法。按照《企业所得税法》及其实施条例有关规定，企业根据自身生产经营需要，也可选择不实行加速折旧政策。

企业在2018年1月1日至2027年12月31日新购进的设备、器具，单位价值不超过500万元的，允许一次性计入当期成本费用在计算应纳税所得额时扣除，不再分年度计算折旧；单位价值超过500万元的，仍按《企业所得税法实施条例》《财政部 国家税务总局关于完善固定资产加速折旧企业所得税政策的通知》（财税〔2014〕75号）、《财政部 国家税务总局关于进一步完善固定资产加速折旧企业所得税政策的通知》（财税〔2015〕106号）等相关规定执行。上述所称设备、器具是指除房屋、建筑物以外的固定资产。

自2019年1月1日起，适用《财政部 国家税务总局关于完善固定资产加速折旧企业所得税政策的通知》（财税〔2014〕75号）和《财政部 国家税务总局关于进一步完善固定资产加速折旧企业所得税政策的通知》（财税〔2015〕106号）规定固定资产加速折旧优惠的行业范围，扩大至全部制造业领域。制造业按照国家统计局《国民经济行业分类和代码（GB/T 4754—2017）》确定。今后国家有关部门更新国民经济行业分类和代码，从其规定。

上述与固定资产相关的税收优惠政策，大多数企业均可以享受，企业应充分利用上述优惠政策进行税务筹划。

 税务筹划方案

（1）直线法：
年折旧率 =（1 − 3%）÷ 5 = 19.4%
月折旧率 = 19.4% ÷ 12 = 1.62%
预计净残值 = 400 000 × 3% = 12 000（元）

或　　　　每年折旧额＝（400 000 － 12 000）÷5 ＝ 77 600（元）
　　　　　　　　　＝ 400 000×19.4% ＝ 77 600（元）

（2）缩短折旧年限：

该设备最短的折旧年限为正常折旧年限的60%，即3年。

年折旧率＝（1 － 3%）÷3 ＝ 32.33%

月折旧率＝ 32.33%÷12 ＝ 2.69%

预计净残值＝ 400 000×3% ＝ 12 000（元）

每年折旧额＝（400 000 － 12 000）÷3 ＝ 129 333（元）

或　　　　　　　　＝ 400 000×（1 － 3%）÷3 ＝ 129 333（元）

（3）双倍余额递减法：

年折旧率＝（2÷5）×100% ＝ 40%

采用双倍余额递减法，每年提取折旧额如表2-1所示。

表2-1　双倍余额递减法下每年提取折旧额

年份	折旧率	年折旧额	账面净值
第一年	40%	160 000元（400 000×40%）	240 000元
第二年	40%	96 000元（240 000×40%）	144 000元
第三年	40%	57 600元（144 000×40%）	86 400元
第四年	50%	37 200元（74 400×50%）	49 200元
第五年	50%	37 200元（74 400×50%）	12 000元

注：74 400 ＝ 86 400 － 400 000×3%。

（4）年数总和法：

年折旧率＝尚可使用年数 ÷ 预计使用年限的年数总和

采用年数总和法，每年提取折旧额如表2-2所示。

表2-2　年数总和法下每年提取折旧额

年份	折旧率	年折旧额	账面净值
第一年	5/15	129 333元（388 000×5÷15）	270 667元
第二年	4/15	103 467元（388 000×4÷15）	167 200元
第三年	3/15	77 600元（388 000×3÷15）	89 600元
第四年	2/15	51 733元（388 000×2÷15）	37 867元
第五年	1/15	25 867元（388 000×1÷15）	12 000元

注：388 000 ＝ 400 000×（1 － 3%）。

假设在提取折旧之前，企业每年的税前利润均为1 077 600元。企业所得税税率为25%。那么，采用不同方法计算出的折旧额和所得税额如表2-3所示。

表 2-3 不同折旧方法的比较

单位：元

年份	直线法			缩短折旧年限			双倍余额递减法			年数总和法		
	折旧额	税前利润	所得税额	折旧额	税前利润	所得税额	折旧额	税前利润	所得税额	折旧额	税前利润	所得税额
第一年	77 600	1 000 000	250 000	129 333	948 267	237 066.75	160 000	917 600	229 400	129 333	948 267	237 066.75
第二年	77 600	1 000 000	250 000	129 333	948 267	237 066.75	96 000	981 600	245 400	103 467	974 133	243 533.25
第三年	77 600	1 000 000	250 000	129 333	948 267	237 066.75	57 600	1 020 000	255 000	77 600	1 000 000	250 000.00
第四年	77 600	1 000 000	250 000	0	1 077 600	269 400.00	37 200	1 040 400	260 100	51 733	1 025 867	256 466.75
第五年	77 600	1 000 000	250 000	0	1 077 600	269 400.00	37 200	1 040 400	260 100	25 867	1 051 733	262 933.25
合计	388 000	5 000 000	1 250 000	388 000	5 000 000	1 250 000	388 000	5 000 000	1 250 000	388 000	5 000 000	1 250 000

由以上计算结果可以看出，无论采用哪种折旧提取方法，对于某一特定固定资产而言，企业所提取的折旧总额是相同的，同一固定资产所抵扣的应税所得额并由此所抵扣的所得税额也是相同的，所不同的只是企业在固定资产使用年限内每年所抵扣的应税所得额是不同的，由此导致每年所抵扣的所得税额也是不同的。具体到本案例，在第一年年末，采用直线法、缩短折旧年限、双倍余额递减法和年数总和法提取折旧，所应当缴纳的所得税额分别为 250 000 元、237 066.75 元、229 400 元和 237 066.75 元。由此可见，采用双倍余额递减法提取折旧所获得的税收利益最大，其次是年数总和法和缩短折旧年限，最次的是直线法。

上述顺序是在一般情况下企业的最佳选择，但在某些特殊情况下，企业的选择也会不同。例如，如果本案例中的企业前两年免税，以后年度按 25% 的税率缴纳企业所得税，那么，采用直线法、缩短折旧年限、双倍余额递减法和年数总和法提取折旧，5 年总共所应当缴纳的所得税额分别为 750 000 元、775 867 元、775 200 元和 769 400 元。由此可见，最优的方法应当为直线法，其次为年数总和法，再次为双倍余额递减法，最次为缩短折旧年限。当然，这是从企业 5 年总共所应当缴纳的企业所得税的角度，也就是从企业所有者的角度而言的最优结果。从企业每年所缴纳的企业所得税角度，也就是从企业经营者的角度而言，则不一定是这样。因为就第四年而言，四种方法所应当缴纳的企业所得税额分别为 250 000 元、269 400 元、260 100 元和 256 466.75 元，可见，三种加速折旧的方法使得企业每年所缴纳的企业所得税都超过了采用非加速折旧方法所应缴纳的税收，但加速折旧也为企业经营者提供了一项秘密资金，即已经提足折旧的固定资产仍然在为企业服务，却没有另外挤占企业的资金。这些固定资产的存在为企业将来的经营亏损提供了弥补的途径，因此，为了有一个较为宽松的财务环境，即使在减免税期间，许多企业的经营者也愿意采用加速折旧的方法。

税务筹划依据

（1）《中华人民共和国企业所得税法》第十一条。

（2）《中华人民共和国企业所得税法实施条例》第五十七条、第五十九条、第六十条、第九十八条。

（3）《国家税务总局关于企业固定资产加速折旧所得税处理有关问题的通知》（国税发〔2009〕81 号）。

（4）《财政部　国家税务总局关于完善固定资产加速折旧企业所得税政策的通知》（财税〔2014〕75 号）。

（5）《财政部　国家税务总局关于进一步完善固定资产加速折旧企业所得税政策的通知》（财税〔2015〕106 号）。

（6）《财政部　国家税务总局关于设备　器具扣除有关企业所得税政策的通知》（财税〔2018〕54 号）。

（7）《财政部　税务总局关于扩大固定资产加速折旧优惠政策适用范围的公告》（财政部　税务总局公告 2019 年第 66 号）。

（8）《财政部　税务总局关于延长部分税收优惠政策执行期限的公告》（财政部　税务总局公告 2021 年第 6 号）。

（9）《财政部　税务总局关于设备、器具扣除有关企业所得税政策的公告》（财

政部　税务总局公告 2023 年第 37 号）。

二、充分利用亏损结转税收政策

税务筹划问题

某企业 2017 年度发生年度亏损 100 万元，假设该企业 2017—2023 年各纳税年度应纳税所得额如表 2-4 所示。

表 2-4　2017—2023 年各纳税年度应纳税所得额

单位：万元

年份	2017	2018	2019	2020	2021	2022	2023
应纳税所得额	−100	10	10	20	30	10	600

请计算该企业 2024 年应当缴纳的企业所得税，并提出税务筹划方案。

税务筹划思路

根据《企业所得税法》第十八条的规定，企业纳税年度发生的亏损，准予向以后年度结转，用以后年度的所得弥补，但结转年限最长不得超过 5 年。弥补亏损期限是指纳税人某一纳税年度发生亏损，准予用以后年度的应纳税所得弥补，一年弥补不足的，可以逐年连续弥补，弥补期最长不得超过 5 年，5 年内不论是盈利还是亏损，都作为实际弥补年限计算。这一规定为纳税人进行税务筹划提供了空间，纳税人可以通过对本企业投资和收益的控制来充分利用亏损结转的规定，将能够弥补的亏损尽量弥补。

这里有两种方法可以采用：一是如果某年度发生了亏损，企业应当尽量使得邻近的纳税年度获得较多的收益，也就是尽可能早地将亏损予以弥补；二是如果企业已经没有需要弥补的亏损或者企业刚刚组建，而亏损在最近几年又是不可避免的，那么，应该尽量先安排企业亏损，然后再安排企业盈利。

自 2018 年 1 月 1 日起，当年具备高新技术企业或科技型中小企业资格（以下统称资格）的企业，其具备资格年度之前 5 个年度发生的尚未弥补完的亏损，准予结转以后年度弥补，最长结转年限由 5 年延长至 10 年。上述所称高新技术企业是指按照《科技部　财政部　国家税务总局关于修订印发〈高新技术企业认定管理办法〉的通知》（国科发火〔2016〕32 号）规定认定的高新技术企业；上述所称科技型中小企业是指按照《科技部　财政部　国家税务总局关于印发〈科技型中小企业评价办法〉的通知》（国科发政〔2017〕115 号）规定取得科技型中小企业登记编号的企业。

当年具备高新技术企业或科技型中小企业资格（以下统称资格）的企业，其具备资格年度之前 5 个年度发生的尚未弥补完的亏损是指当年具备资格的企业，其前 5 个年度无论是否具备资格，所发生的尚未弥补完的亏损。2018 年具备资格的企业，无论 2013 年至 2017 年是否具备资格，其 2013 年至 2017 年发生的尚未弥补完的亏损，均准予结转以后年度弥补，最长结转年限为 10 年。2018 年以后年度具备资格的企业，依此类推，进行亏损结转弥补税务处理。

高新技术企业按照其取得的高新技术企业证书注明的有效期所属年度，确定其具备资格的年度。科技型中小企业按照其取得的科技型中小企业入库登记编号注明的年度，确定其具备资格的年度。

企业发生符合特殊性税务处理规定的合并或分立重组事项的，其尚未弥补完的亏损，按照《财政部　国家税务总局关于企业重组业务企业所得税处理若干问题的通知》（财税〔2009〕59号）和有关规定进行税务处理：①合并企业承继被合并企业尚未弥补完的亏损的结转年限，按照被合并企业的亏损结转年限确定；②分立企业承继被分立企业尚未弥补完的亏损的结转年限，按照被分立企业的亏损结转年限确定；③合并企业或分立企业具备资格的，其承继被合并企业或被分立企业尚未弥补完的亏损的结转年限，按照上述规定处理。

符合规定延长亏损结转弥补年限条件的企业，在企业所得税预缴和汇算清缴时，自行计算亏损结转弥补年限，并填写相关纳税申报表。

　税务筹划方案

根据税法关于亏损结转的规定，该企业2017年的100万元亏损，可分别用2018—2022年的所得来弥补。由于2018—2022年的总计应纳税所得额为80万元，低于2017年度的亏损额，这样，从2017年到2022年，该企业都不需要缴纳企业所得税。那么，2023年度的应纳税所得额只能弥补4年以内的亏损，也就是说，不能弥补2017年度的亏损。由于2018年以来该企业一直没有亏损，因此，2023年度应当缴纳企业所得税150万元（600×25%）。

从该企业各年度的应纳税所得额来看，该企业的生产经营一直是朝好的方向发展，2022年度之所以应纳税所得额比较少，可能主要因为增加了投资，或者增加了各项费用的支出，或者进行了公益捐赠等。由于2022年度仍有未弥补完的亏损，因此，如果该企业能够在2022年度进行税务筹划，压缩成本和支出，尽量增加企业的收入，将2022年度应纳税所得额提高到30万元，同时，2022年度压缩的成本和支出可以在2023年度予以开支，这样，2022年度的应纳税所得额为30万元，2023年度的应纳税所得额为580万元。

根据税法亏损弥补的相关规定，该企业在2022年度的应纳税所得额可以用来弥补2017年度的亏损，而2023年度的应纳税所得额则要全部计算缴纳企业所得税。这样，该企业在2023年度应当缴纳企业所得税145万元（580×25%），可节税5万元（150－145）。

　税务筹划依据

（1）《中华人民共和国企业所得税法》第十八条。
（2）《中华人民共和国企业所得税法实施条例》。
（3）《财政部　税务总局关于延长高新技术企业和科技型中小企业亏损结转年限的通知》（财税〔2018〕76号）。
（4）《国家税务总局关于延长高新技术企业和科技型中小企业亏损结转弥补年限有关企业所得税处理问题的公告》（国家税务总局公告2018年第45号）。

第三节 利用公益捐赠和费用转化

一、充分利用公益捐赠扣除税收政策

税务筹划问题

甲公司为工业企业，2023年度预计可以实现利润总额1 000万元，企业所得税税率为25%，无纳税调整事项。甲公司为提高其产品知名度及竞争力，树立良好的社会形象，决定向有关单位捐赠200万元。甲公司自身提出两种方案：第一种方案，进行非公益性捐赠或不通过我国境内非营利性社会团体、国家机关做公益性捐赠；第二种方案，通过我国境内非营利性社会团体、国家机关进行公益性捐赠，并且在当年全部捐赠。请对上述两套方案进行评析，并提出税务筹划方案。

税务筹划思路

《企业所得税法》第九条规定："企业发生的公益性捐赠支出，在年度利润总额12%以内的部分，准予在计算应纳税所得额时扣除；超过年度利润总额12%的部分，准予结转以后三年内在计算应纳税所得额时扣除。"

公益性捐赠是指企业通过公益性社会组织或者县级以上人民政府及其部门，用于符合法律规定的慈善活动、公益事业的捐赠。

公益性社会组织是指同时符合下列条件的慈善组织以及其他社会组织：①依法登记，具有法人资格。②以发展公益事业为宗旨，且不以营利为目的。③全部资产及其增值为该法人所有。④收益和营运结余主要用于符合该法人设立目的的事业。⑤终止后的剩余财产不归属任何个人或者营利组织。⑥不经营与其设立目的无关的业务。⑦有健全的财务会计制度。⑧捐赠者不以任何形式参与该法人财产的分配。⑨国务院财政、税务主管部门会同国务院民政部门等登记管理部门规定的其他条件。

企业当年发生以及以前年度结转的公益性捐赠支出，不超过年度利润总额12%的部分，准予扣除。年度利润总额是指企业依照国家统一会计制度的规定计算的大于零的数额。

在实务操作中，经民政部门批准成立的非营利的公益性社会团体和基金会，凡符合有关规定条件，并经财政、税务部门确认后，纳税人通过其用于公益救济性的捐赠，可按现行税收法律法规及相关政策规定，准予在计算缴纳企业所得税时在所得税税前扣除。经国务院民政部门批准成立的非营利的公益性社会团体和基金会，其捐赠税前扣除资格由财政部和国家税务总局进行确认；经省级人民政府民政部门批准成立的非营利的公益性社会团体和基金会，其捐赠税前扣除资格由省级财税部门进行确认，并

报财政部和国家税务总局备案。接受公益救济性捐赠的国家机关是指县及县以上人民政府及其组成部门。

申请捐赠税前扣除资格的非营利的公益性社会团体和基金会，须报送以下材料：①要求捐赠税前扣除的申请报告；②国务院民政部门或省级人民政府民政部门出具的批准登记（注册）文件；③组织章程和近年来资金来源、使用情况。

具有捐赠税前扣除资格的非营利的公益性社会团体、基金会和县及县以上人民政府及其组成部门，必须将所接受的公益救济性捐赠用于税收法律法规规定的范围，即教育、民政等公益事业和遭受自然灾害地区、贫困地区。具有捐赠税前扣除资格的非营利的公益性社会团体、基金会和县及县以上人民政府及其组成部门在接受捐赠或办理转赠时，应按照财务隶属关系分别使用由中央或省级财政部门统一印（监）制的公益救济性捐赠票据，并加盖接受捐赠或转赠单位的财务专用印章；对个人索取捐赠票据，应予以开具。

纳税人在进行公益救济性捐赠税前扣除申报时，须附送以下资料：①接受捐赠或办理转赠的非营利的公益性社会团体、基金会的捐赠税前扣除资格证明材料；②由具有捐赠税前扣除资格的非营利的公益性社会团体、基金会和县及县以上人民政府及其组成部门出具的公益救济性捐赠票据；③主管税务机关要求提供的其他资料。

企业和个人通过依照《社会团体登记管理条例》的规定无须进行社团登记的人民团体及经国务院批准免予登记的社会团体（以下统称群众团体）的公益性捐赠所得税税前扣除应当遵守以下规定：

纳税人进行捐赠时应当注意符合税法规定的要件，即应当通过特定的机构进行捐赠，而不能自行捐赠，应当用于公益性目的，而不能用于其他目的。通过符合税法要求的捐赠可以最大限度地降低企业的税收负担。如果企业在当年的捐赠达到限额，则可以考虑在下一个纳税年度再进行捐赠，或者将一个捐赠分成两次或者多次进行。

自2017年1月1日起，企业通过公益性社会组织或者县级（含县级）以上人民政府及其组成部门和直属机构，用于慈善活动、公益事业的捐赠支出，在年度利润总额12%以内的部分，准予在计算应纳税所得额时扣除；超过年度利润总额12%的部分，准予结转以后三年内在计算应纳税所得额时扣除。公益性社会组织，应当依法取得公益性捐赠税前扣除资格。企业当年发生及以前年度结转的公益性捐赠支出，准予在当年税前扣除的部分，不能超过企业当年年度利润总额的12%。企业发生的公益性捐赠支出未在当年税前扣除的部分，准予向以后年度结转扣除，但结转年限自捐赠发生年度的次年起计算最长不得超过三年。企业在对公益性捐赠支出计算扣除时，应先扣除以前年度结转的捐赠支出，再扣除当年发生的捐赠支出。

2019年1月1日至2025年12月31日，企业通过公益性社会组织或者县级（含县级）以上人民政府及其组成部门和直属机构，用于目标脱贫地区的扶贫捐赠支出，准予在计算企业所得税应纳税所得额时据实扣除。在政策执行期限内，目标脱贫地区实现脱贫的，可继续适用上述政策。"目标脱贫地区"包括832个国家扶贫开发工作重点县、集中连片特困地区县（新疆阿克苏地区6县1市享受片区政策）和建档立卡贫困村。企业同时发生扶贫捐赠支出和其他公益性捐赠支出，在计算公益性捐赠支出年度扣除限额时，符合上述条件的扶贫捐赠支出不计算在内。

自2020年1月1日起，企业或个人通过公益性社会组织、县级以上人民政府及其部门等国家机关，用于符合法律规定的公益慈善事业捐赠支出，准予按税法规定在计算应纳税所得额时扣除。

公益慈善事业应当符合《中华人民共和国公益事业捐赠法》（以下简称《公益事业捐赠法》）第三条对公益事业范围的规定或者《中华人民共和国慈善法》（以下简称《慈善法》）第三条对慈善活动范围的规定。

公益性社会组织包括依法设立或登记并按规定条件和程序取得公益性捐赠税前扣除资格的慈善组织、其他社会组织和群众团体。公益性群众团体的公益性捐赠税前扣除资格确认及管理按照现行规定执行。依法登记的慈善组织和其他社会组织的公益性捐赠税前扣除资格确认及管理按本规定执行。

在民政部门依法登记的慈善组织和其他社会组织（以下统称社会组织），取得公益性捐赠税前扣除资格应当同时符合以下规定：

（1）符合《企业所得税法实施条例》第五十二条第一项到第八项规定的条件。

（2）每年应当在3月31日前按要求向登记管理机关报送经审计的上年度专项信息报告。报告应当包括财务收支和资产负债总体情况、开展募捐和接受捐赠情况、公益慈善事业支出及管理费用情况（包括本部分第三项、第四项规定的比例情况）等内容。首次确认公益性捐赠税前扣除资格的，应当报送经审计的前两个年度的专项信息报告。

（3）具有公开募捐资格的社会组织，前两年度每年用于公益慈善事业的支出占上年总收入的比例均不得低于70%。计算该支出比例时，可以用前三年收入平均数代替上年总收入。不具有公开募捐资格的社会组织，前两年度每年用于公益慈善事业的支出占上年末净资产的比例均不得低于8%。计算该比例时，可以用前三年年末净资产平均数代替上年末净资产。

（4）具有公开募捐资格的社会组织，前两年度每年支出的管理费用占当年总支出的比例均不得高于10%。不具有公开募捐资格的社会组织，前两年每年支出的管理费用占当年总支出的比例均不得高于12%。

（5）具有非营利组织免税资格，且免税资格在有效期内。

（6）前两年度未受到登记管理机关行政处罚（警告除外）。

（7）前两年度未被登记管理机关列入严重违法失信名单。

（8）社会组织评估等级为3A以上（含3A）且该评估结果在确认公益性捐赠税前扣除资格时仍在有效期内。

公益慈善事业支出、管理费用和总收入的标准和范围，按照《民政部 财政部 国家税务总局关于印发〈关于慈善组织开展慈善活动年度支出和管理费用的规定〉的通知》（民发〔2016〕189号）关于慈善活动支出、管理费用和上年总收入的有关规定执行。

按照《慈善法》新设立或新认定的慈善组织，在其取得非营利组织免税资格的当年，只需要符合上述第（1）项、第（6）项、第（7）项条件即可。

公益性捐赠税前扣除资格的确认按以下规定执行：①在民政部登记注册的社会组织，由民政部结合社会组织公益活动情况和日常监督管理、评估等情况，对社会组织的公益性捐赠税前扣除资格进行核实，提出初步意见。根据民政部初步意见，财政部、税务总局和民政部对照相关规定，联合确定具有公益性捐赠税前扣除资格的社会组织名单，并发布公告。②在省级和省级以下民政部门登记注册的社会组织，由省、自治区、直辖市和计划单列市财政、税务、民政部门参照条第一项规定执行。③公益性捐赠税前扣除资格的确认对象包括：公益性捐赠税前扣除资格将于当年年末到期的公益性社会组织；已被取消公益性捐赠税前扣除资格但又重新符合条件的社会组织；登记设立后尚未取得公益性捐赠税前扣除资格的社会组织。④每年年底前，省级以上财政、税务、民政部门按权限完成公益性捐赠税前扣除资格的确认和名单发布工作，并按第三项规定的不同审核对象，分别列示名单及其公益性捐赠税前扣除资格起始时间。

公益性捐赠税前扣除资格在全国范围内有效，有效期为三年。上述第③项规定的第一种情形，其公益性捐赠税前扣除资格自发布名单公告的次年1月1日起算。第③项规定的第二种和第三种情形，其公益性捐赠税前扣除资格自发布公告的当年1月1日起算。

公益性社会组织存在以下情形之一的，应当取消其公益性捐赠税前扣除资格：①未按规定时间和要求向登记管理机关报送专项信息报告的。②最近一个年度用于公益慈善事业的支出不符合规定的。③最近一个年度支出的管理费用不符合规定的。④非营利组织免税资格到期后超过六个月未重新获取免税资格的。⑤受到登记管理机关行政处罚（警告除外）的。⑥被登记管理机关列入严重违法失信名单的。⑦社会组织评估等级低于3A或者无评估等级的。

公益性社会组织存在以下情形之一的，应当取消其公益性捐赠税前扣除资格，且取消资格的当年及之后三个年度内不得重新确认资格：①违反规定接受捐赠的，包括附加对捐赠人构成利益回报的条件、以捐赠为名从事营利性活动、利用慈善捐赠宣传烟草制品或法律禁止宣传的产品和事项、接受不符合公益目的或违背社会公德的捐赠等情形。②开展违反组织章程的活动，或者接受的捐赠款项用于组织章程规定用途之外的。③在确定捐赠财产的用途和受益人时，指定特定受益人，且该受益人与捐赠人或公益性社会组织管理人员存在明显利益关系的。

公益性社会组织存在以下情形之一的，应当取消其公益性捐赠税前扣除资格且不得重新确认资格：①从事非法政治活动的。②从事、资助危害国家安全或者社会公共利益活动的。

对应当取消公益性捐赠税前扣除资格的公益性社会组织，由省级以上财政、税务、民政部门核实相关信息后，按权限及时向社会发布取消资格名单公告。自发布公告的次月起，相关公益性社会组织不再具有公益性捐赠税前扣除资格。

公益性社会组织、县级以上人民政府及其部门等国家机关在接受捐赠时，应当按照行政管理级次分别使用由财政部或省、自治区、直辖市财政部门监（印）制的公益事业捐赠票据，并加盖本单位的印章。企业或个人将符合条件的公益性捐赠支出进行税前扣除，应当留存相关票据备查。

公益性社会组织登记成立时的注册资金捐赠人，在该公益性社会组织首次取得公益性捐赠税前扣除资格的当年进行所得税汇算清缴时，可按规定对其注册资金捐赠额进行税前扣除。

除另有规定外，公益性社会组织、县级以上人民政府及其部门等国家机关在接受企业或个人捐赠时，按以下原则确认捐赠额：①接受的货币性资产捐赠，以实际收到的金额确认捐赠额。②接受的非货币性资产捐赠，以其公允价值确认捐赠额。捐赠方在向公益性社会组织、县级以上人民政府及其部门等国家机关捐赠时，应当提供注明捐赠非货币性资产公允价值的证明；不能提供证明的，接受捐赠方不得向其开具捐赠票据。

为方便纳税主体查询，省级以上财政、税务、民政部门应当及时在官方网站上发布具备公益性捐赠税前扣除资格的公益性社会组织名单公告。企业或个人可通过上述渠道查询社会组织公益性捐赠税前扣除资格及有效期。

自2021年1月1日起，企业或个人通过公益性群众团体用于符合法律规定的公益慈善事业捐赠支出，准予按税法规定在计算应纳税所得额时扣除。公益慈善事业，应当符合《公益事业捐赠法》第三条对公益事业范围的规定或者《慈善法》第三条对慈善活动范围的规定。公益性群众团体，包括依照《社会团体登记管理条例》规定不需进行社团登记的人民团体以及经国务院批准免予登记的社会团体（以下统称群众团体），且按规定条件和程序已经取得公益性捐赠税前扣除资格。

群众团体取得公益性捐赠税前扣除资格应当同时符合以下条件：①符合《企业所得税法实施条例》第五十二条第一项至第八项规定的条件。②县级以上各级机构编制部门直接管理其机构编制。③对接受捐赠的收入以及用捐赠收入进行的支出单独进行核算，且申报前连续三年接受捐赠的总收入中用于公益慈善事业的支出比例不低于70%。

公益性捐赠税前扣除资格的确认按以下规定执行：①由中央机构编制部门直接管理其机构编制的群众团体，向财政部、税务总局报送材料。②由县级以上地方各级机构编制部门直接管理其机构编制的群众团体，向省、自治区、直辖市和计划单列市财政、税务部门报送材料。③对符合条件的公益性群众团体，按照上述管理权限，由财政部、税务总局和省、自治区、直辖市、计划单列市财政、税务部门分别联合公布名单。企业和个人在名单所属年度内向名单内的群众团体进行的公益性捐赠支出，可以按规定进行税前扣除。④公益性捐赠税前扣除资格的确认对象包括：公益性捐赠税前扣除资格将于当年年末到期的公益性群众团体；已被取消公益性捐赠税前扣除资格但又重新符合条件的群众团体；尚未取得或资格终止后未取得公益性捐赠税前扣除资格的群众团体。⑤每年年底前，省级以上财政、税务部门按权限完成公益性捐赠税前扣除资格的确认和名单发布工作，并按上述第④项规定的不同审核对象，分别列示名单及其公益性捐赠税前扣除资格起始时间。

上述规定需报送的材料，应在申报年度6月30日前报送，包括：申报报告；县级以上各级党委、政府或机构编制部门印发的"三定"规定；组织章程；申报前三个年度的受赠资金来源、使用情况，财务报告，公益活动的明细，注册会计师的审计报告或注册会计师、（注册）税务师、律师的纳税审核报告（或鉴证报告）。

公益性捐赠税前扣除资格在全国范围内有效，有效期为三年。上述第④项规定的第一种情形，其公益性捐赠税前扣除资格自发布名单公告的次年1月1日起算。上述第④项规定的第二种和第三种情形，其公益性捐赠税前扣除资格自发公告的当年1月1日起算。

公益性群众团体前三年接受捐赠的总收入中用于公益慈善事业的支出比例低于70%的，应当取消其公益性捐赠税前扣除资格。

公益性群众团体存在以下情形之一的，应当取消其公益性捐赠税前扣除资格，且被取消资格的当年及之后三个年度内不得重新确认资格：①违反规定接受捐赠的，包括附加对捐赠人构成利益回报的条件、以捐赠为名从事营利性活动、利用慈善捐赠宣传烟草制品或法律禁止宣传的产品和事项、接受不符合公益目的或违背社会公德的捐赠等情形。②开展违反组织章程的活动，或者接受的捐赠款项用于组织章程规定用途之外的。③在确定捐赠财产的用途和受益人时，指定特定受益人，且该受益人与捐赠人或公益性群众团体管理人员存在明显利益关系的。④受到行政处罚（警告或单次1万元以下罚款除外）的。

对存在上述第①②③项情形的公益性群众团体，应对其接受捐赠收入和其他各项收入依法补征企业所得税。

公益性群众团体存在以下情形之一的，应当取消其公益性捐赠税前扣除资格且不得重新确认资格：①从事非法政治活动的。②从事、资助危害国家安全或者社会公共利益活动的。

获得公益性捐赠税前扣除资格的公益性群众团体，应自不符合上述规定条件之一或存在上述规定情形之一之日起15日内向主管税务机关报告。对应当取消公益性捐赠税前扣除资格的公益性群众团体，由省级以上财政、税务部门核实相关信息后，按权限及时向社会发布取消资格名单公告。自发布公告的次月起，相关公益性群众团体不再具有公益性捐赠税前扣除资格。

公益性群众团体在接受捐赠时，应按照行政管理级次分别使用由财政部或省、自治区、直辖市财政部门监（印）制的公益事业捐赠票据，并加盖本单位的印章；对个人索取捐赠票据的，应予以开具。企业或个人将符合条件的公益性捐赠支出进行税前扣除，应当留存相关票据备查。

除另有规定外，公益性群众团体在接受企业或个人捐赠时，按以下原则确认捐赠额：①接受的货币性资产捐赠，以实际收到的金额确认捐赠额。②接受的非货币性资产捐赠，以其公允价值确认捐赠额。捐赠方在向公益性群众团体捐赠时，应当提供注明捐赠非货币性资产公允价值的证明；不能提供证明的，接受捐赠方不得向其开具捐赠票据。

为方便纳税主体查询，省级以上财政、税务部门应当及时在官方网站上发布具备公益性捐赠税前扣除资格的公益性群众团体名单公告。企业或个人可通过上述渠道查询群众团体公益性捐赠税前扣除资格及有效期。

税务筹划方案

第一种方案不符合税法规定的公益性捐赠条件，捐赠额不能在税前扣除。该企业2023年度应当缴纳企业所得税250万元（1 000×25%）。

第二种方案，捐赠额在法定扣除限额内的部分可以据实扣除，超过的部分只能结转以后年度扣除。企业2023年度应纳企业所得税220万元［（1 000－1 000×12%）×25%］。

为了最大限度地将捐赠支出予以扣除且不提前占用企业资金，企业可以将该捐赠分两次进行，2023年年底一次捐赠100万元，2024年度再捐赠100万元。这样，该200万元的捐赠支出同样可以在计算应纳税所得额时予以全部扣除。

2023—2025年，该企业也可以选择向目标脱贫地区进行扶贫捐赠，该类捐赠没有扣除限额，也不考虑捐赠当年是否有会计利润，均可以据实扣除。

税务筹划依据

（1）《中华人民共和国企业所得税法》第九条。

（2）《中华人民共和国企业所得税法实施条例》第五十一条、第五十二条。

（3）《财政部 税务总局关于公益性捐赠支出企业所得税税前结转扣除有关政策的通知》（财税〔2018〕15号）。

（4）《财政部 税务总局 国务院扶贫办关于企业扶贫捐赠所得税税前扣除政策的公告》（财政部 税务总局 国务院扶贫办公告2019年第49号）。

（5）《财政部 税务总局 民政部关于公益性捐赠税前扣除有关事项的公告》（财政部 税务总局 民政部公告2020年第27号）。

（6）《财政部 税务总局关于通过公益性群众团体的公益性捐赠税前扣除有关事项的公告》（财政部 税务总局公告2021年第20号）。

（7）《财政部 税务总局 人力资源社会保障部 国家乡村振兴局关于延长部分扶贫税收优惠政策执行期限的公告》（财政部 税务总局 人力资源社会保障部 国家乡村振兴局公告2021年第18号）。

二、将超标利息转化为其他支出

 税务筹划问题

某企业职工人数为1 000人，人均月工资为4 500元。该企业2023年度计划向职工集资人均1万元，年利率为10%，假设同期同类银行贷款利率为年利率6%。由于《企业所得税法实施条例》规定，向非金融机构借款的利息支出，不高于按照金融机构同类、同期贷款利率计算的数额以内的部分，准予扣除。因此，超过的部分不能扣除，应当调增应纳税所得额40万元［1 000×1×（10%－6%）］。该企业为此需要多缴纳企业所得税10万元（40×25%）。应当代扣代缴个人所得税20万元（1×10%×20%×1 000）。请提出该企业的税务筹划方案。

税务筹划思路

《企业所得税法》第八条规定："企业实际发生的与取得收入有关的、合理的支出，包括成本、费用、税金、损失和其他支出，准予在计算应纳税所得额时扣除。"这里将可以扣除的支出的条件设定为三个：第一，实际发生；第二，与经营活动有关；第三，合理。所谓实际发生是指该笔支出已经发生，其所有权已经发生转移，企业对该笔支出不再享有所有权，本来应当发生，但是实际上并未发生的支出不能扣除。所谓与经营活动有关的是指企业发生的支出费用必须与企业获得收入具有关系，也就是说，企业为了获得该收入必须进行该支出，该支出直接增加了企业获得该收入的机会和数额，这种有关是具体的，即与特定的收入相关，而且这里的收入还必须是应当记入应纳税所得额中的收入,仅仅与不征税收入相关的支出不能扣除。所谓合理的,一方面是指该支出本身是必要的,是正常的生产经营活动所必需的,而非可有可无,甚至不必要的;另一方面,该支出的数额是合理的,是符合正常生产经营活动惯例的,而不是过分的、不成比例的、明显超额的。

企业在生产经营活动中发生的下列利息支出,准予扣除:①非金融企业向金融企业借款的利息支出、金融企业的各项存款利息支出和同业拆借利息支出、企业经批准发行债券的利息支出。②非金融企业向非金融企业借款的利息支出,不超过按照金融企业同期同类贷款利率计算的数额的部分。

鉴于目前我国对金融企业利率要求的具体情况,企业在按照合同要求首次支付利息并进行税前扣除时,应提供"金融企业的同期同类贷款利率情况说明",以证明其利息支出的合理性。"金融企业的同期同类贷款利率情况说明"中,应包括在签订该借款合同当时,本省任何一家金融企业提供同期同类贷款利率情况。该金融企业应为经政府有关部门批准成立的可以从事贷款业务的企业,包括银行、财务公司、信托公司等金融机构。"同期同类贷款利率"是指在贷款期限、贷款金额、贷款担保以及企业信誉等条件基本相同下,金融企业提供贷款的利率。既可以是金融企业公布的同期同类平均利率,也可以是金融企业对某些企业提供的实际贷款利率。

企业向股东或其他与企业有关联关系的自然人借款的利息支出,应根据《企业所得税法》第四十六条及《财政部 国家税务总局关于企业关联方利息支出税前扣除标准有关税收政策问题的通知》(财税〔2008〕121号)规定的条件,计算企业所得税扣除额。

企业向上述规定以外的内部职工或其他人员借款的利息支出,其借款情况同时符合以下条件的,其利息支出在不超过按照金融企业同期同类贷款利率计算的数额的部分,根据《企业所得税法》第八条和《企业所得税法实施条例》第二十七条的规定,准予扣除:①企业与个人之间的借贷是真实、合法、有效的,并且不具有非法集资目的或其他违反法律、法规的行为;②企业与个人之间签订了借款合同。

当企业支付的利息超过允许扣除的数额时,企业可以将超额的利息转变为其他可以扣除的支出,例如通过工资、奖金、劳务报酬或者转移利润的方式支付利息,从而降低所得税负担。在向自己单位员工借贷资金的情况下,企业可以将部分利息转换为向员工发放的工资支出,从而达到在计算应纳税所得额时予以全部扣除的目的。

其他有扣除限额的项目,也可以采取适当的方式将超额支出转化为其他支出,如将业务招待费转化为咨询费、劳务报酬、差旅费、职工福利等,将广告费转化为咨询费、劳务报酬等。

 税务筹划方案

如果进行税务筹划,该企业可以考虑将集资利率降低到6%,这样,每位职工的利息损失为400元[10 000×(10% - 6%)]。企业可以通过提高工资待遇的方式来弥补职工在利息上受到的损失,即将400元平均摊入一年的工资中,每月增加工资34元。这样,企业为本次集资所付出的利息与税务筹划前是一样的,职工所实际获得的利息也是一样的。但在这种情况下,企业所支付的集资利息就可以全额扣除了,而人均工资增加34元仍然可以全额扣除，由于职工个人的月工资没有超过《中华人民共和国个人所得税法》（以下简称《个人所得税法》）所规定的扣除额，因此，职工也不需要为此缴纳个人所得税。该税务筹划可以减少企业所得税10万元。另外，还可以减少企业代扣代缴的个人所得税8万元［1×1 000×（10%－6%）×20%］。经过税务筹划，职工的税后利益也提高了。可谓一举两得，企业和职工都获得了税收利益。

如果将全部利息改为工资发放，就根本不需要代扣代缴利息的个人所得税，而职工工资由于尚未达到5 000元，实际上也不需要缴纳个人所得税。上述税务筹划方案可以为企业和职工合计节税30万元。

为提高该项筹划的合理性，可以为每位职工的岗位职责增加一项内容：为企业筹集无息贷款，凡是筹集到无息贷款的，按照贷款金额的10%增加其工资。

税务筹划依据

（1）《中华人民共和国企业所得税法》第八条。
（2）《中华人民共和国企业所得税法实施条例》第三十八条。
（3）《财政部　国家税务总局关于企业关联方利息支出税前扣除标准有关税收政策问题的通知》（财税〔2008〕121号）。
（4）《国家税务总局关于企业向自然人借款的利息支出企业所得税税前扣除问题的通知》（国税函〔2009〕777号）。
（5）《国家税务总局关于企业所得税若干问题的公告》（国家税务总局公告2011年第34号）。
（6）《国家税务总局关于企业所得税执行中若干税务处理问题的通知》（国税函〔2009〕202号）。
（7）《国家税务总局关于贯彻落实企业所得税法若干税收问题的通知》（国税函〔2010〕79号）。
（8）《国家税务总局关于企业所得税应纳税所得额若干税务处理问题的公告》（国家税务总局公告2012年第15号）。

三、将超标业务招待费转化为其他支出

税务筹划问题

位于广州的甲公司为增值税一般纳税人，预计2023年度的营业收入总额为2 000万元，业务招待费支出为50万元。甲公司的客户主要位于佛山和东莞。甲公司的股东拟计划在佛山和东莞设立公司，以便拓展相应业务。请提出筹划方案，将甲公司2023年度计划支出的50万元业务招待费最大限度予以税前扣除。

税务筹划思路

实务中，企业的业务招待费大多是超标的。根据税法的规定，企业发生的与生产经

营活动有关的业务招待费支出,按照发生额的60%扣除,但最高不得超过当年销售(营业)收入的5‰。企业在计算业务招待费、广告费和业务宣传费等费用扣除限额时,其销售(营业)收入额应包括《企业所得税法实施条例》第二十五条规定的视同销售(营业)收入额。对从事股权投资业务的企业(包括集团公司总部、创业投资企业等),其从被投资企业所分配的股息、红利以及股权转让收入,可以按规定的比例计算业务招待费扣除限额。企业在筹建期间,发生的与筹办活动有关的业务招待费支出,可按实际发生额的60%计入企业筹办费,并按有关规定在税前扣除;发生的广告费和业务宣传费,可按实际发生额计入企业筹办费,并按有关规定在税前扣除。

企业业务招待费筹划最主要的方法是转变经营模式,将业务招待费支出转变为差旅费支出或者其他支出,为了实现这一转变,有时企业的组织架构也需要做一些调整。

自2021年1月1日起至2025年12月31日,对化妆品制造或销售、医药制造和饮料制造(不含酒类制造)企业发生的广告费和业务宣传费支出,不超过当年销售(营业)收入30%的部分,准予扣除;超过部分,准予在以后纳税年度结转扣除。对签订广告费和业务宣传费分摊协议(以下简称分摊协议)的关联企业,其中一方发生的不超过当年销售(营业)收入税前扣除限额比例内的广告费和业务宣传费支出可以在本企业扣除,也可以将其中的部分或全部按照分摊协议归集至另一方扣除。另一方在计算本企业广告费和业务宣传费支出企业所得税税前扣除限额时,可将按照上述办法归集至本企业的广告费和业务宣传费不计算在内。烟草企业的烟草广告费和业务宣传费支出,一律不得在计算应纳税所得额时扣除。

 税务筹划方案

甲公司业务招待费支出为50万元,业务招待费扣除限额一为30万元(50×60%)。甲公司2023年度的营业收入总额为2 000万元,业务招待费扣除限额二为10万元(2 000×0.5‰)。甲公司2023年度允许税前扣除的业务招待费为10万元。

甲公司可以改变业务招待的模式,尽量选择在客户所在地,即佛山和东莞。甲公司派遣员工出差到佛山和东莞招待客户,相应餐饮等费用计入差旅费,差旅费支出没有扣除限额。假设甲公司2023年度将50万元业务招待费中的20万元转化为差旅费,剩余30万元作为业务招待费。业务招待费扣除限额一为18万元(30×60%)。业务招待费扣除限额二为10万元(2 000×0.5‰)。甲公司2023年度允许税前扣除的业务招待费和转化为差旅费的业务招待费合计为30万元。增加业务招待费扣除额20万元(30-10)。

另一种筹划方案是由甲公司或者甲公司的股东在佛山和东莞设立乙公司和丙公司,三家公司的业务招待模式为:凡是在广州发生的餐费支出均计入乙公司和丙公司的费用,作为两家公司的差旅费支出;凡是在佛山发生的餐费支出均计入甲公司和丙公司的费用,作为两家公司的差旅费支出;凡是在东莞发生的餐费支出均计入甲公司和乙公司的费用,作为两家公司的差旅费支出。三家公司的经营业务模式也相应调整,使得相关差旅费支出与其经营业务直接相关。由此,50万元业务招待费支出可以全部转化为差旅费支出。增加业务招待费扣除额40万元(50-10)。

📁 税务筹划依据

（1）《中华人民共和国企业所得税法》第八条。

（2）《中华人民共和国企业所得税法实施条例》第三十八条。

（3）《国家税务总局关于企业所得税若干问题的公告》（国家税务总局公告2011年第34号）。

（4）《财政部 税务总局关于广告费和业务宣传费支出税前扣除有关事项的公告》（财政部 税务总局公告2020年第43号）。

（5）《国家税务总局关于企业所得税执行中若干税务处理问题的通知》（国税函〔2009〕202号）。

（6）《国家税务总局关于贯彻落实企业所得税法若干税收问题的通知》（国税函〔2010〕79号）。

（7）《国家税务总局关于企业所得税应纳税所得额若干税务处理问题的公告》（国家税务总局公告2012年第15号）。

第四节 利用企业所得税与印花税税务政策

一、恰当选择企业所得税预缴方法

 税务筹划问题

甲公司2022纳税年度缴纳企业所得税1 200万元，甲公司预计2023纳税年度应纳税所得额会有一个比较大的增长，每季度实际的应纳税所得额分别为1 500万元、1 600万元、1 400万元和1 700万元。甲公司选择按照纳税期限的实际数额来预缴企业所得税。请计算甲公司每季度预缴企业所得税的数额，并提出税务筹划方案。

🔍 税务筹划思路

《企业所得税法》第五十四条规定："企业所得税分月或者分季预缴。企业应当自月份或者季度终了之日起15日内，向税务机关报送预缴企业所得税纳税申报表，预缴税款。企业应当自年度终了之日起5个月内，向税务机关报送年度企业所得税纳税申报表，并汇算清缴，结清应缴应退税款。"企业根据上述规定分月或者分季预缴企业所得税时，应当按照月度或者季度的实际利润额预缴；按照月度或者季度的实际利润额预缴有困难的，可以按照上一纳税年度应纳税所得额的月度或者季度平均额预缴，或者按照经税务机关认可的其他方法预缴。预缴方法一经确定，该纳税年度内不得随意变更。

根据税法的上述规定，企业可以通过选择适当的预缴企业所得税办法进行税务筹划。当企业预计当年的应纳税所得额比上一纳税年度低时，可以选择按纳税期限的实际数预缴，当企业预计当年的应纳税所得额比上一纳税年度高时，可以选择按上一年度应税所得额的 1/12 或 1/4 的方法分期预缴所得税。

根据国家税务总局的规定，为确保税款足额及时入库，各级税务机关对纳入当地重点税源管理的企业，原则上应按照实际利润额预缴方法征收企业所得税。各级税务机关根据企业上年度企业所得税预缴和汇算清缴情况，对全年企业所得税预缴税款占企业所得税应缴税款比例明显偏低的，要及时查明原因，调整预缴方法或预缴税额。各级税务机关要处理好企业所得税预缴和汇算清缴税款入库的关系，原则上各地企业所得税年度预缴税款占当年企业所得税入库税款（预缴数汇算清缴数）应不少于 70%。

税务筹划方案

按照 25% 的企业所得税税率计算，甲公司需要在每季度预缴企业所得税分别为 375 万元、400 万元、350 万元和 425 万元。

由于甲公司 2023 年度的实际应纳税所得额比 2022 年度高很多，而且在甲公司的预料之中，因此，甲公司可以选择按上一年度应税所得额的 1/4 的方法按季度分期预缴所得税。这样，甲公司在每季度只需要预缴企业所得税 300 万元。假设资金成本为 10%，则甲公司可以获得利息收入 11.875 万元 [（375－300）×10%×9÷12＋（400－300）×10%×6÷12＋（350－300）×10%×3÷12]。

税务筹划依据

（1）《中华人民共和国企业所得税法》第五十四条。
（2）《中华人民共和国企业所得税法实施条例》第一百二十七条。
（3）《国家税务总局关于加强企业所得税预缴工作的通知》（国税函〔2009〕34号）。

二、利用汇率变动趋势

税务筹划问题

甲公司主要从事对美外贸业务，每月都有大量的美元收入。该公司选择按月预缴企业所得税。该公司某年度 1～5 月，每月应纳税所得额分别为 2 000 万美元、1 500 万美元、1 500 万美元、1 000 万美元和 1 000 万美元。假设每月最后一日美元的人民币汇率中间价分别为 7.523、7.491、7.461、7.431 和 7.411。请计算该公司每月美元收入应当预缴多少企业所得税并提出税务筹划方案。

税务筹划思路

根据现行的企业所得税政策，企业所得以人民币以外的货币计算的，预缴企业所得税时，应当按照月度或者季度最后一日的人民币汇率中间价，折合成人民币计算应纳税所得额。年度终了汇算清缴时，对已经按照月度或者季度预缴税款的，不再重新折合计算，只就该纳税年度内未缴纳企业所得税的部分，按照纳税年度最后一日的人民币汇率中间价，折合成人民币计算应纳税所得额。

如果纳税人的外汇收入数额不大，或者外汇汇率基本保持不变，利用上述规定进行税务筹划的空间不大。但如果纳税人的外汇收入数额较大并且外汇汇率变化较大，利用上述规定进行税务筹划的空间就比较大。如果预计某月底人民币汇率中间价将提高，则该月的外汇所得应当尽量减少，如果预计某月底人民币汇率中间价将降低，则该月的外汇所得应当尽量增加。如果预计年底人民币汇率中间价将提高，则预缴税款数额与应纳税额的差额应当尽量减少，如果预计年底人民币汇率中间价将降低，则预缴税款数额与应纳税额的差额应当尽量增加。

 税务筹划方案

甲公司1月应当预缴企业所得税3 761.5万元（2 000×7.523×25%），2月应当预缴企业所得税2 809.1万元（1 500×7.491×25%），3月应当预缴企业所得税2 797.9万元（1 500×7.461×25%），4月应当预缴企业所得税1 857.8万元（1 000×7.431×25%），5月应当预缴企业所得税1 852.8万元（1 000×7.411×25%），合计预缴企业所得税13 079.1万元（3 761.5＋2 809.1＋2 797.9＋1 857.8＋1 852.8）。

如果甲公司能够预测到美元的人民币汇率中间价会持续降低，则可以适当调整取得收入所在月。例如，将该年度1～5月的每月应纳税所得额调整为1 000万美元、1 000万美元、1 000万美元、1 500万美元和2 500万美元，收入总额并未发生变化，只是改变了总收入在各月的分布情况。

经过税务筹划，甲公司1月应当预缴企业所得税1 880.8万元（1 000×7.523×25%），2月应当预缴企业所得税1 872.8万元（1 000×7.491×25%），3月应当预缴企业所得税1 865.3万元（1 000×7.461×25%），4月应当预缴企业所得税2 786.6万元（1 500×7.431×25%），5月应当预缴企业所得税4 631.9万元（2 500×7.411×25%），合计预缴企业所得税13 037.4万元（1 880.8＋1 872.8＋1 865.3＋2 786.6＋4 631.9）。经过税务筹划，减轻税收负担41.7万元（13 079.1－13 037.4）。

 税务筹划依据

（1）《中华人民共和国企业所得税法》第五十六条。
（2）《中华人民共和国企业所得税法实施条例》第一百二十九条。

三、利用印花税税收政策

 税务筹划问题

甲公司和乙公司是长年业务合作单位，2023年2月，甲公司的一批货物租用乙公司的仓库保管一年，约定仓储保管费为120万元；另约定甲公司购买乙公司的包装箱1 000个，每个0.1万元，合计100万元。在签订合同时，甲公司和乙公司签署了一份保管合同，其中约定了上述保管和购买包装箱的事项，但未分别记载相应金额，仅规定甲公司向乙公司支付款项220万元。请计算甲公司和乙公司应当缴纳的印花税，并提出税务筹划方案。

税务筹划思路

根据《中华人民共和国印花税法》（以下简称《印花税法》）的规定，在中国境内书立应税凭证、进行证券交易的单位和个人，为印花税的纳税人。书立应税凭证的纳税人，为对应税凭证有直接权利义务关系的单位和个人。采用委托贷款方式书立的借款合同纳税人，为受托人和借款人，不包括委托人。按买卖合同或者产权转移书据税目缴纳印花税的拍卖成交确认书纳税人，为拍卖标的的产权人和买受人，不包括拍卖人。

应税凭证是指《印花税税目税率表》（表2-5）列明的合同、产权转移书据和营业账簿。证券交易是指转让在依法设立的证券交易所、国务院批准的其他全国性证券交易场所交易的股票和以股票为基础的存托凭证。印花税的应纳税额按照计税依据乘以适用税率计算。同一应税凭证载有两个以上税目事项并分别列明金额的，按照各自适用的税目税率分别计算应纳税额；未分别列明金额的，从高适用税率。

对于免征印花税的凭证也要特别注意，如果多贴了印花税票，是不予退还的。根据税法的规定，纳税人多贴的印花税票，不予退税及抵缴税款。另外，对于未履行的应税合同、产权转移书据，已缴纳的印花税不予退还及抵缴税款。

对应税凭证适用印花税减免优惠的，书立该应税凭证的纳税人均可享受印花税减免政策，明确特定纳税人适用印花税减免优惠的除外。

表2-5 印花税税目税率表

税目		税率	备注
合同（指书面合同）	借款合同	借款金额的0.05‰	是指银行业金融机构、经国务院银行业监督管理机构批准设立的其他金融机构与借款人（不包括同业拆借）的借款合同
	融资租赁合同	租金的0.05‰	
	买卖合同	价款的0.3‰	是指动产买卖合同（不包括个人书立的动产买卖合同）
	承揽合同	报酬的0.3‰	
	建设工程合同	价款的0.3‰	
	运输合同	运输费用的0.3‰	是指货运合同和多式联运合同（不包括管道运输合同）
	技术合同	价款、报酬或者使用费的0.3‰	不包括专利权、专有技术使用权转让书据
	租赁合同	租金的1‰	
	保管合同	保管费的1‰	

(续表)

税目		税率	备注
合同（指书面合同）	仓储合同	仓储费的1‰	
	财产保险合同	保险费的1‰	不包括再保险合同
产权转移书据	土地使用权出让书据	价款的0.5‰	转让包括买卖（出售）、继承、赠与、互换、分割
	土地使用权、房屋等建筑物和构筑物所有权转让书据（不包括土地承包经营权和土地经营权转移）	价款的0.5‰	
	股权转让书据（不包括应缴纳证券交易印花税的）	价款的0.5‰	
	商标专用权、著作权、专利权、专有技术使用权转让书据	价款的0.3‰	
营业账簿		实收资本（股本）、资本公积合计金额的0.25‰	
证券交易		成交金额的1‰	

1. 免征印花税的凭证

下列凭证免征印花税：

（1）应税凭证的副本或者抄本。

（2）依照法律规定应当予以免税的外国驻华使馆、领事馆和国际组织驻华代表机构为获得馆舍书立的应税凭证。

（3）中国人民解放军、中国人民武装警察部队书立的应税凭证。

（4）农民、家庭农场、农民专业合作社、农村集体经济组织、村民委员会购买农业生产资料或者销售农产品书立的买卖合同和农业保险合同。享受印花税免税优惠的家庭农场，具体范围为以家庭为基本经营单元，以农场生产经营为主业，以农场经营收入为家庭主要收入来源，从事农业规模化、标准化、集约化生产经营，纳入全国家庭农场名录系统的家庭农场。

（5）无息或者贴息借款合同、国际金融组织向中国提供优惠贷款书立的借款合同。

（6）财产所有权人将财产赠与政府、学校、社会福利机构、慈善组织书立的产权转移书据。享受印花税免税优惠的学校，具体范围为经县级以上人民政府或者其教育行政部门批准成立的大学、中学、小学、幼儿园，实施学历教育的职业教育学校、特殊教育学校、专门学校，以及经省级人民政府或者其人力资源社会保障行政部门批准成立的技工院校。享受印花税免税优惠的社会福利机构，具体范围为依法登记的养老服务机构、残疾人服务机构、儿童福利机构、救助管理机构、未成年人救助保护机构。享受印花税免税优惠的慈善组织，具体范围为依法设立、符合《慈善法》规定，以面向社会开展慈善活动为宗旨的非营利性组织。

（7）非营利性医疗卫生机构采购药品或者卫生材料书立的买卖合同。享受印花税免税优惠的非营利性医疗卫生机构，具体范围为经县级以上人民政府卫生健康行政部门批准或者备案设立的非营利性医疗卫生机构。

（8）个人与电子商务经营者订立的电子订单。享受印花税免税优惠的电子商务经营者，具体范围按《中华人民共和国电子商务法》有关规定执行。

2. 关于应税凭证的具体情形

（1）在中华人民共和国境外书立在境内使用的应税凭证，应当按规定缴纳印花税。其包括以下几种情形：①应税凭证的标的为不动产的，该不动产在境内。②应税凭证的标的为股权的，该股权为中国居民企业的股权。③应税凭证的标的为动产或者商标专用权、著作权、专利权、专有技术使用权的，其销售方或者购买方在境内，但不包括境外单位或者个人向境内单位或者个人销售完全在境外使用的动产或者商标专用权、著作权、专利权、专有技术使用权。④应税凭证的标的为服务的，其提供方或者接受方在境内，但不包括境外单位或者个人向境内单位或者个人提供完全在境外发生的服务。

（2）企业之间书立的确定买卖关系、明确买卖双方权利义务的订单、要货单等单据，且未另外书立买卖合同的，应当按规定缴纳印花税。

（3）发电厂与电网之间、电网与电网之间书立的购售电合同，应当按买卖合同税目缴纳印花税。

（4）下列情形的凭证，不属于印花税征收范围：①人民法院的生效法律文书，仲裁机构的仲裁文书，监察机关的监察文书。②县级以上人民政府及其所属部门按照行政管理权限征收、收回或者补偿安置房地产书立的合同、协议或者行政类文书。③总公司与分公司、分公司与分公司之间书立的作为执行计划使用的凭证。

3. 关于计税依据、补税和退税的具体情形

（1）同一应税合同、应税产权转移书据中涉及两方以上纳税人，且未列明纳税人各自涉及金额的，以纳税人平均分摊的应税凭证所列金额（不包括列明的增值税税款）确定计税依据。

（2）应税合同、应税产权转移书据所列的金额与实际结算金额不一致，不变更应税凭证所列金额的，以所列金额为计税依据；变更应税凭证所列金额的，以变更后的所列金额为计税依据。已缴纳印花税的应税凭证，变更后所列金额增加的，纳税人应当就增加部分的金额补缴印花税；变更后所列金额减少的，纳税人可以就减少部分的金额向税务机关申请退还或者抵缴印花税。

（3）纳税人因应税凭证列明的增值税税款计算错误导致应税凭证的计税依据减少或者增加的，纳税人应当按规定调整应税凭证列明的增值税税款，重新确定应税凭证计税依据。已缴纳印花税的应税凭证，调整后计税依据增加的，纳税人应当就增加部分的金额补缴印花税；调整后计税依据减少的，纳税人可以就减少部分的金额向税务机关申请退还或者抵缴印花税。

（4）纳税人转让股权的印花税计税依据，按照产权转移书据所列的金额（不包括列明的认缴后尚未实际出资权益部分）确定。

（5）应税凭证金额为人民币以外的货币的，应当按照凭证书立当日的人民币汇率中间价折合人民币确定计税依据。

（6）境内的货物多式联运，采用在起运地统一结算全程运费的，以全程运费作为运输合同的计税依据，由起运地运费结算双方缴纳印花税；采用分程结算运费的，以分程的运费作为计税依据，分别由办理运费结算的各方缴纳印花税。

（7）未履行的应税合同、产权转移书据，已缴纳的印花税不予退还及抵缴税款。

（8）纳税人多贴的印花税票，不予退税及抵缴税款。

4. 印花税征收管理和纳税服务有关事项

（1）纳税人应当根据书立印花税应税合同、产权转移书据和营业账簿情况，填写《印花税税源明细表》，进行财产行为税综合申报。

（2）应税合同、产权转移书据未列明金额，在后续实际结算时确定金额的，纳税人应当于书立应税合同、产权转移书据的首个纳税申报期申报应税合同、产权转移书据书立情况，在实际结算后下一个纳税申报期，以实际结算金额计算申报缴纳印花税。

（3）印花税按季、按年或者按次计征。应税合同、产权转移书据印花税可以按季或者按次申报缴纳，应税营业账簿印花税可以按年或者按次申报缴纳，具体纳税期限由各省、自治区、直辖市、计划单列市税务局结合征管实际确定。境外单位或者个人的应税凭证印花税可以按季、按年或者按次申报缴纳，具体纳税期限由各省、自治区、直辖市、计划单列市税务局结合征管实际确定。

（4）纳税人为境外单位或者个人，在境内有代理人的，以其境内代理人为扣缴义务人。境外单位或者个人的境内代理人应当按规定扣缴印花税，向境内代理人机构所在地（居住地）主管税务机关申报解缴税款。纳税人为境外单位或者个人，在境内没有代理人的，纳税人应当自行申报缴纳印花税。境外单位或者个人可以向资产交付地、境内服务提供方或者接受方所在地（居住地）、书立应税凭证境内书立人所在地（居住地）主管税务机关申报缴纳；涉及不动产产权转移的，应当向不动产所在地主管税务机关申报缴纳。

（5）《印花税法》实施后，纳税人享受印花税优惠政策，继续实行"自行判别、申报享受、有关资料留存备查"的办理方式。纳税人对留存备查资料的真实性、完整性和合法性承担法律责任。

5. 印花税临时性减免税优惠政策

目前，印花税还有以下临时性减免税优惠政策：

（1）对铁路、公路、航运、水路承运快件行李、包裹开具的托运单据，暂免贴花。

（2）各类发行单位之间，以及发行单位与订阅单位或个人之间书立的征订凭证，暂免征印花税。

（3）军事物资运输，凡附有军事运输命令或使用专用的军事物资运费结算凭证，免纳印花税。

（4）抢险救灾物资运输，凡附有县级以上（含县级）人民政府抢险救灾物资运输证明文件的运费结算凭证，免纳印花税。

（5）铁道部层层下达的基建计划，不属应税合同，不应纳税；铁道部所属各建设单位与施工企业之间签订的建筑安装工程承包合同属于应税合同，应按规定纳税；但企业内部签订的有关铁路生产经营设施基建、更新改造、大修、维修的协议或责任书，不在征收范围之内。

（6）铁道部所属各企业之间签订的购销合同或作为合同使用的调拨单，应按规定贴花；属于企业内部的物资调拨单，不应贴花。

（7）凡在铁路内部无偿调拨的固定资产，其调拨单据不属于产权转移书据，不应贴花。

（8）对资产公司成立时设立的资金账簿免征印花税。对资产公司收购、承接和处置不良资产，免征购销合同和产权转移书据应缴纳的印花税。

（9）对中国石油天然气集团和中国石油化工集团之间、两大集团内部各子公司之间、中国石油天然气股份公司的各子公司之间、中国石油化工股份公司的各子公司之间、中国石油天然气股份公司的分公司与子公司之间、中国石油化工股份公司的分公司与子公司之间互供石油和石油制品所使用的"成品油配置计划表"（或其他名称的表、证、单、书），暂不征收印花税。

（10）金融资产管理公司按财政部核定的资本金数额，接收国有商业银行的资产，在办理过户手续时，免征印花税。

（11）国有商业银行按财政部核定的数额，划转给金融资产管理公司的资产，在办理过户手续时，免征印花税。

（12）对社保理事会委托社保基金投资管理人运用社保基金买卖证券应缴纳的印花税实行先征后返。

（13）对社保基金持有的证券，在社保基金证券账户之间的划拨过户，不属于印花税的征税范围，不征收印花税。

（14）对被撤销金融机构接收债权、清偿债务过程中签订的产权转移书据，免征印花税。

（15）实行公司制改造的企业在改制过程中成立的新企业（重新办理法人登记的），其新启用的资金账簿记载的资金或因企业建立资本纽带关系而增加的资金，凡原已贴花的部分可不再贴花，未贴花的部分和以后新增加的资金按规定贴花。公司制改造包括国有企业依《中华人民共和国公司法》（以下简称《公司法》）整体改造成国有独资有限责任公司；企业通过增资扩股或者转让部分产权，实现他人对企业的参股，将企业改造成有限责任公司或股份有限公司；企业以其部分财产和相应债务与他人组建新公司；企业将债务留在原企业，而以其优质财产与他人组建的新公司。

（16）以合并或分立方式成立的新企业，其新启用的资金账簿记载的资金，凡原已贴花的部分可不再贴花，未贴花的部分和以后新增加的资金按规定贴花。合并包括吸收合并和新设合并。分立包括存续分立和新设分立。

（17）企业改制前签订但尚未履行完的各类应税合同，改制后需要变更执行主体的，对仅改变执行主体、其余条款未作变动且改制前已贴花的，不再贴花。

（18）企业因改制签订的产权转移书据免予贴花。

（19）对东方资产管理公司在接收和处置港澳国际（集团）有限公司资产过程中签订的产权转移书据，免征东方资产管理公司应缴纳的印花税。

（20）对港澳国际（集团）内地公司在催收债权、清偿债务过程中签订的产权转移书据，免征港澳国际（集团）内地公司应缴纳的印花税。

（21）对港澳国际（集团）香港公司在中国境内催收债权、清偿债务过程中签订的产权转移书据，免征港澳国际（集团）香港公司应承担的印花税。

（22）对经国务院和省级人民政府决定或批准进行的国有（含国有控股）企业改组改制而发生的上市公司国有股权无偿转让行为，暂不征收证券（股票）交易印花税。对不属于上述情况的上市公司国有股权无偿转让行为，仍应征收证券（股票）交易印花税。

（23）股权分置改革过程中因非流通股股东向流通股股东支付对价而发生的股权转让，暂免征收印花税。

（24）发起机构、受托机构在信贷资产证券化过程中，与资金保管机构（指接受受托机构委托，负责保管信托项目财产账户资金的机构）、证券登记托管机构（指中央国债登记结算有限责任公司）以及其他为证券化交易提供服务的机构签订的其他应税合同，暂免征收发起机构、受托机构应缴纳的印花税。

（25）受托机构发售信贷资产支持证券以及投资者买卖信贷资产支持证券暂免征收印花税。

（26）发起机构、受托机构因开展信贷资产证券化业务而专门设立的资金账簿暂免征收印花税。

（27）对证券投资者保护基金有限责任公司（以下简称保护基金公司）新设立的资金账簿免征印花税。对保护基金公司与中国人民银行签订的再贷款合同、与证券公司行政清算机构签订的借款合同，免征印花税。对保护基金公司接收被处置证券公司财产签订的产权转移书据，免征印花税。对保护基金公司以证券投资者保护基金自有财产和接收的受偿资产与保险公司签订的财产保险合同，免征印花税。

（28）对发电厂与电网之间、电网与电网之间（国家电网公司系统、南方电网公司系统内部各级电网互供电量除外）签订的购售电合同按购销合同征收印花税。电网与用户之间签订的供用电合同不属于印花税列举征税的凭证，不征收印花税。

（29）对青藏铁路公司及其所属单位营业账簿免征印花税；对青藏铁路公司签订的货物运输合同免征印花税，对合同其他各方当事人应缴纳的印花税照章征收。

（30）外国银行分行改制为外商独资银行（或其分行）后，其在外国银行分行已经贴花的资金账簿、应税合同，在改制后的外商独资银行（或其分行）不再重新贴花。

（31）对经济适用住房经营管理单位与经济适用住房相关的印花税以及经济适用住房购买人涉及的印花税予以免征。开发商在商品住房项目中配套建造经济适用住房，如果能提供政府部门出具的相关材料，可按经济适用住房建筑面积占总建筑面积的比例免征开发商应缴纳的印花税。

（32）对个人出租、承租住房签订的租赁合同，免征印花税。

（33）对个人销售或购买住房暂免征收印花税。

（34）对有关国有股东按照《境内证券市场转持部分国有股充实全国社会保障基金实施办法》（财企〔2009〕94号）向全国社会保障基金理事会转持国有股，免征证券（股票）交易印花税。

（35）中国海油集团与中国石油天然气集团、中国石油化工集团之间，中国海油集团内部各子公司之间，中国海油集团的各分公司和子公司之间互供石油和石油制品所使用的"成品油配置计划表"（或其他名称的表、证、单、书），暂不征收印花税。

（36）对改造安置住房建设用地免征城镇土地使用税。对改造安置住房经营管理单位、开发商与改造安置住房相关的印花税以及购买安置住房的个人涉及的印花税予以免征。在商品住房等开发项目中配套建造安置住房的，依据政府部门出具的相关材料、房屋征收（拆迁）补偿协议或棚户区改造合同（协议），按改造安置住房建筑面积占总建筑面积的比例免征印花税。

（37）在融资性售后回租业务中，对承租人、出租人因出售租赁资产及购回租赁资产所签订的合同，不征收印花税。

（38）对香港市场投资者通过沪股通和深股通参与股票担保卖空涉及的股票借入、归还，暂免征收证券（股票）交易印花税。

（39）对因农村集体经济组织以及代行集体经济组织职能的村民委员会、村民小组进行清产核资收回集体资产而签订的产权转移书据，免征印花税。

（40）对金融机构与小型企业、微型企业签订的借款合同免征印花税。

（41）2027年12月31日前，对保险保障基金公司下列应税凭证，免征印花税：①新设立的资金账簿；②在对保险公司进行风险处置和破产救助过程中签订的产权转移书据；③在对保险公司进行风险处置过程中与中国人民银行签订的再贷款合同；④以保险保障基金自有财产和接收的受偿资产与保险公司签订的财产保险合同。对与保险保障基金公司签订上述产权转移书据或应税合同的其他当事人照章征收印花税。

（42）对社保基金会、社保基金投资管理人管理的社保基金转让非上市公司股权，免征社保基金会、社保基金投资管理人应缴纳的印花税。

（43）对社保基金会及养老基金投资管理机构运用养老基金买卖证券应缴纳的印花税实行先征后返；养老基金持有的证券，在养老基金证券账户之间的划拨过户，不属于印花税的征收范围，不征收印花税。对社保基金会及养老基金投资管理机构管理的养老基金转让非上市公司股权，免征社保基金会及养老基金投资管理机构应缴纳的印花税。

（44）对易地扶贫搬迁项目实施主体（以下简称项目实施主体）取得用于建设易地扶贫搬迁安置住房（以下简称安置住房）的土地，免征印花税。对安置住房建设和分配过程中应由项目实施主体、项目单位缴纳的印花税，予以免征。在商品住房等开发项目中配套建设安置住房的，按安置住房建筑面积占总建筑面积的比例，计算应予免征的项目实施主体、项目单位相关的印花税。对项目实施主体购买商品住房或者回购保障性住房作为安置住房房源的，免征契税、印花税。

（45）2027年12月31日前，对与高校学生签订的高校学生公寓租赁合同，免征印花税。

（46）在国有股权划转和接收过程中，划转非上市公司股份的，对划出方与划入方签订的产权转移书据免征印花税；划转上市公司股份和全国中小企业股份转让系统挂牌公司股份的，免征证券交易印花税；对划入方因承接划转股权而增加的实收资本和资本公积，免征印花税。

（47）2025年12月31日前，对公租房经营管理单位免征建设、管理公租房涉及的印花税。在其他住房项目中配套建设公租房，按公租房建筑面积占总建筑面积的比例免征建设、管理公租房涉及的印花税。对公租房经营管理单位购买住房作为公租房，免征印花税；对公租房租赁双方免征签订租赁协议涉及的印花税。

（48）2027年12月31日前，对饮水工程运营管理单位为建设饮水工程取得土地使用权而签订的产权转移书据，以及与施工单位签订的建设工程合同，免征印花税。

（49）2022年1月1日至2027年12月31日，对商品储备管理公司及其直属库资金账簿免征印花税；对其承担商品储备业务过程中书立的购销合同免征印花税，对合同其他各方当事人应缴纳的印花税照章征收。

（50）2022年1月1日至2024年12月31日，由省、自治区、直辖市人民政府根据本地区实际情况，以及宏观调控需要确定，对增值税小规模纳税人、小型微利企业和个体工商户可以在50%的税额幅度内减征印花税。

（51）自2023年8月28日起，证券交易印花税实施减半征收。

（52）自2023年10月1日起，对保障性住房项目建设用地免征城镇土地使用税。对保障性住房经营管理单位与保障性住房相关的印花税，以及保障性住房购买人涉及的印花税予以免征。在商品住房等开发项目中配套建造保障性住房的，依据政府部门出具的相关材料，可按保障性住房建筑面积占总建筑面积的比例免征城镇土地使用税、印花税。

税务筹划方案

由于上述两项交易没有分别记载金额，应当按照较高的税率合并缴纳印花税。买卖合同的印花税税率为0.3‰，保管合同的印花税税率为1‰。甲公司和乙公司应当分别按照1‰的税率缴纳印花税，分别缴纳印花税0.22万元（220×1‰），合计缴纳印花税0.44万元（0.22×2）。

根据税法的规定，如果上述两项交易分别记载金额或者签订两个合同，则可以分别适用各自税率计算印花税。两个公司分别缴纳印花税0.15万元（120×1‰＋100×0.3‰），合计缴纳印花税0.3万元（0.15×2），减轻税收负担0.14万元（0.44－0.3）。

税务筹划依据

（1）《中华人民共和国印花税法》（2021年6月10日第十三届全国人民代表大会常务委员会第二十九次会议通过）。

（2）《财政部　税务总局关于印花税若干事项政策执行口径的公告》（财政部　税

务总局公告 2022 年第 22 号）。

（3）《国家税务总局关于实施〈中华人民共和国印花税法〉等有关事项的公告》（国家税务总局公告 2022 年第 14 号）。

（4）《财政部　税务总局关于印花税法实施后有关优惠政策衔接问题的公告》（财政部　税务总局公告 2022 年第 23 号）。

（5）《财政部　税务总局关于继续实施公共租赁住房税收优惠政策的公告》（财政部　税务总局公告 2023 年第 33 号）

（6）《财政部　税务总局关于减半征收证券交易印花税的公告》（财政部　税务总局公告 2023 年第 39 号）。

（7）《财政部　税务总局关于继续实施部分国家商品储备税收优惠政策的公告》（财政部　税务总局公告 2023 年第 48 号）。

（8）《财政部　税务总局关于继续实施高校学生公寓房产税、印花税政策的公告》（财政部　税务总局公告 2023 年第 53 号）。

（9）《财政部　税务总局关于继续实施农村饮水安全工程税收优惠政策的公告》（财政部　税务总局公告 2023 年第 58 号）。

（10）《财政部　税务总局　住房城乡建设部关于保障性住房有关税费政策的公告》（财政部　税务总局　住房城乡建设部公告 2023 年第 70 号）。

第三章

企业融资阶段税务筹划

第一节 利用利息抵税效应

一、增加债权性融资比例

 税务筹划问题

甲公司计划投资1 000万元用于一项新产品的生产，在专业人员的指导下制定了三种方案。三种方案中债务资本所占比例分别为0、20%和60%，三个方案的债务利率均为10%，企业所得税税率为25%。请计算三种方案的权益资本投资利润率并进行比较。

 税务筹划思路

融资决策是任何企业都需要面临的问题，也是企业生存和发展的关键问题之一。融资决策需要考虑众多因素，税收因素是其中之一。利用不同融资方式、不同融资条件对税收的影响，精心设计企业融资项目，以实现企业税后利润或者股东收益最大化，是税务筹划的任务和目的。

融资在企业的生产经营过程中占据着非常重要的地位，融资是企业一系列生产经营活动的前提条件，融资决策的优劣直接影响到企业生产经营的业绩。融资作为一项相对独立的企业活动，其对经营收益的影响主要是借助于因资本结构变动产生的杠杆作用进行的。资本结构是企业长期债务资本与权益资本之间的比例构成关系。企业在融资过程中应当考虑以下几方面：①融资活动对于企业资本结构的影响；②资本结构的变动对于税收成本和企业利润的影响；③融资方式的选择在优化资本结构和减轻税负方面对于企业和所有者税后利润最大化的影响。

在市场经济体制下，企业的融资渠道主要包括从金融机构借款、从非金融机构借款、发行债券、发行股票、融资租赁、企业自我积累和企业内部集资等。不同融资方式的税法待遇及其所造成的税收负担的不同为税务筹划创造了空间。

企业各种融资渠道大致可以划分为负债和资本金两种方式。两种融资方式在税法上的待遇是不同的，《企业所得税法》第八条规定："企业实际发生的与取得收入有关的、合理的支出，包括成本、费用、税金、损失和其他支出，准予在计算应纳税所得额时扣除。"纳税人在生产、经营期间，向金融机构借款的利息支出，按照实际发生数扣除；向非金融机构借款的利息支出，不高于按照金融机构同类、同期贷款利率计算的数额以内的部分，准予扣除。通过负债的方式融资，负债的成本——借款利息可以在税前扣除，从而减轻了企业的税收负担。《企业所得税法》第十条规定："在计算应纳税所得额时，下列支出不得扣除：（一）向投资者支付的股息、红利等权益性投资收益款项……"由此可见，企业通过增加资本金的方式进行融资所支付的股息或者红利是不能在税前扣除的，因此，仅仅从节税的角度来讲，负债融资方式比权益融资方式较优。但由于各种融资方式还会涉及其他一些融资成本，因此，不能仅仅从税收负担角度来考虑各种融资成本的优劣。

下面我们分别分析以下几种最常见的融资方式的各种成本：

（1）发行债券越来越成为大公司融资的主要方式。债券是经济主体为筹集资金而发行的，用以记载和反映债权债务关系的有价证券。由企业发行的债券被称为企业债券或公司债券。发行债券的筹资方式，由于筹资对象广、市场大，比较容易寻找降低融资成本、提高整体收益的方法，另外，由于债券的持有者人数众多，有利于企业利润的平均分担，避免利润过分集中所带来的较重税收负担。

（2）向金融机构借款也是企业较常使用的融资方式，由于这种方式只涉及企业和金融机构两个主体，因此，如果二者存在一定的关联关系，就可以通过利润的平均分摊来减轻税收负担。当然，这种方式需要控制在合理的范围之内，否则有可能受到关联企业转移定价的规制。但绝大多数企业和金融机构之间是不存在关联关系的，很难利用关联关系来取得税收上的利息。但由于借款利息可以在税前扣除，因此，这一融资方式比企业自我积累资金的方式在税收待遇上要优越。

（3）企业以自我积累的方式进行筹资，所需要的时间比较长，无法满足绝大多数企业的生产经营的需要。另外，从税收的角度来看，自我积累的资金由于不属于负债，因此，也不存在利息抵扣所得额的问题，无法享受税法上的优惠待遇。再加上资金的占用和使用融为一体，企业所承担的风险也比较高。

（4）发行股票仅仅属于上市公司融资的选择方案之一，非上市公司没有权利选择这一融资方式，因此，其适用范围相对比较狭窄。发行股票所支付的股息与红利是在税后利润中进行的，因此，无法像债券利息或借款利息那样享受抵扣所得额的税法优惠待遇。而且发行股票融资的成本相对来讲也比较高，并非绝大多数企业所能选择的融资方案。当然，发行股票融资也有众多优点，例如，发行股票不用偿还本金，没有债务压力。成功发行股票对于企业来讲也是一次非常好的宣传自己的机会，往往会给企业带来其他方面的诸多好处。

一般来讲，企业以自我积累方式筹资所承受的税收负担要重于向金融机构借款所承受的税收负担，贷款融资所承受的税收负担要重于企业间拆借所承受的税收负担，企业间借贷的税收负担要重于企业内部集资的税收负担。

另外，企业还可以通过联合经营来进行税务筹划，即以一个主体厂为中心，与有一定生产设备基础的若干企业联合经营。例如，由主体厂提供原材料，成员厂加工零配件，再卖给主体厂，主体厂组装完成产品并负责销售。这样可以充分利用成员厂的场地、劳动力、设备和资源进行规模生产，提高效率，另外适当利用各成员厂之间的关联关系，可以减轻整体的税收负担。世界性的大公司都是通过这种全球经营的方式来获得最佳的经营效益的，国内企业也可以适当借鉴这种联合经营的方式。

 税务筹划方案

甲公司权益资本投资利润率如表 3-1 所示。

表 3-1　权益资本投资利润率

项　目	债务资本：权益资本		
	方案 A	方案 B	方案 C
	0∶1 000	200∶800	600∶400
息税前利润（万元）	300	300	300
利率	10%	10%	10%
税前利润（万元）	300	280	240
纳税额（25%）	75	70	60
税后利润（万元）	225	210	180
权益资本收益率	22.5%	26.25%	45%

由以上 A、B、C 三种方案的对比可以看出，在息税前利润和贷款利率不变的条件下，随着企业负债比例的提高，权益资本的收益率在不断增加。通过比较不同资本结构带来的权益资本收益率的不同，选择融资所要采取的融资组合，实现股东收益最大化。我们可以选择方案 C 作为甲公司投资该项目的融资方案。

 税务筹划依据

（1）《中华人民共和国企业所得税法》第八条、第十条。
（2）《中华人民共和国企业所得税法实施条例》。

二、利用长期借款融资

 税务筹划问题

甲股份有限公司的资本结构备选方案如表 3-2 所示，请分析该公司的权益资本收益率并进行比较。

表 3-2 资本结构备选方案表

金额单位：万元

项 目	A方案	B方案	C方案	D方案	E方案
负债比例	0	1∶1	2∶1	3∶1	4∶1
负债成本率	—	6%	7%	9%	10.5%
投资收益率	10%	10%	10%	10%	10%
负债额	0	3 000	4 000	4 500	4 800
权益资本额	6 000	3 000	2 000	1 500	1 200
普通股股数（万股）	60	30	20	15	12

  税务筹划思路

企业的资金来源除权益资金外，主要就是负债。负债一般包括长期负债和短期负债。长期负债资本和权益资本的比例关系一般被称为资本构成。长期负债融资的好处在于：一方面是债务的利息可以起到抵减应税所得，减少应纳所得税额；另一方面还体现在通过财务杠杆作用增加权益资本收益率上。假设企业负债经营，债务利息不变，当利润增加时，单位利润所负担的利息就会相对降低，从而使投资者收益有更大幅度的提高，这种债务对投资收益的影响就是财务杠杆作用。

仅仅从节税角度考虑，企业负债比例越大，节税效果越明显。但由于负债比例升高会相应影响将来的融资成本和财务风险，因此，并不是负债比例越高越好。长期负债融资的杠杆作用体现在提高权益资本的收益率以及普通股的每股收益额方面，这可以从下面的公式得以反映：

$$\text{权益资本收益率（税前）} = \text{息税前投资收益率} + \frac{\text{负债}}{\text{权益资本}} \times \left(\text{息税前投资收益率} - \text{负债成本率}\right)$$

因此，只要企业息税前投资收益率高于负债成本率，增加负债额度，提高负债的比例就会带来权益资本收益率提高的效应。但这种权益资本收益率提高的效应会被企业的财务风险以及融资的风险成本的逐渐加大所抵消，当二者达到一个大体的平衡时，也就达到增加负债比例的最高限额，超过这个限额，财务风险以及融资风险成本就会超过权益资本收益率提高的收益，也就会从整体上降低企业的税后利润，从而降低权益资本收益率。

根据现行税法的规定，公司借款的利息在符合税法规定的限额的情况下可以在计算企业所得税时予以税前扣除，而公司股东的股息则必须在缴纳企业所得税以后才能予以扣除。因此，当公司需要一笔资金时，采取借债的方式显然比股东投资的方式在税法上有利，股东可以利用这一制度设计将部分资金采取借贷的方式投入公司，以减轻税收负担。

当然，这种税务筹划的方法必须保持在一定的限度内，否则税务机关有权进行调整。《企业所得税法》第四十六条规定："企业从其关联方接受的债权性投资与权益性投资的比例超过规定标准而发生的利息支出，不得在计算应纳税所得额时扣除。"债权性投资是指企业直接或者间接从关联方获得的，需要偿还本金和支付利息或者需要以其他具有支付利息性质的方式予以补偿的融资。企业间接从关联方获得的债权性投资，包括：①关联方通过无关联第三方提供的债权性投资；②无关联第三方提供的、由关联方担保且负有连带责任的债权性投资；③其他间接从关联方获得的具有负债实质的债权性投资。权益性投资是指企业接受的不需要偿还本金和支付利息，投资人对企业净资产拥有所有权的投资。

根据《财政部 国家税务总局关于企业关联方利息支出税前扣除标准有关税收政策问题的通知》（财税〔2008〕121号）的规定，在计算应纳税所得额时，企业实际支付给关联方的利息支出，不超过以下规定比例和《企业所得税法》及其实施条例有关规定计算的部分，准予扣除，超过的部分不得在发生当期和以后年度扣除。企业实际支付给关联方的利息支出，其接受关联方债权性投资与其权益性投资比例如下：①金融企业为5:1；②其他企业为2:1。

企业如果能够按照《企业所得税法》及其实施条例的有关规定提供相关资料，并证明相关交易活动符合独立交易原则的；或者该企业的实际税负不高于境内关联方的，其实际支付给境内关联方的利息支出，在计算应纳税所得额时准予扣除。

企业同时从事金融业务和非金融业务，其实际支付给关联方的利息支出，应按照合理方法分开计算；没有按照合理方法分开计算的，一律按其他企业的比例计算准予税前扣除的利息支出。企业自关联方取得的不符合规定的利息收入应按照有关规定缴纳企业所得税。

不得在计算应纳税所得额时扣除的利息支出应按以下公式计算：

$$\text{不得扣除利息支出} = \text{年度实际支付的全部关联方利息} \times \frac{1-\text{标准比例}}{\text{关联债资比例}}$$

其中：

关联债资比例是指企业从其全部关联方接受的债权性投资（以下简称关联债权投资）占企业接受的权益性投资（以下简称权益投资）的比例，关联债权投资包括关联方以各种形式提供担保的债权性投资。

关联债资比例的具体计算方法如下：

$$\text{关联债资比例} = \text{年度各月平均关联债权投资之和} \div \text{年度各月平均权益投资之和}$$

其中：

$$\text{各月平均关联债权投资} = \frac{\text{关联债权投资月初账面余额}+\text{月末账面余额}}{2}$$

$$\text{各月平均权益投资} = \frac{\text{权益投资月初账面余额}+\text{月末账面余额}}{2}$$

权益投资为企业资产负债表所列示的所有者权益金额。如果所有者权益小于实收资本(股本)与资本公积之和,则权益投资为实收资本(股本)与资本公积之和;如果实收资本(股本)与资本公积之和小于实收资本(股本)金额,则权益投资为实收资本(股本)金额。

利息支出包括直接或间接关联债权投资实际支付的利息、担保费、抵押费和其他具有利息性质的费用。不得在计算应纳税所得额时扣除的利息支出,不得结转到以后纳税年度;应按照实际支付给各关联方利息占关联方利息总额的比例,在各关联方之间进行分配,其中,分配给实际税负高于企业的境内关联方的利息准予扣除;直接或间接实际支付给境外关联方的利息应视同分配的股息,按照股息和利息分别适用的所得税税率差补征企业所得税,如果已扣缴的所得税税款多于按股息计算应征所得税税款,多出的部分不予退税。

资本弱化特殊事项文档包括以下内容:
(1)企业偿债能力和举债能力分析。
(2)企业集团举债能力及融资结构情况分析。
(3)企业注册资本等权益投资的变动情况说明。
(4)关联债权投资的性质、目的及取得时的市场状况。
(5)关联债权投资的货币种类、金额、利率、期限及融资条件。
(6)非关联方是否能够并且愿意接受上述融资条件、融资金额及利率。
(7)企业为取得债权性投资而提供的抵押品情况及条件。
(8)担保人状况及担保条件。
(9)同类同期贷款的利率情况及融资条件。
(10)可转换公司债券的转换条件。
(11)其他能够证明符合独立交易原则的资料。

企业未按规定准备、保存和提供同期资料证明关联债权投资金额、利率、期限、融资条件以及债资比例等符合独立交易原则的,其超过标准比例的关联方利息支出,不得在计算应纳税所得额时扣除。

上述"实际支付利息"是指企业按照权责发生制原则计入相关成本、费用的利息。

企业实际支付关联方利息存在转让定价问题的,税务机关应首先按照有关规定实施转让定价调查调整。

税务筹划方案

甲股份有限公司的权益资本收益率如表3-3所示。

表3-3 权益资本收益率表

金额单位:万元

项 目	A方案	B方案	C方案	D方案	E方案
负债比例	0	1:1	2:1	3:1	4:1
负债成本率	—	6%	7%	9%	10.5%
投资收益率	10%	10%	10%	10%	10%

（续表）

项　目	A方案	B方案	C方案	D方案	E方案
负债额	0	3 000	4 000	4 500	4 800
权益资本额	6 000	3 000	2 000	1 500	1 200
普通股股数（万股）	60	30	20	15	12
年息税前利润额	600	600	600	600	600
减：负债利息成本	—	180	280	405	504
年税前净利	600	420	320	195	96
所得税率	25%	25%	25%	25%	25%
应纳所得税额	150	105	80	48.75	24
年息税后利润	450	315	240	146.25	72
权益资本收益率	7.5%	10.5%	12%	9.75%	6%
普通股每股收益额（元）	7.5	10.5	12	9.75	6

从A、B、C、D、E五种选择方案可以看出，方案B、C、D利用了负债融资的方式，由于其负债利息可以在税前扣除，因此，降低了所得税的税收负担，产生了权益资本收益率和普通股每股收益额均高于完全靠权益资金融资的方案A。

上述方案中假设随着企业负债比例的不断提高，企业融资的成本也在不断提高，反映在表格中是负债成本率不断提高，这一假设是符合现实的。正是由于负债成本率的不断提高，增加的债务融资成本逐渐超过因其抵税作用带来的收益，这时，通过增加负债比例进行税务筹划的空间就走到尽头了。上述五种方案所带来的权益资本收益率和普通股每股收益额的变化充分说明了这一规律。从方案A到方案C，随着企业负债比例的不断提高，权益资本收益率和普通股每股收益额也在不断提高，说明税收效应处于明显的优势，但从方案C到方案D则出现了权益资本收益率和普通股每股收益额逐渐下降的趋势，这就说明了此时起主导作用的因素已经开始向负债成本转移，债务成本抵税作用带来的收益增加效应已经受到削弱与抵消，但与完全采用股权性融资的方案相比，仍是有利可图的。但到方案E时，债务融资税收挡板作用带来的收益就完全被负债成本的增加所抵消，而且负债成本已经超过节税的效应了，因此，方案E的权益资本收益率和普通股每股收益额已经低于完全不进行融资时（方案A）的收益了。此时融资所带来的就不是收益而是成本了。

这一案例再次说明了前面的结论：只有当企业息税前投资收益率高于负债成本率时，增加负债比例才能提高企业的整体效益，否则，就会降低企业的整体效益。

在长期借款融资的税务筹划中，借款偿还方式的不同也会导致不同的税收待遇，从而同样存在税务筹划的空间。例如，某公司为了引进一条先进的生产线，从银行贷款1 000万元，年利率为10%，年投资收益率为18%，5年内还清全部本息。经过税务筹划，该公司可选择的方案主要有四种：①期末一次性还本付息；②每年偿还等额的本金和利息；③每年偿还等额的本金200万元及当期利息；④每年支付等额利息100万元，并在第五年年末一次性还本。在以上各种不同的偿还方式下，年偿还额、总偿还额、税额以及企业的整体收益均是不同的。

一般来讲，第一种方案给企业带来的节税额最大，但它给企业带来的经济效益却是最差的，企业最终所获利润低，而且现金流出量大，因此是不可取的。第三种方案尽管使企业缴纳了较多的所得税，但其税后收益却是最高的，而且现金流出量也是最小的，因此，它是最优的方案。第二种方式是次优的，它给企业带来的经济利益小于第三种方案，但大于第四种方案。长期借款融资偿还方式的一般原则是分期偿还本金和利息，尽量避免一次性偿还本金或者本金和利息。

 税务筹划依据

（1）《中华人民共和国企业所得税法》。
（2）《中华人民共和国企业所得税法实施条例》。
（3）《财政部　国家税务总局关于企业关联方利息支出税前扣除标准有关税收政策问题的通知》（财税〔2008〕121号）。

三、利用融资租赁

 税务筹划问题

甲公司计划增添一设备，总共需要资金200万元。该设备预计使用寿命为6年，净残值为8万元，采用平均年限法，折现系数为10%。该企业有三种方案可供选择：第一，用自有资金购买；第二，贷款购买，银行提供五年期的长期贷款，每年偿还40万元本金及利息，利率为10%；第三，融资租赁，五年后取得所有权，每年支付租赁费40万元，手续费为1%，融资利率为9%。请比较三种方案，并提出税务筹划方案。

 税务筹划思路

租赁合同是企业经营过程中经常使用的一种合同，《中华人民共和国民法典》（以下简称《民法典》）第七百零三条规定："租赁合同是出租人将租赁物交付承租人使用、收益，承租人支付租金的合同。"租赁可以分为经营租赁和融资租赁，《民法典》中的租赁合同就是经营租赁。根据《民法典》第七百三十五条的规定："融资租赁合同是出租人根据承租人对出卖人、租赁物的选择，向出卖人购买租赁物，提供给承租人使用，承租人支付租金的合同。"融资租赁一方面具有租赁的一般特点，另一方面又具有融资的特点。它是通过"融物"的形式来达到融资的目的，因此，融资租赁也是企业融资的一种重要方式。

典型的融资租赁由三方当事人和两个合同组成，即由出租人与供货人签订的购货合同和出租人与承租人签订的租赁合同组成。在实际操作中，一般把符合下列条件之一的租赁，认定为融资租赁：①租赁期满，租赁物的所有权无偿转移给承租人，或者承租人有权按照象征性的低于正常价值的价格购买租赁物；②租赁期超过租赁物寿命的 75%；③租金的现值不超过租赁物合理价值的 90%。

对于企业来讲，要引进一项新设备，主要有三种方式：用自有资金购买、用长期贷款购买和融资租赁。三种方式均能实现增加生产设备的目的，这一点效果相同，但不同融资方式所引起的净现金流量不同。

除了典型的融资租赁方式，企业在税务筹划时还可以考虑一些特殊的融资租赁方式。特殊的融资租赁是在典型的融资租赁的基础之上加上一些特殊的做法演化而来的，如转租赁、回租赁、卖方租赁、营业合成租赁、项目融资租赁、综合租赁和杠杆租赁。其中在国际经济活动中应用最为普遍的是杠杆租赁。杠杆租赁，也称平衡租赁，它是指租赁物购置成本的小部分（一般为 20%～40%）由出租人出资，大部分（一般为 60%～80%）由银行等金融机构提供贷款的一种租赁方式。

20 世纪 60 年代以来，西方许多国家为了鼓励设备投资，给予设备购买人投资抵扣、加速折旧等税收优惠。对于出租人而言，采用杠杆租赁，既可以获得贷款人的信贷支持，又可以取得税收优惠待遇；对贷款人而言，其收回贷款的权利优先于出租人取得租金的权利，而且有租赁物作为担保，因此，贷款风险大大降低；对于承租人而言，由于出租人和贷款人都可以获得较普通租赁和贷款较高的利润，因此，它们往往将这部分收益通过降低租金的方式部分转移给承租人，这样，承租人也就获得了利益。正由于杠杆租赁具有众多优势，杠杆租赁得以在国际租赁市场上迅速推广。国内企业也可以借鉴这种融资方式，来获得最佳的融资收益。

 税务筹划方案

甲公司第一种方案的现金流出量现值如表 3-4 所示。

表 3-4 现金流出量现值表一

金额单位：万元

年份	购买成本	折旧费	节税额	税后现金流出量	折现系数	税后现金流出量现值
①	②	③	④=③×25%	⑤=②-④	⑥	⑦=⑤×⑥
第一年年初	200			200		200.00
第一年年末		32	8	8	0.91	7.28
第二年年末		32	8	8	0.83	6.00
第三年年末		32	8	8	0.75	6.44
第四年年末		32	8	8	0.68	5.44
第五年年末		32	8	8	0.62	4.96
第六年年末		32	8	8	0.56	4.48
				8	0.56	4.48
合计	200	192	48	144		160.72

第二种方案的现金流出量现值如表 3-5 所示。

表 3-5 现金流出量现值表二

金额单位：万元

年份 ①	偿还本金 ②	利息 ③	本利和 ④=②+③	折旧费 ⑤	节税额 ⑥=（③+⑤）×25%	税后现金流出量 ⑦=④-⑥	折现系数 ⑧	税后现金流出量现值 ⑨=⑦×⑧
1	40	20	60	32	13	47	0.91	42.77
2	40	16	56	32	12	44	0.83	36.52
3	40	12	52	32	11	41	0.75	30.75
4	40	8	48	32	10	38	0.68	25.84
5	40	4	44	32	9	35	0.62	21.70
6				32	8	8	0.56	4.48
						8	0.56	4.48
合计	200	60	260	192	63	149		148.62

第三种方案的现金流出量现值如表 3-6 所示。

表 3-6 现金流出量现值表三

金额单位：万元

年份 ①	租赁成本 ②	手续费 ③=②×1%	融资利息 ④	租赁总成本 ⑤=②+③+④	折旧费 ⑥	节税额 ⑦=（③+④+⑤）×25%	税后现金流出量 ⑧=⑤-⑦	折现系数 ⑨	税后现金流出量现值 ⑩=⑦×⑧
1	40	0.4	18.0	58.4	32	12.6	45.8	0.91	41.68
2	40	0.4	14.4	54.8	32	11.7	43.1	0.83	35.77
3	40	0.4	10.8	51.2	32	10.8	40.4	0.75	30.30
4	40	0.4	7.2	47.6	32	9.9	37.7	0.68	25.64
5	40	0.4	3.6	44.0	32	9.0	35.0	0.62	21.70
6					32	8.0	8.0	0.56	4.48
							8.0	0.56	4.48
合计	200	2.0	54.0	256.0	192	62.0	186.0		146.13

通过分析以上三种方案可以看出，仅仅从节税的角度来看，用贷款购买设备所享

受的税收优惠最大，因为这部分资金的成本（贷款利息）可以在税前扣除，而用自有资金购买设备就不能享受税前扣除的待遇，因此所获得的税收优惠是最小的。但是从税后现金流出量现值来看，融资租赁所获得的利益是最大的，用贷款购买设备次之，用自有资金购买设备是最次的方案。

这一案例的分析也充分体现了前面我们对相关问题的分析结论，例如，利用自有资金实现融资目的无法享受债权性融资产生的税收挡板作用带来的节税利益，因此，通过负债的方式实现融资目的是较优的选择，而在负债融资的方式中，偿还贷款的方式不同，企业所获得的效益也不同，本案例所假设的偿还贷款的方式是效益最佳的方式。而在贷款融资和融资租赁融资的比较中，后者一般来讲较优，但仍需要具体比较和分析租赁期间、偿还贷款的时间、融资的利率和贷款的利率等主要指标。一般来讲，时间越长，利率越低，税收利益也就越大。

 税务筹划依据

（1）《中华人民共和国民法典》（2020 年 5 月 28 日第十三届全国人民代表大会第三次会议通过，自 2021 年 1 月 1 日起施行）。

（2）《中华人民共和国企业所得税法》。

（3）《中华人民共和国企业所得税法实施条例》。

第二节　利用职工与关联方融资

一、利用职工融资

 税务筹划问题

甲公司在生产经营中需要 1 000 万元贷款，贷款期限为 3 年，由于各种原因难以继续向银行贷款。企业财务主管提出三种融资方案：第一种，向其他企业贷款，贷款利率为 10%，需提供担保；第二种，向社会上的个人贷款，贷款利率为 12%，不需要提供担保；第三种，向本企业职工集资，利率为 12%。同期银行贷款利率为 6%。该企业应当如何决策？

 税务筹划思路

根据现行企业所得税政策，企业发生的合理的工资、薪金支出，准予扣除。企业在生产经营活动中发生的下列利息支出，准予扣除：①非金融企业向金融企业借款的利息支出、金融企业的各项存款利息支出和同业拆借利息支出、企业经批准发行债券的利息支出；②非金融企业向非金融企业借款的利息支出，不超过按照金融企业同期同类贷款利率计算的数额的部分。

职工是企业融资的一个重要渠道，通过职工进行融资可以通过提高工资、薪金的方式间接支付部分利息，使得超过银行贷款利率部分的利息能够得以扣除。

企业向股东或其他与企业有关联关系的自然人借款的利息支出，应根据《企业所得税法》第四十六条及《财政部　国家税务总局关于企业关联方利息支出税前扣除标准有关税收政策问题的通知》（财税〔2008〕121号）规定的条件，计算企业所得税扣除额。

企业向除上述规定以外的内部职工或其他人员借款的利息支出，其借款情况同时符合以下条件的，其利息支出在不超过按照金融企业同期同类贷款利率计算的数额的部分，根据《企业所得税法》第八条和《企业所得税法实施条例》第二十七条的规定，准予扣除：①企业与个人之间的借贷是真实、合法、有效的，并且不具有非法集资目的或其他违反法律、法规的行为；②企业与个人之间签订了借款合同。

 税务筹划方案

虽然向其他企业贷款的利率较低，但需要提供担保，贷款条件和银行基本相当，并非最佳选择。如果选择向社会上的个人贷款，企业所支付的超过银行同期贷款利率的利息不能扣除，增加了企业的税收负担。

如果向本企业职工集资，则可以通过提供职工工资的方式支付部分利息，从而使得全部贷款利息均可以在税前扣除。通过职工集资，可以多扣除利息180万元［1 000×（12%－6%）×3］，减轻税收负担45万元（180×25%）。

 税务筹划依据

（1）《中华人民共和国企业所得税法》。
（2）《中华人民共和国企业所得税法实施条例》。
（3）《国家税务总局关于企业向自然人借款的利息支出企业所得税税前扣除问题的通知》（国税函〔2009〕777号）。

二、融资时间的选择

 税务筹划问题

甲公司2020年度应纳税所得额为310万元，2021年度由于进行重大投资，亏损10万元，2022年度应纳税所得额为0，2023年度预计将实现盈利30万元，2024年度预计将实现盈利100万元。该企业原计划在2021年度开始从银行贷款，贷款期限为3年，每年支付贷款利息约10万元。该企业应当如何进行税务筹划？

 税务筹划思路

根据现行企业所得税政策，企业在生产经营活动中发生的合理的不需要资本化的借款费用，准予扣除。企业为购置、建造固定资产、无形资产和经过12个月以上的建造才能达到预定可销售状态的存货发生借款的，在有关资产购置、建造期间发生的合理的借款费用，应当作为资本性支出计入有关资产的成本，并依照《企业所得税法实施条例》的规定扣除。企业在生产经营活动中发生的下列利息支出，准予扣除：①非金融企业向金融企业借款的利息支出、金融企业的各项存款利息支出和同业拆借利息支出、企业经批准发行债券的利息支出；②非金融企业向非金融企业借款的利息支出，不超过按照金融企业同期同类贷款利率计算的数额的部分。

2019年1月1日至2021年12月31日，对小型微利企业年应纳税所得额不超过100万元的部分，减按25%计入应纳税所得额，按20%的税率缴纳企业所得税；对年应纳税所得额超过100万元但不超过300万元的部分，减按50%计入应纳税所得额，按20%的税率缴纳企业所得税。自2021年1月1日至2022年12月31日，对小型微利企业年应纳税所得额不超过100万元的部分，减按12.5%计入应纳税所得额，按20%的税率缴纳企业所得税。自2022年1月1日至2027年12月31日，对小型微利企业年应纳税所得额超过100万元但不超过300万元的部分，减按25%计入应纳税所得额，按20%的税率缴纳企业所得税。自2023年1月1日至2027年12月31日，对小型微利企业年应纳税所得额不超过100万元的部分，减按25%计入应纳税所得额，按20%的税率缴纳企业所得税。

企业尽量选择盈利年度进行贷款，通过贷款利息的支出抵消盈利，从而减轻税收负担。

税务筹划方案

如果该企业从2021年度开始贷款，加上贷款利息的支付，该企业2021年度将亏损20万元，2022年度将亏损10万元，2023年度将实现盈利20万元（支付10万元利息），弥补2021年度亏损后没有盈利，2024年盈利100万元，弥补2022年度亏损后盈利90万元。该企业2020年度需缴纳企业所得税77.5万元（310×25%），2021—2023年度不需要缴纳企业所得税，2024年度需要缴纳企业所得税4.5万元（90×25%×20%）。

如果该企业将贷款提前到2020年度，则该企业2020年度应纳税所得额将变为300万元，应纳税额为25万元（100×25%×20%＋200×50%×20%）。2021年度亏损20万元，2022年度亏损10万元，2023年度弥补亏损后没有盈利，2024年度实现盈利100万元，应纳税额为5万元（100×25%×20%）。税务筹划可减轻企业税收负担52万元（77.5＋4.5－25－5）。

税务筹划依据

（1）《中华人民共和国企业所得税法》。
（2）《中华人民共和国企业所得税法实施条例》。
（3）《财政部 税务总局关于实施小微企业普惠性税收减免政策的通知》（财税〔2019〕13号）。
（4）《财政部 国家税务总局关于实施小微企业和个体工商户所得税优惠政策的公告》（财政部 税务总局公告2021年第12号）。
（5）《财政部 税务总局关于小微企业和个体工商户所得税优惠政策的公告》（财

政部　税务总局公告 2023 年第 6 号）。
（6）《财政部　税务总局关于进一步支持小微企业和个体工商户发展有关税费政策的公告》（财政部　税务总局公告 2023 年第 12 号）。

三、利用关联方融资

税务筹划问题

甲公司对乙公司权益性投资总额为 1 000 万元，乙公司 2023 年度计划从甲公司融资 3 000 万元，融资利率为 7%。已知金融机构同期同类贷款的利率也为 7%，该两家企业应当如何进行税务筹划？

税务筹划思路

根据现行企业所得税政策，企业从其关联方接受的债权性投资与权益性投资的比例超过规定标准而发生的利息支出，不得在计算应纳税所得额时扣除。债权性投资是指企业直接或者间接从关联方获得的，需要偿还本金和支付利息或者需要以其他具有支付利息性质的方式予以补偿的融资。企业间接从关联方获得的债权性投资，包括：①关联方通过无关联第三方提供的债权性投资；②无关联第三方提供的、由关联方担保且负有连带责任的债权性投资；③其他间接从关联方获得的具有负债实质的债权性投资。权益性投资是指企业接受的不需要偿还本金和支付利息，投资人对企业净资产拥有所有权的投资。

在计算应纳税所得额时，企业实际支付给关联方的利息支出，不超过以下规定比例和《企业所得税法》及其实施条例有关规定计算的部分，准予扣除，超过的部分不得在发生当期和以后年度扣除。企业实际支付给关联方的利息支出，其接受关联方债权性投资与其权益性投资比例如下：①金融企业为 5∶1；②其他企业为 2∶1。

企业如果能够按照《企业所得税法》及其实施条例的有关规定提供相关资料，并证明相关交易活动符合独立交易原则的；或者该企业的实际税负不高于境内关联方的，其实际支付给境内关联方的利息支出，在计算应纳税所得额时准予扣除。

企业同时从事金融业务和非金融业务，其实际支付给关联方的利息支出，应按照合理方法分开计算；没有按照合理方法分开计算的，一律按其他企业的比例计算准予税前扣除的利息支出。企业自关联方取得的不符合规定的利息收入应按照有关规定缴纳企业所得税。

按照上述标准，如果企业债权性投资已经超过上述标准，企业可以考虑通过非关联企业进行债权性投资来进行税务筹划。同时，企业也可以通过证明相关交易活动符合独立交易原则或者证明该企业的实际税负不高于境内关联方，这样也可以不受上述标准的约束。

税务筹划方案

由于甲公司对乙公司债权性投资与权益性投资的比例已经达到 3 倍（3 000÷1 000），超过了 2 倍的上限，超过部分的利息不能扣除。乙公司 2023 年度不能扣除的利息为

70万元（1 000×7%），因此，乙公司2023年度需要多缴纳企业所得税17.5万元（70×25%）。如果乙公司通过一个非关联企业进行融资（关联企业通过一定的调整可以转变为非关联企业），那么上述70万元的利息都可以扣除。乙公司可以减轻税收负担17.5万元。

另外，如果能够证明甲公司与乙公司的实际税负是相同的或者乙公司的实际税负低于甲公司，不需要通过非关联企业间接融资，其超标的利息也可以在企业所得税税前扣除。

税务筹划依据

（1）《中华人民共和国企业所得税法》第四十六条。
（2）《中华人民共和国企业所得税法实施条例》第一百一十九条。
（3）《财政部　国家税务总局关于企业关联方利息支出税前扣除标准有关税收政策问题的通知》（财税〔2008〕121号）。

第三节　将融资转换为其他方式

一、巧用个人接受捐赠免税政策

税务筹划问题

赵先生生前立了一份遗嘱，将500万元在去世以后赠与甲公司，甲公司是有限责任公司，有三位股东。赵先生如何进行税务筹划可以避免缴纳企业所得税？

税务筹划思路

根据我国现行的个人所得税政策，个人接受货币捐赠不需要缴纳个人所得税。根据我国现行的企业所得税政策，企业接受捐赠的财产也要缴纳企业所得税。企业以货币形式和非货币形式从各种来源取得的收入，为收入总额，其中包括接受捐赠收入。接受捐赠收入是指企业接受的来自其他企业、组织或者个人无偿给予的货币性资产、非货币性资产。接受捐赠收入，按照实际收到捐赠资产的日期确认收入的实现。

因此，某主体如果向企业捐赠，则接受捐赠的企业需要缴纳企业所得税，如果捐赠人向企业的股东个人捐赠，则股东个人不需要缴纳个人所得税。股东再将该捐赠款出资到该企业中，相当于捐赠人直接向企业捐赠。

需要注意的是，目前个人向个人捐赠住房，如果不符合免税条件，接受住房者需要缴纳20%的个人所得税。

税务筹划方案

按照我国《企业所得税法》的规定，甲公司需要缴纳25%的企业所得税，即

125万元（500×25%）。根据我国《个人所得税法》的规定，个人向个人捐赠货币是不需要缴纳个人所得税的。因此，赵先生可以修改遗嘱，将500万元赠与甲公司的三位股东，同时要求该股东将该500万元作为出资增加甲公司的注册资本。

 税务筹划依据

（1）《中华人民共和国企业所得税法》第六条。
（2）《中华人民共和国企业所得税法实施条例》第二十一条。
（3）《中华人民共和国个人所得税法》（1980年9月10日第五届全国人民代表大会第三次会议通过，2018年8月31日第十三届全国人民代表大会常务委员会第五次会议第七次修正）。

二、利用银行理财产品融资

 税务筹划问题

甲公司有5 000万元闲置资金，乙公司缺少短期资金5 000万元。甲公司与乙公司计划签订借款协议，借款期限一年，年利率为10%。已知银行同期同类贷款利率为6%。甲、乙公司面临以下风险：第一，如果甲公司无法开出利息发票，乙公司支付的利息将无法在企业所得税税前扣除，由此导致多缴纳企业所得税125万元（5 000×10%×25%）；第二，即使甲公司可以开出利息发票，乙公司支付的利息也无法全部在企业所得税税前扣除，由此导致多缴纳企业所得税50万元［5 000×（10%－6%）×25%］。请提出税务筹划方案。

 税务筹划思路

企业之间直接融资会面临很多困难：一是有可能违反金融法的相关规定，导致融资合同无效，产生纠纷；二是企业之间直接融资在部分地方无法开具利息发票，由此导致支付利息的企业无法在企业所得税税前扣除。根据《企业所得税法实施条例》的规定，非金融企业向金融企业借款的利息支出准予扣除，通过银行发行的理财产品可以解决上述难题。

 税务筹划方案

甲、乙公司可以和丙银行合作。甲公司将5 000万元委托丙银行发行理财产品，丙银行将该5 000万元发放给乙公司。丙银行按照年收益率10%向甲公司支付理财收益，乙公司按照年收益率11%向丙银行支付理财收益。在这一方案下，乙公司支付的成本增加了1%，即50万元，但乙公司向丙银行支付的融资成本可以在企业所得税税前扣除，由此避免多缴企业所得税50万元或者125万元，仍是值得的。

税务筹划依据

（1）《中华人民共和国企业所得税法》。
（2）《中华人民共和国企业所得税法实施条例》。
（3）《企业所得税税前扣除凭证管理办法》（国家税务总局公告 2018 年第 28 号）。

三、利用股权投资融资

 税务筹划问题

沿用上述"二、利用银行理财产品融资"中的税务筹划问题。

 税务筹划思路

通过企业之间的股权投资运作也可以破解企业之间融资难的问题。通过适当的税务筹划，可以将利息转化为股权转让所得，也可以将利息转化为股息所得，或者将利息转化为股权转让与股息的混合所得。

根据《企业所得税法》的规定，符合条件的居民企业之间的股息、红利等权益性投资收益为免税收入。根据《企业所得税法实施条例》的规定，符合条件的居民企业之间的股息、红利等权益性投资收益是指居民企业直接投资于其他居民企业取得的投资收益，不包括连续持有居民企业公开发行并上市流通的股票不足 12 个月取得的投资收益。

 税务筹划方案

甲公司可以将 5 000 万元投资乙公司，持有乙公司 3%（或其他适当比例）的股权。持股期间，乙公司向甲公司分红 100 万元。持股满一年后，甲公司将乙公司股权转让给乙公司其他股东或者以减资的方式退出，取得股权转让所得 370 万元。甲公司取得净利润 377.5 万元 [100 − 370×（1 − 25%）]。在税务筹划前，甲公司可以取得净利润 375 万元 [500×（1 − 25%）]。甲公司取得的净利润、乙公司支付的成本在税务筹划前后并无明显变化，但乙公司避免了多缴企业所得税 50 万元或者 125 万元的风险，税务筹划的收益很明显。

 税务筹划依据

（1）《中华人民共和国企业所得税法》。
（2）《中华人民共和国企业所得税法实施条例》。
（3）《企业所得税税前扣除凭证管理办法》（国家税务总局公告 2018 年第 28 号）。

四、利用预付款与违约金融资

 税务筹划问题

沿用上述"二、利用银行理财产品融资"中的税务筹划问题。

第三章 企业融资阶段税务筹划

 税务筹划思路

根据《企业所得税法实施条例》第九条的规定，企业应纳税所得额的计算，以权责发生制为原则，属于当期的收入和费用，不论款项是否收付，均作为当期的收入和费用；不属于当期的收入和费用，即使款项已经在当期收付，均不作为当期的收入和费用。《企业所得税法实施条例》和国务院财政、税务主管部门另有规定的除外。

企业按照市场价格销售货物、提供劳务服务等，凡由政府财政部门根据企业销售货物、提供劳务服务的数量、金额的一定比例给予全部或部分资金支付的，应当按照权责发生制原则确认收入。

根据《中华人民共和国企业所得税法》及其实施条例规定的权责发生制原则，广西合山煤业有限责任公司取得的未来煤矿开采期间因增加排水或防止浸没支出等而获得的补偿款，应确认为递延收益，按直线法在取得补偿款当年及以后的10年内分期计入应纳税所得，如实际开采年限短于10年，应在最后一个开采年度将尚未计入应纳税所得的赔偿款全部计入应纳税所得。

通过预付款与违约金的合理运作也可以破解企业之间融资难的问题。预付款的支付与退还可以实现融资的目的，而违约金的支付又能实现利息的支付。在进行税务筹划时应注意具有合理的商业目的。

 税务筹划方案

甲公司可以与乙公司签订一份委托研发无形资产的协议。根据约定，甲公司向乙公司预付转让无形资产价款5 000万元，待乙公司研发成功并交付无形资产时再支付剩余的5 000万元。研发期限为1年，若乙公司研发失败，乙公司应返还甲公司预付的5 000万元价款并支付500万元违约金。由于遇到不可克服的困难，乙公司无法按期研发无形资产，由此导致乙公司在研发协议期满后需要返还甲公司5 000万元并支付500万元违约金。对乙公司而言，该500万元违约金是企业生产经营中合理的成本，根据税法规定，允许在企业所得税税前扣除。

 税务筹划依据

（1）《中华人民共和国企业所得税法》。
（2）《中华人民共和国企业所得税法实施条例》。
（3）《国家税务总局关于广西合山煤业有限责任公司取得补偿款有关所得税处理问题的批复》（国税函〔2009〕18号）。
（4）《企业所得税税前扣除凭证管理办法》（国家税务总局公告2018年第28号）。
（5）《国家税务总局关于企业所得税若干政策征管口径问题的公告》（国家税务总局公告2021年第17号）。

第四章

企业重组改制阶段税务筹划

第一节 企业利润转移中的税务筹划

一、将利润从高税率企业转向低税率企业

 税务筹划问题

（1）某企业集团下属甲、乙两个公司，其中，甲公司适用25%的企业所得税税率，乙公司属于需要国家扶持的高新技术企业，适用15%的企业所得税税率。预计2023纳税年度，甲公司的应纳税所得额为8 000万元，乙公司的应纳税所得额为9 000万元。请计算甲、乙两个公司以及该企业集团在2023纳税年度分别应当缴纳的企业所得税税款，并提出税务筹划方案。

（2）甲集团公司共有10家子公司，集团全年实现应纳税所得额8 000万元，由于均不符合高新技术企业的条件，均适用25%的税率，合计缴纳企业所得税2 000万元。该集团中的乙公司与高新技术企业的条件比较接近，年应纳税所得额为1 000万元。请为甲集团公司提出税务筹划方案。

税务筹划思路

对于既有适用25%的税率也有适用20%的税率以及15%的税率的企业集团而言，可以适当将适用25%的税率的企业的利润转移到适用20%的税率或者15%的税率的企业中，从而适当降低企业集团的所得税负担。

集团经营模式节税空间更大，可以将利润从高税率企业转移至低税率企业，可以将利润从盈利企业转移至亏损企业，可以将利润转移至免税企业，可以将利润转移至境外避税港。

第四章 企业重组改制阶段税务筹划

根据《企业所得税法》第四十一条的规定，企业与其关联方之间的业务往来，不符合独立交易原则而减少企业或者其关联方应纳税收入或者所得额的，税务机关有权按照合理方法调整。根据《企业所得税法实施条例》的规定，独立交易原则是指没有关联关系的交易各方，按照公平成交价格和营业常规进行业务往来遵循的原则。合理方法包括以下几种：

（1）可比非受控价格法。其是指按照没有关联关系的交易各方进行相同或者类似业务往来的价格进行定价的方法。

（2）再销售价格法。其是指按照从关联方购进商品再销售给没有关联关系的交易方的价格，减除相同或者类似业务的销售毛利进行定价的方法。

（3）成本加成法。其是指按照成本加合理的费用和利润进行定价的方法。

（4）交易净利润法。其是指按照没有关联关系的交易各方进行相同或者类似业务往来取得的净利润水平确定利润的方法。

（5）利润分割法。其是指将企业与其关联方的合并利润或者亏损在各方之间采用合理标准进行分配的方法。

（6）其他符合独立交易原则的方法。

企业之间利润转移主要有关联交易和业务转移两种方法。通过关联交易转移利润应注意幅度的把握，明显的利润转移会受到税务机关的关注和反避税调查。业务转移是将甲公司的某项业务直接交给乙公司承担，通过这种方式转移利润，目前尚不受税法规制，税务风险比较小。

税务筹划方案

（1）甲公司应当缴纳企业所得税 2 000 万元（8 000×25%），乙公司应当缴纳企业所得税 1 350 万元（9 000×15%）。该企业集团合计应当缴纳企业所得税 3 350 万元（2 000 + 1 350）。

由于甲公司的企业所得税税率高于乙公司的税率，因此可以考虑将甲公司的部分收入转移到乙公司。假设该企业集团通过税务筹划将甲公司的应纳税所得额降低为 7 000 万元，乙公司的应纳税所得额相应增加为 1 亿元，则甲公司应当缴纳企业所得税 1 750 万元（7 000×25%），乙公司应当缴纳企业所得税 1 500 万元（10 000×15%），该企业集团合计缴纳企业所得税 3 250 万元（1 750 + 1 500）。由此可见，通过税务筹划，该企业集团可以少缴纳企业所得税 100 万元（3 350 − 3 250）。

（2）甲集团公司可以集中力量将乙公司打造成高新技术企业，再将其他公司的盈利项目整合到乙公司，使得乙公司应纳税所得额提高至 3 000 万元，则集团可以少缴纳企业所得税 300 万元［3 000×（25% − 15%）］。

税务筹划依据

（1）《中华人民共和国企业所得税法》第四条。
（2）《中华人民共和国企业所得税法实施条例》。

二、将利润从大中型企业转向小微企业

 税务筹划问题

甲公司是一家中型企业,为乙公司的子公司,年盈利2 000万元,需要缴纳企业所得税500万元(2 000×25%)。请为甲集团公司提出税务筹划方案。

 税务筹划思路

自2022年1月1日至2027年12月31日,对小型微利企业年应纳税所得额超过100万元但不超过300万元的部分,减按25%计入应纳税所得额,按20%的税率缴纳企业所得税。自2023年1月1日至2027年12月31日,对小型微利企业年应纳税所得额不超过100万元的部分,减按25%计入应纳税所得额,按20%的税率缴纳企业所得税。

大中型企业可以拆分为若干小微企业,从而享受小型微利企业的所得税优惠政策。

 税务筹划方案

甲公司的母公司——乙公司设立10家子公司,分别承担甲公司的部分业务,如设计、销售、存储、售后服务等。10家子公司分别取得利润100万元,合计1 000万元。甲公司的利润降低为1 000万元。甲公司需要缴纳企业所得税250万元(1 000×25%)。10家小微企业合计缴纳企业所得税50万元(100×25%×20%×10)。该集团每年节税200万元(500−250−50)。

 税务筹划依据

(1)《中华人民共和国企业所得税法》。
(2)《中华人民共和国企业所得税法实施条例》。
(3)《财政部 税务总局关于进一步实施小微企业所得税优惠政策的公告》(财政部 税务总局公告2022年第13号)。
(4)《财政部 税务总局关于小微企业和个体工商户所得税优惠政策的公告》(财政部 税务总局公告2023年第6号)。
(5)《财政部 税务总局关于进一步支持小微企业和个体工商户发展有关税费政策的公告》(财政部 税务总局公告2023年第12号)。

三、先分配股息再转让股权

 税务筹划问题

甲公司于2016年以银行存款1 000万元投资于乙公司,占乙公司(非上市公司)

股本总额的70%。甲公司计划于2023年9月将其拥有的乙公司70%的股权全部转让给丙公司，转让价为人民币1 210万元，已知乙公司未分配利润为500万元。转让过程中发生的其他税费为0.7万元。甲公司应当如何进行税务筹划？

 税务筹划思路

根据《企业所得税法》的规定，企业对外投资期间，投资资产的成本在计算应纳税所得额时不得扣除。投资资产是指企业对外进行权益性投资和债权性投资形成的资产。企业在转让或者处置投资资产时，投资资产的成本，准予扣除。投资资产按照以下方法确定成本：①通过支付现金方式取得的投资资产，以购买价款为成本；②通过支付现金以外的方式取得的投资资产，以该资产的公允价值和支付的相关税费为成本。

企业转让资产，该项资产的净值，准予在计算应纳税所得额时扣除。资产的净值是指有关资产、财产的计税基础减除已经按照规定扣除的折旧、折耗、摊销、准备金等后的余额。

根据《企业所得税法》的规定，符合条件的居民企业之间的股息、红利等权益性投资收益是免税收入。符合条件的居民企业之间的股息、红利等权益性投资收益是指居民企业直接投资于其他居民企业取得的投资收益。上述股息、红利等权益性投资收益，不包括连续持有居民企业公开发行并上市流通的股票不足12个月取得的投资收益。

企业转让股权收入，应于转让协议生效且完成股权变更手续时，确认收入的实现。转让股权收入扣除为取得该股权所发生的成本后，为股权转让所得。企业在计算股权转让所得时，不得扣除被投资企业未分配利润等股东留存收益中按该项股权所可能分配的金额。

如果企业准备转让股权，而该股权中尚有大量没有分配的利润，此时，就可以通过先分配股息再转让股权的方式来降低转让股权的价格，从而降低股权转让所得，减轻所得税负担。

 税务筹划方案

如果甲公司直接转让该股权，可以获得股权转让所得209.3万元（1 210－1 000－0.7），应当缴纳企业所得税52.325万元（209.3×25%），税后利润为156.975万元（209.3－52.325）。

如果甲公司先获得分配的利润，然后再转让股权，则可以减轻税收负担。方案如下：2023年8月，董事会决定将税后利润的30%用于分配，甲公司分得利润105万元。2023年9月，甲公司将其拥有的乙公司70%的股权全部转让给丙公司，转让过程中发生的其他税费为0.6万元。转让价为99.4万元（1 100－1 000－0.6），应当缴纳企业所得税24.85万元（99.4×25%），税后利润179.55万元（105＋99.4－24.85）。通过税务筹划，多获得净利润22.575万元（179.55－156.975）。

税务筹划依据

（1）《中华人民共和国企业所得税法》第十四条、第十六条、第二十六条。
（2）《中华人民共和国企业所得税法实施条例》第三十八条。
（3）《国家税务总局关于贯彻落实企业所得税法若干税收问题的通知》（国税函〔2010〕79号）。

第二节　企业债务重组与清算中的税务筹划

一、企业债务重组的税务筹划

税务筹划问题

甲公司欠乙公司8 000万元债务，甲公司和乙公司准备签署一项债务重组协议：甲公司用2016年5月1日之前购买的、购买价格为7 000万元、账面净值为6 000万元、公允价值为8 000万元的不动产抵偿乙公司的债务。在该交易中，甲公司和乙公司应当分别缴纳多少税款？应当如何税务筹划？（因印花税、附加税数额较小，对于筹划方案不产生影响，本方案不予考虑。）

税务筹划思路

债务重组是指在债务人发生财务困难的情况下，债权人按照其与债务人达成的书面协议或者法院裁定书，就其债务人的债务做出让步的事项。

一般情况下，企业债务重组的相关交易应按以下规定处理：①以非货币资产清偿债务，应当分解为转让相关非货币性资产、按非货币性资产公允价值清偿债务两项业务，确认相关资产的所得或损失；②发生债权转股权的，应当分解为债务清偿和股权投资两项业务，确认有关债务清偿所得或损失；③债务人应当按照支付的债务清偿额低于债务计税基础的差额，确认债务重组所得；债权人应当按照收到的债务清偿额低于债权计税基础的差额，确认债务重组损失；④债务人的相关所得税纳税事项原则上保持不变。

在企业债务重组特殊税务处理方式下，企业债务重组确认的应纳税所得额占该企业当年应纳税所得额50%以上，可以在5个纳税年度的期间内，均匀计入各年度的应纳税所得额。

企业发生债权转股权业务，对债务清偿和股权投资两项业务暂不确认有关债务清偿所得或损失，股权投资的计税基础以原债权的计税基础确定。企业的其他相关所得税事项保持不变。

企业发生债务重组，应准确记录应予确认的债务重组所得，并在相应年度的企业所得税汇算清缴时对当年确认额及分年结转额的情况做出说明。主管税务机关应建立台账,对企业每年申报的债务重组所得与台账进行比对分析,加强后续管理。

企业债务重组包括应税债务重组、特殊债务重组与免税债务重组,特殊债务重组的条件是企业债务重组确认的应纳税所得额占该企业当年应纳税所得额50%以上,此时,可以在5个纳税年度的期间内,均匀计入各年度的应纳税所得额。由于这种税收优惠仅仅是延迟5年纳税,对企业的意义并不是很大。当然,如果企业必须采取这种方式进行债务重组,不妨设计条件享受上述税收优惠政策。

免税债务重组的条件是企业发生债权转股权业务,对债务清偿和股权投资两项业务暂不确认有关债务清偿所得或损失,股权投资的计税基础以原债权的计税基础确定。企业的其他相关所得税事项保持不变。企业在条件允许的情况下,应尽可能采取债权转股权的方式进行债务重组。

在应税债务重组中,企业以非货币资产清偿债务,应当分解为转让相关非货币性资产、按非货币性资产公允价值清偿债务两项业务,确认相关资产的所得或损失。发生债权转股权的,应当分解为债务清偿和股权投资两项业务,确认有关债务清偿所得或损失。债务人应当按照支付的债务清偿额低于债务计税基础的差额,确认债务重组所得;债权人应当按照收到的债务清偿额低于债权计税基础的差额,确认债务重组损失。

企业的债务重组同时符合下列条件的,才能适用特殊性税务处理规定:①具有合理的商业目的,且不以减少、免除或者推迟缴纳税款为主要目的;②被收购、合并或分立部分的资产或股权比例符合规定的比例;③企业重组后的连续12个月内不改变重组资产原来的实质性经营活动;④重组交易对价中涉及股权支付金额符合规定比例;⑤企业重组中取得股权支付的原主要股东,在重组后连续12个月内,不得转让所取得的股权。

企业重组业务适用特殊性税务处理的,申报时,应从以下方面逐条说明企业重组具有合理的商业目的:①重组交易的方式;②重组交易的实质结果;③重组各方涉及的税务状况变化;④重组各方涉及的财务状况变化;⑤非居民企业参与重组活动的情况。

  税务筹划方案

在该交易中,甲公司需要缴纳增值税50万元[(8 000 − 7 000)×5%];需要缴纳土地增值税(暂按3%核定)240万元(8 000×3%);需要缴纳企业所得税440万元[(8 000 − 6 000 − 240)×25%]。乙公司需要缴纳契税240万元(8 000×3%)。两个公司合计纳税970万元(50 + 240 + 440 + 240)。

如果乙公司将其债权转化为股权并且遵守特殊债务重组的其他条件,则甲公司和乙公司不需要缴纳任何税款,即使将来乙公司再将该股权转让给甲公司或者其他企业,也只需要缴纳企业所得税,不需要缴纳增值税、土地增值税和契税。

税务筹划依据

(1)《中华人民共和国企业所得税法》第五十七条。
(2)《中华人民共和国企业所得税法实施条例》。
(3)《财政部 国家税务总局关于企业重组业务企业所得税处理若干问题的通知》(财税〔2009〕59号)。

（4）《企业重组业务企业所得税管理办法》（国家税务总局公告 2010 年第 4 号）。

（5）《国家税务总局关于企业重组业务企业所得税征收管理若干问题的公告》（国家税务总局公告 2015 年第 48 号）。

二、合理选择企业的清算日期

税务筹划问题

某公司董事会计划于 2023 年 8 月 20 日向股东会提交了公司解散申请书，股东会 8 月 22 日通过决议，决定于 8 月 31 日宣布解散公司，并于 9 月 1 日开始正常清算。该公司在成立清算组前进行的内部清算中发现，2023 年 1 月至 8 月公司预计盈利 600 万元（企业所得税税率为 25%），预计 9 月份该公司将发生费用 180 万元，清算所得预计为 -80 万元。请计算在这种情况下，企业应当缴纳的所得税，并提出税务筹划方案。

税务筹划思路

企业清算的所得税处理是指企业在不再持续经营，发生结束自身业务、处置资产、偿还债务以及向所有者分配剩余财产等经济行为时，对清算所得、清算所得税、股息分配等事项的处理。

下列企业应进行清算的所得税处理：①按《公司法》《中华人民共和国企业破产法》等规定需要进行清算的企业；②企业重组中需要按清算处理的企业。

企业清算的所得税处理包括以下内容：①全部资产均应按可变现价值或交易价格，确认资产转让所得或损失；②确认债权清理、债务清偿的所得或损失；③改变持续经营核算原则，对预提或待摊性质的费用进行处理；④依法弥补亏损，确定清算所得；⑤计算并缴纳清算所得税；⑥确定可向股东分配的剩余财产、应付股息等。

企业的全部资产可变现价值或交易价格，减除资产的计税基础、清算费用、相关税费，加上债务清偿损益等后的余额，为清算所得。企业应将整个清算期作为一个独立的纳税年度计算清算所得。

企业全部资产的可变现价值或交易价格减除清算费用，职工的工资、社会保险费用和法定补偿金，结清清算所得税、以前年度欠税等税款，清偿企业债务，按规定计算可以向所有者分配的剩余资产。被清算企业的股东分得的剩余资产的金额，其中相当于被清算企业累计未分配利润和累计盈余公积中按该股东所占股份比例计算的部分，应确认为股息所得；剩余资产减除股息所得后的余额，超过或低于股东投资成本的部分，应确认为股东的投资转让所得或损失。被清算企业的股东从被清算企业分得的资产应按可变现价值或实际交易价格确定计税基础。

根据我国现行税法的规定，纳税人清算时，应当以清算期间作为一个纳税年度。《企业所得税法》第五十三条规定，企业依法清算时，应当以清算期间作为一个纳税年度。清算所得也应当缴纳所得税。因此，如果企业在清算之前仍有盈利，清算所得为亏损时，可以通过将部分清算期间发生的费用转移到清算之前，以抵销企业的盈利。

第四章 企业重组改制阶段税务筹划

这种转移可以通过改变清算日期的方式实现。

税务筹划方案

以 9 月 1 日为清算日期，2023 年 1 月至 8 月盈利 600 万元，应纳所得税额为 150 万元（600×25%）。清算所得为 -80 万元，不需要纳税。该企业可以考虑将部分费用在清算之前发生，这样可以将清算期间的亏损提前实现并在企业所得税税前扣除。该公司可以在公告和进行纳税申报之前，由股东会再次通过决议将公司解散日期推迟至 10 月 1 日，并于 10 月 2 日开始清算。公司在 9 月 1 日至 9 月 30 日共发生费用 180 万元。假设其他费用不变，清算所得将变成 100 万元。此时，该公司 2023 年 1 月至 9 月的应纳税所得额 420 万元（600－180），应当缴纳企业所得税 105 万元（420×25%）。清算所得为 100 万元，应当缴纳企业所得税 25 万元（100×25%）。减轻税收负担 20 万元（150－105－25）。

税务筹划依据

（1）《中华人民共和国企业所得税法》第五十七条。
（2）《中华人民共和国企业所得税法实施条例》。
（3）《财政部　国家税务总局关于企业清算业务企业所得税处理若干问题的通知》（财税〔2009〕60 号）。
（4）《企业重组业务企业所得税管理办法》（国家税务总局公告 2010 年第 4 号）。

第三节　企业收购中的税务筹划

一、企业资产收购的税务筹划

税务筹划问题

甲公司准备用 8 000 万元现金收购乙公司 80% 的资产。这些资产包括 2016 年 5 月 1 日之前购买的购进价格为 2 000 万元、账面净值为 1 000 万元、公允价值为 3 000 万元的不动产及账面净值为 6 000 万元，公允价值为 5 000 万元的无形资产。在该交易中，甲公司和乙公司应当如何纳税？该交易如何进行税务筹划？（因印花税、附加税数额较小，对于筹划方案不产生影响，本方案不予考虑。）

税务筹划思路

资产收购是指一家企业（称为受让企业）购买另一家企业（称为转让企业）实

质经营性资产的交易。受让企业支付对价的形式包括股权支付、非股权支付或两者的组合。

一般情况下,企业资产收购重组的相关交易应按以下规定处理:①转让企业方应确认资产转让所得或损失;②受让企业取得资产的计税基础应以公允价值为基础确定;③转让企业的相关所得税事项原则上保持不变。

特殊资产收购的条件如下:①受让企业收购的资产不低于转让企业全部资产的50%;②受让企业在该资产收购发生时的股权支付金额不低于其交易支付总额的85%。第一个条件是收购资产比例,第二个条件是支付股权比例。

特殊资产收购可以选择按以下规定处理:①转让企业取得受让企业股权的计税基础,以被转让资产的原有计税基础确定;②受让企业取得转让企业资产的计税基础,以被转让资产的原有计税基础确定。

企业资产收购分为应税资产收购和免税资产收购。在应税资产收购中,受让企业应确认股权、资产转让所得或损失。转让企业取得股权或资产的计税基础应以公允价值为基础确定。受让企业的相关所得税事项原则上保持不变。

免税资产收购的条件是:受让企业收购的资产不低于转让企业全部资产的50%,且受让企业在该资产收购发生时的股权支付金额不低于其交易支付总额的85%。在免税资产收购中,转让企业和受让企业都不需要缴纳企业所得税,转让企业取得受让企业股权的计税基础,以被转让资产的原有计税基础确定。受让企业取得转让企业资产的计税基础,以被转让资产的原有计税基础确定。

企业在资产收购中,在条件许可的情况下,应当尽量选择采取免税资产收购的形式。这样可以延迟缴纳所得税,在一定条件下,还可以免除缴纳企业所得税。

对100%直接控制的居民企业之间,以及受同一或相同多家居民企业100%直接控制的居民企业之间按账面净值划转股权或资产,凡具有合理商业目的、不以减少、免除或者推迟缴纳税款为主要目的,股权或资产划转后连续12个月内不改变被划转股权或资产原来实质性经营活动,且划出方企业和划入方企业均未在会计上确认损益的,可以选择按以下规定进行特殊性税务处理:①划出方企业和划入方企业均不确认所得;②划入方企业取得被划转股权或资产的计税基础,以被划转股权或资产的原账面净值确定;③划入方企业取得的被划转资产,应按其原账面净值计算折旧扣除。

 税务筹划方案

在上述交易中,乙公司应当缴纳增值税350万元[(3 000 − 2 000)×5% + 5 000×6%];应当缴纳土地增值税(暂按3%核定)90万元(3 000×3%);应当缴纳企业所得税227.5万元[(3 000 − 1 000 + 5 000 − 6 000 − 90)×25%]。甲公司应当缴纳契税90万元(3 000×3%)。两公司合计纳税757.5万元(350 + 90 + 227.5 + 90)。

如果甲公司用自己的股权来收购乙公司的资产,则乙公司不需要缴纳任何税款。即使将来乙公司再将该股权转让给甲公司或者其他企业,也只需要缴纳企业所得税,不需要缴纳增值税、土地增值税和契税。

第四章 企业重组改制阶段税务筹划

 **税务筹划依据**

（1）《中华人民共和国企业所得税法》。
（2）《中华人民共和国企业所得税法实施条例》。
（3）《财政部 国家税务总局关于企业重组业务企业所得税处理若干问题的通知》（财税〔2009〕59号）。
（4）《财政部 国家税务总局关于促进企业重组有关企业所得税处理问题的通知》（财税〔2014〕109号）。
（5）《国家税务总局关于企业重组业务企业所得税征收管理若干问题的公告》（国家税务总局公告2015年第48号）。

二、企业股权收购的税务筹划

 税务筹划问题

甲公司准备用8 000万元现金收购乙公司80%的股权。乙公司80%股权的计税基础为4 000万元。在该交易中，甲公司和乙公司应当如何纳税？该交易如何进行税务筹划？（因印花税数额较小，对于节税方案不产生影响，本方案不予考虑。）

 税务筹划思路

股权收购是指一家企业(称为收购企业)购买另一家企业(称为被收购企业)的股权，以实现对被收购企业控制的交易。收购企业支付对价的形式包括股权支付、非股权支付或两者的组合。

一般情况下，企业股权收购重组的相关交易应按以下规定处理：①被收购企业应确认股权转让所得或损失；②收购企业取得股权的计税基础应以公允价值为基础确定；③被收购企业的相关所得税事项原则上保持不变。

特殊股权收购的条件如下：①收购企业购买的股权不低于被收购企业全部股权的50%；②收购企业在该股权收购发生时的股权支付金额不低于其交易支付总额的85%。第一个条件是收购股权比例，第二个条件是支付股权比例。

特殊股权收购可以选择按以下规定处理：①被收购企业的股东取得收购企业股权的计税基础，以被收购股权的原有计税基础确定；②收购企业取得被收购企业股权的计税基础，以被收购股权的原有计税基础确定；③收购企业、被收购企业的原有各项资产和负债的计税基础和其他相关所得税事项保持不变。

企业股权收购分为应税股权收购和免税股权收购。在应税股权收购中，被收购企业应确认股权、资产转让所得或损失，收购企业取得股权或资产的计税基础应以公允价值为基础确定，被收购企业的相关所得税事项原则上保持不变。

免税股权收购的条件是：收购企业购买的股权不低于被收购企业全部股权的50%，且收购企业在该股权收购发生时的股权支付金额不低于其交易支付总额的85%。在免税股权收购中，被收购企业的股东取得收购企业股权的计税基础，以被收购股权的原有计税基础确定,收购企业取得被收购企业股权的计税基础,以被收购股权的原有计税基础确定,收购企业、被收购企业的原有各项资产和负债的计税基础和其他相关所得税事项保持不变。

企业在股权收购中,在条件许可的情况下,应当尽量选择采取免税股权收购的形式。这样可以延迟缴纳所得税,在一定条件下,还可以免除缴纳企业所得税。

税务筹划方案

在上述交易中,如果乙公司的股东是企业,应当缴纳企业所得税1 000万元〔(8 000－4 000)×25%〕。如果甲公司采取免税股权收购的方式取得乙公司的股权,可以向乙公司的股东支付本公司10%的股权(公允价值为8 000万元)。由于股权支付额占交易总额的比例为100%,因此属于免税股权收购,在当期节省企业所得税1 000万元。乙公司可以在未来再将该股权转让给甲公司或者其他企业,这样可以取得延期纳税的利益。

税务筹划案例

2009年6月5日,江西诚志股份向石家庄永生华清与清华控股定向增发股票2 704万股,以购买两家企业100%控股的石家庄永生华清液晶有限公司以及石家庄开发区永生华清液晶有限公司100%股权,两家控股企业初始投资成本为6 100万元(即标的公司的实收资本),定向增发价格按照诚志股份首次董事会审议前20个交易日的平均价格确定,其公允价值为34 671.58万元。

该项重组业务,是标准的股权收购,即:上市公司诚志股份用自己的股份作为对价,购买两家控股企业持有的100%股权。如果选用特殊性税务处理:①石家庄永生华清和清华控股,暂不确认转让股权所得;②收购企业诚志股份取得的标的公司股权的计税基础按照其原计税基础6 100万元确定;③转让企业取得诚志股份股票的计税基础,也按照被收购股权的原有计税基础确定;④标的企业承诺自重组完成日起,12个月内不改变实质性经营业务;⑤取得诚志股份的原主要股东石家庄永生华清和清华控股承诺在12个月内不转让其取得的股票,这也是证监会对新增限售股的要求。

税务筹划依据

(1)《中华人民共和国企业所得税法》。
(2)《中华人民共和国企业所得税法实施条例》。
(3)《财政部 国家税务总局关于企业重组业务企业所得税处理若干问题的通知》(财税〔2009〕59号)。
(4)《财政部 国家税务总局关于促进企业重组有关企业所得税处理问题的通知》(财税〔2014〕109号)。
(5)《国家税务总局关于企业重组业务企业所得税征收管理若干问题的公告》(国家税务总局公告2015年第48号)。

第四节 企业合并分立中的税务筹划

一、企业合并的税务筹划

税务筹划问题

（1）甲公司与乙公司合并为 M 公司，乙公司注销。甲公司向乙公司的股东——丙公司支付 8 000 万元现金，乙公司所有资产的账面净值为 6 000 万元，公允价值为 8 000 万元。该交易如何进行税务筹划？

（2）甲公司与乙公司合并为 N 公司。乙公司净资产公允价值为 2 000 万元，乙公司有税法允许弥补的亏损 1 000 万元。假设截至合并业务发生当年年末国家发行的最长期限的国债利率为 4.5%。如甲、乙两公司选择特殊税务处理，可由甲公司弥补的乙公司亏损的限额为 90 万元（2 000×4.5%）。请对此提出税务筹划方案。

税务筹划思路

企业对外投资，既可以设立分支机构，也可以向其他企业贷款或者进行股权投资，同时，还可以考虑通过合并或者兼并进行投资。合并是指两个或两个以上的企业，依据法律规定或合同约定，合并为一个企业的法律行为。合并可以采取吸收合并和新设合并两种形式。吸收合并是指两个以上的企业合并时，其中一个企业吸收了其他企业而存续（对此类企业简称存续企业），被吸收的企业解散。新设合并是指两个以上企业并为一个新企业，合并各方解散。兼并是指一个企业购买其他企业的产权，使其他企业失去法人资格或改变法人实体的一种行为。合并、兼并，一般不须经清算程序。企业合并、兼并时，合并或兼并各方的债权、债务由合并、兼并后的企业或者新设的企业承继。

根据《财政部　国家税务总局关于企业重组业务企业所得税处理若干问题的通知》（财税〔2009〕59号）的规定，合并是指一家或多家企业（简称被合并企业）将其全部资产和负债转让给另一家现存或新设企业（简称合并企业），被合并企业股东换取合并企业的股权或非股权支付，实现两个或两个以上企业的依法合并。一般情况下，企业合并的当事各方应按下列规定处理：①合并企业应按公允价值确定接受被合并企业各项资产和负债的计税基础；②被合并企业及其股东都应按清算进行所得税处理；③被合并企业的亏损不得在合并企业结转弥补。

企业重组同时符合下列条件的，适用特殊性税务处理规定：①具有合理的商业目的，且不以减少、免除或者推迟缴纳税款为主要目的；②被收购、合并或分立部分的资产或股权比例符合规定的比例；③企业重组后的连续12个月内不改变重组资产原来的实质性经营活动；④重组交易对价中涉及股权支付金额符合规定比例；⑤企业重组中取得股权支付的原主要股东，在重组后连续12个月内，不得转让所取得的股权。

企业股东在该企业合并发生时取得的股权支付金额不低于其交易支付总额的85%，以及同一控制下且不需要支付对价的企业合并，可以选择按以下规定处理：①合并企业接受被合并企业资产和负债的计税基础，以被合并企业的原有计税基础确定；②被合并企业合并前的相关所得税事项由合并企业承继；③可由合并企业弥补的被合并企业亏损的限额被合并企业净资产公允价值截至合并业务发生当年年末国家发行的最长期限的国债利率；④被合并企业股东取得合并企业股权的计税基础，以其原持有的被合并企业股权的计税基础确定。

因此，企业在兼并亏损企业或者与亏损企业合并时，应当尽量满足特殊企业重组的条件，从而能够选择按照特殊企业重组进行税务处理。由于企业合并中，可由合并企业弥补的被合并企业的亏损具有限额，而且该限额较小。因此，如果企业合并具有较大数额亏损的企业，应先采取股权收购的方式将被合并企业变为全资子公司，再通过转移定价或者业务转移的方式将利润转移至亏损企业，充分利用被合并企业的亏损。

根据税法的规定，投资企业从被投资企业撤回或减少投资，其取得的资产中，相当于初始出资的部分，应确认为投资收回；相当于被投资企业累计未分配利润和累计盈余公积按减少实收资本比例计算的部分，应确认为股息所得；其余部分确认为投资资产转让所得。被投资企业发生的经营亏损，由被投资企业按规定结转弥补；投资企业不得调整降低其投资成本，也不得将其确认为投资损失。

  税务筹划方案

（1）在上述交易中，乙公司需要进行清算，应当缴纳企业所得税500万元〔（8 000－6 000）×25%〕。丙公司从乙公司剩余资产中取得的股息部分可以免税，取得的投资所得部分需要缴纳25%的企业所得税。假设丙公司取得投资所得部分为1 000万元，则丙公司需要缴纳企业所得税250万元（1 000×25%）。整个交易的税收负担为750万元（500＋250）。

如果甲公司用自己的股权来收购乙公司的资产，即丙公司成为M公司的股东，则乙公司和丙公司不需要缴纳任何税款，即使将来丙公司再将该股权转让给甲公司或者其他企业，也能取得延期纳税的利益。

（2）甲公司与乙公司的交易模式应从企业合并变更为股权收购，即甲公司从乙公司的股东手中收购乙公司100%的股权，使得乙公司变为甲公司的全资子公司。该项股权收购仍然采取特殊税务处理。在未来的经营中，甲公司通过转移定价以及业务转移的方式，将甲公司的1 000万元利润转移至乙公司，相当于弥补了乙公司1 000万元的亏损。该税务筹划可以实现节税额为227.5万元〔（1 000－90）×25%〕。待乙公司的亏损弥补完毕，甲、乙公司可以继续保持目前的母子公司关系，也可以按照特殊税务处理进行合并，组建N公司。

第四章 企业重组改制阶段税务筹划

 税务筹划依据

（1）《中华人民共和国企业所得税法》。
（2）《中华人民共和国企业所得税法实施条例》。
（3）《财政部 国家税务总局关于企业重组业务企业所得税处理若干问题的通知》（财税〔2009〕59号）。
（4）《国家税务总局关于企业所得税若干问题的公告》（国家税务总局公告2011年第34号）。
（5）《国家税务总局关于企业重组业务企业所得税征收管理若干问题的公告》（国家税务总局公告2015年第48号）。

二、兼并亏损企业的税务筹划

 税务筹划问题

甲公司账面应收款达8 000万元，多数债权虽经法院判决，但债务人大多已经被吊销营业执照或者下落不明，这些债权基本上没有收回的希望。经过初步估计可以扣除的资产损失为7 800万元。甲公司全部资产的计税基础为9 000万元，公允价值为2 000万元。乙公司与甲公司的经营范围基本相同，乙公司2022纳税年度实现利润8 000万元，预计2023纳税年度将实现利润9 000万元。请给出乙公司进行税务筹划的方案。

 税务筹划思路

资产损失是指企业在生产经营活动中实际发生的、与取得应税收入有关的资产损失，包括现金损失，存款损失，坏账损失，贷款损失，股权投资损失，固定资产和存货的盘亏、毁损、报废、被盗损失，自然灾害等不可抗力因素造成的损失以及其他损失。

企业清查出的现金短缺减除责任人赔偿后的余额，作为现金损失在计算应纳税所得额时扣除。

企业将货币性资金存入法定具有吸收存款职能的机构，因该机构依法破产、清算，或者政府责令停业、关闭等原因，确实不能收回的部分，作为存款损失在计算应纳税所得额时扣除。

企业除贷款类债权外的应收、预付账款符合下列条件之一的，减除可收回金额后确认的无法收回的应收、预付款项，可以作为坏账损失在计算应纳税所得额时扣除：①债务人依法宣告破产、关闭、解散、被撤销，或者被依法注销、吊销营业执照，其清算财产不足清偿的；②债务人死亡，或者依法被宣告失踪、死亡，其财产或者遗产不足清偿的；③债务人逾期3年以上未清偿，且有确凿证据证明已无力清偿债务的；④与债务人达成债务重组协议或法院批准破产重整计划后，无法追偿的；⑤因自然灾害、

战争等不可抗力导致无法收回的;⑥国务院财政、税务主管部门规定的其他条件。

企业经采取所有可能的措施和实施必要的程序之后,符合下列条件之一的贷款类债权,可以作为贷款损失在计算应纳税所得额时扣除:①借款人和担保人依法宣告破产、关闭、解散、被撤销,并终止法人资格,或者已完全停止经营活动,被依法注销、吊销营业执照,对借款人和担保人进行追偿后,未能收回的债权;②借款人死亡,或者依法被宣告失踪、死亡,依法对其财产或者遗产进行清偿,并对担保人进行追偿后,未能收回的债权;③借款人遭受重大自然灾害或者意外事故,损失巨大且不能获得保险补偿,或者以保险赔偿后,确实无力偿还部分或者全部债务,对借款人财产进行清偿和对担保人进行追偿后,未能收回的债权;④借款人触犯刑律,依法受到制裁,其财产不足归还所借债务,又无其他债务承担者,经追偿后确实无法收回的债权;⑤由于借款人和担保人不能偿还到期债务,企业诉诸法律,经法院对借款人和担保人强制执行,借款人和担保人均无财产可执行,法院裁定执行程序终结或终止(中止)后,仍无法收回的债权;⑥由于借款人和担保人不能偿还到期债务,企业诉诸法律后,经法院调解或经债权人会议通过,与借款人和担保人达成和解协议或重整协议,在借款人和担保人履行完还款义务后,无法追偿的剩余债权;⑦由于上述①至⑥项原因借款人不能偿还到期债务,企业依法取得抵债资产,抵债金额小于贷款本息的差额,经追偿后仍无法收回的债权;⑧开立信用证、办理承兑汇票、开具保函等发生垫款时,凡开证申请人和保证人由于上述①至⑦项原因,无法偿还垫款,金融企业经追偿后仍无法收回的垫款;⑨银行卡持卡人和担保人由于上述①至⑦项原因,未能还清透支款项,金融企业经追偿后仍无法收回的透支款项;⑩助学贷款逾期后,在金融企业确定的有效追索期限内,依法处置助学贷款抵押物(质押物),并向担保人追索连带责任后,仍无法收回的贷款;⑪经国务院专案批准核销的贷款类债权;⑫国务院财政、税务主管部门规定的其他条件。

企业的股权投资符合下列条件之一的,减除可收回金额后确认的无法收回的股权投资,可以作为股权投资损失在计算应纳税所得额时扣除:①被投资方依法宣告破产、关闭、解散、被撤销,或者被依法注销、吊销营业执照的;②被投资方财务状况严重恶化,累计发生巨额亏损,已连续停止经营3年以上,且无重新恢复经营改组计划的;③对被投资方不具有控制权,投资期限届满或者投资期限已超过10年,且被投资单位因连续3年经营亏损导致资不抵债的;④被投资方财务状况严重恶化,累计发生巨额亏损,已完成清算或清算期超过3年的;⑤国务院财政、税务主管部门规定的其他条件。

对企业盘亏的固定资产或存货,以该固定资产的账面净值或存货的成本减除责任人赔偿后的余额,作为固定资产或存货盘亏损失在计算应纳税所得额时扣除。

对企业毁损、报废的固定资产或存货,以该固定资产的账面净值或存货的成本减除残值、保险赔款和责任人赔偿后的余额,作为固定资产或存货毁损、报废损失在计算应纳税所得额时扣除。

对企业被盗的固定资产或存货,以该固定资产的账面净值或存货的成本减除保险赔款和责任人赔偿后的余额,作为固定资产或存货被盗损失在计算应纳税所得额时扣除。

企业因存货盘亏、毁损、报废、被盗等原因不得从增值税销项税额中抵扣的进项税额，可以与存货损失一起在计算应纳税所得额时扣除。

企业在计算应纳税所得额时已经扣除的资产损失，在以后纳税年度全部或者部分收回时，其收回部分应当作为收入计入收回当期的应纳税所得额。

企业境内、境外营业机构发生的资产损失应分开核算，对境外营业机构由于发生资产损失而产生的亏损，不得在计算境内应纳税所得额时扣除。

企业对其扣除的各项资产损失，应当提供能够证明资产损失确属已实际发生的合法证据，包括具有法律效力的外部证据、具有法定资质的中介机构的经济鉴证证明、具有法定资质的专业机构的技术鉴定证明等。

根据《企业资产损失所得税税前扣除管理办法》的规定，资产是指企业拥有或者控制的、用于经营管理活动相关的资产，包括现金、银行存款、应收及预付款项（包括应收票据、各类垫款、企业之间往来款项）等货币性资产，存货、固定资产、无形资产、在建工程、生产性生物资产等非货币性资产，以及债权性投资和股权（权益）性投资。

准予在企业所得税税前扣除的资产损失是指企业在实际处置、转让上述资产过程中发生的合理损失（简称实际资产损失），以及企业虽未实际处置、转让上述资产，但符合财税〔2009〕57号通知规定条件计算确认的损失（简称法定资产损失）。企业实际资产损失，应当在其实际发生且会计上已作损失处理的年度申报扣除；法定资产损失，应当在企业向主管税务机关提供证据资料证明该项资产已符合法定资产损失确认条件，且会计上已作损失处理的年度申报扣除。企业发生的资产损失，应按规定的程序和要求向主管税务机关申报后方能在税前扣除。未经申报的损失，不得在税前扣除。

根据《财政部 国家税务总局关于企业重组业务企业所得税处理若干问题的通知》（财税〔2009〕59号）的规定，企业合并，企业股东在该企业合并发生时取得的股权支付金额不低于其交易支付总额的85%，以及同一控制下且不需要支付对价的企业合并，可以选择按以下规定处理：①合并企业接受被合并企业资产和负债的计税基础，以被合并企业的原有计税基础确定；②被合并企业合并前的相关所得税事项由合并企业承继；③可由合并企业弥补的被合并企业亏损的限额被合并企业净资产公允价值截至合并业务发生当年年末国家发行的最长期限的国债利率；④被合并企业股东取得合并企业股权的计税基础，以其原持有的被合并企业股权的计税基础确定。企业通过与亏损企业的特殊合并，可以按照亏损企业资产的原有计税基础来确定其计税基础，被合并企业的资产损失可以由合并后的企业弥补。

通过兼并亏损企业进行税务筹划需要掌握的技巧就是在企业亏损产生之前完成合并，新组建的企业成立之后再将资产损失予以确认，由此可以将原企业潜在的亏损变为新组建公司的亏损。

税务筹划方案

乙公司可以和甲公司的股东达成协议，甲公司和乙公司合并组成新的乙公司，甲公司的全部资产和负债并入乙公司，甲公司的股东取得乙公司10%的股权，该10%

股权的公允价值为 2 000 万元。甲公司和乙公司的合并符合特殊企业合并的条件,乙公司取得甲公司资产的计税基础为 9 000 万元,甲公司的股东取得乙公司股权的计税基础也为 9 000 万元。乙公司可以将甲公司的资产损失 7 800 万元予以确认并在企业所得税税前扣除,由此可以少缴企业所得税 1 950 万元(7 800×25%)。甲公司的股东可以在若干年后转让乙公司的股权,假设该 10% 的股权公允价值已经增加到 9 000 万元,由于甲公司的股东取得该股权的计税基础就是 9 000 万元,因此,甲公司的股东转让该股权没有所得,不需要缴纳所得税。但实际上,甲公司的股东获得的所得为 7 000 万元(9 000 − 2 000)。

  税务筹划依据

(1)《中华人民共和国企业所得税法》。
(2)《中华人民共和国企业所得税法实施条例》。
(3)《财政部 国家税务总局关于企业资产损失税前扣除政策的通知》(财税〔2009〕57 号)。
(4)《财政部 国家税务总局关于企业重组业务企业所得税处理若干问题的通知》(财税〔2009〕59 号)。
(5)《企业资产损失所得税税前扣除管理办法》(国家税务总局公告 2011 年第 25 号)。

三、企业分立的税务筹划

  税务筹划问题

甲公司将其一家分公司(其计税基础为 5 000 万元,公允价值为 8 000 万元)变为独立的乙公司,甲公司的股东取得乙公司 100% 的股权,同时取得 2 000 万元现金。在该交易中,甲公司和乙公司应当如何纳税,该交易如何进行税务筹划?(不考虑印花税)

  税务筹划思路

分立是指一家企业(称为被分立企业)将部分或全部资产分离转让给现存或新设的企业(称为分立企业),被分立企业股东换取分立企业的股权或非股权支付,实现企业的依法分立。

一般情况下,企业分立的当事各方应按下列规定处理:①被分立企业对分立出去资产应按公允价值确认资产转让所得或损失;②分立企业应按公允价值确认接受资产的计税基础;③被分立企业继续存在时,其股东取得的对价应视同被分立企业分配进行处理;④被分立企业不再继续存在时,被分立企业及其股东都应按清算进行所得税处理;⑤企业分立相关企业的亏损不得相互结转弥补。

特殊企业分立应当具备以下条件：①被分立企业所有股东按原持股比例取得分立企业的股权；②分立企业和被分立企业均不改变原来的实质经营活动；③被分立企业股东在该企业分立发生时取得的股权支付金额不低于其交易支付总额的85%。

第一个条件规定的是股权比例维持原则，第二个条件规定的是实质经营维持原则，第三个条件规定的是股权支付比例原则。

特殊企业分立可以选择按以下规定处理：①分立企业接受被分立企业资产和负债的计税基础，以被分立企业的原有计税基础确定；②被分立企业已分立出去资产相应的所得税事项由分立企业承继；③被分立企业未超过法定弥补期限的亏损额可按分立资产占全部资产的比例进行分配，由分立企业继续弥补；④被分立企业的股东取得分立企业的股权（简称新股），如需部分或全部放弃原持有的被分立企业的股权（简称旧股），新股的计税基础应以放弃旧股的计税基础确定。如不需放弃旧股，则其取得新股的计税基础可从以下两种方法中选择确定：直接将新股的计税基础确定为零；以被分立企业分立出去的净资产占被分立企业全部净资产的比例先调减原持有的旧股的计税基础，再将调减的计税基础平均分配到新股上。

在企业存续分立中，分立后的存续企业性质及适用税收优惠的条件未发生改变的，可以继续享受分立前该企业剩余期限的税收优惠，其优惠金额按该企业分立前一年的应纳税所得额（亏损计为零）乘以分立后存续企业资产占分立前该企业全部资产的比例计算。

企业分立分为应税企业分立和免税企业分立。在应税企业分立中，被分立企业对分立出去资产应按公允价值确认资产转让所得或损失，分立企业应按公允价值确认接受资产的计税基础。被分立企业继续存在时，其股东取得的对价应视同被分立企业分配进行处理；被分立企业不再继续存在时，被分立企业及其股东都应按清算进行所得税处理，企业分立相关企业的亏损不得相互结转弥补。

企业分立适用特殊税务处理的条件是：被分立企业所有股东按原持股比例取得分立企业的股权，分立企业和被分立企业均不改变原来的实质经营活动，且被分立企业股东在该企业分立发生时取得的股权支付金额不低于其交易支付总额的85%。在免税企业分立中，分立企业接受被分立企业资产和负债的计税基础，以被分立企业的原有计税基础确定，被分立企业已分立出去资产相应的所得税事项由分立企业承继，被分立企业未超过法定弥补期限的亏损额可按分立资产占全部资产的比例进行分配，由分立企业继续弥补。

企业在分立中，在条件许可的情况下，应当尽量选择适用特殊税务处理。这样可以延迟缴纳所得税，在一定条件下，还可以免除缴纳企业所得税。

 税务筹划方案

在该交易中，非股权支付额占整个交易的比例为25%（2 000÷8 000×100%），不符合免税企业分立的条件。如果甲公司的股东是公司，取得2 000万现金，视同分配股息，免税。甲公司应缴纳企业所得税750万元[（8 000－5 000）×25%]。

如果甲公司的股东取得乙公司的全部股权,同时不再取得现金,这样就符合企业分立适用特殊税务处理的条件。甲公司将免于缴纳750万元的企业所得税。此时,甲公司取得乙公司股权的计税基础相对变小,但甲公司的股东因此取得了延迟纳税的利益。

税务筹划依据

(1)《中华人民共和国企业所得税法》。
(2)《中华人民共和国企业所得税法实施条例》。
(3)《财政部 国家税务总局关于企业重组业务企业所得税处理若干问题的通知》(财税〔2009〕59号)。
(4)《国家税务总局关于企业重组业务企业所得税征收管理若干问题的公告》(国家税务总局公告2015年第48号)。

四、分立企业增加销售收入

税务筹划问题

甲服装厂年销售收入为1 000万元,年业务招待费支出为20万元,但仅允许在税前扣除5万元,由于市场竞争比较激烈,甲服装厂大幅提高销售收入的可能性比较小。请为甲服装厂提出税务筹划的方案。

税务筹划思路

企业发生的与生产经营活动有关的业务招待费支出、广告费和业务宣传费支出均以销售收入为基数计算允许税前扣除的数额,为提高扣除数额,在不影响利润的前提下增加销售收入就是常用的税务筹划技巧。

将分公司改为子公司,从而将不计入销售收入的总分公司之间的交易转变为计入销售收入的母子公司之间的交易;增加关联企业之间不影响整体利润的关联交易;零利润促销等都是常用的在不影响利润前提下迅速增加销售收入的方法。

税务筹划方案

将甲服装厂的三个部门分立为三家公司,甲公司为服装设计公司,乙公司为服装加工厂,丙公司为服装销售公司。丙公司对外销售收入仍为1 000万元,但需支付甲公司设计费100万元,支付乙公司加工费700万元,原甲服装厂的业务招待费由甲、乙、丙三家公司合理分担,允许税前扣除的业务招待费总额为9万元[(1 000 + 100 + 700)×5‰]。

税务筹划依据

（1）《中华人民共和国企业所得税法》。
（2）《中华人民共和国企业所得税法实施条例》。

五、分立企业享受税收优惠政策

 税务筹划问题

（1）甲公司是一家咨询公司（适用6%的增值税税率），兼营古旧图书等免征增值税的产品。该公司2023年共获得销售收入600万元，其中免征增值税产品所取得的销售收入为160万元，进项税额为20万元，其中属于免税产品的进项税额为5万元，该公司并未对古旧图书经营独立核算。请计算该公司应当缴纳的增值税并提出税务筹划方案。

（2）某企业为一家高档化妆品生产企业（消费税税率为15%），每年生产化妆品20万套，每套成本为360元，批发价为420元，零售价为500元。该企业采取直接对外销售的方式，假定其中有一半产品通过批发方式，一半通过零售方式。请计算该企业应当缴纳的消费税，并提出税务筹划方案。

 税务筹划思路

企业在生产经营中所缴纳的增值税、消费税等都具有一些优惠政策，企业在享受这些优惠政策时的一个前提条件就是独立核算，如果不能独立核算，则应当和其他经营一起缴纳较高的税率。有时企业是否进行了独立核算很难判断，此时，税务机关往往对企业一并征收较高的税率，为了避免这种情况，企业可以考虑将其中某个部门独立出去，成立全资子公司，专门从事低税率经营或者免税经营，这样就很容易达到独立核算的要求了。

根据我国税法的规定，消费税一般在生产销售环节征收，在零售环节不再征收，但部分消费税应税商品在零售环节征收如金银首饰等。因此企业可以通过设立一家专门的批发企业，然后以较低的价格将应税消费品销售给该独立核算的批发企业，则可以降低销售额，从而减少应纳税销售额。而独立核算的批发企业，只缴纳增值税，不缴纳消费税。

自2017年7月1日起，简并增值税税率结构，取消13%的增值税税率。有关政策如下：

纳税人销售或者进口下列货物，税率为11%：农产品（含粮食）、自来水、暖气、石油液化气、天然气、食用植物油、冷气、热水、煤气、居民用煤炭制品、食用盐、农机、饲料、农药、农膜、化肥、沼气、二甲醚、图书、报纸、杂志、音像制品、电子出版物。

纳税人购进农产品,按下列规定抵扣进项税额:

(1)除下述第(2)项规定外,纳税人购进农产品,取得一般纳税人开具的增值税专用发票或海关进口增值税专用缴款书的,以增值税专用发票或海关进口增值税专用缴款书上注明的增值税额为进项税额;从按照简易计税方法依照3%征收率计算缴纳增值税的小规模纳税人取得增值税专用发票的,以增值税专用发票上注明的金额和11%的扣除率计算进项税额;取得(开具)农产品销售发票或收购发票的,以农产品销售发票或收购发票上注明的农产品买价和11%的扣除率计算进项税额。

(2)营业税改征增值税试点期间,纳税人购进用于生产销售或委托受托加工17%税率货物的农产品维持原扣除力度不变。

(3)继续推进农产品增值税进项税额核定扣除试点,纳税人购进农产品进项税额已实行核定扣除的,仍按照《财政部 国家税务总局关于在部分行业试行农产品增值税进项税额核定扣除办法的通知》(财税〔2012〕38号)、《财政部 国家税务总局关于扩大农产品增值税进项税额核定扣除试点行业范围的通知》(财税〔2013〕57号)执行。其中,《农产品增值税进项税额核定扣除试点实施办法》(财税〔2012〕38号)第四条第(2)项规定的扣除率调整为11%;第(3)项规定的扣除率调整为按上述第(1)项、第(3)项规定执行。

(4)纳税人从批发、零售环节购进适用免征增值税政策的蔬菜、部分鲜活肉蛋而取得的普通发票,不得作为计算抵扣进项税额的凭证。

(5)纳税人购进农产品既用于生产销售或委托受托加工17%税率货物又用于生产销售其他货物服务的,应当分别核算用于生产销售或委托受托加工17%税率货物和其他货物服务的农产品进项税额。未分别核算的,统一以增值税专用发票或海关进口增值税专用缴款书上注明的增值税额为进项税额,或以农产品收购发票或销售发票上注明的农产品买价和11%的扣除率计算进项税额。

(6)《中华人民共和国增值税暂行条例》(以下简称《增值税暂行条例》)第八条第二款第(3)项和上述所称销售发票是指农业生产者销售自产农产品适用免征增值税政策而开具的普通发票。

自2018年5月1日起,纳税人发生增值税应税销售行为或者进口货物,原适用17%和11%税率的,税率分别调整为16%、10%。纳税人购进农产品,原适用11%扣除率的,扣除率调整为10%。纳税人购进用于生产销售或委托加工16%税率货物的农产品,按照12%的扣除率计算进项税额。原适用17%税率且出口退税率为17%的出口货物,出口退税率调整至16%。原适用11%税率且出口退税率为11%的出口货物、跨境应税行为,出口退税率调整至10%。

自2019年4月1日起,增值税一般纳税人(以下称纳税人)发生增值税应税销售行为或者进口货物,原适用16%税率的,税率调整为13%;原适用10%税率的,税率调整为9%。纳税人购进农产品,原适用10%扣除率的,扣除率调整为9%。纳税人购进用于生产或者委托加工13%税率货物的农产品,按照10%的扣除率计算进项税额。原适用16%税率且出口退税率为16%的出口货物劳务,出口退税率调整为13%;原适用10%税率且出口退税率为10%的出口货物、跨境应税行为,出口退税率调整为9%。适用13%税率的境外旅客购物离境退税物品,退税率为11%;适用9%税率的境外旅客购物离境退税物品,退税率为8%。

税务筹划方案

(1)该公司由于没有独立核算免税产品,应当一并缴纳增值税,应缴纳增值税额16万元(600×6%－20)。为了更好地进行独立核算,该公司可以考虑将经营古旧图书的部分独立出去,成为全资子公司,这样就可以享受免征增值税的优惠政策了。分立以后,该公司需要缴纳增值税11.4万元〔(600－160)×6%－(20－5)〕。通过税务筹划,减轻企业税收负担4.6万元(16－11.4)。

(2)该企业应该缴纳消费税1 380万元〔(10×420＋10×500)×15%〕。如果该企业将其一个经营部门分立出去成立一家批发公司,该企业的化妆品先以较低的批发价400元销售给该批发公司,然后再由该批发公司销售给消费者,则该企业应该缴纳消费税1 200万元(20×400×15%)。通过税务筹划,减轻消费税负担180万元(1 380－1 200)。

税务筹划依据

(1)《中华人民共和国增值税暂行条例》(1993年12月13日中华人民共和国国务院令第134号公布,2008年11月5日国务院第34次常务会议修订通过,根据2016年2月6日《国务院关于修改部分行政法规的决定》第一次修订,根据2017年11月19日《国务院关于废止〈中华人民共和国营业税暂行条例〉和修改〈中华人民共和国增值税暂行条例〉的决定》第二次修订,下同)。

(2)《中华人民共和国增值税暂行条例实施细则》(财政部 国家税务总局第50号令,根据2011年10月28日《关于修改〈中华人民共和国增值税暂行条例实施细则〉和〈中华人民共和国营业税暂行条例实施细则〉的决定》修订,下同)。

(3)《中华人民共和国消费税暂行条例》(1993年12月13日中华人民共和国国务院令第135号发布,2008年11月5日国务院第34次常务会议修订通过,下同)。

(4)《中华人民共和国消费税暂行条例实施细则》(财政部 国家税务总局第51号令)。

(5)《财政部 国家税务总局关于简并增值税税率有关政策的通知》(财税〔2017〕37号)。

(6)《财政部 税务总局关于调整增值税税率的通知》(财税〔2018〕32号)。

(7)《财政部 税务总局 海关总署关于深化增值税改革有关政策的公告》(财政部 税务总局 海关总署公告2019年第39号)。

六、灵活运用企业合并分立减轻增值税负担

税务筹划问题

(1)某企业增值率很低,进项税额占销项税额的98%。其有两家批发企业,年

销售额均为300万元，符合小规模纳税人条件，适用1%的增值税征收率。因此，两家企业各自需缴纳增值税3万元（300×1%），共计6万元。上述企业如何进行税务筹划？

（2）某企业是从事商品批发的商业企业，年销售额为1 000万元，属于增值税一般纳税人，适用13%的税率。该企业每年所能获得的进项税额比较少，仅为销项税额的50%。请计算该企业每年需要承担的增值税，并提出税务筹划方案。

税务筹划思路

我国增值税实行的是税款抵扣制度，即用纳税人的进项税额抵扣销项税额，剩余的部分就是纳税人需要缴纳的增值税。这种制度对纳税人的会计核算以及凭证的取得和保管有着比较高的要求，很多小型企业无法达到。为此，《增值税暂行条例》将纳税人分为一般纳税人和小规模纳税人。根据《增值税暂行条例》第十一条的规定，小规模纳税人销售货物或者应税劳务，实行按照销售额和征收率计算应纳税额的简易办法，并不得抵扣进项税额。应纳税额计算公式：应纳税额＝销售额×征收率。目前，小规模纳税人的征收率为3%。自2023年1月1日至2027年12月31日，增值税小规模纳税人适用3%征收率的应税销售收入，减按1%征收率征收增值税；适用3%预征率的预缴增值税项目，减按1%预征率预缴增值税。

自2018年5月1日起，增值税小规模纳税人标准为年应征增值税销售额500万元及以下。

下列增值税纳税人（以下简称纳税人）不办理一般纳税人登记：①按照政策规定，选择按照小规模纳税人纳税的；②年应税销售额超过规定标准的其他个人。

纳税人年应税销售额超过财政部、国家税务总局规定的小规模纳税人标准（以下简称规定标准）的，除上述规定外，应当向主管税务机关办理一般纳税人登记。年应税销售额是指纳税人在连续不超过12个月或四个季度的经营期内累计应征增值税销售额，包括纳税申报销售额、稽查查补销售额、纳税评估调整销售额。销售服务、无形资产或者不动产（以下简称应税行为）有扣除项目的纳税人，其应税行为年应税销售额按未扣除之前的销售额计算。纳税人偶然发生的销售无形资产、转让不动产的销售额，不计入应税行为年应税销售额。

年应税销售额未超过规定标准的纳税人，会计核算健全，能够提供准确税务资料的，可以向主管税务机关办理一般纳税人登记。会计核算健全是指能够按照国家统一的会计制度规定设置账簿，根据合法、有效凭证进行核算。

纳税人应当向其机构所在地主管税务机关办理一般纳税人登记手续。纳税人办理一般纳税人登记的程序如下：①纳税人向主管税务机关填报《增值税一般纳税人登记表》，如实填写固定生产经营场所等信息，并提供税务登记证件；②纳税人填报内容与税务登记信息一致的，主管税务机关当场登记；③纳税人填报内容与税务登记信息不一致，或者不符合填列要求的，税务机关应当场告知纳税人需要补正的内容。

纳税人自一般纳税人生效之日起，按照增值税一般计税方法计算应纳税额，并可以按照规定领用增值税专用发票，财政部、国家税务总局另有规定的除外。生效之日是指纳税人办理登记的当月1日或者次月1日,由纳税人在办理登记手续时自行选择。纳税人登记为一般纳税人后,不得转为小规模纳税人,国家税务总局另有规定的除外。

根据《中华人民共和国增值税暂行条例实施细则》(以下简称《增值税暂行条例实施细则》)第三十四条的规定,有下列情形之一者,应按销售额依照增值税税率计算应纳税额,不得抵扣进项税额,也不得使用增值税专用发票:①一般纳税人会计核算不健全,或者不能够提供准确税务资料的;②除《增值税暂行条例实施细则》第二十九条规定外,纳税人销售额超过小规模纳税人标准,未申请办理一般纳税人认定手续的。

不同类型、不同行业的企业选择一般纳税人身份和小规模纳税人身份所承担的增值税是不同的,绝大部分企业采取一般纳税人身份都可以降低增值税税收负担,但如果企业的规模较小,达不到《增值税暂行条例实施细则》所规定的一般纳税人的标准,就可以考虑通过合并企业的方式达到这一标准,或者完善会计核算制度达到一般纳税人的标准,从而减轻各自的税收负担。反之,如果企业能够获得的进项税额比较少,增值税税收负担比较高,则可以考虑通过分立企业来减轻增值税税收负担。

自2023年1月1日起,小规模纳税人取得应税销售收入,减按1%征收率征收增值税政策的,应按照1%征收率开具增值税发票。纳税人可就该笔销售收入选择放弃减税并开具增值税专用发票。小规模纳税人取得应税销售收入,纳税义务发生时间在2022年12月31日前并已开具增值税发票,如发生销售折让、中止或者退回等情形需要开具红字发票,应开具对应征收率红字发票或免税红字发票;开票有误需要重新开具的,应开具对应征收率红字发票或免税红字发票,再重新开具正确的蓝字发票。

小规模纳税人发生增值税应税销售行为,减按1%征收率征收增值税的销售额应填写在《增值税及附加税费申报表(小规模纳税人适用)》"应征增值税不含税销售额(3%征收率)"相应栏次,对应减征的增值税应纳税额按销售额的2%计算填写在《增值税及附加税费申报表(小规模纳税人适用)》"本期应纳税额减征额"及《增值税减免税申报明细表》减税项目相应栏次。

税务筹划方案

(1)在增值率比较低的情况下,企业缴纳1%的增值税就会产生比较高的税收负担。为此,可以考虑将两家企业合并成一家企业,这样,该企业的年销售额为600万元,经过企业申请就可以被登记为一般纳税人。此时,该企业应该缴纳增值税1.56万元(600×13%-600×98%×13%),减轻增值税负担4.44万元(6-1.56)。

(2)一般情况下,企业购进货物均能取得增值税专用发票,此时一般纳税人的增值税负担比较轻,但也有很多情况下无法取得增值税专用发票(当然,在不能取得增值税专用发票的情况下,进货价格也会相应低一些),此时纳税人的增值税负担就比较重,按照小规模纳税人缴纳增值税反而有利。因此,该企业可以考虑分立为两个企业,年销售额分别为500万元,符合小规模纳税人的标准,可以按照1%的征收率缴纳增值税。分立之前,该企业需要缴纳增值税65万元(1 000×13%-1 000×

13%×50%)。分立之后，两家企业需要缴纳增值税 10 万元（500×1%×2）。由此每年降低增值税税收负担 55 万元（65 － 10）。

税务筹划依据

（1）《中华人民共和国增值税暂行条例》。

（2）《中华人民共和国增值税暂行条例实施细则》。

（3）《增值税一般纳税人登记管理办法》（国家税务总局令第 43 号）。

（4）《财政部　税务总局关于统一增值税小规模纳税人标准的通知》（财税〔2018〕33 号）。

（5）《财政部　税务总局关于明确增值税小规模纳税人减免增值税等政策的公告》（财政部　税务总局公告 2023 年第 1 号）。

（6）《国家税务总局关于增值税小规模纳税人减免增值税等政策有关征管事项的公告》（国家税务总局公告 2023 年第 1 号）。

（7）《财政部　税务总局关于增值税小规模纳税人减免增值税政策的公告》（财政部　税务总局公告 2023 年第 19 号）。

第五章

企业跨国经营阶段税务筹划

第一节 境外企业境内投资的税务筹划

一、外国企业是否设立机构场所的选择

 税务筹划问题

甲公司为在美国成立的跨国公司,其计划在中国设立一家分支机构,该分支机构主要负责甲公司的专利、商标等特许权在中国的许可运营。预计每年取得各类特许权使用费1 000万元,设立分支机构的各项可以税前扣除的支出约200万元。如果甲公司不在中国设立分支机构,该200万元的费用可以由总公司负担。请比较甲公司设立分支机构与不设立分支机构的企业所得税负担。

 税务筹划思路

根据《企业所得税法》第三条的规定,非居民企业在中国境内设立机构、场所的,应当就其所设机构、场所取得的来源于中国境内的所得,以及发生在中国境外但与其所设机构、场所有实际联系的所得,缴纳企业所得税。非居民企业在中国境内未设立机构、场所的,或者虽设立机构、场所但取得的所得与其所设机构、场所没有实际联系的,应当就其来源于中国境内的所得缴纳企业所得税。根据《企业所得税法》第四条的规定,非居民企业在中国境内设立机构、场所的,适用25%的税率。非居民企业在中国境内未设立机构、场所的,适用10%的预提所得税税率。根据《企业所得税法》第五条的规定,非居民企业在中国境内设立机构、场所的,企业每一纳税年度的收入总额,减除不征税收入、免税收入、各项扣除以及允许弥补的以前年度亏损后的余额,为应纳税所得额。根据《企业所得税法》第十九条的规定,非居民企业在中国境内未设立机构、场所的,股息、红利等权益性投资收益和利息、租金、特许权使用费所得,

以收入全额为应纳税所得额；转让财产所得，以收入全额减除财产净值后的余额为应纳税所得额。

根据上述规定，非居民企业设立机构场所与不设立机构场所的计算方法是不同的，企业可以综合考虑其设立机构场所与不设立机构场所的税收负担并据此作出科学的决策。

 税务筹划方案

如果甲公司设立分支机构，则每年缴纳企业所得税200万元［（1 000－200）×25%］。如果甲公司不设立分支机构，则每年缴纳企业所得税100万元（1 000×10%）。假设设立分支机构与不设立分支机构的其他开支基本相当，甲公司就不应该在中国设立分支机构。

 税务筹划依据

（1）《中华人民共和国企业所得税法》。
（2）《中华人民共和国企业所得税法实施条例》。

二、外国公司直接投资与子公司间接投资的选择

 税务筹划问题

法国的甲公司计划与中国的乙公司合资成立A公司，预计每年可以从A公司取得股息1 000万元，该笔股息未来仍主要投资于中国。该投资有两个方案：方案一是由甲公司直接持有A公司的股权，方案二是甲公司先在中国设立全资子公司——B公司，由B公司持有A公司的股权。请比较二者的所得税负担。

 税务筹划思路

根据《企业所得税法》及其实施条例的规定，外国公司来中国直接投资，取得的股息所得不扣除任何成本费用，按照10%的税率缴纳企业所得税。外国公司在中国设立分支机构或者子公司，由该分支机构或者子公司进行投资，取得的股息所得可以免征企业所得税。虽然未来外国公司将该笔利润汇出中国仍然需要缴纳10%的预提所得税，但如果外国公司在中国取得的利润主要仍投资于中国，则应尽量选择在中国设立子公司进行投资的模式，这样可以取得延期纳税的利益。

自2018年1月1日起，对境外投资者从中国境内居民企业分配的利润，用于境内直接投资暂不征收预提所得税政策的适用范围，由外商投资鼓励类项目扩大至所有非禁止外商投资的项目和领域。

境外投资者暂不征收预提所得税须同时满足以下条件：
（1）境外投资者以分得利润进行的直接投资，包括境外投资者以分得利润进行的增资、新建、股权收购等权益性投资行为，但不包括新增、转增、收购上市公司股份

（符合条件的战略投资除外）。具体是指：新增或转增中国境内居民企业实收资本或者资本公积；在中国境内投资新建居民企业；从非关联方收购中国境内居民企业股权；财政部、税务总局规定的其他方式。境外投资者采取上述投资行为所投资的企业被统称为被投资企业。

（2）境外投资者分得的利润属于中国境内居民企业向投资者实际分配已经实现的留存收益而形成的股息、红利等权益性投资收益。

（3）境外投资者用于直接投资的利润以现金形式支付的，相关款项从利润分配企业的账户直接转入被投资企业或股权转让方账户，在直接投资前不得在境内外其他账户周转；境外投资者用于直接投资的利润以实物、有价证券等非现金形式支付的，相关资产所有权直接从利润分配企业转入被投资企业或股权转让方，在直接投资前不得由其他企业、个人代为持有或临时持有。

境外投资者符合上述规定条件的，应按照税收管理要求进行申报并如实向利润分配企业提供其符合政策条件的资料。利润分配企业经适当审核后认为境外投资者符合上述规定的，可暂不按照《企业所得税法》第三十七条的规定扣缴预提所得税，并向其主管税务机关履行备案手续。

税务部门依法加强后续管理。境外投资者已享受上述规定的暂不征收预提所得税政策，经税务部门后续管理核实不符合规定条件的，除属于利润分配企业责任外，视为境外投资者未按照规定申报缴纳企业所得税，依法追究延迟纳税责任，税款延迟缴纳期限自相关利润支付之日起计算。

境外投资者按照上述规定可以享受暂不征收预提所得税政策但未实际享受的，可在实际缴纳相关税款之日起 3 年内申请追补享受该政策，退还已缴纳的税款。

境外投资者通过股权转让、回购、清算等方式实际收回享受暂不征收预提所得税政策待遇的直接投资，在实际收取相应款项后 7 日内，按规定程序向税务部门申报补缴递延的税款。

境外投资者享受上述规定的暂不征收预提所得税政策待遇后，被投资企业发生重组符合特殊性重组条件，并实际按照特殊性重组进行税务处理的，可继续享受暂不征收预提所得税政策待遇，不按上述规定补缴递延的税款。

上述所称"境外投资者"是指适用《企业所得税法》第三条第三款规定的非居民企业；上述所称"中国境内居民企业"是指依法在中国境内成立的居民企业。

境外投资者以分得的利润用于补缴其在境内居民企业已经认缴的注册资本，增加实收资本或资本公积的，属于符合"新增或转增中国境内居民企业实收资本或者资本公积"情形。

境外投资者按照金融主管部门的规定，通过人民币再投资专用存款账户划转再投资资金，并在相关款项从利润分配企业账户转入境外投资者人民币再投资专用存款账户的当日，再由境外投资者人民币再投资专用存款账户转入被投资企业或股权转让方账户的，视为符合"境外投资者用于直接投资的利润以现金形式支付的，相关款项从利润分配企业的账户直接转入被投资企业或股权转让方账户，在直接投资前不得在境内外其他账户周转"的规定。

税务筹划方案

方案一，甲公司需要缴纳预提所得税100万元（1 000×10%）。

方案二，B公司取得股息不需要缴纳企业所得税，可以用1 000万元的股息直接投资于A公司或者其他公司，每年可以节约预提所得税100万元。

自2018年1月1日起，由甲公司直接持有A公司的股权也可以享受再投资递延纳税的优惠政策。

税务筹划依据

（1）《中华人民共和国企业所得税法》第五十七条。

（2）《中华人民共和国企业所得税法实施条例》。

（3）《财政部　税务总局　国家发展改革委　商务部关于扩大境外投资者以分配利润直接投资暂不征收预提所得税政策适用范围的通知》（财税〔2018〕102号）。

（4）《国家税务总局关于扩大境外投资者以分配利润直接投资暂不征收预提所得税政策适用范围有关问题的公告》（国家税务总局公告2018年第53号）。

三、利用外国公司转移所得来源地

税务筹划问题

甲公司准备投资1亿元购买一幢写字楼，持有3年以后转让，预计转让价款为1.3亿元。请计算甲公司此项投资的税收负担并提出税务筹划方案。

税务筹划思路

我国企业所得税法对于各类所得的来源地有明确规定，根据《企业所得税法实施条例》第七条的规定，来源于中国境内、境外的所得，按照以下原则确定：①销售货物所得，按照交易活动发生地确定；②提供劳务所得，按照劳务发生地确定；③转让财产所得，不动产转让所得按照不动产所在地确定，动产转让所得按照转让动产的企业或者机构、场所所在地确定，权益性投资资产转让所得按照被投资企业所在地确定；④股息、红利等权益性投资所得，按照分配所得的企业所在地确定；⑤利息所得、租金所得、特许权使用费所得，按照负担、支付所得的企业或者机构、场所所在地确定，或者按照负担、支付所得的个人的住所地确定；⑥其他所得，由国务院财政、税务主管部门确定。

根据《中华人民共和国个人所得税法实施条例》（以下简称《个人所得税法实施条例》）第五条的规定，下列所得，不论支付地点是否在中国境内，均为来源于中国境内的所得：①因任职、受雇、履约等而在中国境内提供劳务取得的所得；②将财产出租给承租人在中国境内使用而取得的所得；③转让中国境内的建筑物、土地使用权等财产或者在中国境内转让其他财产取得的所得；④许可各种特许权在中国境内使用而取得的所得；⑤从中国境内的公司、企业以及其他经济组织或者个人取得的利息、股息、红利所得。

不动产转让所得一般都要在不动产所在地纳税，但利用境外设立的公司来持有不动产，就可以将不动产转让所得转化为股权转让所得，而股权转让所得是根据被转让公司所在地来确定来源地的，而公司的设立地点是可以选择的，由此就可以将境内不动产转让所得转化为境外所得。

 税务筹划方案

甲公司转让不动产需要缴纳增值税及其附加160万元［（13 000－10 000）÷（1＋5%）×5%×（1＋7%＋3%＋2%）］；需要缴纳印花税6.5万元（13 000×0.05%）；需要缴纳土地增值税（假设按3%核定）390万元（13 000×3%）。购买该不动产的公司需要缴纳契税371.43万元［13 000÷（1＋5%）×3%］。不考虑其他成本，甲公司取得转让所得2 443.5万元（13 000－10 000－160－6.5－390），应当缴纳企业所得税610.88万元（2 443.5×25%），净利润1 832.62万元（2 443.5－610.88）。

如果甲公司先在某避税港投资1.1亿元设立乙公司，由乙公司以1亿元的价格购置该不动产并持有，3年以后，甲公司以1.4亿元的价格转让乙公司。假设该避税港企业所得税税率为10%，印花税税率为0.05%，股权转让在该避税港不涉及其他税收。甲公司需在该避税港缴纳印花税7万元（14 000×0.05%），需要缴纳所得税299.3万元［（14 000－11 000－7）×10%］，净利润为2 693.7万元（14 000－11 000－7－299.3）。

通过税务筹划，甲公司增加净利润861.08万元（2 693.7－1 832.62）。购买乙公司并间接购买该不动产的公司也节约了371.43万元的契税。同时，该不动产一直由乙公司持有并持续经营，也避免了不动产转让对该不动产的生产经营可能带来的不良影响。

 税务筹划依据

（1）《中华人民共和国企业所得税法》。
（2）《中华人民共和国个人所得税法实施条例》第五条。
（3）《中华人民共和国企业所得税法实施条例》第七条。
（4）《财政部 国家税务总局关于全面推开营业税改征增值税试点的通知》（财税〔2016〕36号）。
（5）《中华人民共和国契税法》（2020年8月11日第十三届全国人民代表大会常务委员会第二十一次会议通过）。
（6）《中华人民共和国印花税法》（2021年6月10日第十三届全国人民代表大会常务委员会第二十九次会议通过）。
（7）《中华人民共和国土地增值税暂行条例》（1993年12月13日中华人民共和国国务院令第138号发布，根据2011年1月8日国务院令第588号《国务院关于废止和修改部分行政法规的决定》修订）。

第二节　境内企业境外投资的税务筹划

一、通过避税港进行税务筹划

 税务筹划问题

A 公司的业务模式主要通过制造子公司 B 进行产品生产，再由销售子公司 C 通过购买 B 公司的制造产品向海外出售来实现利润。由于两个子公司要分别缴纳 25% 的企业所得税，A 公司税收负担比较重。2023 年度，预计 B 公司实现利润 1 000 万元，C 公司实现利润 800 万元。请计算 B、C 两家公司每年需要缴纳的企业所得税并提出税务筹划方案。

税务筹划思路

避税港（tax haven）是跨国公司无不热衷的地方。形形色色的避税港又由于地理位置、经济发展水平、商业环境以及税收协议缔结的情况各不相同，因此跨国公司也会有所选择。目前，世界上实行低税率的避税港有百慕大群岛、开曼群岛、巴哈马、马恩岛、英属维尔京群岛、美属萨摩亚群岛、中国香港等。

判断是否属于避税港的一般标准：①不征税或税率很低，特别是所得税和资本利得税；②实行僵硬的银行或商务保密法，为当事人保密，不得通融；③外汇开放，毫无限制，资金来去自由；④拒绝与外国税务当局进行任何合作；⑤一般不定税收协定或只有很少的税收协定；⑥是非常便利的金融、交通和信息中心。

避税港的种类：①无税避税港，不征个人所得税、公司所得税、资本利得税和财产税，如百慕大群岛、巴哈马、瓦努阿图、开曼群岛等；②低税避税港，以低于一般国际水平的税率征收个人所得税、公司所得税、资本利得税和财产税等税种，如列支敦士登、英属维尔京群岛、荷属安的列斯群岛、中国香港、中国澳门等；③特惠避税港，在国内税法的基础上采取特别的税收优惠措施，如爱尔兰的香农、菲律宾的巴丹、新加坡的裕廊等地区。

对中国境内投资中就大量利用了避税港。例如，2017 年对中国境内投资前十位的国家 / 地区（以实际投入外资金额计，下同）依次为：中国香港（989.2 亿美元）、新加坡（48.3 亿美元）、中国台湾（47.3 亿美元）、韩国（36.9 亿美元）、日本（32.7 亿美元）、美国（31.3 亿美元）、荷兰（21.7 亿美元）、德国（15.4 亿美元）、英国（15 亿美元）和丹麦（8.2 亿美元）。前十位国家 / 地区实际投入外资金额占中国境内实际使用外资金额的 95.1%。

2018 年对中国境内投资前十位国家 / 地区依次为：中国香港（960.1 亿美元）、新加坡（53.4 亿美元）、中国台湾（50.3 亿美元）、韩国（46.7 亿美元）、英国（38.9 亿美元）、日本（38.1亿美元）、德国（36.8亿美元）、美国（34.5亿美元）、荷兰（12.9亿美元）和中国澳门（12.9亿美元）。前十位国家/地区实际投入外资金额占中国境内实际使用外资金额的95.2%。

2019年对中国境内投资前十位国家/地区依次为：中国香港（963亿美元）、新加坡（75.9亿美元）、韩国（55.4亿美元）、英属维尔京群岛（49.6亿美元）、日本（37.2亿美元）、美国（26.9亿美元）、开曼群岛（25.6亿美元）、荷兰（18亿美元）、中国澳门（17.4亿美元）和德国（16.6亿美元）。2019年1~10月前十位国家/地区实际投入外资金额占中国境内实际使用外资金额的95.5%。

百慕大群岛地处北美洲，位于北大西洋西部，是一个典型的避税港，在百慕大注册一个公司，两天内就可以完成全部的手续。并且，政府不征公司所得税和个人所得税，不征普通销售税，只对遗产课征2%~5%的印花税，按雇主支付的薪金课征5%的就业税、4%的医疗税和一定的社会保障税，对进口货物一般课征20%的关税。另外，百慕大群岛针对旅游业兴盛的特点，征收税负较轻的饭店使用税和空海运乘客税。

百慕大群岛的政治及经济一直都非常稳定，因而受到跨国公司的普遍青睐。百慕大的银行、会计、工商、秘书等服务的品质，在所有的税务筹划天堂中，都是居于领导地位。再加上百慕大是OECD的成员国之一，在百慕大群岛当地有许多国际化、专业化的律师、会计师，使百慕大群岛得以成为国际主要金融中心之一，其境外公司也广为各国政府及大企业所接受。

国美电器是中国最大的家电零售连锁企业，是在百慕大群岛注册、在中国香港上市的公司。

开曼群岛位于加勒比海西北部，毗邻美国。开曼群岛的两大经济支柱：一是金融；二是旅游。金融收入约占政府总收入的40%、国内生产总值的70%、外汇收入的75%。开曼群岛课征的税种只有进口税、印花税、工商登记税、旅游者税等简单的几种。三十多年来没有开征过个人所得税、企业所得税、资本利得税、不动产税、遗产税等直接税。各国货币在此自由流通、外汇进出自由，资金的投入与抽出完全自由，外国人的资产所有权得到法律保护，交通运输设施健全，现已成为西半球离岸融资业的最大中心。

至20世纪90年代初，全世界最大的25家跨国银行几乎都在开曼群岛设立了子公司或分支机构，在岛内设立的金融、信托类企业的总资产已超过2 500亿美元，占欧洲美元交易总额的7%，涉及56个国家。开曼群岛的商业条件非常健全，银行、律师事务所、会计师事务所相当发达，并且有大量的保险管理人才。

在开曼群岛注册的银行和信托公司有278家，对冲基金9 000多家，各类公司10万家。阿格兰屋是位于开曼群岛南教堂街上的一幢5层办公大楼，为18 857家公司提供办公地址，包括百度、希捷、汇源果汁、可口可乐、甲骨文、新浪、联通、联想等。阿里巴巴、新东方、小米等均在开曼群岛设立了公司。

英属维尔京群岛位于波多黎各以东60英里[①]，是一个自治管理、通过独立立法会议立法的、政治稳定的英属殖民地，它已经成为发展海外商务活动的重要中心。该岛的两项支柱产业是旅游业及海外离岸公司注册。世界众多大银行的进驻及先进的通信交通设施使英属维尔京群岛成为理想的离岸金融中心。目前，已有超过25万个跨国公司在英属

---

① 1英里≈1.61千米。

维尔京群岛注册,这使英属维尔京群岛成为世界上发展最快的海外离岸投资中心之一。

英属维尔京群岛的公司注册处设备先进而且工作相当高效。岛上有完善的通信系统,交通和邮政服务也是一流。在英属维尔京群岛注册的公司,在全球所赚取的利润均无须向当地政府缴税,印花税也被免除;岛上没有任何外汇管制,对于任何货币的流通都没有限制。跨国公司除每年向政府缴纳一笔营业执照续牌费外,无须缴纳任何其他费用。公司不须每年提交公司账册或做周年申报,也不须每年召开董事大会。股票公司可以发行有票面价值和无票面价值的股票、记名股票或不记名股、可回购以及有表决权和无表决权股票。政府对注册公司给予了最大限度的财产保护,允许自由的资金转移。

百度是全球最大的中文搜索引擎,注册地在北京市中关村。百度在开曼群岛和英属维尔京群岛均有公司,2005年在美国纳斯达克上市(包括海外公司)。

百慕大群岛、开曼群岛、英属维尔京群岛都是以对各类所得实行低税率为主要特点的避税港。另外,也有一些国家/地区则是因税收协议网络发达和对外资有较为优惠的政策而成为"准避税港",成为国际控股、投资公司、中介性金融公司和信托公司建立的热点地区。这些国家/地区有荷兰、瑞士、荷属安第列斯、塞浦路斯等。跨国公司在这些地区设立控股公司、投资公司和中介性金融公司,利用这些国家税收协议的发达网络,获得较多的税收协议带来的好处。

例如,荷兰已同德、法、日、英、美、俄等四十多个国家缔结了全面税收协议,对以上协议国均实施低税率的预提税。例如,该国的股息是25%,但对协议国则降为5%、7.5%、10%或15%;利息和特许权使用费则不征税。其中对丹麦、芬兰、爱尔兰、意大利、挪威、瑞典、英国、美国等国家的股息预提税限定为零。此外,对汇出境外的公司利润,也可以比照股息享受低税或免税的优惠。荷兰税法规定,居民公司所取得的股息和资本利得按35%的公司所得税课征,但对符合一定条件的公司中的外资部分所取得的股息和资本利得按所占比例全额免征公司税。

中国移动集团公司是国资委所属央企,总部位于北京,它100%持股中国移动(香港)集团公司,中国移动(香港)集团公司100%持股中国移动香港公司,中国移动香港公司控股中国移动有限公司,中国移动有限公司是中国香港和美国上市公司,其100%持有中国境内31个省的移动子公司。

苹果公司是注册在美国的企业,但其在爱尔兰、荷兰和加勒比群岛设立若干子公司,其收入的2/3归属于这些海外公司,2012财年,苹果以557.6亿美元的全年税前收入,仅缴纳了140亿美元税款。综合计算,总税率仅为22%,远低于美国联邦税率。

 税务筹划方案

B公司需要缴纳企业所得税250万元(1 000×25%),C公司需要缴纳企业所得税200万元(800×25%),合计缴纳企业所得税450万元(250+200)。由于A公司的主要销售对象均位于海外,A公司可以考虑将C公司设置在所得税率比较低的避税港,假设为D公司。D公司的企业所得税税率为10%。B公司的产品以比较低的价格销售给D公司,D公司再将其销售给海外客户。假设2023年度,B公司实现利润500万元,将500万元的利润转移至D公司,D公司实现利润1 300万元。这样,B公司需要缴纳企业所得税125万元(500×25%),D公司需要缴纳企业所得税130万元

（1 300×10%），合计缴纳企业所得税255万元（125＋130）。减轻税收负担195万元（450－255）。当然，商品从中国转移至D公司所在国需要花费一些费用和缴纳一些税收，如果这些税费的总额低于195万元，则该税务筹划仍然可以为A公司带来利益。

需要注意的是，利润转移需要有合理商业目的，国际税务筹划常用的手段是知识产权策略，即将相关知识产权放在D公司名下，由于拥有知识产权就可以取得相应的利润，而且利润率比较高，本案中的D公司取得相关利润就具有合理依据。

  税务筹划依据

（1）《中华人民共和国企业所得税法》第五十七条。
（2）《中华人民共和国企业所得税法实施条例》。

二、利用不同组织形式的税收待遇

  税务筹划问题

我国一家跨国公司A欲在甲国投资兴建一家花草种植加工企业，A公司于2022年年底派遣一名顾问去甲国进行投资情况考察，该顾问在选择分公司还是子公司时，专门向有关部门进行了投资与涉外税收政策方面的咨询。根据预测分析，该跨国公司的总公司2023年应纳税所得额为5 000万美元，按我国企业所得税的规定应缴纳25%的公司所得税；2023年在甲国投资的B企业发生亏损额300万美元；A公司在乙国有一家子公司C，2023年C公司的应纳税所得额为1 000万美元，乙国的企业所得税税率为40%。请提出若干投资方案，并提出税务筹划方案。

  税务筹划思路

企业在海外投资设立分支机构时，一般有两种组织形式可供选择：一是具有法人资格的企业，如子公司；二是不具有法人资格的企业，如分公司。具有法人资格的企业要在当地缴纳企业所得税，同时，该企业的亏损也不能由母公司的利润予以弥补。不具有法人资格的企业，在当地往往也需要缴纳企业所得税，但是，其亏损可以由总公司的利润予以弥补，这样就减轻了总公司的所得税负担。因此，如果预测该分支机构最初几年一定会亏损，最好先采取分公司的形式或者与当地企业建立合伙企业，这样可以用总公司的盈利来弥补其亏损。

《企业所得税法》第十七条规定："企业在汇总计算缴纳企业所得税时，其境外营业机构的亏损不得抵减境内营业机构的盈利。"因此，我国企业在海外设立分支机构时，设置子公司和分公司在亏损弥补问题上的税务处理是基本一致的。

  税务筹划方案

从投资活动和税务筹划角度分析，对于C公司在A国投资所设立的从属机构，其设立的形式不同，投资对象不同，税负都是不一样的。具体有三种方案可供选择。

方案一：由A公司或者C公司在甲国投资设立子公司B，此时B公司的亏损由该公司在以后年度弥补，A公司和C公司纳税总额1 650万美元（5 000×25%＋1 000×40%）。

方案二：由A公司在甲国投资设立分公司B，B公司的亏损同样不能在A公司内弥补，B公司的亏损由该公司在以后年度弥补，A公司和C公司纳税总额1 650万美元（5 000×25%＋1 000×40%）。

方案三：由C公司在甲国投资设立分公司B，B公司的亏损可以在C公司内弥补，A公司和C公司纳税总额1 530万美元[5 000×25%＋（1 000－300）×40%]。

综上所述，方案三的应纳税额最低，故优于其他方案。

税务筹划依据

（1）《中华人民共和国企业所得税法》第十七条。
（2）《中华人民共和国企业所得税法实施条例》。

三、避免成为常设机构

税务筹划问题

中国某建筑公司到甲国从事安装工程，工程所需时间约10个月，根据中国和甲国的双边税收协定，建筑工程达到6个月以上的即构成常设机构。该公司进行该安装工程的总成本为1 000万元，工程总收入为1 500万元。甲国对来源于本国的所得要征收企业所得税，税率为40%。请计算该公司从事该建筑工程的税后利润，并提出税务筹划方案。

税务筹划思路

是否构成常设机构是一个国家判断某项经营所得是否应当在本国纳税的核心标准，纳税人一旦在某个国家构成了常设机构，那么，来自该常设机构的一切所得，都应当在该国纳税。

关于常设机构的判断标准，要具体看两国税收协定的规定，但一般而言，都是大同小异的。目前发达国家遵循的都是《OECD税收协定范本》所规定的常设机构标准，发展中国家遵循的则是《联合国税收协定范本》（UN范本）所规定的常设机构标准。

《OECD税收协定范本》第五条规定了常设机构的标准。

（1）该协定中"常设机构"一语是指一个企业进行全部或部分营业的固定营业场所。

（2）"常设机构"一语特别包括：管理场所；分支机构；办事处；工厂；作业场所；矿场、油井或气井、采石场或者任何其他开采自然资源的场所。

（3）"常设机构"一语包括建筑工地或者建筑，但安装工程仅以连续12个月以上的为限。（与UN区别）

（4）虽有本条以上各项规定，"常设机构"一语应认为不包括：①专为储存、陈列或交付本企业货物或商品的目的而使用的场所（与UN区别）；②专为储存、陈列或交付的目的而保存本企业货物或商品的库存（与 UN 区别）；③专为通过另一企业加工的目的而保存本企业货物或商品的库存；④专为本企业采购货物或商品或者收集情报的目的而设有固定的营业场所；⑤专为本企业进行任何其他准备性质或辅助性质活动的目的而设有的营业固定场所；⑥专为上述①到⑤项各项活动的结合而设有的营业固定场所，如果由于这种结合使营业固定场所全部活动属于准备性质或辅助性质。

（5）虽有第一款和第二款的规定，如一个人（适用第六款的独立地位代理人除外）代表缔约国另一方的企业在缔约国一方活动，有权并经常行使这种权利以企业的名义签订合同，对于这个人为企业进行的任何活动，应认为该企业在该国设有常设机构，但这个人的活动仅限于第四款的规定，即使是通过营业固定场所进行活动，按照该款规定，并不得使这一营业固定场所成为常设机构。

（6）一个企业仅由于通过经纪人、一般佣金代理人或其他独立地位代理人在缔约国一方进行营业，而这些代理人又按常规进行其本身业务的，应不认为在该国设有常设机构。

（7）缔约国一方居民公司，控制或被控制于缔约国另一方居民公司或者在缔约国另一方进行营业的公司（不论是否通过常设机构），此项事实不能据以使任何一公司成为另一公司的常设机构。

《联合国税收协定范本》与《OECD 税收协定范本》的规定基本相同，但存在一些差异。例如，关于建筑工地或者建筑，根据《OECD 税收协定范本》的规定，安装工程仅以连续 12 个月以上的为限，而根据《联合国税收协定范本》这一期限是 6 个月。目前我国与大部分国家签订的双边税收协定规定的一般也是 6 个月。纳税人应当充分利用这里规定的条件，避免使自己成为某国的常设机构。

税务筹划方案

该建筑公司在甲国从事安装工程，该工程时间为 10 个月，超过了中国与甲国税收协定规定的 6 个月，构成甲国的常设机构，应当和甲国的企业一样缴纳甲国的所得税 200 万元［（1 500 － 1 000）×40%］，税后利润为 300 万元（1 500 － 1 000 － 200）。该笔所得汇回中国以后，由于该笔所得已经在国外纳过税了，而且缴纳的税率超过我国的 25% 的税率，因此，不需要向中国税务机关补缴企业所得税。该公司的这一安装工程的纯利润为 300 万元。

由于安装工程构成常设机构必须以"连续"为标准，因此，该公司完全可以将该安装工程分成两个阶段进行，第一个阶段进行 5 个月，然后休息 1 个月，第二阶段再进行 5 个月，这样，该安装工程就不构成甲国的常设机构，不需要在甲国缴纳所得税。利润总额为 500 万元（1 500 － 1 000）。该笔所得汇回中国以后，需要按照我国税法规定缴纳企业所得税 125 万元（500×25%）。该公司的这一安装工程的税后利润为 375 万元（500 － 125）。通过税务筹划，多实现净利润 75 万元（375 － 300）。

税务筹划依据

（1）中国与 109 个国家、3 个地区签署的对所得和财产消除双重征税和防止逃避税的协定（安排、协议）。

（2）《中华人民共和国企业所得税法》。

（3）《中华人民共和国企业所得税法实施条例》。

四、在一定限度内将利润留在境外

中国的甲公司在 A 国设立了一家子公司乙。2021 年度，乙公司获得利润总额 3 000 万元，2022 年度，乙公司获得利润总额 4 000 万元。A 国企业所得税税率为 30%。中国和 A 国税收协定规定的预提所得税税率为 10%。乙公司将税后利润全部分配给甲公司。甲公司计划在 2023 年度投资 3 000 万元在 B 国设立了另外一家子公司丙。请计算乙公司两年利润的所得税负担并提出税务筹划方案。

纳税人在境外投资的所得必须汇回本国才需要向本国缴纳企业所得税，如果留在投资国，则不需要向本国缴纳企业所得税。纳税人可以在一定程度上将利润留在境外，从而避免向本国缴纳企业所得税，或者推迟向本国缴纳企业所得税的时间，从而获得税务筹划的利益。特别是当企业需要继续在海外进行投资时，就更不需要将利润汇回本国，可以将其他企业的利润直接投资于新的企业，这样就可以减轻税收负担。

当然，这种税务筹划方法应当保持在一定的限度内，超过一定的限度将被税务机关进行纳税调整。《企业所得税法》第四十五条规定："由居民企业，或者由居民企业和中国居民控制的设立在实际税负明显低于本法第四条第一款规定税率水平的国家（地区）的企业，并非由于合理的经营需要而对利润不作分配或者减少分配的，上述利润中应归属于该居民企业的部分，应当计入该居民企业的当期收入。"

中国居民是指根据《个人所得税法》的规定，就其从中国境内、境外取得的所得在中国缴纳个人所得税的个人。

居民企业，或者由居民企业和中国居民控制，包括：①居民企业或者中国居民直接或者间接单一持有外国企业 10% 以上有表决权股份，且由其共同持有该外国企业 50% 以上股份。中国居民股东多层间接持有股份按各层持股比例相乘计算，中间层持有股份超过 50% 的，按 100% 计算。②居民企业，或者居民企业和中国居民持股比例没有达到第①项规定的标准，但在股份、资金、经营、购销等方面对该外国企业构成实质控制。

受控外国企业是指由居民企业，或者由居民企业和居民个人（以下统称中国居民股东，包括中国居民企业股东和中国居民个人股东）控制的设立在实际税负低于《企业所得税法》第四条第一款规定税率水平 50% 的国家（地区），并非出于合理经营需要对利润不作分配或减少分配的外国企业。

计入中国居民企业股东当期的视同受控外国企业股息分配的所得，应按以下公式计算：

$$\text{中国居民企业股东当期所得} = \text{视同股息分配额} \times \text{实际持股天数} \div \text{受控外国企业纳税年度天数} \times \text{股东持股比例}$$

中国居民股东多层间接持有股份的，股东持股比例按各层持股比例相乘计算。

受控外国企业与中国居民企业股东纳税年度存在差异的，应将视同股息分配所得计入受控外国企业纳税年度终止日所属的中国居民企业股东的纳税年度。

计入中国居民企业股东当期所得已在境外缴纳的企业所得税税款，可按照所得税法或税收协定的有关规定抵免。

受控外国企业实际分配的利润已根据《企业所得税法》第四十五条规定征税的，不再计入中国居民企业股东的当期所得。

中国居民企业股东能够提供资料证明其控制的外国企业满足以下条件之一的，可免于将外国企业不作分配或减少分配的利润视同股息分配额，计入中国居民企业股东的当期所得：①设立在国家税务总局指定的非低税率国家（地区）；②主要取得积极经营活动所得；③年度利润总额低于 500 万元人民币。

中国居民企业或居民个人能够提供资料证明其控制的外国企业设立在美国、英国、法国、德国、日本、意大利、加拿大、澳大利亚、印度、南非、新西兰和挪威的，可免于将该外国企业不作分配或者减少分配的利润视同股息分配额，计入中国居民企业的当期所得。

税务筹划方案

乙公司 2021 年度需要向 A 国缴纳企业所得税 900 万元（3 000×30%）。将全部税后利润分配给甲公司，需要缴纳预提所得税 210 万元［（3 000 － 900）×10%］。甲公司获得该笔利润本来需要向中国缴纳企业所得税 750 万元（3 000×25%）。由于该笔所得已经在国外缴纳了 1 110 万元（900 + 210）的所得税，因此，不需要向中国缴纳任何税款。

乙公司 2022 年度需要向 A 国缴纳企业所得税 1 200 万元（4 000×30%）。将全部税后利润分配给甲公司，需要缴纳预提所得税 280 万元［（4 000 － 1 200）×10%］。甲公司获得该笔利润本来需要向中国缴纳企业所得税 1 000 万元（4000×25%）。由于该笔所得已经在国外缴纳了 1 480 万元（1200 + 280）的所得税，因此，不需要向中国缴纳任何税款。

甲公司两年一共获得净利润 4 410 万元（3 000 + 4 000 － 1 110 － 1 480）。

如果甲公司将净利润一直留在乙公司，则 2021 年度和 2022 年度乙公司一共需要缴纳企业所得税 2 100 万元［（3 000 + 4 000）×30%］，净利润为 4 900 万元（7 000 － 2 100）。2023 年度，乙公司可以用该笔利润直接投资设立丙公司，设立过程中不需要缴纳任何税款。通过税务筹划，甲公司可减轻所得税负担 490 万元（4 900 － 4 410）。

税务筹划依据

（1）《中华人民共和国企业所得税法》第四十五条。
（2）《中华人民共和国企业所得税法实施条例》第一百一十六条至第一百一十八条。

（3）《特别纳税调整实施办法（试行）》（国税发〔2009〕2号印发）。

（4）《国家税务总局关于简化判定中国居民股东控制外国企业所在国实际税负的通知》（国税函〔2009〕37号）。

第三节 利用税收协定优惠

一、巧用国家之间的税收协定优惠

 税务筹划问题

A国和B国签订了双边税收协定，其中规定A国居民从B国取得的投资所得可以免征预提所得税，B国居民从A国取得的投资所得也可以免征预提所得税。中国和A国签订了双边税收协定，规定中国居民与A国居民从对方国家取得的投资所得同样可以免征预提所得税。但中国和B国之间没有税收协定，中国和B国规定的预提所得税税率都是20%。中国甲公司在B国投资设立一家子公司——乙公司，该子公司预计2023年度税后利润为1 000万元，其中60%分配给母公司。请计算该笔利润应当缴纳的相关税款，并提出税务筹划方案。

税务筹划思路

国家之间签订的双边税收协定往往规定了避免双重征税的措施，或者规定了一些鼓励双边投资的税收优惠政策。但是这种税收优惠往往只给予签订协定的两个国家的居民，第三国的居民不能享受该税收优惠政策。如果第三国居民和其中一个国家签订了税收协定并且规定了相关优惠政策，那么，第三国居民为了享受与另外一个国家的该税收优惠政策必须首先在其中一个国家设立一个居民公司，由该居民公司从事相关业务就可以享受该税收协定所规定的优惠政策。

 税务筹划方案

该笔利润汇回中国需要缴纳预提所得税120万元（1 000×60%×20%）。为了避免缴纳该笔税收，甲公司可以考虑首先在A国设立一家全资子公司——丙公司，将甲公司在B国乙公司中的股权转移到A国的丙公司，由A国的丙公司控制B国的乙公司。这样，B国的乙公司将利润分配给A国的丙公司时，根据A国和B国的双边税收协定，该笔利润不需要缴纳预提所得税；同样，当A国的丙公司将该笔利润全部分配给甲公司时，根据中国和A国的双边税收协定，也不需要缴纳预提所得税。这样，该笔利润就减轻了120万元的税收负担，如果设立丙公司以及进行相关资金转移的费用小于120万元，该税务筹划方案就是有利的。

税务筹划依据

（1）中国与109个国家、3个地区签署的对所得和财产消除双重征税和防止逃避税的协定（安排、协议）。
（2）《中华人民共和国企业所得税法》。
（3）《中华人民共和国企业所得税法实施条例》。

二、利用税收饶让抵免制度

 税务筹划问题

中国和A国签订的双边税收协定有税收饶让抵免制度，并且对缔约国居民来源于本国的投资所得免征预提所得税，A国企业所得税税率为30%，中国和B国的双边税收协定没有税收饶让抵免制度，预提所得税税率为10%，但A国和B国的双边税收协定具有税收饶让抵免制度，并且对缔约国居民来源于本国的投资所得免征预提所得税。中国某公司甲在B国有一家子公司——乙公司，2023年度获得利润总额2 000万元，根据B国税法规定，企业所得税税率为30%，但是对外资可以给予10%的低税率。请计算该笔所得应当承担的税收负担，并提出税务筹划方案。

 税务筹划思路

纳税人来源于境外的所得首先要在来源地国纳税，回到居民国以后还要向居民国纳税，这就产生了重复征税。为了避免重复征税，居民国的税法一般都允许纳税人来源于境外的所得已经缴纳的税款可以在应当向本国缴纳的税款中扣除，但一般都有一个上限，即不能超过该笔所得根据本国税法规定应当缴纳的税款。有时，国家为了吸引外资而给予外资一定的税收优惠，外资回到本国时对于该税收优惠有两种处理方式：一种是将税收优惠视为来源地国给予外资的优惠，虽然本国纳税人没有实际缴纳该税款，仍然视为已经缴纳予以扣除，这种方式就是税收饶让抵免；另一种就是对该税收优惠不予考虑，仅对纳税人在来源地国实际缴纳的税款予以扣除，这样，来源地国给予外资的税收优惠就无法被外资所享受了。目前，我国与绝大多数国家的税收协定都规定了税收饶让抵免制度，只有美国等少数国家没有该项制度。在没有税收饶让抵免制度的情况下，可以通过在具有税收饶让抵免的国家设立居民公司来享受该项优惠政策。

 税务筹划方案

乙公司在B国应当缴纳企业所得税200万元（2 000×10%），净利润为1 800万元（2 000－200）。汇出B国时应当缴纳预提所得税180万元（1 800×10%），该笔所得按照我国税法规定本来应当缴纳企业所得税500万元（2 000×25%）。由于该笔所得已经在国外缴纳了所得税380万元（200＋180），在本国只需要缴纳所得税120万元（500－380），净利润为1 500万元（2 000－200－180－120）。

如果该甲公司首先在 A 国设立一家丙公司,将其持有的乙公司的股权转移给丙公司,乙公司的利润首先分配给丙公司,然后再由丙公司将利润分配给甲公司,这样就可以享受税收饶让抵免的优惠政策。乙公司在 B 国应当缴纳企业所得税 200 万元（2 000×10%）,净利润为 1 800 万元（2 000－200）。乙公司将利润全部分配给丙公司,不需要缴纳预提所得税。该笔利润在 A 国需要缴纳企业所得税 600 万元（2 000×30%）。由于该笔所得按照 B 国税法本来应当缴纳 600 万元（2 000×30%）的税款,因此,该笔税款不需要向 A 国缴纳任何税款。丙公司再将该笔利润全部分配给甲公司,中间不需要缴纳预提所得税。该笔所得本来需要向中国缴纳企业所得税 500 万元（2 000×25%）。由于在 A 国已经缴纳了 600 万元的税款,因此,不需要向中国缴纳所得税。公司净利润为 1 800 万元（2 000－200）。通过税务筹划,公司可增加净利润 300 万元（1 800－1 500）。

 税务筹划依据

（1）中国与 109 个国家、3 个地区签署的对所得和财产消除双重征税和防止逃避税的协定（安排、协议）。

（2）《中华人民共和国企业所得税法》。

（3）《中华人民共和国企业所得税法实施条例》。

第六章

个人综合所得税务筹划

第一节 利用综合所得扣除项目

一、利用企业年金与职业年金

 税务筹划问题

甲公司共有员工 10 000 余人，人均年薪为 200 000 元，人均年个人所得税税前扣除标准为 120 000 元，人均年应纳税所得额为 80 000 元，人均年应纳个人所得税 5 480 元（80 000×10% － 2 520）。甲公司尚未给员工缴纳企业年金。请为甲公司提出个人所得税税务筹划方案。

 税务筹划思路

根据《个人所得税法》第三条的规定，综合所得（包括工资薪金所得、劳务报酬所得、稿酬所得和特许权使用费所得），适用 3% 至 45% 的超额累进税率，具体税率如表 6-1 所示。该表所称全年应纳税所得额是指依照《个人所得税法》第六条的规定，居民个人取得综合所得以每一纳税年度收入额减除费用 6 万元以及专项扣除、专项附加扣除和依法确定的其他扣除后的余额。

表 6-1 综合所得个人所得税税率表

级数	全年应纳税所得额	税率	速算扣除数
1	不超过 36 000 元的	3%	0
2	超过 36 000 元至 144 000 元的部分	10%	2 520
3	超过 14 4000 元至 300 000 元的部分	20%	16 920

（续表）

级数	全年应纳税所得额	税率	速算扣除数
4	超过 300 000 元至 420 000 元的部分	25%	31 920
5	超过 420 000 元至 660 000 元的部分	30%	52 920
6	超过 660 000 元至 960 000 元的部分	35%	85 920
7	超过 960 000 元的部分	45%	181 920

企业和事业单位根据国家有关政策规定的办法和标准，为在本单位任职或者受雇的全体职工缴付的企业年金或职业年金单位缴费部分，在计入个人账户时，个人暂不缴纳个人所得税。个人根据国家有关政策规定缴付的年金个人缴费部分，在不超过本人缴费工资计税基数的 4% 标准内的部分，暂从个人当期的应纳税所得额中扣除。由于目前事业单位强制设立职业年金，而企业年金的设立是自愿的，广大企业可以充分利用这一优惠，帮助员工减轻个人所得税负担。

自 2023 年 5 月 1 日起，继续实施阶段性降低失业保险费率至 1% 的政策，实施期限延长至 2024 年年底。在省（区、市）行政区域内，单位及个人的费率应当统一，个人费率不得超过单位费率。自 2023 年 5 月 1 日起，按照《国务院办公厅关于印发降低社会保险费率综合方案的通知》（国办发〔2019〕13 号）有关实施条件，继续实施阶段性降低工伤保险费率政策，实施期限延长至 2024 年年底。各地要加强失业保险、工伤保险基金运行分析，平衡好降费率与保发放之间的关系，既要确保降费率政策落实，也要确保待遇按时足额发放，确保制度运行安全平稳可持续。各地要继续按照国家有关规定进一步规范缴费比例、缴费基数等相关政策，不得自行出台降低缴费基数、减免社会保险费等减少基金收入的政策。

《国务院办公厅关于印发降低社会保险费率综合方案的通知》（国办发〔2019〕13 号）规定，自 2019 年 5 月 1 日起，降低城镇职工基本养老保险（包括企业和机关事业单位基本养老保险，以下简称养老保险）单位缴费比例。各省、自治区、直辖市及新疆生产建设兵团（以下统称省）养老保险单位缴费比例高于 16% 的，可降至 16%；目前低于 16% 的，要研究提出过渡办法。各省具体调整或过渡方案于 2019 年 4 月 15 日前报人力资源社会保障部、财政部备案。

自 2019 年 5 月 1 日起，实施失业保险总费率 1% 的省，延长阶段性降低失业保险费率的期限至 2020 年 4 月 30 日。自 2019 年 5 月 1 日起，延长阶段性降低工伤保险费率的期限至 2020 年 4 月 30 日，工伤保险基金累计结余可支付月数在 18～23 个月的统筹地区可以现行费率为基础下调 20%，累计结余可支付月数在 24 个月以上的统筹地区可以现行费率为基础下调 50%。

调整就业人员平均工资计算口径。各省应以本省城镇非私营单位就业人员平均工资和城镇私营单位就业人员平均工资加权计算的全口径城镇单位就业人员平均工资，核定社保个人缴费基数上下限，合理降低部分参保人员和企业的社保缴费基数。调整就业人员平均工资计算口径后，各省要制定基本养老金计发办法的过渡措施，确保退休人员待遇水平平稳衔接。完善个体工商户和灵活就业人员缴费基数政策。个体工商户和灵活就业人员参加企业职工基本养老保险，可以在本省全口径城镇单位就业人员平均工资的60%至300%之间选择适当的缴费基数。

各省要结合降低养老保险单位缴费比例、调整社保缴费基数政策等措施，加快推进企业职工基本养老保险省级统筹，逐步统一养老保险参保缴费、单位及个人缴费基数核定办法等政策，2020年年底前实现企业职工基本养老保险基金省级统收统支。

加大企业职工基本养老保险基金中央调剂力度，2019年基金中央调剂比例提高至3.5%，进一步均衡各省之间养老保险基金负担，确保企业离退休人员基本养老金按时足额发放。

税务筹划方案

建议甲公司为全体员工设立企业年金，员工人均年缴费8 000元（200 000×4%），符合税法规定，可以税前扣除。由此，人均年应纳个人所得税4 680元〔（80 000－8 000）×10%－2 520〕，人均节税800元〔5 480－4 680〕，甲公司全体员工年节税8 000 000元（800×10 000）。

税务筹划依据

（1）《中华人民共和国个人所得税法》。
（2）《中华人民共和国个人所得税法实施条例》。
（3）《财政部　人力资源社会保障部　国家税务总局关于企业年金 职业年金个人所得税有关问题的通知》（财税〔2013〕103号）。
（4）《财政部　国家税务总局关于个人所得税法修改后有关优惠政策衔接问题的通知》（财税〔2018〕164号）。
（5）《国务院办公厅关于印发降低社会保险费率综合方案的通知》（国办发〔2019〕13号）。
（6）《人力资源社会保障部　财政部　国家税务总局关于阶段性降低失业保险、工伤保险费率有关问题的通知》（人社部发〔2023〕19号）。

二、充分利用商业健康保险

税务筹划问题

甲公司共有员工10 000余人，人均年薪200 000元，人均年个人所得税税前扣除标准为120 000元，人均年应纳税所得额为80 000元，人均年应纳个人所得税5 480元（80 000×10%－2 520）。甲公司尚未给员工购买商业健康保险。请为甲公司提出个人所得税税务筹划方案。

税务筹划思路

自2017年7月1日起，对个人购买符合规定的商业健康保险产品的支出，允许在当年（月）计算应纳税所得额时予以税前扣除，扣除限额为2 400元/年（200元/月）。

单位统一为员工购买符合规定的商业健康保险产品的支出，应分别计入员工个人工资薪金，视同个人购买，按上述限额予以扣除。2 400元/年（200元/月）的限额扣除为《个人所得税法》规定减除费用标准之外的扣除。企业为员工统一购买商业健康保险既是为员工提供的福利，也是可以起到节税的作用。

税务筹划方案

建议甲公司从员工的应发工资中为全体员工统一购买符合税法规定的商业健康保险，员工人均年缴费2 400元，可以税前扣除。由此，人均年应纳个人所得税5 240元〔（80 000－2 400）×10%－2 520〕。人均节税240元（5 480－5 240）。甲公司全体员工年节税2 400 000元（240×10 000）。

税务筹划依据

（1）《中华人民共和国个人所得税法》。
（2）《中华人民共和国个人所得税法实施条例》。
（3）《财政部　税务总局　保监会关于将商业健康保险个人所得税试点政策推广到全国范围实施的通知》（财税〔2017〕39号）。

三、充分利用税收递延型个人养老金

税务筹划问题

位于上海的甲公司共有员工10 000余人，人均年薪200 000元，人均年个人所得税税前扣除标准为120 000元，人均年应纳税所得额为80 000元，人均年应纳个人所得税5 480元（80 000×10%－2 520）。甲公司员工尚未缴纳个人养老金。请为甲公司的员工提出个人所得税税务筹划方案。

税务筹划思路

自2018年5月1日起，在上海市、福建省（含厦门市）和苏州工业园区实施个人税收递延型商业养老保险试点。对试点地区个人通过个人商业养老资金账户购买符合规定的商业养老保险产品的支出，允许在一定标准内税前扣除；计入个人商业养老资金账户的投资收益，暂不征收个人所得税；个人领取商业养老金时再征收个人所得税。取得工资薪金、连续性劳务报酬所得的个人，其缴纳的保费准予在申报扣除当月计算应纳税所得额时予以限额据实扣除，扣除限额按照当月工资薪金、连续性劳务报酬收入的6%和1 000元孰低办法确定。位于试点地区的企业可以为员工统一购买税收递延型养老保险，在当期降低个人所得税负担。

自2022年1月1日起，对个人养老金实施递延纳税优惠政策。在缴费环节，个人向个人养老金资金账户的缴费，按照12 000元/年的限额标准，在综合所得或经营所得中据实扣除；在投资环节，计入个人养老金资金账户的投资收益暂不征收个人所得税；

在领取环节，个人领取的个人养老金，不并入综合所得，单独按照3%的税率计算缴纳个人所得税，其缴纳的税款计入"工资、薪金所得"项目。

个人缴费享受税前扣除优惠时，以个人养老金信息管理服务平台出具的扣除凭证为扣税凭据。取得工资薪金所得、按累计预扣法预扣预缴个人所得税劳务报酬所得的，其缴费可以选择在当年预扣预缴或次年汇算清缴时在限额标准内据实扣除。选择在当年预扣预缴的，应及时将相关凭证提供给扣缴单位。扣缴单位应按照有关要求，为纳税人办理税前扣除有关事项。取得其他劳务报酬、稿酬、特许权使用费等所得或经营所得的，其缴费在次年汇算清缴时在限额标准内据实扣除。个人按规定领取个人养老金时，由开立个人养老金资金账户所在市的商业银行机构代扣代缴其应缴的个人所得税。

人力资源社会保障部门与税务部门应建立信息交换机制，通过个人养老金信息管理服务平台将个人养老金涉税信息交换至税务部门，并配合税务部门做好相关税收征管工作。商业银行有关分支机构应及时对在该行开立个人养老金资金账户纳税人的纳税情况进行全员全额明细申报，保证信息真实准确。个人养老金先行城市名单由人力资源社会保障部会同财政部、税务总局另行发布。上海市、福建省、苏州工业园区等已实施个人税收递延型商业养老保险试点的地区，自2022年1月1日起统一按照上述规定的税收政策执行。

税务筹划方案

建议甲公司的员工参加个人养老金计划，即从甲公司发放的工资中拿出12 000元缴纳个人养老金，员工人均年缴费12 000元，可以税前扣除。由此，人均年应纳个人所得税4 280元〔（80 000－12 000）×10%－2 520〕。人均当期节税1 200元（5 480－4 280）。甲公司全体员工在当期年节税12 000 000元（1 200×10 000）。如果不考虑货币时间价值，也不考虑个人养老金的投资收益，员工在未来领取12 000元养老金时，需要缴纳个人所得税360元（12 000×3%）。人均年度综合节税840元（1 200－360）。

税务筹划依据

（1）《中华人民共和国个人所得税法》。
（2）《中华人民共和国个人所得税法实施条例》。
（3）《财政部　税务总局　人力资源社会保障部　中国银行保险监督管理委员会证监会关于开展个人税收递延型商业养老保险试点的通知》（财税〔2018〕22号）。
（4）《财政部　税务总局关于个人养老金有关个人所得税政策的公告》（财政部　税务总局公告2022年第34号）。

四、灵活运用子女教育专项附加扣除

税务筹划问题

张先生和张太太有一儿一女，儿子读小学一年级，女儿读小学六年级。2023年度，张先生的应纳税所得额为 10 万元（尚未考虑子女教育专项附加扣除），张太太的应纳税所得额为 3 万元（尚未考虑子女教育专项附加扣除）。张先生和张太太如何选择子女教育专项附加扣除？

税务筹划思路

根据税法规定，纳税人的子女接受全日制学历教育的相关支出，按照每个子女每月 1 000 元（自 2023 年 1 月 1 日起，提高到每月 2 000 元）的标准定额扣除。学历教育包括义务教育（小学、初中教育）、高中阶段教育（普通高中、中等职业、技工教育）、高等教育（大学专科、大学本科、硕士研究生、博士研究生教育）。年满 3 周岁至小学入学前处于学前教育阶段的子女，按上述规定执行。父母可以选择由其中一方按扣除标准的 100% 扣除，也可以选择由双方分别按扣除标准的 50% 扣除，具体扣除方式在一个纳税年度内不能变更。凡是家庭中有 3 周岁至 28 周岁接受教育的子女，应积极申报。如果夫妻二人均需要缴纳个人所得税，子女教育扣除应由税率高的一方全额申报，税率低的一方不申报。

纳税人享受符合规定的专项附加扣除的计算时间分别为：①子女教育。学前教育阶段，为子女年满 3 周岁当月至小学入学前一月。学历教育，为子女接受全日制学历教育入学的当月至全日制学历教育结束的当月。②3 周岁以下婴幼儿照护。为婴幼儿出生的当月至年满 3 周岁的前一个月。

享受子女教育、继续教育、住房贷款利息或者住房租金、赡养老人、3 周岁以下婴幼儿照护专项附加扣除的纳税人，自符合条件开始，可以向支付工资、薪金所得的扣缴义务人提供上述专项附加扣除有关信息，由扣缴义务人在预扣预缴税款时，按其在本单位本年可享受的累计扣除额办理扣除；也可以在次年 3 月 1 日至 6 月 30 日内，向汇缴地主管税务机关办理汇算清缴申报时扣除。纳税人同时从两处以上取得工资、薪金所得，并由扣缴义务人办理上述专项附加扣除的，对同一专项附加扣除项目，一个纳税年度内，纳税人只能选择从其中一处扣除。

纳税人享受子女教育专项附加扣除，应当填报配偶及子女的姓名、身份证件类型及号码、子女当前受教育阶段及起止时间、子女就读学校以及本人与配偶之间扣除分配比例等信息。纳税人需要留存备查资料包括：子女在境外接受教育的，应当留存境外学校录取通知书、留学签证等境外教育佐证资料。

纳税人享受 3 周岁以下婴幼儿照护专项附加扣除，应当填报配偶及子女的姓名、身份证件类型（如居民身份证、子女出生医学证明等）及号码以及本人与配偶之间扣除分配比例等信息。纳税人需要留存备查资料包括：子女的出生医学证明等资料。

税务筹划方案

如果张先生与张太太因疏忽而忘记申报子女教育专项附加扣除，则 2023 年度，张先生应纳个人所得税 7 480 元（100 000×10% － 2 520）；张太太应纳个人所得税 900 元（30 000×3%）。

如果由张太太申报两个子女的教育专项附加扣除 48 000 元，则 2023 年度，张先生应纳个人所得税 7 480 元（100 000×10%－2 520）；张太太应纳个人所得税 0。节税 900 元。

如果由张先生和张太太各申报一个子女的教育专项附加扣除 24 000 元，2023 年度，张先生应纳个人所得税 5 080 元［(100 000－24 000)×10%－2 520］；张太太应纳个人所得税 180 元［(30 000－24 000)×3%］。节税 3 120 元（7 480－5 080＋900－180）。

如果由张先生申报两个子女的教育专项附加扣除 48 000 元，则 2023 年度，张先生应纳个人所得税 2 680 元［(100 000－48 000)×10%－2 520］；张太太应纳个人所得税 900 元（30 000×3%）。节税 4 800 元（7 480－2 680）。

对张先生夫妇而言，48 000 元的子女教育专项附加扣除抵税的最大额度就是 4 800 元。

 税务筹划依据

（1）《中华人民共和国个人所得税法》。
（2）《中华人民共和国个人所得税法实施条例》。
（3）《个人所得税专项附加扣除暂行办法》（国发〔2018〕41 号印发）。
（4）《个人所得税专项附加扣除操作办法（试行）》（国家税务总局公告 2022 年第 7 号）。
（5）《国家税务总局关于贯彻执行提高个人所得税有关专项附加扣除标准政策的公告》（国家税务总局公告 2023 年第 14 号）。

五、灵活运用大病医疗专项附加扣除

 税务筹划问题

王先生和王太太 2023 年喜添千金，但因女儿有先天性疾病，当年花费医疗费 100 万元，全部自负，王先生和王太太本人当年并未产生自负医疗费。2023 年度，张先生的应纳税所得额为 10 万元（尚未考虑大病医疗专项附加扣除），张太太的应纳税所得额为 3 万元（尚未考虑大病医疗专项附加扣除）。王先生和王太太如何选择大病医疗专项附加扣除？

 税务筹划思路

根据税法规定，在一个纳税年度内，纳税人发生的与基本医保相关的医药费用支出，扣除医保报销后个人负担（指医保目录范围内的自付部分）累计超过 15 000 元的部分，由纳税人在办理年度汇算清缴时，在 80 000 元限额内据实扣除。纳税人发生的医药费用支出可以选择由本人或者其配偶扣除；未成年子女发生的医药费用支出可以

选择由其父母一方扣除。纳税人及其配偶、未成年子女发生的医药费用支出,按上述规定分别计算扣除额。纳税人发生符合上述规定的医疗费时,应积极申报扣除。对纳税人未成年子女发生的符合上述规定的医疗费,应由税率最高的父母一方申报扣除。

纳税人享受符合规定的大病医疗专项附加扣除的计算时间分别为医疗保障信息系统记录的医药费用实际支出的当年。

享受大病医疗专项附加扣除的纳税人,由其在次年3月1日至6月30日内,自行向汇缴地主管税务机关办理汇算清缴申报时扣除。

纳税人享受大病医疗专项附加扣除,应当填报患者姓名、身份证件类型及号码、与纳税人关系、与基本医保相关的医药费用总金额、医保目录范围内个人负担的自付金额等信息。纳税人需要留存备查资料包括:大病患者医药服务收费及医保报销相关票据原件或复印件,或者医疗保障部门出具的纳税年度医药费用清单等资料。

税务筹划方案

如果王先生与王太太因疏忽而忘记申报大病医疗专项附加扣除,则2023年度,王先生应纳个人所得税7 480元(100 000×10%－2 520);王太太应纳个人所得税900元(30 000×3%)。

如果由王太太申报大病医疗专项附加扣除80 000元,则2023年度,王先生应纳个人所得税7 480元(100 000×10%－2 520);王太太应纳个人所得税为0。节税900元。

如果由王先生申报大病医疗专项附加扣除80 000元,则2023年度,王先生应纳个人所得税600元〔(100 000－80 000)×3%〕;王太太应纳个人所得税900元(30 000×3%)。节税6 880元(7 480－600)。

对王先生夫妇而言,80 000元的大病医疗专项附加扣除抵税的最大额度就是6 880元。

税务筹划依据

(1)《中华人民共和国个人所得税法》。
(2)《中华人民共和国个人所得税法实施条例》。
(3)《个人所得税专项附加扣除暂行办法》(国发〔2018〕41号印发)。
(4)《个人所得税专项附加扣除操作办法(试行)》(国家税务总局公告2022年第7号)。

六、灵活运用赡养老人专项附加扣除

税务筹划问题

秦先生夫妇均年满60岁,其三个子女分别为秦一、秦二和秦三。2023年度,秦一的应纳税所得额为100 000元,秦二的应纳税所得额为30 000元,秦三的应纳税所得额为 0，以上数额均未考虑赡养老人专项附加扣除。请提出灵活运用赡养老人专项附加扣除的税务筹划方案。

 税务筹划思路

根据税法规定，纳税人赡养一位及以上被赡养人的赡养支出，统一按照以下标准定额扣除：①纳税人为独生子女的，按照每月 2 000 元的标准定额扣除；②纳税人为非独生子女的，由其与兄弟姐妹分摊每月 2 000 元的扣除额度，每人分摊的额度不能超过每月 1 000 元。可以由赡养人均摊或者约定分摊，也可以由被赡养人指定分摊。约定或者指定分摊的须签订书面分摊协议，指定分摊优先于约定分摊。具体分摊方式和额度在一个纳税年度内不能变更。被赡养人是指年满 60 周岁的父母，以及子女均已去世的年满 60 岁的祖父母、外祖父母。凡是有 60 周岁以上被赡养人的纳税人均应积极申报赡养老人专项附加扣除。对多兄弟姐妹而言，应由税率最高的两人分别申报 1 000 元。

纳税人享受符合规定的赡养老人专项附加扣除的计算时间为被赡养人年满 60 周岁的当月至赡养义务终止的年末。

纳税人享受赡养老人专项附加扣除，应当填报纳税人是否为独生子女、月扣除金额、被赡养人姓名及身份证件类型和号码、与纳税人关系；有共同赡养人的，需填报分摊方式、共同赡养人姓名及身份证件类型和号码等信息。纳税人需要留存备查资料包括：约定或指定分摊的书面分摊协议等资料。

自 2023 年 1 月 1 日起，赡养老人专项附加扣除标准，由每月 2 000 元提高到 3 000 元，其中，独生子女每月扣除 3 000 元；非独生子女与兄弟姐妹分摊每月 3 000 元的扣除额度，每人不超过 1 500 元。

 税务筹划方案

如果三位子女因疏忽未申报赡养老人专项附加扣除，则 2023 年度，秦一应纳个人所得税 7 480 元（100 000×10% － 2 520）；秦二应纳个人所得税 900 元（30 000×3%）；秦三应纳个人所得税为 0。

如果由秦二一人申报赡养老人专项附加扣除 18 000 元，则 2023 年度，秦一应纳个人所得税 7 480 元（100 000×10% － 2 520）；秦二应纳个人所得税 360 元［（30 000 － 18 000）×3%］；秦三应纳个人所得税为 0。节税 540 元（900 － 360）。

如果由秦一一人申报赡养老人专项附加扣除 18 000 元，则 2023 年度，秦一应纳个人所得税 5 680 元［（100 000 － 18 000）×10% － 2 520］；秦二应纳个人所得税 900 元（30 000×3%）；秦三应纳个人所得税为 0。节税 1 800 元（7 480 － 5 680）。

如果由秦一和秦二各申报赡养老人专项附加扣除 18 000 元，则 2023 年度，秦一应纳个人所得税 5 680 元［（100 000 － 18 000）×10% － 2 520］；秦二应纳个人所得税 360 元［（30 000 － 18 000）×3%］；秦三应纳个人所得税为 0。节税 2 340 元（7 480 － 5 680 + 900 － 360）。

对秦家兄弟姐妹三人而言，36 000 元的赡养老人专项附加扣除抵税的最大额度就是 2 340 元。

> 税务筹划依据

（1）《中华人民共和国个人所得税法》。
（2）《中华人民共和国个人所得税法实施条例》。
（3）《个人所得税专项附加扣除暂行办法》（国发〔2018〕41号印发）。
（4）《个人所得税专项附加扣除操作办法（试行）》（国家税务总局公告2022年第7号）。
（5）《国家税务总局关于贯彻执行提高个人所得税有关专项附加扣除标准政策的公告》（国家税务总局公告2023年第14号）。

第二节 利用涉外人员税收优惠

一、充分利用非居民个人的税收优惠

税务筹划问题

李女士为香港永久居民，就职于香港甲公司。2023年度，甲公司计划安排李女士到深圳的代表处工作180天（6个月）。李女士2023年度每月工资为2万元，6个月的工资总额为12万元，由于其在香港可以享受的各项扣除比较多，税负接近零。请为李女士设计税务筹划方案。

税务筹划思路

根据《个人所得税法》第一条的规定，在中国境内无住所又不居住，或者无住所而一个纳税年度内在中国境内居住累计不满183天的个人，为非居民个人。非居民个人从中国境内取得的所得，依照《个人所得税法》规定缴纳个人所得税。非居民个人的工资、薪金所得，以每月收入额减除费用5 000元后的余额为应纳税所得额；劳务报酬所得、稿酬所得、特许权使用费所得，以每次收入额为应纳税所得额。劳务报酬所得、稿酬所得、特许权使用费所得以收入减除20%的费用后的余额为收入额。稿酬所得的收入额减按70%计算。非居民个人适用税率表如表6-2所示。

表6-2 非居民个人所得税税率表

级数	应纳税所得额	税率	速算扣除数
1	不超过3 000元的	3%	0
2	超过3 000元至12 000元的部分	10%	210
3	超过12 000元至25 000元的部分	20%	1 410
4	超过25 000元至35 000元的部分	25%	2 660

（续表）

级数	应纳税所得额	税率	速算扣除数
5	超过 35 000 元至 55 000 元的部分	30%	4 410
6	超过 55 000 元至 80 000 元的部分	35%	7 160
7	超过 80 000 元的部分	45%	15 160

根据《个人所得税法实施条例》第五条的规定，在中国境内无住所的个人，在一个纳税年度内在中国境内居住累计不超过 90 天的，其来源于中国境内的所得，由境外雇主支付并且不由该雇主在中国境内的机构、场所负担的部分，免予缴纳个人所得税。如果境外个人在境外的税负比较轻，在条件允许时，可以将在中国境内累计居住天数控制在 90 天以内，从而享受部分所得免于在中国纳税的优惠。

  税务筹划方案

如果不进行筹划，李女士来源于深圳的 6 个月的工资需要在内地纳税。每月应纳个人所得税 1 590 元〔（20 000－5 000）×20%－1 410〕，6 个月合计应纳个人所得税 9 540 元（1 590×6）。

甲公司可以选派两位员工轮流到深圳工作，每人工作 90 天，每月工资均为 2 万元。由此可以享受短期非居民个人的税收优惠，即该两位员工在深圳工作期间取得的工资，可以在香港纳税（实际税负为零），不需要在深圳缴纳个人所得税。由此，可以为两位员工节税 9 540 元。

  税务筹划依据

（1）《中华人民共和国个人所得税法》。
（2）《中华人民共和国个人所得税法实施条例》。

二、充分利用短期居民个人的税收优惠

  税务筹划问题

赵先生为香港永久居民，在深圳创办了甲公司，每年在内地停留时间约为 360 天。自 2019 年度起，每年在内地应纳税所得额约为 50 万元，香港年房租收入为 120 万元。请为赵先生设计税务筹划方案。

  税务筹划思路

根据《个人所得税法实施条例》第四条的规定，在中国境内无住所的个人，在中国境内居住累计满 183 天的年度连续不满六年的，经向主管税务机关备案，其来源于中

国境外且由境外单位或者个人支付的所得，免予缴纳个人所得税；在中国境内居住累计满183天的任一年度中有一次离境超过30天的，其在中国境内居住累计满183天的年度的连续年限重新起算。对于短期来华人员，如果每年停留时间均超过183天，则应充分利用短期居民个人的税收优惠，在第六年一次离境达到31天即可永远保持短期居民个人的身份。

 税务筹划方案

如果不进行筹划，自2019年度起，赵先生来自香港的房租收入可以免税五年。自第六年起，赵先生来自香港的租金收入需要在内地缴纳个人所得税，每月应纳个人所得税1.6万元［10×（1－20%）×20%］；全年应纳个人所得税19.2万元（1.6×12）。如果赵先生在香港已经就该120万元的租金收入缴纳了个人所得税，可以从上述19.2万元的应纳税额中扣除。假设赵先生在香港实际纳税10万元，则赵先生还应在内地补税9.2万元。

如果赵先生在自2019年度起的每个第六年离开内地31天，则赵先生可以永远保持短期居民个人的身份，其来自香港的每年120万元的租金收入可以免于在内地纳税，每年可以节税9.2万元。

 税务筹划依据

（1）《中华人民共和国个人所得税法》。
（2）《中华人民共和国个人所得税法实施条例》。

三、充分利用外籍人员的免税补贴

 税务筹划问题

孙先生为外籍人士，因工作需要，长期在中国境内居住。2023年度，按税法规定可以享受免税优惠的各项补贴总额为80 000元。孙先生（非独生子女）目前可以享受的专项附加扣除为两个子女的教育费和一位老人的赡养费。请为孙先生设计税务筹划方案。

 税务筹划思路

2019年1月1日至2027年12月31日期间，外籍个人符合居民个人条件的，可以选择享受个人所得税专项附加扣除，也可以选择按照《财政部　国家税务总局关于个人所得税若干政策问题的通知》（财税字〔1994〕20号）、《国家税务总局关于外籍个人取得有关补贴征免个人所得税执行问题的通知》（国税发〔1997〕54号）和《财政部　国家税务总局关于外籍个人取得港澳地区住房等补贴征免个人所得税的通知》（财税〔2004〕29号）规定，享受住房补贴、语言训练费、子女教育费等津补贴免税优惠政策，但不得同时享受。外籍个人一经选择，在一个纳税年度内不得变更。

自2028年1月1日起，外籍个人不再享受住房补贴、语言训练费、子女教育费津补贴免税优惠政策，应按规定享受专项附加扣除。

根据《财政部 国家税务总局关于个人所得税若干政策问题的通知》（财税字〔1994〕20号）的规定，下列所得，暂免征收个人所得税：①外籍个人以非现金形式或实报实销形式取得的住房补贴、伙食补贴、搬迁费、洗衣费；②外籍个人按合理标准取得的境内、外出差补贴；③外籍个人取得的探亲费、语言训练费、子女教育费等，经当地税务机关审核批准为合理的部分；④外籍个人从外商投资企业取得的股息、红利所得。

对于外籍个人而言，应综合考量专项附加扣除与各项免税补贴之间的关系，选择可以最大减轻税收负担的扣除方式。

税务筹划方案

若孙先生选择居民纳税人的专项附加扣除，则扣除总额为36 000元（1 000×12×2＋1 000×12）；若孙先生选择免税补贴优惠，则扣除总额为80 000元，可以多扣除金额44 000元（80 000－36 000）。如果孙先生综合所得适用的最高税率为20%，则每年最高可以节税8 800元（44 000×20%）。

税务筹划依据

（1）《中华人民共和国个人所得税法》。
（2）《中华人民共和国个人所得税法实施条例》。
（3）《财政部 国家税务总局关于个人所得税若干政策问题的通知》（财税字〔1994〕20号）。
（4）《财政部 税务总局关于个人所得税法修改后有关优惠政策衔接问题的通知》（财税〔2018〕164号）。
（5）《财政部 税务总局关于延续实施外籍个人津补贴等有关个人所得税优惠政策的公告》（财政部 税务总局公告2021年第43号）。
（6）《财政部 税务总局关于延续实施外籍个人有关津补贴个人所得税政策的公告》（财政部 税务总局公告2023年第29号）。

四、平均发放非居民个人工资

税务筹划问题

刘女士为外籍人士，属于中国非居民个人。因工作需要，每年在中国停留四个月，领取四个月的工资。公司原计划按工作绩效发放工资，假设2023年度领取的四个月工资分别为3 000元、6 000元、4 000元和20 000元，总额为33 000元。刘女士2023年度在中国应纳个人所得税1 620元［（6 000－5 000）×3%＋（20 000－5 000）×20%－1 410］。请为刘女士设计税务筹划方案。

税务筹划思路

根据《个人所得税法》第二条的规定，非居民个人取得工资、薪金所得，劳务报酬所得，稿酬所得，特许权使用费所得，按月或者按次分项计算个人所得税。工资、薪金所得适用超额累进税率，如果某个月的工资过高，则会适用较高的税率，从而增加税收负担，只有平均发放工资，才能实现最低的税负。

 税务筹划方案

如果刘女士预先估计四个月的工资总额在 30 000 元左右，可以先按平均数发放，最后一个月汇总计算，即前三个月工资按照 8 000 元发放，第四个月按照 9 000 元（33 000 － 8 000×3）发放。刘女士 2023 年度在中国应纳个人所得税 460 元［（8 000 － 5 000）×3%×3 ＋（9 000 － 5 000）×10% － 210］。减轻税收负担 1 160 元（1 620 － 460）。

 税务筹划依据

（1）《中华人民共和国个人所得税法》。
（2）《中华人民共和国个人所得税法实施条例》。

第三节　利用综合所得税收优惠

一、将工资适当转化为职工福利

 税务筹划问题

甲公司共有员工 10 000 余人，目前没有给员工提供任何职工福利，该公司员工的年薪比同行业其他公司略高，平均为 200 000 元。其中，税法允许的税前扣除额人均约 130 000 元，人均应纳税所得额为 70 000 元。人均应纳税额 4 480 元（70 000×10% － 2 520）。

税务筹划思路

工资与职工福利的使用范围存在一定程度的重合，如员工取得工资后需要支付的交通费、通信费、餐饮费、房租以及部分设备购置费等均可以由公司来提供，公司在为员工提供上述福利以后，可以相应减少其应发的工资，由此，不仅可以为员工节税，还可以为公司节省社保费的支出。

自 2022 年 1 月 1 日起，对法律援助人员按照《中华人民共和国法律援助法》（以下简称《法律援助法》）规定获得的法律援助补贴，免征增值税和个人所得税。法律援助机构向法律援助人员支付法律援助补贴时，应当为获得补贴的法律援助人员办理个人所得税劳务报酬所得免税申报。司法行政部门与税务部门建立信息共享机制，每一年度个人所得税综合所得汇算清缴开始前，交换法律援助补贴获得人员的涉税信息。上述所称法律援助机构是指按照《法律援助法》第十二条规定设立的法律援助机构。群团组织参照《法律援助法》第六十八条规定开展法律援助工作的，按照上述规定为法律援助人员办理免税申报，并将法律援助补贴获得人员的相关信息报送司法行政部门。

税务筹划方案

如果甲公司充分利用税法规定的职工福利费、职工教育经费等，为职工提供上下班交通工具、三顿工作餐、工作手机及相应通信费、工作电脑、职工宿舍、职工培训费、差旅补贴等选项由每位职工根据自身需求选用。选用公司福利的员工，其工资适当调低，以弥补公司提供上述福利的成本。假设通过上述方式，该公司 50% 的员工年薪由此降低 10 000 元，则人均应纳税额为 3 480 元［60 000×10% － 2 520］，人均节税 1 000 元（4 480 － 3 480），5 000 名员工节税总额为 5 000 000 元。假设甲公司为员工缴纳"五险一金"的比例为工资总额的 30%，则该项筹划为甲公司节约"五险一金"15 000 000 元（10 000×5 000×30%）。

税务筹划依据

（1）《中华人民共和国个人所得税法》。

（2）《中华人民共和国个人所得税法实施条例》。

（3）《财政部　税务总局关于法律援助补贴有关税收政策的公告》（财政部　税务总局公告 2022 年第 25 号）。

二、充分利用公益慈善事业捐赠

税务筹划问题

李先生为某地企业家，为提高自身形象与知名度，决定以个人名义长期开展一些公益捐赠。假设李先生每年综合所得应纳税所得额为 1 000 万元，某筹划公司为李先生设计了三种筹划方案：方案一，每年直接向若干所希望小学捐赠 500 万元；方案二，通过某地民政局向贫困地区每年捐赠 500 万元；方案三，每年向中国红十字会捐赠 500 万元。请计算李先生应当缴纳的个人所得税并提出税务筹划方案。

税务筹划思路

根据《个人所得税法》的规定，个人将其所得对教育、扶贫、济困等公益慈善事业进行捐赠，捐赠额未超过纳税人申报的应纳税所得额30%的部分，可以从其应纳税所得额中扣除；国务院规定对公益慈善事业捐赠实行全额税前扣除的，从其规定。根据《财政部 国家税务总局关于企业等社会力量向红十字事业捐赠有关所得税政策问题的通知》（财税〔2000〕30号）的规定，个人通过非营利性的社会团体和国家机关（包括中国红十字会）向红十字事业的捐赠，在计算缴纳个人所得税时准予全额扣除。根据《财政部 国家税务总局关于纳税人向农村义务教育捐赠有关所得税政策的通知》（财税〔2001〕103号）的规定，个人通过非营利的社会团体和国家机关向农村义务教育的捐赠，准予在缴纳个人所得税前的所得额中全额扣除。农村义务教育的范围是指政府和社会力量举办的农村乡镇（不含县和县级市政府所在地的镇）、村的小学和初中以及属于这一阶段的特殊教育学校。纳税人对农村义务教育与高中在一起的学校的捐赠，也享受上述所得税前扣除政策。

利用公益慈善事业捐赠进行税务筹划应注意三个问题：第一，通过有资格接受捐赠的组织进行公益捐赠，不能直接向受赠者捐赠，否则，无法税前扣除；第二，一般公益捐赠的税前扣除具有限额，特殊公益捐赠的税前扣除没有限额，尽量选择可以全额税前扣除的项目；第三，在个人需要纳税的年度进行公益捐赠可以起到抵税的作用，如个人在某个年度不需要纳税，公益捐赠无法起到抵税的作用。

税务筹划方案

若不进行公益捐赠，李先生综合所得每年应纳税额为431.81万元（1 000×45%－18.19）。

若按照方案一进行公益捐赠，李先生综合所得每年应纳税额与上述情形相同，即无法税前扣除，公益捐赠起不到抵税的作用。

若按照方案二进行公益捐赠，李先生综合所得每年应纳税额为296.81万元〔（1 000－1 000×30%）×45%－18.19〕，节税135万元（431.81－296.81）。

若按照方案三进行公益捐赠，李先生综合所得每年应纳税额为206.81万元〔（1 000－500）×45%－18.19〕，节税225万元（431.81－206.81）。

税务筹划依据

（1）《中华人民共和国个人所得税法》。
（2）《中华人民共和国个人所得税法实施条例》。
（3）《财政部 国家税务总局关于企业等社会力量向红十字事业捐赠有关所得税政策问题的通知》（财税〔2000〕30号）。
（4）《财政部 国家税务总局关于纳税人向农村义务教育捐赠有关所得税政策的通知》（财税〔2001〕103号）。

三、充分利用年终奖单独计税

税务筹划问题

刘先生 2022 年度综合所得应纳税所得额为 100 万元，全部来自工资薪金。单位为其提供了五种方案供其选择：方案一，全部通过工资薪金发放，不发放年终奖；方案二，发放 3.6 万元年终奖，综合所得应纳税所得额为 96.4 万元；方案三，发放 14.4 万元年终奖，综合所得应纳税所得额为 85.6 万元；方案四，发放 43 万元年终奖，综合所得应纳税所得额为 57 万元；方案五，发放 42 万元年终奖，综合所得应纳税所得额为 58 万元。请计算刘先生应当缴纳的个人所得税并提出税务筹划方案。

税务筹划思路

全年一次性奖金是指行政机关、企事业单位等扣缴义务人根据其全年经济效益和对雇员全年工作业绩的综合考核情况，向雇员发放的一次性奖金。上述一次性奖金也包括年终加薪、实行年薪制和绩效工资办法的单位根据考核情况兑现的年薪和绩效工资。

居民个人取得全年一次性奖金，符合《国家税务总局关于调整个人取得全年一次性奖金等计算征收个人所得税方法问题的通知》（国税发〔2005〕9 号）规定的，在 2027 年 12 月 31 日前，不并入当年综合所得，以全年一次性奖金收入除以 12 个月得到的数额，按照按月换算后的综合所得税率表（以下简称月度税率表，表 6-3），确定适用税率和速算扣除数，单独计算纳税。计算公式为：

应纳税额＝全年一次性奖金收入 × 适用税率－速算扣除数

居民个人取得全年一次性奖金，也可以选择并入当年综合所得计算纳税。自 2028 年 1 月 1 日起，居民个人取得全年一次性奖金，应并入当年综合所得计算缴纳个人所得税。

表 6-3　按月换算后的综合所得税率表

级数	全月应纳税所得额	税率	速算扣除数
1	不超过 3 000 元的	3%	0
2	超过 3 000 元至 12 000 元的部分	10%	210
3	超过 12 000 元至 25 000 元的部分	20%	1 410
4	超过 25 000 元至 35 000 元的部分	25%	2 660
5	超过 35 000 元至 55 000 元的部分	30%	4 410
6	超过 55 000 元至 80 000 元的部分	35%	7 160
7	超过 80 000 元的部分	45%	15 160

中央企业负责人取得年度绩效薪金延期兑现收入和任期奖励，符合《国家税务总

局关于中央企业负责人年度绩效薪金延期兑现收入和任期奖励征收个人所得税问题的通知》（国税发〔2007〕118 号）规定的，在 2023 年 12 月 31 日前，参照上述规定执行；2024 年 1 月 1 日之后的政策另行明确。

为建立中央企业负责人薪酬激励与约束的机制，根据《中央企业负责人经营业绩考核暂行办法》《中央企业负责人薪酬管理暂行办法》规定，国务院国有资产监督管理委员会对中央企业负责人的薪酬发放采取按年度经营业绩和任期经营业绩考核的方式，具体办法是：中央企业负责人薪酬由基薪、绩效薪金和任期奖励构成，其中基薪和绩效薪金的 60% 在当年度发放，绩效薪金的 40% 和任期奖励于任期结束后发放。根据《中央企业负责人经营业绩考核暂行办法》等规定，《国资委管理的中央企业名单》中的下列人员，适用上述规定，其他人员不得比照执行：

（1）国有独资企业和未设董事会的国有独资公司的总经理（总裁）、副总经理（副总裁）、总会计师。

（2）设董事会的国有独资公司（国资委确定的董事会试点企业除外）的董事长、副董事长、董事、总经理（总裁）、副总经理（副总裁）、总会计师。

（3）国有控股公司国有股权代表出任的董事长、副董事长、董事、总经理（总裁），列入国资委党委管理的副总经理（副总裁）、总会计师。

（4）国有独资企业、国有独资公司和国有控股公司党委（党组）书记、副书记、常委（党组成员）、纪委书记（纪检组长）。

年终奖单独计税相当于给纳税人额外提供了一次可以低税率纳税的方法，综合所得应纳税额超过 3.6 万元的纳税人应充分利用。利用年终奖单独计税进行税务筹划应注意两个问题：第一，年终奖适用的税率不能超过综合所得适用的最高税率，否则，无法起到节税的效果；第二，年终奖的计算方法实际上是全额累进。因此，应特别注意在两个税率过渡阶段的税务筹划，原则上，如果某笔年终奖的适用税率刚刚超过某个档次时，适当降低年终奖的数额，使其适用低一档次的税率可以起到节税的效果。

 税务筹划方案

在方案一下，刘先生应纳税额为 26.81 万元（100×45% － 18.19）。

在方案二下，刘先生综合所得应纳税额为 25.19 万元（96.4×45% － 18.19）；年终奖应纳税额为 0.11 万元（3.6×3%）；合计应纳税额为 25.3 万元（25.19 ＋ 0.11）。方案二比方案一节税 1.51 万元（26.81 － 25.3）。

在方案三下，刘先生综合所得应纳税额为 21.37 万元（85.6×35% － 8.59）；年终奖应纳税额为 1.42 万元（14.4×10% － 0.02）；合计应纳税额为 22.79 万元（21.37 ＋ 1.42）。方案三比方案二节税 2.51 万元（25.3 － 22.79）；方案三比方案一节税 4.02 万元（26.81 － 22.79）。

在方案四下，刘先生综合所得应纳税额为 11.81 万元（57×30% － 5.29）；年终奖应纳税额为 12.46 万元（43×30% － 0.44）；合计应纳税额为 24.27 万元（11.81 ＋ 12.46）。方案四比方案三多纳税 1.48 万元（24.27 － 22.79）；方案四比方案二节税 1.03 万元（25.3 － 24.27）；方案四比方案一节税 2.54 万元（26.81 － 24.27）。

在方案五下，刘先生综合所得应纳税额为 12.11 万元（58×30% － 5.29）；年终奖应纳税额为 10.23 万元（42×25％－0.27）；合计应纳税额为 22.34 万元（12.11 + 10.23）。方案五比方案四节税 1.93 万元（24.27－22.34）；方案五比方案三节税 0.45 万元（22.79－22.34）；方案五比方案二节税 2.96 万元（25.3－22.34）；方案五比方案一节税 4.47 万元（26.81－22.34）。

税务筹划依据

（1）《中华人民共和国个人所得税法》。
（2）《中华人民共和国个人所得税法实施条例》。
（3）《国家税务总局关于调整个人取得全年一次性奖金等计算征收个人所得税方法问题的通知》（国税发〔2005〕9号）。
（4）《国家税务总局关于中央企业负责人年度绩效薪金延期兑现收入和任期奖励征收个人所得税问题的通知》（国税发〔2007〕118号）。
（5）《财政部　税务总局关于个人所得税法修改后有关优惠政策衔接问题的通知》（财税〔2018〕164号）。
（6）《财政部　税务总局关于延续实施全年一次性奖金等个人所得税优惠政策的公告》（财政部　税务总局公告2021年第42号）。
（7）《财政部　税务总局关于延续实施外籍个人津补贴等有关个人所得税优惠政策的公告》（财政部　税务总局公告2021年第43号）。
（8）《财政部　税务总局关于延续实施全年一次性奖金个人所得税政策的公告》（财政部　税务总局公告2023年第30号）。

四、充分利用股票期权所得单独计税

税务筹划问题

董女士为某上市公司总经理，预计2023年度综合所得应纳税所得额为500万元。公司为董女士设计了四套纳税方案：方案一，不发放股票期权所得，综合所得应纳税所得额为500万元；方案二，发放股票期权所得3.6万元，综合所得应纳税所得额为496.4万元；方案三，发放股票期权所得14.4万元，综合所得应纳税所得额为485.6万元；方案四，发放股票期权所得250万元，综合所得应纳税所得额为250万元。请计算董女士应当缴纳的个人所得税并提出税务筹划方案。

税务筹划思路

实施股票期权计划企业授予该企业员工的股票期权所得，应按《个人所得税法》及其实施条例有关规定征收个人所得税。企业员工股票期权（以下简称股票期权）是指上市公司按照规定的程序授予本公司及其控股企业员工的一项权利，该权利允许被授权员工在未来时间内以某一特定价格购买本公司一定数量的股票。上述"某一特定价格"被称为"授予价"或"施权价"，即根据股票期权计划可以购买股票的价格，一般为股票期权授予日的市场价格或该价格的折扣价格,也可以是按照事先设定的计算方法约定的价格;"授予日"也称"授权日",是指公司授予员工上述权利的日期;"行权"也称"执行",是指员工根据股票期权计划选择购买股票的过程;员工行使上述权利的当日为"行权日",也称"购买日"。

员工接受实施股票期权计划企业授予的股票期权时,除另有规定外,一般不作为应税所得征税。员工行权时,其从企业取得股票的实际购买价(施权价)低于购买日公平市场价(指该股票当日的收盘价,下同)的差额,是因员工在企业的表现和业绩情况而取得的与任职、受雇有关的所得,应按"工资、薪金所得"适用的规定计算缴纳个人所得税。对因特殊情况,员工在行权日之前将股票期权转让的,以股票期权的转让净收入,作为工资薪金所得征收个人所得税。

员工将行权后的股票再转让时获得的高于购买日公平市场价的差额,是因个人在证券二级市场上转让股票等有价证券而获得的所得,应按照"财产转让所得"项目适用的征免规定计算缴纳个人所得税。员工因拥有股权而参与企业税后利润分配取得的所得,应按照"利息、股息、红利所得"项目适用的规定计算缴纳个人所得税。

对于员工转让股票等有价证券取得的所得,应按现行税法和政策规定征免个人所得税,即个人将行权后的境内上市公司股票再行转让而取得的所得,暂不征收个人所得税;个人转让境外上市公司的股票而取得的所得,应按税法的规定计算应纳税所得额和应纳税额,依法缴纳税款。

员工因拥有股权参与税后利润分配而取得的股息、红利所得,除依照有关规定可以免税或减税的外,应全额按规定税率计算纳税。

实施股票期权计划的境内企业为个人所得税的扣缴义务人,应按税法规定履行代扣代缴个人所得税的义务。员工从两处或两处以上取得股票期权形式的工资薪金所得和没有扣缴义务人的,该个人应在《个人所得税法》规定的纳税申报期限内自行申报缴纳税款。实施股票期权计划的境内企业,应在股票期权计划实施之前,将企业的股票期权计划或实施方案、股票期权协议书、授权通知书等资料报送主管税务机关;应在员工行权之前,将股票期权行权通知书和行权调整通知书等资料报送主管税务机关。扣缴义务人和自行申报纳税的个人在申报纳税或代扣代缴税款时,应在税法规定的纳税申报期限内,将个人接受或转让的股票期权以及认购的股票情况(包括种类、数量、施权价格、行权价格、市场价格、转让价格等)报送主管税务机关。实施股票期权计划的企业和因股票期权计划而取得应税所得的自行申报员工,未按规定报送上述有关报表和资料,未履行申报纳税义务或者扣缴税款义务的,按《税收征收管理法》及其实施细则的有关规定进行处理。

根据《财政部 税务总局关于延续实施上市公司股权激励有关个人所得税政策的公告》(财政部 税务总局公告2023年第25号)第一条的规定,居民个人取得股票期权、股票增值权、限制性股票、股权奖励等股权激励(以下简称股权激励),符合《财政部 国家税务总局关于个人股票期权所得征收个人所得税问题的通知》(财税〔2005〕35号)、《财政部 国家税务总局关于股票增值权所得和限制性股票所得征收个人所得税有关问题的通知》(财税〔2009〕5号)、《财政部 国家税务总局关于将国家自主创新示范区有关税收试点政策推广到全国范围实施的通知》(财税〔2015〕116号)第四条、《财政部 国家税务总局关于完善股权激励和技术入股有关所得税政策的通知》（财税〔2016〕101号）第四条第（一）项规定的相关条件的，在2027年12月31日前，不并入当年综合所得，全额单独适用综合所得税率表，计算纳税。计算公式为：

$$应纳税额＝股权激励收入×适用税率－速算扣除数$$

居民个人一个纳税年度内取得两次以上（含两次）股权激励的，应合并按上述规定计算纳税。

股票期权等股票激励所得单独计税为纳税人提供了将一年的综合所得分为两次纳税的机会，凡是综合所得应纳税所得额超过3.6万元的纳税人，在满足适用条件的前提下，均可以利用股票期权所得单独计税的政策进行税务筹划。最佳的节税方案就是将综合所得应纳税所得额的一半分配至股票期权所得。

税务筹划方案

在方案一下，董女士应纳税额为206.81万元（500×45%－18.19）。

在方案二下，董女士股票期权应纳税额为0.11万元（3.6×3%）；综合所得应纳税额为205.19万元（496.4×45%－18.19）；合计应纳税额为205.3万元（0.11＋205.19）。方案二比方案一节税1.51万元（206.81－205.3）。

在方案三下，董女士股票期权应纳税额为1.19万元（14.4×10%－0.25）；综合所得应纳税额为200.33万元（485.6×45%－18.19）；合计应纳税额为201.52万元（1.19＋200.33）。方案三比方案二节税3.78万元（205.3－201.52）；方案三比方案一节税5.29万元（206.81－201.52）。

在方案四下，董女士股票期权应纳税额为94.31万元（250×45%－18.19）；综合所得应纳税额为94.31万元（250×45%－18.19）；合计应纳税额为188.62万元（94.31＋94.31）。方案四比方案三节税12.9万元（201.52－188.62）；方案四比方案二节税16.68万元（205.31－88.62）；方案四比方案一节税18.19万元（206.81－188.62）。

税务筹划依据

（1）《中华人民共和国个人所得税法》。

（2）《中华人民共和国个人所得税法实施条例》。

（3）《财政部　国家税务总局关于个人股票期权所得征收个人所得税问题的通知》（财税〔2005〕35号）。

（4）《财政部　税务总局关于个人所得税法修改后有关优惠政策衔接问题的通知》（财税〔2018〕164号）。

（5）《财政部　税务总局关于延续实施全年一次性奖金等个人所得税优惠政策的公告》（财政部　税务总局公告2021年第42号）。

（6）《财政部　税务总局关于延续实施有关个人所得税优惠政策的公告》（财政部　税务总局公告2023年第2号）。

（7）《财政部　税务总局关于延续实施上市公司股权激励个人所得税政策的公告》（财政部　税务总局公告2023年第25号）。

五、综合利用年终奖与股票期权所得单独计税

  税务筹划问题

马先生为某上市公司总经理,预计 2023 年度综合所得应纳税所得额为 600 万元。公司为马先生设计了四套纳税方案:方案一,不发放年终奖与股票期权所得,综合所得应纳税所得额为 600 万元;方案二,发放年终奖 3.6 万元、股票期权所得 3.6 万元,综合所得应纳税所得额为 592.8 万元;方案三,发放年终奖 200 万元、股票期权所得 200 万元,综合所得应纳税所得额为 200 万元;方案四,发放年终奖 96 万元、股票期权所得 252 万元,综合所得应纳税所得额为 252 万元。请计算马先生应当缴纳的个人所得税并提出税务筹划方案。

  税务筹划思路

在条件允许的前提下,纳税人如能充分且合理利用多种税收优惠政策,如综合利用年终奖与股票期权所得单独计税的政策,可以最大限度地降低整体税收负担。筹划的具体方法为,股权期权与综合所得适用相同的税率,年终奖适用的税率比综合所得适用的税率低一个档次。

  税务筹划方案

在方案一下,马先生应纳税额为 251.81 万元(600×45% - 18.19)。

在方案二下,马先生年终奖应纳税额为 0.11 万元(3.6×3%);股票期权应纳税额为 0.11 万元(3.6×3%);综合所得应纳税额为 248.57 万元(592.8×45% - 18.19);合计应纳税额为 248.79 万元(0.11 + 0.11 + 248.57)。方案二比方案一节税 3.02 万元(251.81 - 248.79)。

在方案三下,马先生年终奖应纳税额为 88.48 万元(200×45% - 1.52);股票期权应纳税额为 71.81 万元(200×45% - 18.19);综合所得应纳税额为 71.81 万元(200×45% - 18.19);合计应纳税额为 232.1 万元(88.48 + 71.81 + 71.81)。方案三比方案二节税 16.69 万元(248.79 - 232.1);方案三比方案一节税 19.71 万元(251.81 - 232.1)。

在方案四下,马先生年终奖应纳税额为 32.88 万元(96×35% - 0.72);股票期权应纳税额为 95.21 万元(252×45% - 18.19);综合所得应纳税额为 95.21 万元(252×45% - 18.19);合计应纳税额为 223.3 万元(32.88 + 95.21 + 95.21)。方案四比方案三节税 8.8 万元(232.1 - 223.3);方案四比方案二节税 25.49 万元(248.79 - 223.3);方案四比方案一节税 28.51 万元(251.81 - 223.3)。

第六章 个人综合所得税务筹划

 税务筹划依据

（1）《中华人民共和国个人所得税法》。
（2）《中华人民共和国个人所得税法实施条例》。
（3）《财政部 税务总局关于个人所得税法修改后有关优惠政策衔接问题的通知》（财税〔2018〕164号）。
（4）《财政部 税务总局关于延续实施全年一次性奖金等个人所得税优惠政策的公告》（财政部 税务总局公告2021年第42号）。
（5）《财政部 税务总局关于延续实施有关个人所得税优惠政策的公告》（财政部 税务总局公告2023年第2号）。
（6）《财政部 税务总局关于延续实施上市公司股权激励有关个人所得税政策的公告》（财政部 税务总局公告2023年第25号）。
（7）《财政部 税务总局关于延续实施全年一次性奖金个人所得税政策的公告》（财政部 税务总局公告2023年第30号）

六、利用海南自贸港及粤港澳大湾区税收优惠政策

 税务筹划问题

甲公司有一批高技术人才实行灵活用工，主要在家里网上办公，全年综合所得超过100万元，综合税负约为35%。甲公司该如何利用海南自贸港优惠政策进行税务筹划？

 税务筹划思路

自2020年1月1日起至2024年12月31日，对在海南自由贸易港工作的高端人才和紧缺人才，其个人所得税实际税负超过15%的部分，予以免征。享受上述优惠政策的所得包括来源于海南自由贸易港的综合所得（包括工资薪金、劳务报酬、稿酬、特许权使用费四项所得）、经营所得以及经海南省认定的人才补贴性所得。纳税人在海南省办理个人所得税年度汇算清缴时享受上述优惠政策。对享受上述优惠政策的高端人才和紧缺人才实行清单管理，由海南省商财政部、税务总局制定具体管理办法。

对于灵活用工以及企业高管等纳税人可以利用上述税收优惠政策进行税务筹划，减轻税收负担。

2027年12月31日前，广东省、深圳市按内地与香港个人所得税税负差额，对在粤港澳大湾区工作的境外（含港澳台，下同）高端人才和紧缺人才给予补贴，该补贴免征个人所得税；在粤港澳大湾区工作的境外高端人才和紧缺人才的认定和补贴办法，按照广东省、深圳市的有关规定执行；上述政策适用范围包括广东省广州市、深圳市、珠海市、佛山市、惠州市、东莞市、中山市、江门市和肇庆市等大湾区珠三角九市。

税务筹划方案

甲公司可以在海南自贸港设立全资子公司，作为集团的研发中心和技术服务中心，相关人员的劳动关系转移至乙公司，由乙公司向其支付工资薪金。这样，相关人员在个人所得税汇算清缴时就可以享受超过15%的部分予以退税的优惠，其个人所得税负担从35%降至15%。

税务筹划依据

（1）《中华人民共和国个人所得税法》。
（2）《中华人民共和国个人所得税法实施条例》。
（3）《财政部 税务总局关于海南自由贸易港高端紧缺人才个人所得税政策的通知》（财税〔2020〕32号）。
（4）《财政部 税务总局关于延续实施粤港澳大湾区个人所得税优惠政策的通知》（财税〔2023〕34号）。

第四节 劳务报酬所得税务筹划

一、预缴劳务报酬中的税务筹划

税务筹划问题

秦先生为某大学教授，2023年度担任甲公司税务顾问，合同约定了两种支付方案：方案一，甲公司在2023年一次性向秦先生支付全年顾问费60 000元；方案二，甲公司在2023年分12次向秦先生支付全年顾问费，每次为5 000元。假设秦先生2023年度综合所得应纳税所得额（已经计算该60 000元顾问费）为100 000元，除该顾问费以外，尚未预缴税款。请计算秦先生应当缴纳的个人所得税并提出税务筹划方案。

税务筹划思路

劳务报酬所得虽然应并入综合所得综合计征个人所得税，但在实际征管中采取的是预缴与汇算清缴相结合的方法。扣缴义务人向居民个人支付劳务报酬所得时，应当按照以下方法按次或者按月预扣预缴税款：①劳务报酬所得以收入减除费用后的余额为收入额；②预扣预缴税款时，劳务报酬所得每次收入不超过4 000元的，减除费用按800元计算；每次收入4 000元以上的，减除费用按收入的20%计算；③劳务报酬所得以每次收入额为预扣预缴应纳税所得额，计算应预扣预缴税额。劳务报酬所得适用个人所得税预扣率表（表6-4）；④居民个人办理年度综合所得汇算清缴时，应当依法计算劳务报酬所得的收入额，并入年度综合所得计算应纳税款，税款多退少补。根据这一预扣预缴方法，纳税人应尽量降低每次取得劳务报酬的数量，从而可以降低预扣预缴税款的数额。

表6-4 居民个人劳务报酬所得个人所得税预扣率表

级数	预扣预缴应纳税所得额	预扣率	速算扣除数
1	不超过 20 000 元的	20%	0
2	超过 20 000 元至 50 000 元的部分	30%	2 000
3	超过 50 000 元的部分	40%	7 000

 税务筹划方案

在方案一下，甲公司在支付顾问费时应预扣预缴税款 12 400 元 [60 000×（1－20%）×30%－2 000]。秦先生2023年度综合所得应纳税额为 7 480 元（100 000×10%－2 520）。秦先生应申请退税 4 920 元（12 400－7 480）。

在方案二下，甲公司在支付顾问费时应预扣预缴税款 9 600 元 [5 000×（1－20%）×20%×12]。秦先生2023年度综合所得应纳税额为 7 480 元（100 000×10%－2 520）。秦先生应申请退税 2 120 元（9 600－7 480）。方案二比方案一少占用秦先生资金 2 800 元（4 920－2 120）。

 税务筹划依据

（1）《中华人民共和国个人所得税法》。
（2）《中华人民共和国个人所得税法实施条例》。
（3）《个人所得税扣缴申报管理办法（试行）》（国家税务总局公告2018年第61号）。

二、转移劳务报酬中的成本

税务筹划问题

吴先生是全国著名的税法专家，每年在全国各级巡回讲座几十次。某次讲座课酬的支付方式有两种方案：方案一，邀请单位支付课酬 60 000 元，各种费用均由吴先生自己负担，假设每次讲座的交通费、住宿费、餐饮费等必要费用为 10 000 元；方案二，邀请单位支付课酬 50 000 元，各种费用均由邀请单位负担。请计算吴先生应当缴纳的个人所得税并提出税务筹划方案。

税务筹划思路

在预扣预缴劳务报酬的税款时，劳务报酬所得每次收入不超过 4 000 元的，减除费用按 800 元计算；每次收入超过 4 000 元的，减除费用按收入的 20% 计算。这种固定数额与固定比例的扣除模式导致花费成本较高的劳务报酬税负较高，为此，纳税人在取得劳务报酬时，原则上应将各类成本转移至被服务单位。由此可以降低劳务报酬的表面数额，从而降低劳务报酬的整体税收负担。

 税务筹划方案

在方案一下，邀请单位需要预扣预缴税款 12 400 元［60 000×（1 − 20%）×30% − 2 000］。吴先生自负的 10 000 元各类费用无法税前扣除，起不到抵税的作用。

在方案二下，邀请单位需要预扣预缴税款 10 000 元［50 000×（1 − 20%）×30% − 2 000］。方案二比方案一节税 2 400 元（12 400 − 10 000）。

 税务筹划依据

（1）《中华人民共和国个人所得税法》。
（2）《中华人民共和国个人所得税法实施条例》。
（3）《个人所得税扣缴申报管理办法（试行）》（国家税务总局公告 2018 年第 61 号）。

三、将部分劳务报酬分散至他人

税务筹划问题

某影视明星承担了甲影视公司的某个拍摄项目，整个拍摄工作在 3 个月内完成，甲影视公司需要支付劳务报酬 120 万元。甲公司设计了三套发放方案：方案一，拍摄任务完成后，一次性支付 120 万元劳务报酬；方案二，根据拍摄项目进度，每月发放劳务报 40 万元；方案三，由于该影视明星雇用了 10 名工作人员为其服务，平均每月劳务报酬为 2 万元，甲公司每月向该 10 名工作人员每人支付 2 万元劳务报酬，每月向该明星支付 20 万元劳务报酬。请计算该明星及其工作人员应当缴纳的个人所得税并提出税务筹划方案。

税务筹划思路

劳务报酬所得按照每个纳税人取得的数额分别计征个人所得税，因此，在纳税人的劳务实际上是由若干人提供的情况下，可以通过将部分劳务报酬分散至他人的方式来减轻税收负担。

第六章 个人综合所得税务筹划

 税务筹划方案

在方案一下，甲公司需要预扣预缴税款 37.7 万元［120×（1－20%）×40%－0.7］。

在方案二下，甲公司每月需要预扣预缴税款 12.1 万元［40×（1－20%）×40%－0.7］；合计预扣预缴税款 36.3 万元（12.1×3）。方案二比方案一少预扣税款 1.4 万元（37.7－36.3）。

在方案三下，甲公司每月需要为该明星预扣预缴税款 5.7 万元［20×（1－20%）×40%－0.7］；甲公司每月需要为该工作人员预扣预缴税款 103.2 万元［2×（1－20%）×20%］；合计预扣预缴税款 26.7 万元［（5.7＋3.2）×3］。方案三比方案二少预扣税款 9.6 万元（36.3－26.7）。方案三比方案一少预扣税款 11 万元（37.7－26.7）。

 税务筹划依据

（1）《中华人民共和国个人所得税法》。
（2）《中华人民共和国个人所得税法实施条例》。
（3）《个人所得税扣缴申报管理办法（试行）》（国家税务总局公告 2018 年第 61 号）。

四、将劳务报酬转变为公司经营所得

 税务筹划问题

孙先生为某大学教授，其收入主要为所在大学的工资以及在某培训机构讲课的课酬。2023 年度，其所在大学发放工资总额为 20 万元，不考虑其他收入，由此计算的综合所得应纳税所得额为 3.6 万元。培训机构每月支付孙先生课酬 8 万元，如考虑该课酬，孙先生 2023 年度的综合所得应纳税所得额将提高至 80.4 万元。某策划公司为孙先生提供了两套方案：方案一，延续以往模式，由培训机构向孙先生每月支付课酬 8 万元；方案二，孙先生成立甲公司，每月向培训机构开具 8 万元培训费发票，由甲公司取得 8 万元收入。请计算孙先生应当缴纳的个人所得税并提出税务筹划方案。

 税务筹划思路

自 2023 年 1 月 1 日至 2027 年 12 月 31 日，对月销售额 10 万元以下（含本数）的增值税小规模纳税人，免征增值税。

自 2022 年 1 月 1 日至 2027 年 12 月 31 日，对小型微利企业年应纳税所得额超过 100 万元但不超过 300 万元的部分，减按 25% 计入应纳税所得额，按 20% 的税率缴纳企业所得税。自 2023 年 1 月 1 日至 2027 年 12 月 31 日，对小型微利企业年应纳税所得额不超过 100 万元的部分，减按 25% 计入应纳税所得额，按 20% 的税率缴纳企业所得税。

对于频繁取得劳务报酬且数额较大的个人，可以考虑成立公司来提供相关劳务，从而将个人劳务报酬所得转变为公司所得，由于小微企业可以享受较多税收优惠，这种转变可以大大降低个人的税收负担。

税务筹划方案

在方案一下，孙先生综合所得应纳税额为 19.55 万元（80.4×35%－8.59）。

在方案二下，孙先生综合所得应纳税额为 0.11 万元（3.6×3%）；甲公司每月取得 8 万元培训费，根据小微企业增值税优惠政策，不需要缴纳增值税及其附加，根据小微企业所得税优惠政策，假设甲公司应纳税所得额为 30 万元，甲公司需要缴纳企业所得税 1.5 万元（30×25%×20%）；合计纳税 1.61 万元（0.11＋1.5）。方案二比方案一节税 17.94 万元（19.55－1.61）。

税务筹划依据

（1）《中华人民共和国个人所得税法》。

（2）《中华人民共和国个人所得税法实施条例》。

（3）《个人所得税扣缴申报管理办法（试行）》（国家税务总局公告 2018 年第 61 号）。

（4）《财政部 税务总局关于实施小微企业普惠性税收减免政策的通知》（财税〔2019〕13 号）。

（5）《财政部 国家税务总局关于实施小微企业和个体工商户所得税优惠政策的公告》（财政部 税务总局公告 2021 年第 12 号）。

（6）《财政部 税务总局关于明确增值税小规模纳税人免征增值税政策的公告》（财政部 税务总局公告 2021 年第 11 号）。

（7）《财政部 税务总局关于进一步实施小微企业所得税优惠政策的公告》（财政部 税务总局公告 2022 年第 13 号）。

（8）《财政部 税务总局关于明确增值税小规模纳税人减免增值税等政策的公告》（财政部 税务总局公告 2023 年第 1 号）。

（9）《财政部 税务总局关于小微企业和个体工商户所得税优惠政策的公告》（财政部 税务总局公告 2023 年第 6 号）。

（10）《财政部 税务总局关于进一步支持小微企业和个体工商户发展有关税费政策的公告》（财政部 税务总局公告 2023 年第 12 号）。

第五节　稿酬与特许权使用费所得税务筹划

一、稿酬所得的税务筹划

赵女士在甲出版社出版了一本小说，稿酬总额为 10 万元。预计赵女士 2024 年度

综合所得应纳税所得额为3.6万元,2024年度综合所得应纳税所得额为0,同时还有5万元的费用允许税前扣除。关于该笔稿酬发放的时间,甲出版社提供了两个方案:方案一,2023年年底支付10万元稿酬;方案二,2024年年初支付10万元稿酬。请计算赵女士应当缴纳的个人所得税并提出税务筹划方案。

 税务筹划思路

扣缴义务人向居民个人支付稿酬所得时,应当按照以下方法按次或者按月预扣预缴税款:①稿酬所得以收入减除费用后的余额为收入额;稿酬所得的收入额减按70%计算;②预扣预缴税款时,稿酬所得每次收入不超过4 000元的,减除费用按800元计算;每次收入超过4 000元的,减除费用按收入的20%计算;③稿酬所得以每次收入额为预扣预缴应纳税所得额,计算应预扣预缴税额。稿酬所得适用20%的比例预扣率;④居民个人办理年度综合所得汇算清缴时,应当依法计算稿酬所得的收入额,并入年度综合所得计算应纳税款,税款多退少补。

稿酬所得的筹划除采取工资薪金所得、劳务报酬所得的筹划方法以外,最主要的方法就是多分次数,分给多个纳税人,降低预扣预缴税款的数额,如纳税人的年度综合所得数额有较大变化,可以在不同年度之间进行调节。

 税务筹划方案

在方案一下,该笔稿酬应当缴纳个人所得税5 600元[100 000×70%×(1－20%)×10%]。

在方案二下,该笔稿酬应当缴纳个人所得税180元{[100 000×70%×(1－20%)－50 000]×3%}。方案二比方案一节税5 420元(5 600－180)。

 税务筹划依据

(1)《中华人民共和国个人所得税法》。
(2)《中华人民共和国个人所得税法实施条例》。
(3)《个人所得税扣缴申报管理办法(试行)》(国家税务总局公告2018年第61号)。

二、特许权使用费所得的税务筹划

 税务筹划问题

周先生为甲公司工程师,每年综合所得应纳税所得额为3.6万元。2023年度,周先生取得一项专利,授予乙公司使用十年,专利费总额为100万元。关于专利费支付方式,乙公司设计了三套方案:方案一,每五年支付专利费50万元,共支付两次;方案二,每两年支付专利费20万元,共支付五次;方案三,每年支付专利费10万元,共支付十次。请计算周先生应当缴纳的个人所得税并提出税务筹划方案。

 税务筹划思路

扣缴义务人向居民个人支付特许权使用费所得时，应当按照以下方法按次或者按月预扣预缴税款：①特许权使用费所得以收入减除费用后的余额为收入额；②预扣预缴税款时，特许权使用费所得每次收入不超过 4 000 元的，减除费用按 800 元计算；每次收入超过 4 000 元的，减除费用按收入的 20% 计算；③特许权使用费所得，以每次收入额为预扣预缴应纳税所得额，计算应预扣预缴税额。特许权使用费所得适用 20% 的比例预扣率；④居民个人办理年度综合所得汇算清缴时，应当依法计算特许权使用费所得的收入额，并入年度综合所得计算应纳税款，税款多退少补。特许权使用费所得的税务筹划，除灵活运用上述工资薪金所得、劳务报酬所得、稿酬所得的筹划方法以外，最重要的就是尽量选择按年度支付特许权使用费，而不要按两年或者多年支付特许权使用费。

 税务筹划方案

在方案一下，周先生取得 50 万元专利费需要缴纳个人所得税 10.68 万元［（14.4－3.6）×10%＋（30－14.4）×20%＋（42－30）×25%＋（53.6－42）×30%］；合计缴纳个人所得税 21.36 万元（10.68×2）。

在方案二下，周先生取得 20 万元专利费需要缴纳个人所得税 2.92 万元［（14.4－3.6）×10%＋（23.6－14.4）×20%］；合计缴纳个人所得税 14.6 万元（2.92×5）。方案二比方案一节税 6.76 万元（21.36－14.6）。

在方案三下，周先生取得 10 万元专利费需要缴纳个人所得税 1 万元（10×10%）；合计缴纳个人所得税 10 万元（1×10）。方案三比方案二节税 4.6 万元（14.6－10）。方案三比方案一节税 11.36 万元（21.36－10）。

税务筹划依据

（1）《中华人民共和国个人所得税法》。
（2）《中华人民共和国个人所得税法实施条例》。
（3）《个人所得税扣缴申报管理办法（试行）》（国家税务总局公告 2018 年第 61 号）。

第七章

个人经营所得与其他所得税务筹划

第一节　经营所得税务筹划

一、充分利用税法规定的各项扣除

 税务筹划问题

2022年度，秦先生注册了一家个体工商户从事餐饮，每月销售额为10万元，按税法规定允许扣除的各项费用为2万元。秦先生的妻子也在该餐馆帮忙，但考虑是一家人，并未领取工资。2023年度，秦先生有两个方案可供选择：方案一，继续2022年度的经营模式，即其妻子继续在餐馆帮忙，但不领取工资；方案二，秦先生的妻子每月领取0.5万元的工资。请计算秦先生应当缴纳的个人所得税并提出税务筹划方案。

税务筹划思路

根据《个人所得税法》第二条的规定，经营所得应当缴纳个人所得税。根据《个人所得税法实施条例》第六条的规定，经营所得是指：①个体工商户从事生产、经营活动取得的所得，个人独资企业投资人、合伙企业的个人合伙人来源于境内注册的个人独资企业、合伙企业生产、经营的所得；②个人依法从事办学、医疗、咨询以及其他有偿服务活动取得的所得；③个人对企业、事业单位承包经营、承租经营以及转包、转租取得的所得；④个人从事其他生产、经营活动取得的所得。

根据《个人所得税法实施条例》第十五条的规定，成本、费用是指生产、经营活动中发生的各项直接支出和分配计入成本的间接费用以及销售费用、管理费用、财务费用；损失是指生产、经营活动中发生的固定资产和存货的盘亏、毁损、报废损失，转让财产损失，坏账损失，自然灾害等不可抗力因素造成的损失以及其他损失。取得经营所得的个人，没有综合所得的，计算其每一纳税年度的应纳税所得额时，应当减除费用6万元、专项扣除、专项附加扣除以及依法确定的其他扣除。专项附加扣除在办理汇算清缴时减除。

根据《个人所得税法》第三条的规定，经营所得，适用5%至35%的超额累进税率，具体税率表如表7-1所示。该表所称全年应纳税所得额是指依照《个人所得税法》第六条的规定，以每一纳税年度的收入总额减除成本、费用以及损失后的余额。2023年1月1日至2027年12月31日，对个体工商户年应纳税所得额不超过200万元的部分，减半征收个人所得税。个体工商户在享受现行其他个人所得税优惠政策的基础上，可叠加享受本条优惠政策。个体工商户不区分征收方式，均可享受。

表7-1 个人经营所得税率表

级数	全年应纳税所得额	税率	速算扣除数
1	不超过30 000元的	5%	0
2	超过30 000元至90 000元的部分	10%	1 500
3	超过90 000元至300 000元的部分	20%	10 500
4	超过300 000元至500 000元的部分	30%	40 500
5	超过500 000元的部分	35%	65 500

个体工商户经营所得按照收入总额减去税法允许扣除的各项费用后的余额计算，因此，个体工商户在计算经营所得的应纳税所得额时，应尽量充分利用税法规定的各项扣除，尽量减少应纳税所得额，从而降低税收负担。

税务筹划方案

在方案一下，秦先生2023年度经营所得应纳税所得额96万元［（10－2）×12］。秦先生应当缴纳个人所得税13.53万元［（96×35%－6.55）×50%］。

在方案二下，秦先生2023年度经营所得应纳税所得额90万元［（10－2－0.5）×12］。秦先生应当缴纳个人所得税12.48万元［（90×35%－6.55）×50%］。秦先生的妻子每月领取0.5万元的工资，不用缴纳个人所得税。方案二比方案一节税1.05万元（13.53－12.48）。

税务筹划依据

（1）《中华人民共和国个人所得税法》。
（2）《中华人民共和国个人所得税法实施条例》。
（3）《个体工商户个人所得税计税办法》（2014年12月27日国家税务总局令第35号公布，根据2018年6月15日《国家税务总局关于修改部分税务部门规章的决定》修正）。
（4）《财政部 国家税务总局关于实施小微企业和个体工商户所得税优惠政策的

公告》（财政部　税务总局公告 2021 年第 12 号）。

（5）《财政部　税务总局关于进一步支持小微企业和个体工商户发展有关税费政策的公告》（财政部　税务总局公告 2023 年第 12 号）。

二、将个体工商户转变为一人有限责任公司

税务筹划问题

李女士响应政府号召返乡创业，在某小学附近开办了"小饭桌"，性质为个体工商户。每年可以取得经营所得应纳税所得额 100 万元。2023 年度，李女士有三个方案可供选择：方案一，该"小饭桌"继续保持个体工商户的性质；方案二，将"小饭桌"注册为一人有限责任公司，税后利润全部分配；方案三，将"小饭桌"注册为一人有限责任公司，税后利润保留在公司，不作分配。请计算李女士应当缴纳的个人所得税并提出税务筹划方案。

税务筹划思路

随着我国对小微企业的所得实行更低的税率，小微企业的税负已经低于个体工商户。因此，个体工商户将其性质转变为一人有限责任公司可以降低税收负担。

自 2023 年 1 月 1 日起至 2027 年 12 月 31 日，对个体工商户年应纳税所得额不超过 200 万元的部分，减半征收个人所得税。个体工商户在享受现行其他个人所得税优惠政策的基础上，可叠加享受本条优惠政策。个体工商户不区分征收方式，均可享受。个体工商户在预缴税款时即可享受，其年应纳税所得额暂按截至本期申报所属期末的情况进行判断，并在年度汇算清缴时按年计算、多退少补。若个体工商户从两处以上取得经营所得，需在办理年度汇总纳税申报时，合并个体工商户经营所得年应纳税所得额，重新计算减免税额，多退少补。

个体工商户按照以下方法计算减免税额：

减免税额＝（个体工商户经营所得应纳税所得额不超过 200 万元部分的应纳税额－其他政策减免税额 × 个体工商户经营所得应纳税所得额不超过 200 万元部分 ÷ 经营所得应纳税所得额）×（1－50%）

个体工商户需将按上述方法计算得出的减免税额填入对应经营所得纳税申报表"减免税额"栏次，并附报《个人所得税减免税事项报告表》。对于通过电子税务局申报的个体工商户，税务机关将提供该优惠政策减免税额和报告表的预填服务。实行简易申报的定期定额个体工商户，税务机关按照减免后的税额进行税款划缴。

税务筹划方案

在方案一下，李女士需要缴纳个人所得税 14.23 万元〔（100×35%－6.55）×50%〕。

在方案二下,"小饭桌"公司需要缴纳企业所得税 5 万元［100×25%×20%］,李女士取得税后利润需要缴纳个人所得税 19 万元［(100－5)×20%］,合计纳税 24 万元(5＋19)。方案二比方案一多纳税 9.77 万元(24－14.23)。

在方案三下,"小饭桌"公司需要缴纳企业所得税 5 万元(100×25%×20%)。方案三比方案二节税 19 万元(24－5)。方案三比方案一节税 9.23 万元(14.23－5)。

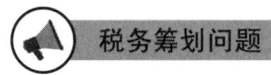

(1)《中华人民共和国个人所得税法》。
(2)《中华人民共和国个人所得税法实施条例》。
(3)《个体工商户个人所得税计税办法》(2014 年 12 月 27 日国家税务总局令第 35 号公布,根据 2018 年 6 月 15 日《国家税务总局关于修改部分税务部门规章的决定》修正)。
(4)《财政部 税务总局关于实施小微企业普惠性税收减免政策的通知》(财税〔2019〕13 号)。
(5)《财政部 国家税务总局关于实施小微企业和个体工商户所得税优惠政策的公告》(财政部 税务总局公告 2021 年第 12 号)。
(6)《财政部 税务总局关于进一步支持小微企业和个体工商户发展有关税费政策的公告》(财政部 税务总局公告 2023 年第 12 号)。
(7)《国家税务总局关于进一步落实支持个体工商户发展个人所得税优惠政策有关事项的公告》(国家税务总局公告 2023 年第 12 号)。

三、增加合伙企业的合伙人

税务筹划问题

甲合伙企业 2022 年度的应纳税所得额为 100 万元,平均分配给 2 个合伙人。2023 年度,甲合伙企业有两个方案可供选择:方案一,仍然保持 2 个合伙人;方案二,两位合伙人均将自己的配偶或者其他直系亲属一人增加为合伙人,合伙企业的应纳税所得额平均分配给 4 个合伙人。假设该 4 个合伙人均未取得除合伙企业利润以外的其他所得,每个合伙人的基本扣除标准均为 6 万元。请计算甲合伙企业各合伙人应当缴纳的个人所得税并提出税务筹划方案。

税务筹划思路

合伙企业是指依照中国法律、行政法规成立的合伙企业。合伙企业以每一个合伙人为纳税义务人。合伙企业合伙人是自然人的,缴纳个人所得税;合伙人是法人和其他组织的,缴纳企业所得税。合伙企业生产经营所得和其他所得采取"先分后税"的原则。具体应纳税所得额的计算按照《关于个人独资企业和合伙企业投资者征收个人所得税的规定》(财税〔2000〕91 号)及《财政部 国家税务总局关于调整个体工商户个人独资企业和合伙企业个人所得税税前扣除标准有关问题的通知》（财税〔2008〕65 号）的有关规定执行。上述所称生产经营所得和其他所得，包括合伙企业分配给所有合伙人的所得和企业当年留存的所得（利润）。

合伙企业的合伙人是法人和其他组织的，合伙人在计算其缴纳企业所得税时，不得用合伙企业的亏损抵减其盈利。

合伙企业经营所得应纳税所得额的计算方法与个体工商户相同，略有区别的是，合伙企业的应纳税所得额会按照比例分配给每一个合伙人，由合伙人计算缴纳个人所得税。由于增加一个合伙人就可以增加基本扣除 6 万元，合伙企业的合伙人越多，每个合伙人缴纳的个人所得税就越少。

  税务筹划方案

在方案一下，每个合伙人需要缴纳个人所得税 9.15 万元〔（50－6）×30%－4.05〕，合计缴纳个人所得税 18.3 万元（9.15×2）。

在方案二下，每个合伙人需要缴纳个人所得税 2.75 万元〔（25－6）×20%－1.05〕，合计缴纳个人所得税 11 万元（2.75×4）。方案二比方案一节税 7.3 万元（18.3－11）。

  税务筹划依据

（1）《中华人民共和国个人所得税法》。
（2）《中华人民共和国个人所得税法实施条例》。
（3）《财政部　国家税务总局关于合伙企业合伙人所得税问题的通知》（财税〔2008〕159 号）。
（4）《个体工商户个人所得税计税办法》（2014 年 12 月 27 日国家税务总局令第 35 号公布，根据 2018 年 6 月 15 日《国家税务总局关于修改部分税务部门规章的决定》修正）。

四、合伙人平均分配合伙企业利润

  税务筹划问题

甲合伙企业预计 2023 年度的应纳税所得额为 100 万元（假设已经扣除合伙人的个人扣除额）。甲合伙企业共有 4 个合伙人，有三个分配方案：方案一，4 个合伙人的分配数额分别为 3 万元、3 万元、3 万元和 82 万元；方案二，4 个合伙人的分配数额分别为 3 万元、9 万元、30 万元和 58 万元；方案四，4 个合伙人平均分配，每人均为 25 万元。请计算甲合伙企业各合伙人应当缴纳的个人所得税并提出税务筹划方案。

  税务筹划思路

合伙企业的合伙人按照下列原则确定应纳税所得额：①合伙企业的合伙人以合伙

企业的生产经营所得和其他所得,按照合伙协议约定的分配比例确定应纳税所得额;②合伙协议未约定或者约定不明确的,以全部生产经营所得和其他所得,按照合伙人协商决定的分配比例确定应纳税所得额;③协商不成的,以全部生产经营所得和其他所得,按照合伙人实缴出资比例确定应纳税所得额;④无法确定出资比例的,以全部生产经营所得和其他所得,按照合伙人数量平均计算每个合伙人的应纳税所得额。由于合伙人应纳税所得额适用的是超额累进税率,在全体合伙人平均分配合伙企业利润的情形下可以实现整体税负的最轻。

税务筹划方案

在方案一下,全体合伙人应当缴纳个人所得税 22.6 万元（3×5%×3 + 82×35% － 6.55）。

在方案二下,全体合伙人应当缴纳个人所得税 19.6 万元（3×5% + 9×10% － 0.15 + 30×20% － 1.05 + 58×35% － 6.55）。方案二比方案一节税 3 万元（22.6 － 19.6）。

在方案三下,全体合伙人应当缴纳个人所得税 15.8 万元［（25×20% － 1.05）×4］。方案三比方案二节税 3.8 万元（19.6 － 15.8）。方案三比方案一节税 6.8 万元（22.6 － 15.8）。

税务筹划依据

（1）《中华人民共和国个人所得税法》。
（2）《中华人民共和国个人所得税法实施条例》。
（3）《财政部 国家税务总局关于合伙企业合伙人所得税问题的通知》（财税〔2008〕159 号）。
（4）《个体工商户个人所得税计税办法》（2014 年 12 月 27 日国家税务总局令第 35 号公布,根据 2018 年 6 月 15 日《国家税务总局关于修改部分税务部门规章的决定》修正）。

第二节　财产转让所得税务筹划

一、利用"满五唯一"免税政策转让住房

税务筹划问题

郑先生 2015 年 1 月以 300 万元购买了家庭第一套住房且当月缴纳了契税。郑先生计划在 2023 年 12 月购买家庭第二套住房并出售第一套住房。关于家庭住房的换购,郑先生有两套方案可供选择:方案一,先购置第二套住房,待搬家以后,再以 500 万元

转让第一套住房；方案二，先以 500 万元转让第一套住房，临时租房安置家具，再购买第二套住房。请计算郑先生应当缴纳的个人所得税并提出税务筹划方案。仅考虑个人所得税，不考虑其他税费。

 税务筹划思路

根据《财政部 国家税务总局关于个人所得税若干政策问题的通知》（财税字〔1994〕20 号）的规定，个人转让自用达五年以上，并且是唯一的家庭生活用房取得的所得，暂免征收个人所得税。根据《财政部 国家税务总局 建设部关于个人出售住房所得征收个人所得税有关问题的通知》（财税〔1999〕278 号）的规定，对个人转让自用五年以上，并且是家庭唯一生活用房取得的所得，继续免征个人所得税。如果纳税人满足上述税收优惠政策的条件，应尽量享受该税收优惠政策。需要注意的是，上述"五年"的起算点是取得房产证或者缴纳契税之日，因此，纳税人购买房产以后应尽快缴纳契税。

 税务筹划方案

在方案一下，郑先生转让第一套住房需要缴纳个人所得税 40 万元〔（500 − 300）× 20%〕。

在方案二下，郑先生转让第一套住房可以享受免征个人所得税的优惠政策。方案二比方案一节税 40 万元。

 税务筹划依据

（1）《中华人民共和国个人所得税法》。
（2）《中华人民共和国个人所得税法实施条例》。
（3）《财政部 国家税务总局关于个人所得税若干政策问题的通知》（财税字〔1994〕20 号）。
（4）《财政部 国家税务总局 建设部关于个人出售住房所得征收个人所得税有关问题的通知》（财税字〔1999〕278 号）。

二、利用直系亲属房产赠与免税政策

 税务筹划问题

张先生准备将一套住房赠与其侄子，已知该套住房为张先生 5 年前以 200 万元购买，目前的市场价格为 500 万元。张先生有两套方案可供选择：方案一，张先生直接将该套住房赠与其侄子；方案二，张先生将该套住房赠与其弟弟，其弟弟再赠与其儿子（即张先生的侄子）。请计算张先生应当缴纳的个人所得税并提出税务筹划方案。仅考虑个人所得税和契税，契税按 3% 计算，不考虑其他税费。

税务筹划思路

根据《财政部 国家税务总局关于个人无偿受赠房屋有关个人所得税问题的通知》（财税〔2009〕78号）的规定，以下情形的房屋产权无偿赠与，对当事双方不征收个人所得税：①房屋产权所有人将房屋产权无偿赠与配偶、父母、子女、祖父母、外祖父母、孙子女、外孙子女、兄弟姐妹；②房屋产权所有人将房屋产权无偿赠与对其承担直接抚养或者赡养义务的抚养人或者赡养人；③房屋产权所有人死亡，依法取得房屋产权的法定继承人、遗嘱继承人或者受遗赠人。

除上述情形以外，房屋产权所有人将房屋产权无偿赠与他人的，受赠人因无偿受赠房屋取得的受赠所得，按照20%的税率缴纳个人所得税。对受赠人无偿受赠房屋计征个人所得税时，其应纳税所得额为房地产赠与合同上标明的赠与房屋价值减除赠与过程中受赠人支付的相关税费后的余额。

受赠人转让受赠房屋的，以其转让受赠房屋的收入减除原捐赠人取得该房屋的实际购置成本以及赠与和转让过程中受赠人支付的相关税费后的余额，为受赠人的应纳税所得额，依法计征个人所得税。

纳税人可以充分利用上述直系亲属房产赠与免税的优惠政策进行税务筹划。

税务筹划方案

在方案一下，张先生的侄子需要缴纳契税15万元（500×3%），缴纳个人所得税97万元〔（500－15）×20%〕。

在方案二下，张先生将该套住房赠与其弟弟可以享受免个人所得税优惠，应缴纳15万元契税，其弟弟再赠与其儿子（即张先生的侄子）也可以享受免个人所得税优惠，应缴纳15万元契税，合计纳税30万元。方案二比方案一节税82万元（97－15）。

税务筹划依据

（1）《中华人民共和国个人所得税法》。
（2）《中华人民共和国个人所得税法实施条例》。
（3）《财政部 国家税务总局关于个人无偿受赠房屋有关个人所得税问题的通知》（财税〔2009〕78号）。
（4）《中华人民共和国契税法》（2020年8月11日第十三届全国人民代表大会常务委员会第二十一次会议通过）。

三、利用直系亲属房产遗赠免税政策

税务筹划问题

赵先生准备将一套住房赠与其侄子，已知该套住房为赵先生5年前以200万元购买，目前的市场价格为500万元，赵先生的哥哥（即赵先生侄子的父亲）已经去世，

赵先生的侄子目前为30周岁。赵先生有两套方案可供选择：方案一，赵先生直接将该套住房赠与其侄子；方案二，赵先生将该套住房的永久居住权赠与其侄子并办理公证，同时设立一份公证遗嘱，赵先生去世后，将该套住房遗赠给其侄子。请计算赵先生应当缴纳的个人所得税并提出税务筹划方案。仅考虑个人所得税和契税，不考虑其他税费，契税按3%计算。

 税务筹划思路

以下情形的房屋产权无偿赠与，对当事双方不征收个人所得税：①房屋产权所有人将房屋产权无偿赠与配偶、父母、子女、祖父母、外祖父母、孙子女、外孙子女、兄弟姐妹；②房屋产权所有人将房屋产权无偿赠与对其承担直接抚养或者赡养义务的抚养人或者赡养人；③房屋产权所有人死亡，依法取得房屋产权的法定继承人、遗嘱继承人或者受遗赠人。

纳税人可以充分利用上述直系亲属房产遗赠免税的优惠政策进行税务筹划。

 税务筹划方案

在方案一下，赵先生的侄子需要缴纳契税15万元（500×3%），缴纳个人所得税97万元［（500－15）×20%］，合计纳税112万元（97＋15）。

在方案二下，赵先生将该套住房的永久居住权赠与其侄子不需要缴纳所得税，赵先生去世后将该套住房遗赠给其侄子可以享受免个人所得税优惠，应缴纳15万元契税。方案二比方案一节税97万元（112－15）。

 税务筹划依据

（1）《中华人民共和国个人所得税法》。
（2）《中华人民共和国个人所得税法实施条例》。
（3）《财政部　国家税务总局关于个人无偿受赠房屋有关个人所得税问题的通知》（财税〔2009〕78号）。
（4）《中华人民共和国契税法》（2020年8月11日第十三届全国人民代表大会常务委员会第二十一次会议通过）。

四、将"满五唯一"住房卖给子女

 税务筹划问题

彭大妈老伴去世多年，名下仅有一套住房，该套住房为10年前购置，购买价格为100万元，目前市场价格为500万元。彭大妈计划将该套住房转给其独子，未来由其儿子再将该套住房转让。有两个转移方案可供选择：方案一，彭大妈将该套住房赠与其独子，三年后，其儿子再将该套住房以600万元出售；方案二，彭大妈将该套住房以

500万元的价格卖给其独子,三年后,其儿子再将该套住房以600万元出售。请计算彭大妈及其儿子应当缴纳的个人所得税并提出税务筹划方案。仅考虑个人所得税,不考虑其他税费。

  税务筹划思路

个人转让自用达五年以上,并且是唯一的家庭生活用房取得的所得,暂免征收个人所得税。对于"满五唯一"的住房而言,父母将房产赠与子女或者卖给子女都是免税的,但子女未来再出售房产时的税收待遇差别很大。从长远来看,父母将"满五唯一"的住房卖给子女税负更轻。

  税务筹划方案

在方案一下,彭大妈将该套住房赠与其独子可以享受免税政策,彭大妈的儿子出售该套住房需要缴纳个人所得税100万元〔(600-100)×20%〕。

在方案二下,彭大妈将该套住房卖给其独子可以享受免税政策,彭大妈的儿子出售该套住房需要缴纳个人所得税20万元〔(600-500)×20%〕。方案二比方案一节税80万元(100-20)。

  税务筹划依据

(1)《中华人民共和国个人所得税法》。
(2)《中华人民共和国个人所得税法实施条例》。
(3)《财政部 国家税务总局关于个人所得税若干政策问题的通知》(财税字〔1994〕20号)。
(4)《财政部 国家税务总局 建设部关于个人出售住房所得征收个人所得税有关问题的通知》(财税〔1999〕278号)。

五、利用财产转让核定征税政策

  税务筹划问题

马先生25年前以100万元购置一套房产,目前准备以800万元出售。已知当地税务机关并不掌握马先生购置房产的成本信息。马先生有两套方案可供选择:方案一,按照实际成本计算缴纳个人所得税;方案二,如果房产购置发票、合同等凭证丢失,申请税务机关按照3%的比率核定征收个人所得税。请计算马先生应当缴纳的个人所得税并提出税务筹划方案。仅考虑个人所得税,不考虑其他税费。

 **税务筹划思路**

对住房转让所得征收个人所得税时,以实际成交价格为转让收入。纳税人申报的

住房成交价格明显低于市场价格且无正当理由的，征收机关依法有权根据有关信息核定其转让收入，但必须保证各税种计税价格一致。纳税人未提供完整、准确的房屋原值凭证，不能正确计算房屋原值和应纳税额的，税务机关可根据《税收征收管理法》第三十五条的规定，对其实行核定征税，即按纳税人住房转让收入的一定比例核定应纳个人所得税额。具体比例由省税务局或者省税务局授权的市税务局根据纳税人出售住房的所处区域、地理位置、建造时间、房屋类型、住房平均价格水平等因素，在住房转让收入 1%～3% 的幅度内确定。如果纳税人转让房产的购置年代较久、增值较高，税务机关不掌握该房产的购置成本信息，纳税人可以申请税务机关核定征收个人所得税。

税务筹划方案

在方案一下，马先生需要缴纳个人所得税 140 万元 [（800－100）×20%]。

在方案二下，马先生需要缴纳个人所得税 24 万元（800×3%）。方案二比方案一节税 116 万元（140－24）。

税务筹划依据

（1）《中华人民共和国个人所得税法》。
（2）《中华人民共和国个人所得税法实施条例》。
（3）《国家税务总局关于个人住房转让所得征收个人所得税有关问题的通知》（国税发〔2006〕108号）。
（4）《国家税务总局关于修改部分税收规范性文件的公告》（国家税务总局公告2018年第31号）。

六、利用不动产投资分期纳税政策

税务筹划问题

朱先生计划将一套店铺投资设立一家有限责任公司，已知该店铺为 5 年前以 200 万元购置，目前的市场价为 300 万元。朱先生有两个方案可供选择：方案一，在店铺过户时一次性缴纳个人所得税；方案二，在店铺过户时分 5 年缴纳个人所得税，前四年每年缴税 100 元。请计算朱先生应当缴纳的个人所得税并提出税务筹划方案。仅考虑个人所得税，不考虑其他税费。

税务筹划思路

个人以非货币性资产投资，属于个人转让非货币性资产和投资同时发生。对个人转让非货币性资产的所得，应按照"财产转让所得"项目，依法计算缴纳个人所得税。非货币性资产投资个人所得税以发生非货币性资产投资行为并取得被投资企业股权的个人为纳税人。非货币性资产投资个人所得税由纳税人向主管税务机关自行申报缴纳。

个人以非货币性资产投资，应按评估后的公允价值确认非货币性资产转让收入。非货币性资产转让收入减除该资产原值及合理税费后的余额为应纳税所得额。非货币性资产原值为纳税人取得该项资产时实际发生的支出。纳税人无法提供完整、准确的非货币性资产原值凭证，不能正确计算非货币性资产原值的，主管税务机关可依法核定其非货币性资产原值。合理税费是指纳税人在非货币性资产投资过程中发生的与资产转移相关的税金及合理费用。个人应在发生上述应税行为的次月15日内向主管税务机关申报纳税。纳税人以不动产投资的，以不动产所在地税务机关为主管税务机关；纳税人以其持有的企业股权对外投资的，以该企业所在地税务机关为主管税务机关；纳税人以其他非货币资产投资的，以被投资企业所在地税务机关为主管税务机关。

纳税人一次性缴税有困难的，可合理确定分期缴纳计划并报主管税务机关备案后，自发生上述应税行为之日起不超过5个公历年度内分期缴纳个人所得税。

纳税人在使用自有不动产投资创办公司时，可以充分利用上述分期缴纳个人所得税的优惠政策。

税务筹划方案

在方案一下，朱先生需要在当期一次性缴纳个人所得税20万元〔（300－200）×20%〕。

在方案二下，朱先生仅需在当期象征性地缴纳100元税款，20万元的税款可以延期五年缴纳。假设五年贷款年利率为5%，方案二比方案一节税5万元（20×5%×5）。

税务筹划依据

（1）《中华人民共和国个人所得税法》。
（2）《中华人民共和国个人所得税法实施条例》。
（3）《财政部　国家税务总局关于个人非货币性资产投资有关个人所得税政策的通知》（财税〔2015〕41号）。
（4）《国家税务总局关于个人非货币性资产投资有关个人所得税征管问题的公告》（国家税务总局公告2015年第20号）。

七、利用小微企业转让股权

税务筹划问题

周先生计划投资100万元购买甲公司10%的股权，持有若干年后再以200万元的价格转让该10%的股权。请计算周先生应当缴纳的个人所得税并提出税务筹划方案。

第七章 个人经营所得与其他所得税务筹划

 税务筹划思路

个人转让股权适用的税率是20%，目前应纳税所得额300万元以下的小微企业实际适用的所得税税率仅为5%，因此，如能在最初投资时即设立双层公司，由上层小微企业作为转让股权的主体，利用小微企业的低税率优惠就可以最大限度地降低股权转让所得的税收负担。

 税务筹划方案

周先生应当缴纳个人所得税20万元［（200－100）×20%］。

如果周先生在投资甲公司时采取双层公司结构，即周先生投资设立乙公司，乙公司投资100万元购买甲公司10%的股权，持有若干年后乙公司以200万元的价格转让该10%的股权。乙公司应当缴纳企业所得税5万元［（200－100）×25%×20%］，可节税15万元（20－5）。

 税务筹划依据

（1）《中华人民共和国个人所得税法》。
（2）《中华人民共和国个人所得税法实施条例》。
（3）《财政部　税务总局关于实施小微企业普惠性税收减免政策的通知》（财税〔2019〕13号）。
（4）《财政部　国家税务总局关于实施小微企业和个体工商户所得税优惠政策的公告》（财政部　税务总局公告2021年第12号）。
（5）《财政部　税务总局关于小微企业和个体工商户所得税优惠政策的公告》（财政部　税务总局公告2023年第6号）。
（6）《财政部　税务总局关于进一步支持小微企业和个体工商户发展有关税费政策的公告》（财政部　税务总局公告2023年第12号）。

八、利用股权代持实现股权转让的目的

 税务筹划问题

刘先生持有甲公司20%的股权，该笔股权的投资成本为100万元，目前对应的公司净资产为200万元。刘先生准备以200万元转让给王先生。请计算刘先生应当缴纳的个人所得税并提出税务筹划方案。

 税务筹划思路

个人转让股权需要缴纳个人所得税，个人转让股权的收益权不需要缴纳个人所得税。纳税人可以通过股权代持的方式实现股权转让，待时机合适时再实际转让股权。

税务筹划方案

刘先生应当缴纳个人所得税 20 万元〔（200－100）×20%〕。

如果刘先生与王先生签订股权代持协议，刘先生作为名义股东，王先生作为实际出资人，刘先生将该 20% 股权的一切权利均委托王先生代为行使，同时将股权质押给王先生，为此，王先生向刘先生支付 200 万元。王先生每年取得甲公司的分红。假设若干年后，因甲公司经营不善，出现亏损，甲公司 20% 股权对应的净资产仅为 110 万元。此时，刘先生再将该笔股权以 110 万元的名义价格（实际不需支付任何价款）转让给王先生，刘先生需要缴纳个人所得税 2 万元〔（110－100）×20%〕。通过税务筹划，可以节税 18 万元（20－2）。

 税务筹划依据

（1）《中华人民共和国个人所得税法》。
（2）《中华人民共和国个人所得税法实施条例》。

九、拍卖物品选择核定征税

 税务筹划问题

陈先生酷爱收藏，若干年前在香港以 10 万元购得一幅古画。现陈先生通过拍卖的方式将该幅古画以 500 万元出售。陈先生有两种纳税方案可选择：方案一，提供在香港购买古画的成本凭证，按照实际所得计算缴纳个人所得税；方案二，不能提供在香港购买古画的成本凭证，由税务机关核定征税。请计算陈先生应当缴纳的个人所得税并提出税务筹划方案。仅考虑个人所得税，不考虑其他税费。

 **税务筹划思路**

个人财产拍卖所得适用"财产转让所得"项目计算应纳税所得额时，纳税人凭合法有效凭证（税务机关监制的正式发票、相关境外交易单据或海关报关单据、完税证明等），从其转让收入额中减除相应的财产原值、拍卖财产过程中缴纳的税金及有关合理费用。

纳税人不能提供合法、完整、准确的财产原值凭证，不能正确计算财产原值的，按转让收入额的 3% 征收率计算缴纳个人所得税；拍卖品为经文物部门认定是海外回流文物的，按转让收入额的 2% 征收率计算缴纳个人所得税。

如果纳税人拥有的拍卖品增值较高且税务机关并不掌握拍卖品的成本，纳税人可以选择核定征税。

 税务筹划方案

在方案一下，陈先生应缴纳个人所得税 98 万元〔（500－10）×20%〕。

第七章　个人经营所得与其他所得税务筹划

在方案二下，陈先生应缴纳个人所得税 15 万元（500×3%）。方案二比方案一节税 83 万元（98－15）。

税务筹划依据

（1）《中华人民共和国个人所得税法》。
（2）《中华人民共和国个人所得税法实施条例》。
（3）《国家税务总局关于加强和规范个人取得拍卖收入征收个人所得税有关问题的通知》（国税发〔2007〕38 号）。

十、利用换购住房个人所得税退税优惠

税务筹划问题

周先生 2010 年以 100 万元购买了一套 90 平方米的普通住宅。2019 年年初的市场价格为 400 万元，2022 年年底的市场价格为 500 万元。周先生原计划 2022 年年底出售该套住房，如何利用换购住房退税政策进行筹划？仅考虑个人所得税，不考虑其他税费。

税务筹划思路

自 2022 年 10 月 1 日至 2025 年 12 月 31 日，对出售自有住房并在现住房出售后 1 年内在市场重新购买住房的纳税人，对其出售现住房已缴纳的个人所得税予以退税优惠。其中，新购住房金额大于或等于现住房转让金额的，全部退还已缴纳的个人所得税；新购住房金额小于现住房转让金额的，按新购住房金额占现住房转让金额的比例退还出售现住房已缴纳的个人所得税。

上述所称现住房转让金额为该房屋转让的市场成交价格。新购住房为新房的，购房金额为纳税人在住房城乡建设部门网签备案的购房合同中注明的成交价格；新购住房为二手房的，购房金额为房屋的成交价格。

享受上述优惠政策的纳税人须同时满足以下条件：

（1）纳税人出售和重新购买的住房应在同一城市范围内。同一城市范围是指同一直辖市、副省级城市、地级市（地区、州、盟）所辖全部行政区划范围。

（2）出售自有住房的纳税人与新购住房之间须直接相关，应为新购住房产权人或产权人之一。

符合退税优惠政策条件的纳税人应向主管税务机关提供合法、有效的售房、购房合同和主管税务机关要求提供的其他有关材料，经主管税务机关审核后办理退税。各级住房城乡建设部门应与税务部门建立信息共享机制，将本地区房屋交易合同网签备案等信息（含撤销备案信息）实时共享至当地税务部门；暂未实现信息实时共享的地区，要建立健全工作机制，确保税务部门及时获取审核退税所需的房屋交易合同备案信息。

在 2022 年 10 月 1 日至 2025 年 12 月 31 日期间，纳税人出售自有住房并在现住房

出售后 1 年内,在同一城市重新购买住房的,可按规定申请退还其出售现住房已缴纳的个人所得税。

纳税人换购住房个人所得税退税额的计算方法如下:

新购住房金额大于或等于现住房转让金额的,退税金额=现住房转让时缴纳的个人所得税。

新购住房金额小于现住房转让金额的,退税金额=(新购住房金额÷现住房转让金额)×现住房转让时缴纳的个人所得税。

现住房转让金额和新购住房金额与核定计税价格不一致的,以核定计税价格为准。

现住房转让金额和新购住房金额均不含增值税。

对于出售多人共有住房或新购住房为多人共有的,应按照纳税人所占产权份额确定该纳税人现住房转让金额或新购住房金额。

出售现住房的时间,以纳税人出售住房时个人所得税完税时间为准。新购住房为二手房的,购买住房时间以纳税人购房时契税的完税时间或不动产权证载明的登记时间为准;新购住房为新房的,购买住房时间以在住房城乡建设部门办理房屋交易合同备案的时间为准。

纳税人申请享受居民换购住房个人所得税退税政策的,应当依法缴纳现住房转让时涉及的个人所得税,并完成不动产权属变更登记;新购住房为二手房的,应当依法缴纳契税并完成不动产权属变更登记;新购住房为新房的,应当按照当地住房城乡建设部门要求完成房屋交易合同备案。

纳税人享受居民换购住房个人所得税退税政策的,应当向征收现住房转让所得个人所得税的主管税务机关提出申请,填报《居民换购住房个人所得税退税申请表》,并应提供下列资料:

(1)纳税人身份证件;
(2)现住房的房屋交易合同;
(3)新购住房为二手房的,提供房屋交易合同、不动产权证书及其复印件;
(4)新购住房为新房的,提供经住房城乡建设部门备案(网签)的房屋交易合同及其复印件。

税务机关依托纳税人出售现住房和新购住房的完税信息,为纳税人提供申请表项目预填服务,并留存不动产权证书复印件和新购新房的房屋交易合同复印件;纳税人核对确认申请表后提交退税申请。税务机关运用住房城乡建设部门共享的房屋交易合同备案等信息开展退税审核。经审核符合退税条件的,按照规定办理退税;经审核不符合退税条件的,依法不予退税。

纳税人因新购住房的房屋交易合同解除、撤销或无效等原因导致不再符合退税政策享受条件的,应当在合同解除、撤销或无效等情形发生的次月 15 日内向主管税务机关主动缴回已退税款。纳税人符合上述规定情形但未按规定缴回已退税款,以及不符合规定条件骗取退税的,税务机关将依照《税收征收管理法》及其实施细则等有关规定处理。各级税务机关要开展宣传引导,加强政策解读和纳税辅导,持续优化办理流程,开展提示提醒,便利纳税人享受税收优惠。

第七章 个人经营所得与其他所得税务筹划

 税务筹划方案

如果不进行税务筹划，周先生2022年底出售住房，应当缴纳个人所得税80万元〔（500－100）×20%〕。该套住房投资的综合收益320万元（500－100－80）。

如果进行税务筹划，周先生可以在2019年年初出售住房，应当缴纳个人所得税60万元〔（400－100）×20%〕。周先生以400万元再购置一套与出售住房等值的住房，获得60万元退税。新购住房需要缴纳契税12万元（400×3%）。周先生2022年年底出售住房，应当缴纳个人所得税17.6万元〔（500－400－12）×20%〕。上述投资的综合收益为370.4万元（500－100－12－17.6）。增加收益50.4万元（370.4－320）。

 税务筹划依据

（1）《中华人民共和国个人所得税法》。
（2）《中华人民共和国个人所得税法实施条例》。
（3）《财政部　税务总局关于支持居民换购住房有关个人所得税政策的公告》（财政部　税务总局公告2022年第30号）。
（4）《国家税务总局关于支持居民换购住房个人所得税政策有关征管事项的公告》（国家税务总局公告2022年第21号）。
（5）《财政部　税务总局　住房城乡建设部关于延续实施支持居民换购住房有关个人所得税政策的公告》（财政部　税务总局　住房城乡建设部公告2023年第28号）。

第三节　股息所得税务筹划

一、利用借款取得公司未分配利润

 税务筹划问题

马先生投资设立了一人有限责任公司甲公司。甲公司每年产生100万元的未分配利润。关于该未分配利润的使用方式，马先生有三种方案可供选择：方案一，甲公司直接向马先生分配100万元的股息；方案二，马先生将甲公司的未分配利润以借款的形式取出，等公司解散时再归还；方案三，马先生在年初将甲公司的未分配利润借出，年底予以归还，第二年年初再将甲公司的未分配利润借出，年底再予以归还，循环往复。请计算马先生应当缴纳的个人所得税并提出税务筹划方案。仅考虑该100万元未分配利润的个人所得税，不考虑其他税费。

| 177 |

税务筹划思路

根据《财政部 国家税务总局关于规范个人投资者个人所得税征收管理的通知》（财税〔2003〕158号）的规定，纳税年度内个人投资者从其投资企业（个人独资企业、合伙企业除外）借款，在该纳税年度终了后既不归还，又未用于企业生产经营的，其未归还的借款可视为企业对个人投资者的红利分配，依照"利息、股息、红利所得"项目计征个人所得税。纳税人可以利用上述政策将利润留在投资公司，通过借款的方式取得公司未分配利润。

 税务筹划方案

在方案一下，马先生需要缴纳个人所得税20万元（100×20%）。

在方案二下，马先生需要缴纳个人所得税20万元（100×20%）。由于马先生不会主动缴纳税款，未来被税务机关查处时还面临每日0.05%的滞纳金（相当于年利息18.25%）以及罚款。

在方案三下，马先生不需要缴纳个人所得税。方案三比方案二、方案一节税20万元。

 税务筹划依据

（1）《中华人民共和国个人所得税法》。
（2）《中华人民共和国个人所得税法实施条例》。
（3）《财政部 国家税务总局关于规范个人投资者个人所得税征收管理的通知》（财税〔2003〕158号）。

二、利用双层公司架构分配股息

 税务筹划问题

吴先生于10年前投资100万元创办了甲公司，为减轻税收负担，甲公司10年的利润均未分配，目前已经累计达到1 000万元。现吴先生准备将甲公司的股权转让给他人，转让价为1 200万元，请计算吴先生应当缴纳的个人所得税并提出税务筹划方案。

 税务筹划思路

根据《个人所得税法》的规定，个人取得股息需要缴纳20%的个人所得税。根据《企业所得税法》的规定，公司从公司取得股息属于免税所得，不缴纳企业所得税。很多被转让股权的企业中都有较大数额的未分配利润，如能利用双层公司的结构，在股权转让之前将未分配利润分配至上一层公司，就可以降低股权转让的价格，从而降低股权转让的所得税。

第七章 个人经营所得与其他所得税务筹划

 税务筹划方案

吴先生需要缴纳个人所得税 220 万元［（1 200 － 100）×20%］。

如果吴先生在 10 年前即创办双层公司，即吴先生投资 110 万元创办乙公司，乙公司再投资 100 万元设立甲公司。乙公司在转让甲公司之前，可以将甲公司 1 000 万元的未分配利润分配至乙公司。由此，甲公司的股权转让价可以降低至 200 万元。乙公司需要缴纳企业所得税 5 万元［（200 － 100）×25%×20%］。除甲公司外，吴先生投资其他公司也通过乙公司进行，这样就可以将所有投资利润均留在乙公司层面。通过税务筹划，可节税 215 万元（220 － 5）。

 税务筹划依据

（1）《中华人民共和国个人所得税法》。
（2）《中华人民共和国个人所得税法实施条例》。
（3）《中华人民共和国企业所得税法》第三十条。
（4）《财政部　税务总局关于小微企业和个体工商户所得税优惠政策的公告》（财政部　税务总局公告 2023 年第 6 号）。

三、利用上市公司股息差别化政策

 税务筹划问题

2022 年 12 月 10 日，沈女士购买了甲上市公司的股票。2022 年 12 月 30 日，沈女士获得了甲上市公司的股息 10 万元。沈女士有三种持股方案可供选择：方案一，沈女士在 2023 年 1 月 10 日之前转让甲公司的股票；方案二，沈女士在 2023 年 1 月 11 日以后、在 2023 年 12 月 10 日之前转让甲公司的股票；方案三，沈女士在 2023 年 12 月 11 日以后转让甲公司的股票。请计算沈女士应当缴纳的个人所得税并提出税务筹划方案。仅考虑该 10 万股息的个人所得税，不考虑其他税费。

 税务筹划思路

自 2015 年 9 月 8 日起，个人从公开发行和转让市场取得的上市公司股票，持股期限超过 1 年的，股息红利所得暂免征收个人所得税。

个人从公开发行和转让市场取得的上市公司股票，持股期限在 1 个月以内（含 1 个月）的，其股息红利所得全额计入应纳税所得额；持股期限在 1 个月以上至 1 年（含 1 年）的，暂减按 50% 计入应纳税所得额；上述所得统一适用 20% 的税率计征个人所得税。

纳税人在取得股息以后，应尽量延长持有股票的时间，以减轻上市公司股息的税收负担。

自 2019 年 7 月 1 日起至 2024 年 6 月 30 日止，个人持有挂牌公司的股票，持股期限超过 1 年的,对股息红利所得暂免征收个人所得税。个人持有挂牌公司的股票,持股期限在 1 个月以内(含 1 个月)的,其股息红利所得全额计入应纳税所得额;持股期限在 1 个月以上至 1 年(含 1 年)的,其股息红利所得暂减按 50% 计入应纳税所得额;上述所得统一适用 20% 的税率计征个人所得税。挂牌公司是指股票在全国中小企业股份转让系统公开转让的非上市公众公司;持股期限是指个人取得挂牌公司股票之日至转让交割该股票之日前一日的持有时间。

挂牌公司派发股息红利时,对截至股权登记日个人持股 1 年以内(含 1 年)且尚未转让的,挂牌公司暂不扣缴个人所得税;待个人转让股票时,证券登记结算公司根据其持股期限计算应纳税额,由证券公司等股票托管机构从个人资金账户中扣收并划付证券登记结算公司,证券登记结算公司应于次月 5 个工作日内划付挂牌公司,挂牌公司在收到税款当月的法定申报期内向主管税务机关申报缴纳,并应办理全员全额扣缴申报。个人应在资金账户留足资金,依法履行纳税义务。证券公司等股票托管机构应依法划扣税款,对个人资金账户暂无资金或资金不足的,证券公司等股票托管机构应当及时通知个人补足资金,并划扣税款。

个人转让股票时,按照先进先出的原则计算持股期限,即证券账户中先取得的股票视为先转让。应纳税所得额以个人投资者证券账户为单位计算,持股数量以每日日终结算后个人投资者证券账户的持有记录为准,证券账户取得或转让的股票数为每日日终结算后的净增(减)股票数。

 税务筹划方案

在方案一下,沈女士应当缴纳个人所得税 2 万元(10×20%)。

在方案二下,沈女士应当缴纳个人所得税 1 万元(10×50%×20%)。方案二比方案一节税 1 万元(2-1)。

在方案三下,沈女士免纳个人所得税。方案三比方案二节税 1 万元。方案三比方案一节税 2 万元。

税务筹划依据

(1)《中华人民共和国个人所得税法》。
(2)《中华人民共和国个人所得税法实施条例》。
(3)《财政部 国家税务总局 证监会关于上市公司股息红利差别化个人所得税政策有关问题的通知》(财税〔2015〕101 号)。
(4)《财政部 税务总局 证监会关于继续实施全国中小企业股份转让系统挂牌公司股息红利差别化个人所得税政策的公告》(财政部 税务总局 证监会公告 2019 年第 78 号)。

第七章 个人经营所得与其他所得税务筹划

第四节 财产租赁所得税务筹划

一、增加财产租赁所得的次数

 税务筹划问题

关先生将某商场的一层对外出租,年租金为36万元。关先生有两个方案可供选择:方案一,将商场一层整个出租给某公司,月租金为3万元;方案二,将商场一层出租给10家个体工商户,每家每月租金为3 000元。请计算关先生应当缴纳的个人所得税并提出税务筹划方案。仅考虑个人所得税,不考虑其他税费。

 税务筹划思路

根据《个人所得税法》的规定,财产租赁所得,每次收入不超过4 000元的,减除费用800元;超过4 000元的,减除20%的费用,其余额为应纳税所得额。财产租赁所得适用20%的比例税率。根据《个人所得税法实施条例》的规定,财产租赁所得,以一个月内取得的收入为一次。

财产租赁所得的费用扣除实行定额与定率相结合的方法,如能将财产租赁所得多分几次,使得每次财产租赁所得均低于4 000元,可以起到节税的效果。

 税务筹划方案

在方案一下,关先生每月需要缴纳个人所得税4 800元[30 000×(1－20%)×20%]。

在方案二下,关先生每月需要缴纳个人所得税4 400元[(3 000－800)×20%×10]。方案二比方案一节税400元(4 800－4 400)。

 税务筹划依据

(1)《中华人民共和国个人所得税法》。
(2)《中华人民共和国个人所得税法实施条例》。

二、利用公司取得财产租赁所得

 税务筹划问题

张先生计划出资1 000万元购置一处门面房,出租给某银行,每年取得100万元租金。张先生有两种方案可供选择：方案一，由张先生购置该处门面房，由个人出租给银行；方案二，张先生成立甲公司，由甲公司购置该处门面房并出租给银行。请计算张先生应当缴纳的个人所得税并提出税务筹划方案。仅考虑个人所得税，不考虑其他税费。甲公司每年提取门面房折旧50万元。

税务筹划思路

财产租赁所得适用20%的税率。由于小微企业的所得税实际税率已经降低至5%，对于长期经营的财产租赁而言，由公司作为经营主体更能起到节税的效果。

税务筹划方案

在方案一下，张先生需要缴纳个人所得税16万元[100×（1－20%）×20%]。在方案二下，甲公司需要缴纳企业所得税2.5万元[（100－50）×25%×20%]。方案二比方案一节税13.5万元（16－2.5）。

税务筹划依据

（1）《中华人民共和国个人所得税法》。

（2）《中华人民共和国个人所得税法实施条例》。

（3）《财政部　税务总局关于实施小微企业普惠性税收减免政策的通知》（财税〔2019〕13号）。

（4）《财政部　国家税务总局关于实施小微企业和个体工商户所得税优惠政策的公告》（财政部　税务总局公告2021年第12号）。

（5）《财政部　税务总局关于小微企业和个体工商户所得税优惠政策的公告》（财政部　税务总局公告2023年第6号）。

（6）《财政部　税务总局关于进一步支持小微企业和个体工商户发展有关税费政策的公告》（财政部　税务总局公告2023年第12号）。

第八章

企业经营中增值税税务筹划

第一节 增值税纳税人身份的税务筹划

一、恰当选择增值税纳税人身份

 税务筹划问题

（1）甲公司属于生产型企业，年应纳增值税销售额为900万元，会计核算制度也比较健全，符合一般纳税人的条件，属于增值税一般纳税人，适用13%的增值税税率。但是，甲公司准予从销项税额中抵扣的进项税额较少，只占销项税额的20%。甲公司作为一般纳税人的增值税税负要远大于小规模纳税人。请提出税务筹划方案（征收率按3%计算）。

（2）乙商贸公司为增值税一般纳税人，年销售额为600万元，由于可抵扣的进项税额较少，年实际缴纳增值税60万元，增值税税负较重。请为乙公司设计合理减轻增值税负担的税务筹划（征收率按3%计算）。

 税务筹划思路

根据《增值税暂行条例》和《增值税暂行条例实施细则》的规定，我国增值税的纳税人分为两类：一般纳税人和小规模纳税人。

对一般纳税人实行凭增值税专用发票抵扣税款的制度，对其会计核算水平要求较高，管理也较为严格；对小规模纳税人实行简易征收办法，对纳税人的管理水平要求不高。一般纳税人适用的增值税税率为13%、9%或者6%；小规模纳税人适用的征收率为3%，自2020年1月1日起暂时降低为1%。一般纳税人的进项税额可以抵扣，而小规模纳税人的进项税额不可以抵扣。自2020年2月1日起，小规模纳税人均可以自行开具增值税专用发票。在增值税专用发票的开具上，小规模纳税人与一般纳税人的区别已经不明显。

由于小规模纳税人不能使用增值税专用发票，从小规模纳税人处购买商品的一般纳税人无法取得增值税专用发票，也就无法抵扣这部分商品中所包含的增值税款，因此，容易增加产品购买方的税收负担，小规模纳税人的产品销售可能因此受到影响。由于一般纳税人和小规模纳税人所使用的征税方法不同，因此就有可能导致二者的税收负担存在一定的差异。在一定情况下，小规模纳税人可以向一般纳税人转化，这就为具备相关条件的小规模纳税人提供了税务筹划的空间。小规模纳税人向一般纳税人转化，除了必须考虑税收负担，还必须考虑会计成本，因为税法对一般纳税人的会计制度要求比较严格，小规模纳税人向一般纳税人转化会增加会计成本。例如，企业需要增设会计账簿、培养或聘请会计人员等。

企业为了减轻增值税税负，就需要综合考虑各种因素，从而决定如何在一般纳税人和小规模纳税人之间做出选择。一般来讲，企业可以根据三个标准来判断一般纳税人和小规模纳税人之间增值税税收负担的差异。

（1）增值率判别法。增值率是增值额占不含税销售额的比例。假设某工业企业某年度不含税的销售额为 M，不含税购进额为 N，增值率为 A。如果该企业为一般纳税人，我们以 13% 的税率为例，其应纳增值税为 $M\times 13\% - N\times 13\%$；引入增值率计算，则为 $M\times A\times 13\%$；如果是小规模纳税人，应纳增值税为 $M\times 3\%$。令两类纳税人的税负相等，则有：

$$M\times A\times 13\% = M\times 3\%$$
$$A = 23.08\%$$

也就是说，当增值率为 23.08% 时，企业无论是选择成为一般纳税人还是小规模纳税人，增值税的税收负担是相等的；当增值率小于 23.08% 时，企业作为一般纳税人的税负小于作为小规模纳税人的税负；当增值率大于 23.08% 时，企业作为一般纳税人的税负大于作为小规模纳税人的税负。

需要指出的是，这里所考虑的仅仅是企业的增值税税收负担，而不包括其他因素。因此，在决定是选择一般纳税人还是小规模纳税人身份时，不能仅仅以增值率为标准，还要考虑企业对外经济活动的难易程度以及一般纳税人的会计成本等。由于后者难以量化，因此，税务筹划更多地体现了一种创造性的智力活动，而不是一个简单的计算问题或者数字操作问题。

（2）购货额占销售额比重判别法。由于增值税税率和征收率存在多种税率，这里仅仅考虑一般情况，其他情况的计算方法与这里的计算方法是一致的。假设一般纳税人适用 13% 的税率，小规模纳税人适用 3% 的税率。假定某工业企业不含税的销售额为 A，X 为购货额占销售额的比重，则购入货物的金额为 AX。如果该企业为一般纳税人，应纳增值税为 $A\times 13\% - AX\times 13\%$；如果是小规模纳税人，应纳增值税为 $A\times 3\%$。令两类纳税人的税负相等，则有：

$$A\times 13\% - AX\times 13\% = A3\%$$
$$X = 76.92\%$$

也就是说，当企业购货额占销售额的比重为 76.92% 时，两种纳税人的增值税税收负担完全相同；当比重大于 76.92% 时，一般纳税人的增值税税收负担轻于小规模纳税人；当比重小于 76.92% 时，一般纳税人的增值税税收负担重于小规模纳税人。

（3）含税销售额与含税购货额比较法。假设 Y 为含增值税的销售额，X 为含增值税的购货额，且两者均为同期。令两类纳税人的税负相等，则有：

$$[Y\div(1+13\%)-X\div(1+13\%)]\times13\%=Y\div(1+3\%)\times3\%$$
$$X\div Y=74.68\%$$

可见，当企业的含税购货额为同期销售额的 74.68% 时，两种纳税人的增值税税收负担相同；当企业的含税购货额大于同期销售额的 74.68% 时，一般纳税人增值税税收负担轻于小规模纳税人；当企业含税购货额小于同期销售额的 74.68% 时，一般纳税人增值税税收负担重于小规模纳税人。

企业在设立时，可以根据上述三个标准来判断其自身所负担的增值税，并根据对各种因素的综合考量，进行合理的税务筹划。由于企业在成立之前就需要进行这种筹划，因此，企业对各种情况的估计就存在很大的不确定性，这种税务筹划结果的确定性就比较小。对此，小型企业一般可以先选择小规模纳税人的身份，在生产经营过程中积累本企业的各项指标数据，然后再进行增值税的税务筹划，这样，税务筹划的结果就比较确定了。

在进行税务筹划时需要注意，小规模纳税人的标准和一般纳税人的登记制度。自 2018 年 5 月 1 日起，增值税小规模纳税人标准为年应征增值税销售额 500 万元及以下。

自 2023 年 1 月 1 日至 2027 年 12 月 31 日，对月销售额 10 万元以下（含本数）的增值税小规模纳税人，免征增值税。自 2023 年 1 月 1 日至 2027 年 12 月 31 日，增值税小规模纳税人适用 3% 征收率的应税销售收入，减按 1% 征收率征收增值税；适用 3% 预征率的预缴增值税项目，减按 1% 预征率预缴增值税。

需要注意的是，纳税人销售额超过小规模纳税人标准，未申请办理一般纳税人认定手续的，应按销售额依照增值税税率计算应纳税额，不得抵扣进项税额，也不得使用增值税专用发票。

 税务筹划方案

（1）由于增值税小规模纳税人可以转化为一般纳税人，而增值税一般纳税人不能转化为小规模纳税人，因此，可以新设两家企业来承接甲公司的业务，各自作为独立核算的单位，甲公司可以注销，也可以留作他用。新设立的两家企业年应税销售额分别为 450 万元和 450 万元，并且符合小规模纳税人的其他条件，按照小规模纳税人的征收率征税。在这种情况下，两家企业合计缴纳增值税 27 万元 [（450 + 450）× 3%]。作为一般纳税人则需要缴纳增值税 93.6 万元（900 × 80% × 13%）。通过税务筹划，企业可以少纳增值税 66.6 万元（93.6 − 27）。

（2）筹划方案一：由于一般情况下一般纳税人不允许直接变更为小规模纳税人，投资者可以将乙公司注销，同时成立丙公司和丁公司来承接乙公司的业务。丙公司和丁公司的年销售额均为 300 万元，符合小规模纳税人的标准。年应纳增值税为 18 万元 [（300 + 300）× 3%]。

筹划方案二：投资者将乙公司注销，同时成立五家公司来承接乙公司的业务。五家公司的年销售额均为 120 万元，符合小规模纳税人的标准。同时将五家公司的季度销售额控制在 30 万元以内，则根据现行小规模纳税人月销售额不超过 10 万元免征增值税的优惠政策，四家公司年应纳增值税为0。

（1）《中华人民共和国增值税暂行条例》。
（2）《中华人民共和国增值税暂行条例实施细则》。
（3）《增值税一般纳税人登记管理办法》（国家税务总局令第43号）。
（4）《财政部 税务总局关于统一增值税小规模纳税人标准的通知》（财税〔2018〕33号）。
（5）《财政部 税务总局关于实施小微企业普惠性税收减免政策的通知》（财税〔2019〕13号）。
（6）《国家税务总局关于增值税发票管理等有关事项的公告》（国家税务总局公告2019年第33号）。
（7）《财政部 税务总局关于明确增值税小规模纳税人免征增值税政策的公告》（财政部 税务总局公告2021年第11号）。
（8）《财政部 税务总局关于明确增值税小规模纳税人减免增值税等政策的公告》（财政部 税务总局公告2023年第1号）。
（9）《财政部 税务总局关于增值税小规模纳税人减免增值税政策的公告》（财政部 税务总局公告2023年第19号）。

二、巧选供货方的增值税纳税人身份

某企业属于增值税一般纳税人，其所使用的原材料有两种进货渠道：一种是从一般纳税人那里进货，含税价格为116元/件，可以开具13%的增值税专用发票；另一种是从小规模纳税人那里进货，含税价格为100元/件，不能开具增值税专用发票。该企业2022年度一直从一般纳税人那里进货，一共进货10万件。请提出该企业的税务筹划方案。

税务筹划思路

增值税一般纳税人和小规模纳税人不仅会影响自身的增值税负担，而且会影响采购它们产品的企业的增值税负担，因为，增值税一般纳税人可以开具增值税专用发票，从一般纳税人处采购货物的纳税人可以抵扣其中所包含的增值税，增值税小规模纳税人通常只能开具普通发票（部分可以开具增值税专用发票的试点行业除外，自2020年2月1日起，小规模纳税人均可以自行开具增值税专用发票），从小规模纳税人处采购货物的纳税人无法抵扣其中所包含的增值税，但是，增值税一般纳税人的产品相对价格较高，这就有一个选择和比较的问题。很多企业都会遇到这样的问题：本厂需要的某材料一直由某一家企业供货，该企业属于增值税一般纳税人。同时，另外一家企业

（属于工业小规模纳税人）也能够供货，而且愿意给予价格优惠，但不能提供增值税专用发票，因此该企业就想知道价格降到多少合适。与此相反的情况也会存在。问题的实质是，增值税一般纳税人产品的价格与增值税小规模纳税人产品的价格之比达到什么程度就会导致采购某种类型企业的产品比较合算。取得13%增值税税率专用发票与取得普通发票税收成本如何换算呢？

假定取得普通发票的购货单价为X，取得13%增值税税率专用发票的购货单价为Y，因为专用发票可以抵扣$Y \div 1.13 \times 13\%$的进项税，以及进项税12%的城建税、教育费附加和地方教育附加。令二者相等，得到下面的等式：

$$Y - Y \div 1.13 \times 13\% \times (1 + 12\%) = X$$
$$Y = 1.15 \times X$$

也就是说，如果从增值税一般纳税人处的进价为Y，从小规模纳税人处的进价等于$Y \div 1.15$，二者所导致的增值税负担就是相等的。如果大于$Y \div 1.15$，则从小规模纳税人采购货物所导致的增值税负担较轻。

实务中比较简单的方法就是将取得增值税专用发票上的不含税价格与增值税普通发票上的含税价格直接比较，价格低者即是应当选择的供货方。

  税务筹划方案

根据上述标准来判断，如果开具增值税普通发票的价格为100元，与之相对应的增值税专用发票价格应为115元。本案中一般纳税人的含税价格为116元，因此，从一般纳税人那里购进货物的价格较高。该企业应当选择小规模纳税人为供货商。当然，选择购货伙伴除了考虑这里的增值税负担，还需要考虑其他因素，如信用关系、运输成本、洽谈成本等，因此，应当将这里的增值税负担标准与其他的标准综合考虑。

  税务筹划依据

（1）《中华人民共和国增值税暂行条例》。
（2）《中华人民共和国增值税暂行条例实施细则》。
（3）《增值税一般纳税人登记管理办法》（国家税务总局令第43号）。
（4）《国家税务总局关于增值税一般纳税人登记管理若干事项的公告》（国家税务总局公告2018年第6号）。
（5）《国家税务总局关于统一小规模纳税人标准等若干增值税问题的公告》（国家税务总局公告2018年第18号）。

第二节 增值税核算方式的税务筹划

一、兼营销售应分开核算

税务筹划问题

某钢材厂属于增值税一般纳税人。某月销售钢材，取得含税销售额 1 800 万元，同时又经营农机，取得含税销售额 200 万元。前项经营的增值税税率为 13%，后项经营的增值税税率为 9%。该厂对两种经营统一进行核算。请计算该厂应纳增值税税款，并提出税务筹划方案。

税务筹划思路

根据《增值税暂行条例》第三条的规定，纳税人兼营不同税率的项目，应当分别核算不同税率项目的销售额；未分别核算销售额的，从高适用税率。因此，纳税人兼营不同税率的项目时，一定要分别核算，否则，会增加纳税人的税收负担。

自 2017 年 7 月 1 日起，简并增值税税率结构，取消 13% 的增值税税率。纳税人销售或者进口下列货物，税率为 11%：农产品（含粮食）、自来水、暖气、石油液化气、天然气、食用植物油、冷气、热水、煤气、居民用煤炭制品、食用盐、农机、饲料、农药、农膜、化肥、沼气、二甲醚、图书、报纸、杂志、音像制品、电子出版物。

自 2018 年 5 月 1 日起，纳税人发生增值税应税销售行为或者进口货物，原适用 17% 和 11% 税率的，税率分别调整为 16%、10%。纳税人购进农产品，原适用 11% 扣除率的，扣除率调整为 10%。纳税人购进用于生产销售或委托加工 16% 税率货物的农产品，按照 12% 的扣除率计算进项税额。原适用 17% 税率且出口退税率为 17% 的出口货物，出口退税率调整至 16%。原适用 11% 税率且出口退税率为 11% 的出口货物、跨境应税行为，出口退税率调整至 10%。

自 2019 年 4 月 1 日起，增值税一般纳税人（以下称纳税人）发生增值税应税销售行为或者进口货物，原适用 16% 税率的，税率调整为 13%；原适用 10% 税率的，税率调整为 9%。纳税人购进农产品，原适用 10% 扣除率的，扣除率调整为 9%。纳税人购进用于生产或者委托加工 13% 税率货物的农产品，按照 10% 的扣除率计算进项税额。原适用 16% 税率且出口退税率为 16% 的出口货物劳务，出口退税率调整为 13%；原适用 10% 税率且出口退税率为 10% 的出口货物、跨境应税行为，出口退税率调整为 9%。适用 13% 税率的境外旅客购物离境退税物品，退税率为 11%；适用 9% 税率的境外旅客购物离境退税物品，退税率为 8%。

税务筹划方案

在未分别核算的情况下，该厂应纳增值税230.09万元〔（1 800＋200）÷（1＋13%）×13%〕。由于两种经营的税率不同，分别核算对企业有利，建议该企业对两种经营活动分别核算。这样，该厂应纳增值税223.59万元〔1 800÷（1＋13%）×13%＋200÷（1＋9%）×9%〕。分别核算和未分别核算之差为6.5万元（230.09－223.59）。由此可见，分别核算可以为该钢材厂减轻增值税税负6.5万元。

 税务筹划依据

（1）《中华人民共和国增值税暂行条例》。
（2）《中华人民共和国增值税暂行条例实施细则》。
（3）《财政部　国家税务总局关于简并增值税税率有关政策的通知》（财税〔2017〕37号）。
（4）《财政部　税务总局关于调整增值税税率的通知》（财税〔2018〕32号）。
（5）《财政部　税务总局　海关总署关于深化增值税改革有关政策的公告》（财政部　税务总局　海关总署公告2019年第39号）。

二、折扣销售应在一张发票上注明

 税务筹划问题

某企业为了促销，规定凡购买其产品6 000件以上的，给予折扣10%。该产品不含税单价200元，折扣后的不含税价格为180元，适用的增值税税率为13%。该企业未将销售额和折扣额在同一张发票上分别注明。请计算该企业应当缴纳的增值税，并提出税务筹划方案。

 税务筹划思路

根据《增值税若干具体问题的规定》（国税发〔1993〕154号印发）第二条第（二）项的规定，纳税人采取折扣方式销售货物，如果销售额和折扣额在同一张发票上分别注明的，可按折扣后的销售额征收增值税；如果将折扣额另开发票，不论其在财务上如何处理，均不得从销售额中减除折扣额。根据《国家税务总局关于折扣额抵减增值税应税销售额问题通知》（国税函〔2010〕56号）的规定，纳税人采取折扣方式销售货物，销售额和折扣额在同一张发票上分别注明是指销售额和折扣额在同一张发票上的"金额"栏分别注明的，可按折扣后的销售额征收增值税。未在同一张发票"金额"栏注明折扣额，而仅在发票的"备注"栏注明折扣额的，折扣额不得从销售额中减除。

所谓折扣销售是指售货方在销售货物或应税劳务时，因购货方购买数量较大或购买行为频繁等原因，给予购货方价格方面的优惠。这种行为在现实经济生活中很普遍，是企业销售策略的一部分。由于税法对上述两种情况规定了差别待遇，这就为企业进行税务筹划提供了空间。

根据《国家税务总局关于纳税人折扣折让行为开具红字增值税专用发票问题的通知》（国税函〔2006〕1279号）的规定，纳税人销售货物并向购买方开具增值税专用发票后，由于购货方在一定时期内累计购买货物达到一定数量，或者由于市场价格下降等原因，销货方给予购货方相应的价格优惠或补偿等折扣、折让行为，销货方可按现行《增值税专用发票使用规定》的有关规定开具红字增值税专用发票。

  税务筹划方案

由于该企业没有将折扣额写在同一张发票上，该企业缴纳增值税应当以销售额的全额计缴增值税156 000元（200×6 000×13%）。如果企业熟悉税法的规定，将销售额和折扣额在同一张发票上分别注明，那么企业应纳增值税应当以折扣后的余额计缴增值税140 400元（180×6 000×13%）。减轻增值税负担15 600元（156 000 － 140 400）。

  税务筹划依据

（1）《中华人民共和国增值税暂行条例》。
（2）《中华人民共和国增值税暂行条例实施细则》。
（3）《增值税若干具体问题的规定》（国税发〔1993〕154号印发）。
（4）《国家税务总局关于纳税人折扣折让行为开具红字增值税专用发票问题的通知》（国税函〔2006〕1279号）。
（5）《国家税务总局关于折扣额抵减增值税应税销售额问题通知》（国税函〔2010〕56号）。
（6）《财政部 税务总局 海关总署关于深化增值税改革有关政策的公告》（财政部 税务总局 海关总署公告2019年第39号）。

三、将实物折扣转换为价格折扣

  税务筹划问题

某企业销售一批商品，共1万件，每件不含税价格为100元，根据需要采取实物折扣的方式，即在100件商品的基础上赠送10件商品，实际赠送1 000件商品。该商品适用的增值税税率为13%。请计算该企业应当缴纳的增值税并提出税务筹划方案。

  税务筹划思路

企业在运用折扣销售的方式进行税务筹划时，应当注意一个问题，即折扣销售的税收优惠仅适用于货物价格的折扣，而不适用于实物折扣。如果销售者将资产、委托加工和购买的货物用于实物折扣，则该实物款额不仅不能从货物销售额中扣除，而且还应当对用于折扣的实物按照"视同销售货物"中的"赠送他人"项目，计征增值税。

因此，企业在选择折扣方式时，尽量不选实物折扣，在必须采用实物折扣方式时，企业可以在发票上通过适当调整而变为价格折扣。

 税务筹划方案

按照实物折扣的方式销售后，企业收取价款 100 万元（1×100），收取增值税销项税额 13 万元（1×100×13%），需要自己承担销项税额 1.3 万元（0.1×100×13%）。如果该企业进行税务筹划，将这种实物折扣在开发票时变成价格折扣，即按照出售 1.1 万件商品计算，商品价格总额为 110 万元，打折以后的价格为 100 万元。这样，该企业就可以收取 100 万元的价款，同时收取增值税额 13 万元（100×13%），不用自己负担增值税。通过税务筹划，减轻税收负担 1.3 万元。

 税务筹划依据

（1）《中华人民共和国增值税暂行条例》。
（2）《中华人民共和国增值税暂行条例实施细则》。
（3）《财政部　税务总局　海关总署关于深化增值税改革有关政策的公告》（财政部　税务总局　海关总署公告 2019 年第 39 号）。

四、将销售折扣转换为折扣销售

 税务筹划问题

企业与客户签订的合同约定不含税销售额为 10 万元，合同中约定的付款期为 40 天。如果对方可以在 20 天内付款，将给予对方 3% 的销售折扣，即 0.3 万元。由于企业采取的是销售折扣方式，折扣额不能从销售额中扣除，企业应按照 10 万元的销售额计算增值税销项税额。假设适用的增值税税率为 13%，这样，增值税销项税额 1.3 万元（10×13%）。请提出该企业的税务筹划方案。

 税务筹划思路

销售折扣是指企业在销售货物或提供应税劳务的行为发生后，为了尽快收回资金而给予债务方价格上的优惠。销售折扣通常采用 3/10、1/20、N/30 等符号。这三种符号的含义是：如果债务方在 10 天内付清款项，则折扣额为 3%；如果在 20 天内付清款项，则折扣额为 1%；如果在 30 天内付清款项，则应全额支付。由于销售折扣发生在销售货物之后，本身并不属于销售行为，而为一种融资性的理财行为，因此销售折扣不得从销售额中减除，企业应当按照全部销售额计缴增值税。销售折扣在实际发生时计入财务费用。

从企业税负角度考虑，折扣销售方式优于销售折扣方式。如果企业面对的是一个信誉良好的客户，销售货款回收的风险较小，那么企业可以考虑通过修改合同，将销售折扣方式改为折扣销售方式。

税务筹划方案

该企业可以用两种方法实现税务筹划。

方案一：企业在承诺给予对方3%的折扣的同时，将合同中约定的付款期缩短为20天，这样就可以在给对方开具增值税专用发票时，将以上折扣额与销售额开在同一张发票上，使企业按照折扣后的销售额计算销项增值税，增值税销项税额为1.261万元 [10×（1－3%）×13%]。这样，企业收入没有降低，但节省了0.039万元的增值税。当然，这种方法也有缺点，如果对方企业没有在20天之内付款，企业会遭受损失。

方案二：企业主动压低该批货物的价格，将合同金额降低为9.7万元，相当于给予对方3%折扣之后的金额。同时在合同中约定，对方企业超过20天付款加收0.339万元滞纳金（相当于0.3万元销售额和0.039万元增值税）。这样，企业的收入并没有受到实质影响。如果对方在20天之内付款，可以按照9.7万元的价款给对方开具增值税专用发票，并计算1.261万元的增值税销项税额。如果对方没有在20天之内付款，企业可向对方收取0.3万元滞纳金及0.039元增值税，并以"全部价款和价外费用"10万元计算销项增值税，也符合税法的要求。

税务筹划依据

（1）《中华人民共和国增值税暂行条例》。
（2）《中华人民共和国增值税暂行条例实施细则》。
（3）《财政部　税务总局　海关总署关于深化增值税改革有关政策的公告》（财政部　税务总局　海关总署公告2019年第39号）。

五、将实物促销变为价格折扣

税务筹划问题

甲公司计划在年底开展一次"买一赠一"的促销活动。原计划提供促销商品正常销售额2 000万元，实际收取销售额1 000万元。已知甲公司销售该商品适用增值税税率为13%。请为甲公司设计合理减轻增值税负担的筹划方案。

税务筹划思路

不同的促销方式在增值税上所受的待遇是不同的，利用这些不同待遇就可以进行税务筹划。在增值税法上，赠送行为视同销售行为征收增值税，因此，当企业计划采用赠送这种促销方式时，应当考虑将赠送的商品放入销售的商品中，与销售的商品一起进行销售，这样就把赠送行为隐藏在销售行为之中，避免了赠送商品所承担的税收。我们在市场上经常看到的"加量不加价"的促销方式就是运用这种税务筹划方法的典型例子，如果采用在原数量和价格的基础上赠送若干数量商品的方法进行促销，则该赠送的商品就需要缴纳增值税，这就加重了企业的税收负担。

税务筹划方案

由于甲公司无偿赠与价值 1 000 万元的商品，需要视同销售，为此增加增值税销项税额 130 万元（1 000×13%）。如果甲公司能将此次促销活动改为五折促销，或者采取"加量不加价"的方式组合销售，即花一件商品的钱买两件商品，就可以少负担增值税 130 万元。

税务筹划依据

（1）《中华人民共和国增值税暂行条例》。
（2）《中华人民共和国增值税暂行条例实施细则》。
（3）《财政部　税务总局　海关总署关于深化增值税改革有关政策的公告》（财政部　税务总局　海关总署公告 2019 年第 39 号）。

六、巧妙控制委托代销纳税义务发生时间

税务筹划问题

甲公司委托乙公司代销一批货物。甲公司于 2023 年 1 月 1 日发出货物，2023 年 12 月 1 日收到乙公司的代销清单和全部货款 113 万元。甲公司是按月缴纳增值税的企业，适用增值税税率为 13%。甲公司应当在何时缴纳增值税，并提出税务筹划方案。

税务筹划思路

根据《增值税暂行条例》第十九条的规定，增值税纳税义务发生时间：①发生应税销售行为，为收讫销售款项或者取得索取销售款项凭据的当天；先开具发票的，为开具发票的当天。②进口货物，为报关进口的当天。

根据《增值税暂行条例实施细则》第三十八条的规定，收讫销售款项或者取得索取销售款项凭据的当天，按销售结算方式的不同，具体为：①采取直接收款方式销售货物，不论货物是否发出，均为收到销售款或者取得索取销售款凭据的当天；②采取托收承付和委托银行收款方式销售货物，为发出货物并办妥托收手续的当天；③采取赊销和分期收款方式销售货物，为书面合同约定的收款日期的当天，无书面合同的或者书面合同没有约定收款日期的，为货物发出的当天；④采取预收货款方式销售货物，为货物发出的当天，但生产销售生产工期超过 12 个月的大型机械设备、船舶、飞机等货物，为收到预收款或者书面合同约定的收款日期的当天；⑤委托其他纳税人代销货物，为收到代销单位的代销清单或者收到全部或者部分货款的当天。未收到代销清单及货款的，为发出代销货物满 180 天的当天；⑥销售应税劳务，为提供劳务同时收讫销

售款或者取得索取销售款的凭据的当天；⑦纳税人发生视同销售货物行为，为货物移送的当天。

纳税人可以充分利用上述增值税纳税义务发生时间的规定，通过适当调整结算方式进行税务筹划。例如，采取赊销和分期收款方式销售货物时，购买方在合同约定时间无法支付货款，则应当及时修改合同，以确保销售方在收到货款后再缴纳增值税，否则，销售方则需要在合同约定的付款日期（在该日期实际上并未收到货款）产生增值税的纳税义务并应当在随后的纳税期限到来后缴纳增值税。对于委托销售的，如果发出代销货物即将满180天仍然未收到代销清单及货款，则应当及时办理退货手续，否则就产生了增值税的纳税义务。

税务筹划方案

甲公司应当在发出代销货物满180天的当天计算增值税的纳税义务，即2023年6月29日计算增值税，应纳增值税13万元［113÷（1＋13%）×13%］。甲公司应当在7月15日之前缴纳13万元的增值税（如有进项税额，可以抵扣进项税额后再缴纳）。

经过税务筹划，甲公司为了避免在发出货物满180天时产生增值税的纳税义务，可以在发出货物179天之时，即2023年6月28日，要求乙公司退还代销的货物，然后在2023年6月29日与乙公司重新办理代销货物手续。这样，甲公司就可以在实际收到代销清单及113万元的货款时计算13万元的增值税销项税额，并于2024年1月15日之前缴纳13万元的增值税。

税务筹划依据

（1）《中华人民共和国增值税暂行条例》。
（2）《中华人民共和国增值税暂行条例实施细则》。
（3）《财政部　税务总局　海关总署关于深化增值税改革有关政策的公告》（财政部　税务总局　海关总署公告2019年第39号）。

第三节　利用增值税优惠政策

一、分立农产品公司增加进项税额

税务筹划问题

某市牛奶公司主要生产流程如下：饲养奶牛生产牛奶，将产出的新鲜牛奶进行加工制成奶制品，再将奶制品销售给各大商业公司，或直接通过销售网络转销给该市及其他地区的居民。奶制品的增值税税率适用13%，进项税额主要由两部分组成：一是向农民个人收购的草料部分可以抵扣10%的进项税额；二是公司水费、电费和修理用配件等按规定可以抵扣进项税额。与销项税额相比，这两部分进项税额数额较小，致使公司的增值税税负较高。假设2023年度从农民生产者手中购入的草料不含税金额为1 000万元，允许抵扣的进项税额为100万元，其他水电费、修理用配件等进项税额为80万元，全年奶制品不含税销售收入为5 000万元。根据这种情况，请提出税务筹划方案。

 税务筹划思路

我国增值税的计算和征收方式是税额抵扣法，即用纳税人的销项税额减去进项税额，而确定销项税额和进项税额的依据都是增值税专用发票，因此，如果纳税人不能合法取得增值税专用发票，那么，纳税人的进项税额就不能抵扣。这就会增加纳税人的税收负担，使其在与同行业的竞争中处于不利地位。但是，根据税法的规定，在某些情况下，虽然纳税人无法取得增值税专用发票，但是也可以抵扣进项税额。例如《增值税暂行条例》第八条规定，购进农产品，除取得增值税专用发票或者海关进口增值税专用缴款书外，按照农产品收购发票或者销售发票上注明的农产品买价和9%或者10%的扣除率计算的进项税额。进项税额计算公式：进项税额＝买价×扣除率。企业应当充分利用上述政策，尽量多地取得可以抵扣进项税额的发票。

根据《增值税暂行条例》第十五条的规定，农业生产者销售的自产农产品免征增值税，但其他生产者销售的农产品不能享受免税待遇。农业是指种植业、养殖业、林业、牧业、水产业。农业生产者，包括从事农业生产的单位和个人。农产品是指初级农产品，具体范围由财政部、国家税务总局确定。因此，企业如果有自产农产品，可以考虑单独设立相关的子公司负责生产销售自产农产品，从而享受免税待遇。

 税务筹划方案

税务筹划之前，该公司应纳增值税470万元［5 000×13%－（100＋80）］。

该公司可以将整个生产流程分成饲养和牛奶制品加工两部分，饲养场由独立的子公司来经营，该公司仅负责奶制品加工厂。税务筹划之后，假定饲养场销售给奶制品厂的鲜奶售价为4 000万元，其他条件不变，该公司应纳增值税170万元（5 000×13%－4 000×10%－80）。由于农业生产者销售的自产农产品免征增值税，饲养场销售鲜奶并不需要缴纳增值税。因此，减轻增值税负担300万元（470－170）。

 税务筹划依据

（1）《中华人民共和国增值税暂行条例》。
（2）《中华人民共和国增值税暂行条例实施细则》。
（3）《财政部　税务总局　海关总署关于深化增值税改革有关政策的公告》（财政部　税务总局　海关总署公告2019年第39号）。

二、巧用起征点与小微企业免增值税优惠

 税务筹划问题

（1）某个体工商户销售水果、杂货，每月含税销售额为 20 600 元，当地财政厅和税务局规定的增值税起征点为 20 000 元。请计算该个体工商户全年应纳增值税额，并提出税务筹划方案。（不考虑月销售额 10 万元以下免税优惠政策，征收率按 3% 计算）

（2）甲公司为增值税小规模纳税人，2023 年度每月不含税销售额为 10.1 万元。请计算甲公司全年应纳增值税额，并提出税务筹划方案。

 税务筹划思路

根据《增值税暂行条例》第十七条的规定，纳税人销售额未达到国务院财政、税务主管部门规定的增值税起征点的，免征增值税；达到起征点的，依照规定全额计算缴纳增值税。根据《增值税暂行条例实施细则》第三十七条的规定，增值税起征点的适用范围限于个人。增值税起征点的幅度规定如下：①销售货物的，为月销售额 5 000～20 000 元；②销售应税劳务的，为月销售额 5 000～20 000 元；③按次纳税的，为每次（日）销售额 300～500 元。上述所称销售额是指《增值税暂行条例实施细则》第三十条第一款所称小规模纳税人的销售额，即不含税销售额。省、自治区、直辖市财政厅（局）和国家税务局应在规定的幅度内，根据实际情况确定本地区适用的起征点，并报财政部、国家税务总局备案。

如果纳税人的不含税销售额位于当地规定的增值税起征点附近，应当尽量使自己的不含税销售额低于税法规定的起征点，从而享受免税的优惠待遇。但这一优惠仅能适用于个人和个体工商户，不能适用于个人独资企业、合伙企业、有限责任公司。

自 2013 年 8 月 1 日起，对增值税小规模纳税人中月销售额不超过 2 万元的企业或非企业性单位，暂免征收增值税。

自 2023 年 1 月 1 日至 2027 年 12 月 31 日，对月销售额 10 万元以下（含本数）的增值税小规模纳税人，免征增值税。增值税小规模纳税人适用 3% 征收率的应税销售收入，减按 1% 征收率征收增值税；适用 3% 预征率的预缴增值税项目，减按 1% 预征率预缴增值税。

上述优惠政策类似于起征点优惠，可以适用于所有属于小规模纳税人的各种类型的企业。

 税务筹划方案

（1）该个体工商户每月不含税销售额为 20 000 元［20 600÷（1＋3%）］，达到增值税的起征点，应当缴纳增值税。全年应纳增值税 7 200 元［20 600÷（1＋3%）×3%×12］。

如果该个体工商户通过打折让利将每月含税销售额降低至 20 500 元，由于其不含

税销售额尚未达到20 000元起征点，可以免纳增值税。该个体工商户全年让利1 200元，节税7 200元，增加利润6 000元。

（2）甲公司全年需缴纳增值税1.21万元（10.1×12×1%）。若甲公司合理调剂每月销售额，将前三季度的销售额控制在30万元以内，由此可以享受免征增值税的优惠。最后一个季度的销售额为31.2万元（10.1×12 － 30×3）。需要缴纳增值税0.31万元（31.2×1%）。通过税务筹划，可减轻增值税负担0.9万元（1.21 － 0.31）。

 税务筹划依据

（1）《中华人民共和国增值税暂行条例》。
（2）《中华人民共和国增值税暂行条例实施细则》。
（3）《财政部　国家税务总局关于暂免征收部分小微企业增值税和营业税的通知》（财税〔2013〕52号）。
（4）《财政部　税务总局　海关总署关于深化增值税改革有关政策的公告》（财政部　税务总局　海关总署公告2019年第39号）。
（5）《财政部　税务总局关于明确增值税小规模纳税人减免增值税等政策的公告》（财政部　税务总局公告2023年第1号）。
（6）《财政部　税务总局关于增值税小规模纳税人减免增值税政策的公告》（财政部　税务总局公告2023年第19号）。

三、合理利用农产品免增值税政策

 税务筹划问题

在某乡镇农村，一些农户在田头、地角栽种了大量速生材，目前，已进入砍伐期。一些农户直接出售原木，价格每立方米价格为200元，另一些农户则不满足廉价出售原木，自己对原木进行深加工，如将原木加工成薄板、包装箱等再出售。假设加工1立方米原木需要耗用电力6元，人工费4元，因此，其出售价最低为210元。但是这个价格没有人愿意收购，深加工以后的原木反而要以比没有加工的原木更低的价格出售。请分析其中的原因并提出税务筹划方案。

 税务筹划思路

根据《增值税暂行条例》第十五条的规定，农业生产者销售的自产农产品免征增值税，但其他生产者销售的农产品不能享受免税待遇。农业是指种植业、养殖业、林业、牧业、水产业。农业生产者，包括从事农业生产的单位和个人。农产品是指初级农产品，具体范围由财政部、国家税务总局确定。销售农产品免税必须符合上述条件，否则，就无法享受免税的待遇。同时，根据《增值税暂行条例》第八条的规定，购进农产品，除取得增值税专用发票或者海关进口增值税专用缴款书外，按照农产品收购发票或者销售发票上注明的农产品买价和9%或者10%的扣除率计算的进项税额。进项税额计算公式如下：

进项税额＝买价×扣除率

如果农业生产者希望自己对产品进行深加工使其增值以后再出售，就无法享受免税待遇，往往获得比深加工之前更差的效果，摆脱这种状况就需要通过适当的安排使得自己在能够享受免税待遇的同时还可以有机会得以对初级农产品进行加工增值。

 税务筹划方案

农户出售原木属免税农业产品，增值税一般纳税人收购后，可以抵扣 9% 的税款。因此，增值税一般纳税人收购 200 元的原木可抵扣 18 元税金，原材料成本只有 182 元。而农户深加工的产品出售给工厂，工厂不能计提进项税。增值税一般纳税人根据这种情况，只愿意以 192 元的价格收购深加工的产品（182 元的原木成本加上加工所耗用的电力和人工费 10 元）。另外，深加工后的农产品已不属免税产品，农户还要纳增值税和所得税（如果达不到增值税起征点或每季度 30 万元，可以免征增值税）。这样，深加工的农户最后收入反而达不到 200 元。在这种情况下，农户深加工农业产品是失败的，这既有不能享受税收优惠的原因，也有增值率太低的因素。

经过税务筹划，可以采取另一种方式来避免出现以上情况，即农户将原木直接出售给工厂，工厂收购原木后雇用农户加工。通过改变加工方式，农户出售 200 元的原木可得收入 200 元，工厂雇用农户加工，6 元的电费由工厂支付，还可以抵扣进项税额，工厂另外向农户支付人工费 4 元。这样，农户可得收入 204 元，比农户自行深加工增收 12 元（204－192），企业也可抵扣农产品的 18 元税款以及电费所含进项税额，使成本得以降低。

 税务筹划依据

（1）《中华人民共和国增值税暂行条例》。
（2）《中华人民共和国增值税暂行条例实施细则》。
（3）《农业产品征税范围注释》（财税字〔1995〕52 号印发）。
（4）《财政部　税务总局　海关总署关于深化增值税改革有关政策的公告》（财政部　税务总局　海关总署公告 2019 年第 39 号）。

四、充分利用促进重点群体创业就业优惠政策

 税务筹划问题

甲公司为当地有名的福利企业，2023 年度计划招收 100 名失业人员。当地规定的优惠定额标准为每人每年 0.7 万元。计算甲公司可以享受的增值税优惠。

 税务筹划思路

自 2023 年 1 月 1 日至 2027 年 12 月 31 日，建档立卡贫困人口、持《就业创业证》（注明"自主创业税收政策"或"毕业年度内自主创业税收政策"）或《就业失

业登记证》（注明"自主创业税收政策"）的人员，从事个体经营的，自办理个体工商户登记当月起，在3年（36个月，下同）内按每户每年20 000元为限额依次扣减其当年实际应缴纳的增值税、城市维护建设税、教育费附加、地方教育附加和个人所得税。限额标准最高可上浮20%，各省、自治区、直辖市人民政府可根据本地区实际情况在此幅度内确定具体限额标准。

纳税人年度应缴纳税款小于上述扣减限额的，减免税额以其实际缴纳的税款为限；大于上述扣减限额的，以上述扣减限额为限。上述人员具体包括：①纳入全国扶贫开发信息系统的建档立卡贫困人口；②在人力资源社会保障部门公共就业服务机构登记失业半年以上的人员；③零就业家庭、享受城市居民最低生活保障家庭劳动年龄内的登记失业人员；④毕业年度内高校毕业生。高校毕业生是指实施高等学历教育的普通高等学校、成人高等学校应届毕业的学生；毕业年度是指毕业所在自然年，即1月1日至12月31日。

自2023年1月1日至2027年12月31日，企业招用建档立卡贫困人口，以及在人力资源社会保障部门公共就业服务机构登记失业半年以上且持《就业创业证》或《就业失业登记证》（注明"企业吸纳税收政策"）的人员，与其签订1年以上期限劳动合同并依法缴纳社会保险费的，自签订劳动合同并缴纳社会保险当月起，在3年内按实际招用人数予以定额依次扣减增值税、城市维护建设税、教育费附加、地方教育附加和企业所得税优惠。定额标准为每人每年6 000元，最高可上浮30%，各省、自治区、直辖市人民政府可根据本地区实际情况在此幅度内确定具体定额标准。城市维护建设税、教育费附加、地方教育附加的计税依据是享受本项税收优惠政策前的增值税应纳税额。按上述标准计算的税收扣减额应在企业当年实际应缴纳的增值税、城市维护建设税、教育费附加、地方教育附加和企业所得税税额中扣减，当年扣减不完的，不得结转下年使用。上述企业是指属于增值税纳税人或企业所得税纳税人的企业等单位。

国家乡村振兴局（原国务院扶贫办）在每年1月15日前将建档立卡贫困人口名单及相关信息提供给人力资源社会保障部、税务总局，税务总局将相关信息转发给各省、自治区、直辖市税务部门。人力资源社会保障部门依托全国扶贫开发信息系统核实建档立卡贫困人口身份信息。

企业招用就业人员既可以适用上述规定的税收优惠政策，又可以适用其他扶持就业专项税收优惠政策的，企业可以选择适用最优惠的政策，但不得重复享受。

纳税人在2027年12月31日享受上述税收优惠政策未满3年的，可继续享受至3年期满为止。上述人员，以前年度已享受重点群体创业就业税收优惠政策满3年的，不得再享受上述税收优惠政策；以前年度享受重点群体创业就业税收优惠政策未满3年且符合上述条件的，可按上述规定享受优惠至3年期满。

 税务筹划方案

甲公司应当招用建档立卡贫困人口，以及在人力资源社会保障部门公共就业服务机构登记失业半年以上且持《就业创业证》或《就业失业登记证》（注明"企业吸纳税收政策"）的人员，与其签订1年以上期限劳动合同并依法缴纳社会保险费，每年可以抵扣增值税70万元（0.7×100）。

税务筹划依据

（1）《中华人民共和国增值税暂行条例》。
（2）《中华人民共和国增值税暂行条例实施细则》。
（3）《财政部 税务总局 人力资源社会保障部 国务院扶贫办关于进一步支持和促进重点群体创业就业有关税收政策的通知》（财税〔2019〕22号）。
（4）《财政部 税务总局 人力资源社会保障部 国家乡村振兴局关于延长部分扶贫税收优惠政策执行期限的公告》（财政部 税务总局 人力资源社会保障部 国家乡村振兴局公告2021年第18号）。
（5）《财政部 税务总局 人力资源社会保障部 农业农村部关于进一步支持重点群体创业就业有关税收政策的公告》（财政部 税务总局 人力资源社会保障部 农业农村部公告2023年第15号）。

五、利用资产重组不征增值税政策

税务筹划问题

2009年8月25日，大连市国家税务局《关于大连金牛股份有限公司资产重组过程中相关业务适用增值税政策问题的请示》（大国税函〔2009〕193号）提供了以下案例。大连金牛股份有限公司（以下简称大连金牛）是东北特钢集团有限责任公司（以下简称东特集团）控股子公司，于1998年7月28日成立，股本3亿元，主要经营钢冶炼、钢压延加工。

1. 大连金牛重组原因

东特集团由大连金牛、抚顺特钢股份和北满特钢集团三大部分组成，集团除持有大连金牛40.67%外，还持有上市公司抚顺特钢44.88%股权、北满特钢59%的股权。大连金牛、抚顺特钢和北满特钢经营范围都是特殊钢冶炼、特殊钢材产品压延加工业务，集团内部存在同业竞争问题。大连金牛和抚顺特钢又同为上市公司，集团内部存在多个上市公司，互相之间存在关联交易，与上市公司监管的有关规定相悖。东特集团为消除集团内部同业竞争、减少关联交易、整合内部上市公司资源，向辽宁省国有资产监督管理委员会申请进行资产重组，获国务院国有资产监督管理委员会批准，2009年5月经中国证监会批准对大连金牛实施重组。

2. 重组步骤

第一步：转让股权至中南房地产。

东特集团以协议方式将持有的大连金牛9 000万股股份转让给中南房地产，股份转让价格为9.489元/股，股份转让总金额为8.54亿元，东特集团应收中南房地产8.54亿元。转让完成后，东特集团仍持有大连金牛3 223万股股份。

第二步：转让资产至东特集团。

大连金牛将原生产必需的全部实物资产及负债、业务及附属于上述资产、业务或与上述资产、业务有关的一切权利和义务全部转让给东特集团。经双方协商确定本次出售资产作价为 11.6 亿元,东特集团以现金形式支付 3.06 亿元,其余部分形成大连金牛应收东特集团 8.54 亿元。

第三步:向中南房地产发行股份及购买资产。

大连金牛以"定向增发"的形式向中南房地产发行 4.78 亿股股票,每股 7.82 元,增发股票金额 37.38 亿元,中南房地产以资产作价 45.92 亿元注入大连金牛,注入的资产作价超过增发股份金额 8.54 亿元。

至此,东特集团出让股份给中南房地产形成的应收款 8.54 亿元,大连金牛整体出让全部资产及负债给东特集团形成的应收款 8.54 亿元,大连金牛购买中南房地产注入资产形成的应付款 8.54 亿元,上述往来款项通过抹账互相抵销。

第四步:东特集团成立新公司并注入资产。

东特集团于 2008 年成立新公司——东北特钢集团大连特殊钢有限责任公司(以下简称大连特钢),承接大连金牛原有的全部生产经营业务。大连金牛与东特集团、大连特钢已于交割日 2009 年 5 月 31 日签署了《资产、负债、业务及人员移交协议》,并已向大连特钢移交全部资产、负债、业务及人员。

请分析上述交易中的会计处理和增值税处理。

税务筹划思路

关于资产重组的增值税处理,我国税法的相关规定有一个历史发展的过程。《国家税务总局关于转让企业全部产权不征收增值税问题的批复》(国税函〔2002〕420号)规定,根据《增值税暂行条例》及其实施细则的规定,增值税的征收范围为销售货物或者提供加工、修理修配劳务以及进口货物。转让企业全部产权是整体转让企业资产、债权、债务及劳动力的行为,因此,转让企业全部产权涉及的应税货物的转让,不属于增值税的征税范围,不征收增值税。

《国家税务总局关于纳税人资产重组有关增值税政策问题的批复》(国税函〔2009〕585号)规定,纳税人在资产重组过程中将所属资产、负债及相关权利和义务转让给控股公司,但保留上市公司资格的行为,不属于《国家税务总局关于转让企业全部产权不征收增值税问题的批复》(国税函〔2002〕420号)规定的整体转让企业产权行为。对其资产重组过程中涉及的应税货物转让等行为,应照章征收增值税。上述控股公司将受让获得的实物资产再投资给其他公司的行为,应照章征收增值税。

根据《国家税务总局关于纳税人资产重组有关增值税问题的公告》(国家税务总局公告 2011 年第 13 号)规定,自 2011 年 3 月 1 日起,纳税人在资产重组过程中,通过合并、分立、出售、置换等方式,将全部或者部分实物资产以及与其相关联的债权、负债和劳动力一并转让给其他单位和个人,不属于增值税的征税范围,其中涉及的货物转让,不征收增值税。

根据《国家税务总局关于纳税人资产重组增值税留抵税额处理有关问题的公告》(国家税务总局公告 2012 年第 55 号)的规定,增值税一般纳税人(以下称原纳税人)在资产重组过程中,将全部资产、负债和劳动力一并转让给其他增值税一般纳税人(以下称新纳税人),并按程序办理注销税务登记的,其在办理注销登记前尚未抵扣的进项税额可结转至新纳税人处继续抵扣。原纳税人主管税务机关应认真核查纳税人资产重组相关资料,核实原纳税人在办理注销税务登记前尚未抵扣的进项税额,填写《增值税一般纳税人资产重组进项留抵税额转移单》。《增值税一般纳税人资产重组进项留抵税额转移单》一式三份,原纳税人主管税务机关留存一份,交纳税人一份,传递新纳税人主管税务机关一份。新纳税人主管税务机关应将原纳税人主管税务机关传递来的《增值税一般纳税人资产重组进项留抵税额转移单》与纳税人报送资料进行认真核对,对原纳税人尚未抵扣的进项税额,在确认无误后,允许新纳税人继续申报抵扣。

根据《国家税务总局关于纳税人资产重组有关增值税问题的公告》(国家税务总局公告2013年第66号)的规定,纳税人在资产重组过程中,通过合并、分立、出售、置换等方式,将全部或者部分实物资产以及与其相关联的债权、负债经多次转让后,最终的受让方与劳动力接收方为同一单位和个人的,仍适用《国家税务总局关于纳税人资产重组有关增值税问题的公告》(国家税务总局公告2011年第13号)的相关规定,其中货物的多次转让行为均不征收增值税。资产的出让方需将资产重组方案等文件资料报其主管税务机关。

纳税人可以利用上述优惠政策进行资产重组。

 税务筹划方案

1. 资产转移中的会计处理

(1)大连金牛将全部资产转到东特集团。

借:其他应收款——东特集团　　　　　　　　　　3 695 000 000
　　贷:各项资产(包括货币资金3.06亿)　　　　　3 695 000 000
借:各项负债　　　　　　　　　　　　　　　　　2 504 000 000
　　贷:其他应收款——东特集团　　　　　　　　　2 504 000 000

调整后,大连金牛报表列示三个科目:货币资金3.06亿元、其他应收款8.84亿元(合同额为8.5亿元,差额0.34亿元,主要为近期新增利润数)、净资产1.90亿元。

(2)东特集团将收回的大连金牛资产投入到大连特钢。

借:长期投资——大连特钢
　　贷:长期投资——大连金牛
　　　　投资收益
　　　　应交税费——应缴增值税(销项税额)

(3)大连特钢收到东特集团投资。

借:各项资产
　　贷:应交税费——应缴增值税(进项税额)
　　　　各项负债

注:由于案例未给出相关数据,上述会计分录省略金额。

2. 重组过程中所涉及的资产转移如何征收增值税问题

经过上述步骤最终实现了中南房地产"买壳上市",东特集团将大连金牛的上市公司资格转让给中南房地产。东特集团收回大连金牛原有的资产和生产经营业务后再全部转移至大连特钢继续经营。根据协议和审计报告，大连金牛 2009 年 5 月 31 日财务报表数据显示，本次资产重组涉及大连金牛资产总额 36.95 亿元，上述资产发生了两次转移：

一是大连金牛将原生产必需的全部实物资产及负债、业务及附着于上述资产、业务或与上述资产、业务有关的一切权利和义务全部转让给东特集团。

二是东特集团将大连金牛转让的全部资产及负债、业务及附着于上述资产、业务或与上述资产、业务有关的一切权利和义务再投资到大连特钢。在此期间东特集团对大连金牛转来资产中的部分设备进行了评估并产生增值。

企业认为，第一次资产转移是大连金牛整体转让全部资产及债权、负债、业务及附着于上述资产、业务或与上述资产、业务有关的一切权利和义务给东特集团，属于企业整体转让，不属于增值税范围，不征收增值税。

大连市国家税务局认为，大连金牛资产重组过程中的各项业务应适用如下税收政策：

（1）对大连金牛将资产转让给东特集团的行为征收增值税。

大连金牛将资产转移给东特集团的行为不属于《国家税务总局关于转让企业全部产权不征收增值税问题的批复》（国税函〔2002〕420 号）所述的转让企业全部产权的行为，应当对其征收增值税。

（2）对东特集团将资产注入大连特钢的行为视同销售征收增值税。

东特集团将资产注入大连特钢的行为属于投资行为，按照《增值税暂行条例实施细则》的规定应当视同销售征收增值税。

（3）对其转让资产中的固定资产按照不同时段适用税收政策。

对企业资产转移过程中涉及的 2004 年 7 月 1 日以前购进的固定资产按照 4% 减半征收增值税，对其他固定资产和流动资产按照适用税率征收增值税。

《国家税务总局关于纳税人资产重组有关增值税政策问题的批复》（国税函〔2009〕585 号）规定，纳税人在资产重组过程中将所属资产、负债及相关权利和义务转让给控股公司，但保留上市公司资格的行为，不属于《国家税务总局关于转让企业全部产权不征收增值税问题的批复》（国税函〔2002〕420 号）规定的整体转让企业产权行为。对其资产重组过程中涉及的应税货物转让等行为，应照章征收增值税。上述控股公司将受让获得的实物资产再投资给其他公司的行为，应照章征收增值税。纳税人在资产重组过程中所涉及的固定资产征收增值税问题，应按照《财政部 国家税务总局关于全国实施增值税转型改革若干问题的通知》（财税〔2008〕170 号）、《财政部 国家税务总局关于部分货物适用增值税低税率和简易办法征收增值税政策的通知》（财税〔2009〕9 号）及相关规定执行。

如果上述资产重组是 2011 年 3 月 1 日以后进行的，就不需要缴纳增值税了。

税务筹划案例

甲上市公司准备与乙公司进行资产互换，甲公司名下的所有资产和负债均转移给乙公司，乙公司名下的全部资产和负债转移给甲公司，双方互不支付差价。已知，甲公司名下的货物正常销售额为 5 000 万元，乙公司名下的货物正常销售额为 4 000 万元，适用增值税税率为13%。甲公司与乙公司原计划各自按照资产销售的方式来进行税务处理，请对甲公司与乙公司的交易提出税务筹划方案。

如果按普通资产销售来进行税务处理，不考虑其他税费，仅销售货物部分就需要计算增值税销项税额1 170万元［（5 000＋4 000）×13%］。

如果甲公司和乙公司在资产重组的框架下开展资产置换，置换的范围增加债权债务和劳动力，并按照相关规定将资产重组方案等文件资料报其主管税务机关，则可以享受货物转让不征收增值税的优惠政策，免于计算增值税销项税额1 170万元。

税务筹划依据

（1）《中华人民共和国增值税暂行条例》。

（2）《中华人民共和国增值税暂行条例实施细则》。

（3）《国家税务总局关于纳税人资产重组有关增值税问题的公告》（国家税务总局公告2011年第13号）。

（4）《国家税务总局关于纳税人资产重组增值税留抵税额处理有关问题的公告》（国家税务总局公告2012年第55号）。

（5）《国家税务总局关于纳税人资产重组有关增值税问题的公告》（国家税务总局公告2013年第66号）。

（6）《财政部　税务总局　海关总署关于深化增值税改革有关政策的公告》（财政部　税务总局　海关总署公告2019年第39号）。

第九章

企业营改增税务筹划

第一节 选择小规模纳税人身份

一、选择小规模纳税人身份

税务筹划问题

(1) 甲公司提供交通运输服务,年含税销售额为515万元,在营改增之后选择了一般纳税人身份,由于在营改增之前按照3%的税率缴纳营业税,而营改增之后按照9%的税率缴纳增值税,虽然可以抵扣一些进项税额,但整体税负仍然超过了营改增之前,请提出税务筹划方案。增值税征收率按3%计算。

(2) 李先生经营一家餐馆和一家装修公司。营改增之前,该餐馆年营业额为300万元,适用5%的税率,缴纳营业税15万元,该装修公司年营业额为400万元,适用3%的税率,缴纳营业税12万元,合计缴纳营业税27万元。营改增之后,请为该餐馆和装修公司提出税务筹划方案。增值税征收率按3%计算。

税务筹划思路

营改增纳税人分为一般纳税人和小规模纳税人。应税行为的年应征增值税销售额(以下称应税销售额)超过500万元的纳税人为一般纳税人,未超过500万元的纳税人为小规模纳税人。年应税销售额超过规定标准的其他个人不属于一般纳税人。年应税销售额超过规定标准但不经常发生应税行为的单位和个体工商户可选择按照小规模纳税人纳税。

年应税销售额未超过规定标准的纳税人,会计核算健全,能够提供准确税务资料的,可以向主管税务机关办理一般纳税人资格登记,成为一般纳税人。会计核算健全是指能够按照国家统一的会计制度规定设置账簿,根据合法、有效凭证核算。

一般纳税人提供交通运输服务,税率为9%。小规模纳税人适用的增值税征收率为3%。

由于营改增之前营业税的最低税率为3%，营改增之后小规模纳税人的征税率为3%（自2020年1月1日起暂时降低为1%），所以，只要选择小规模纳税人身份，营改增纳税人的税负就不会上升，由于增值税是价外税，在计算增值税时还需要将取得的价款换算为不含税销售额，因此，选择小规模纳税人身份的营改增纳税人，其税负一定会下降。

如果营改增之后，纳税人的销售额超过了500万元，就必须申请成为一般纳税人，不能为了保持小规模纳税人的身份而一直不申请成为一般纳税人。根据税法规定，有下列情形之一者，应当按照销售额和增值税税率计算应纳税额，不得抵扣进项税额，也不得使用增值税专用发票：一般纳税人会计核算不健全，或者不能够提供准确税务资料的；应当办理一般纳税人资格登记而未办理的。如果纳税人的销售额超过了500万元却不办理一般纳税人资格登记，应当按照9%的税率缴纳增值税，而且不允许抵扣进项税额，纳税人的税负将会大大增加。

 税务筹划方案

（1）甲公司的销售额为500万元［515÷（1＋3%）］，由于并未超过500万元的标准，可以选择小规模纳税人的身份。在营改增之前，甲公司需要缴纳营业税15.45万元（515×3%），税后营业收入为499.55万元（515－15.45）。营改增之后，如果选择小规模纳税人身份，甲公司需要缴纳增值税15万元［515÷（1＋3%）×3%］，销售收入为500万元（515－15）。通过税务筹划，增加销售收入0.45万元（500－499.55）。

（2）营改增之后，如果两家企业选择一般纳税人，则餐馆适用6%的税率缴纳增值税，装修公司适用9%的税率缴纳增值税。由于可抵扣进项税额较少，其增值税负担会高于营业税负担。如果两家企业选择小规模纳税人，则需要缴纳增值税20.39万元［300÷（1＋3%）×3%＋400÷（1＋3%）×3%］。

 税务筹划依据

（1）《财政部　国家税务总局关于全面推开营业税改征增值税试点的通知》（财税〔2016〕36号）。

（2）《增值税一般纳税人登记管理办法》（国家税务总局令第43号）。

（3）《国家税务总局关于增值税一般纳税人登记管理若干事项的公告》（国家税务总局公告2018年第6号）。

（4）《财政部　税务总局　海关总署关于深化增值税改革有关政策的公告》（财政部、税务总局、海关总署公告2019年第39号）。

二、分立企业成为小规模纳税人

 税务筹划问题

甲公司为一家餐饮连锁企业，下设100家分公司，各家分公司的年销售额约500万元。

甲公司属于营改增一般纳税人，适用6%的税率，由于允许抵扣的进项税额比较少，增值税税收负担率（即增值税应纳税额除以销售额）约为5%。请提出税务筹划方案。

 税务筹划思路

应税行为的年应税销售额超过500万元的纳税人为一般纳税人，未超过500万元的纳税人为小规模纳税人。

对于规模较大，年应税销售额超过500万元的营改增纳税人而言，如果其经营模式允许其分立，可以考虑通过分立企业，或者将分公司改制为子公司等形式保持小规模纳税人的身份，按照简易计税方法计算增值税，这样就可以将增值税税收负担率维持在3%的较低水平上。

 税务筹划方案

甲公司将各家分公司改制为独立的子公司，同时确保各家子公司年销售额不超过500万元，这样，甲公司集团中的每一个子公司都可以保持小规模纳税人的身份，按照3%的征收率缴纳增值税，增值税税收负担率从5%降低为3%。

 税务筹划依据

（1）《财政部 国家税务总局关于全面推开营业税改征增值税试点的通知》（财税〔2016〕36号）。

（2）《增值税一般纳税人登记管理办法》（国家税务总局令第43号）。

（3）《国家税务总局关于增值税一般纳税人登记管理若干事项的公告》（国家税务总局公告2018年第6号）。

第二节 选择简易计税方法

一、公共交通运输服务企业选用简易计税方法

 税务筹划问题

甲市公交公司年销售额约5 000万元，由于营改增之后作为一般纳税人要适用9%的税率缴纳增值税，其税负有明显上升。请提出税务筹划方案。

 税务筹划思路

增值税的计税方法，包括一般计税方法和简易计税方法。简易计税方法的应纳

税额是指按照销售额和增值税征收率计算的增值税额,不得抵扣进项税额。应纳税额计算公式:应纳税额=销售额×征收率。一般纳税人发生下列应税行为可以选择适用简易计税方法计税:公共交通运输服务。增值税征收率为3%。根据2022年2月14日国务院常务会议的决定,2022年免征公交和长途客运、轮客渡、出租车等公共交通运输服务增值税。

根据前文所述,只要选择简易计税方法计税,营改增纳税人的税收负担都有所降低,因此,对于交通运输服务中的公共交通运输服务而言,原则上一定要选择简易计税方法计税。当然,如果有些公共交通运输企业的进项税额比较多,按照一般计税方法税负更低,可以考虑选择一般计税方法。

税务筹划方案

甲公司由于提供的是公共交通运输服务,可以选择简易计税方法计税。在营改增之前,甲公司需要缴纳营业税150万元(5 000×3%),税后营业收入4 850万元(5 000 - 150)。在营改增之后,甲公司需要缴纳增值税145.63万元[5 000÷(1 + 3%)×3%],销售收入4 854.37万元(5 000 - 145.63)。通过税务筹划,增加销售收入4.37万元(4854.37 - 4850)。

税务筹划依据

(1)《财政部 国家税务总局关于全面推开营业税改征增值税试点的通知》(财税〔2016〕36号)。

(2)《增值税一般纳税人登记管理办法》(国家税务总局令第43号)。

(3)《国家税务总局关于增值税一般纳税人登记管理若干事项的公告》(国家税务总局公告2018年第6号)。

(4)《财政部 税务总局 海关总署关于深化增值税改革有关政策的公告》(财政部 税务总局 海关总署公告2019年第39号)。

二、动漫企业选用简易计税方法

税务筹划问题

甲公司为经过认定的动漫企业,除开发动漫产品外,还为其他企业的动漫产品提供形象设计、动画设计等服务,偶尔也会转让动漫版权。甲公司为营改增增值税一般纳税人,适用税率为6%,由于进项税额较少,增值税税收负担率为4.8%。请提出税务筹划方案。

税务筹划思路

一般纳税人发生下列应税行为可以选择适用简易计税方法计税:经认定的动漫企业为开发动漫产品提供的动漫脚本编撰、形象设计、背景设计、动画设计、分镜、动画制作、摄制、描线、上色、画面合成、配音、配乐、音效合成、剪辑、字幕制作、压缩转码（面向网络动漫、手机动漫格式适配）服务，以及在境内转让动漫版权（包括动漫品牌、形象或者内容的授权及再授权）。

自 2018 年 1 月 1 日至 2018 年 4 月 30 日，对动漫企业增值税一般纳税人销售其自主开发生产的动漫软件，按照 17% 的税率征收增值税后，对其增值税实际税负超过 3% 的部分，实行即征即退政策。自 2018 年 5 月 1 日至 2023 年 12 月 31 日，对动漫企业增值税一般纳税人销售其自主开发生产的动漫软件，按照 16% 的税率征收增值税后，对其增值税实际税负超过 3% 的部分，实行即征即退政策。动漫软件出口免征增值税。

属于增值税一般纳税人的动漫企业销售其自主开发生产的动漫软件，一直缴纳增值税，不属于营改增的范围，只有动漫企业提供的动漫服务和转让动漫版权属于营改增。该类企业在营改增之后应当单独核算两类经营业务，前者按照《财政部 国家税务总局关于动漫产业增值税和营业税政策的通知》（财税〔2013〕98 号）规定的政策执行，后者可以选择适用简易计税方法计税。

税务筹划方案

甲公司销售动漫产品可以享受实际税负超过 3% 的部分实行即征即退的优惠政策，实际税负为 3%。动漫服务和转让动漫版权实际税负较高，可以就该部分进行单独核算并选择适用简易计税方法计税，这样，动漫服务和转让动漫版权部分的实际税负也为 3%。甲公司的整体增值税负担率可以降低为 3%。

税务筹划依据

（1）《财政部 国家税务总局关于全面推开营业税改征增值税试点的通知》（财税〔2016〕36 号）。

（2）《财政部 税务总局关于延续动漫产业增值税政策的通知》（财税〔2018〕38 号）。

（3）《财政部 税务总局 海关总署关于深化增值税改革有关政策的公告》（财政部 税务总局 海关总署公告 2019 年第 39 号）。

（4）《财政部 税务总局关于延长部分税收优惠政策执行期限的公告》（财政部 税务总局公告 2021 年第 6 号）。

三、农村金融机构选择简易计税

税务筹划问题

甲农村信用社为营改增一般纳税人，适用增值税税率为 6%，由于进项税额较少，实际增值税税负为 5%。请提出税务筹划方案。

税务筹划思路

农村信用社、村镇银行、农村资金互助社、由银行业机构全资发起设立的贷款公司、法人机构在县（县级市、区、旗）及县以下地区的农村合作银行和农村商业银行提供金融服务收入，可以选择适用简易计税方法按照3%的征收率计算缴纳增值税。

村镇银行是指经中国银行业监督管理委员会（现为国家金融监督管理总局，下同）依据有关法律、法规批准，由境内外金融机构、境内非金融机构企业法人、境内自然人出资，在农村地区设立的主要为当地农民、农业和农村经济发展提供金融服务的银行业金融机构。

农村资金互助社是指经银行业监督管理机构批准，由乡（镇）、行政村农民和农村小企业自愿入股组成，为社员提供存款、贷款、结算等业务的社区互助性银行业金融机构。

由银行业机构全资发起设立的贷款公司是指经中国银行业监督管理委员会依据有关法律、法规批准，由境内商业银行或农村合作银行在农村地区设立的专门为县域农民、农业和农村经济发展提供贷款服务的非银行业金融机构。

县（县级市、区、旗），不包括直辖市和地级市所辖城区。

我国针对农村金融的一些税收优惠政策也值得关注和享受。

（1）《财政部 税务总局关于支持小微企业融资有关税收政策的公告》（财政部 税务总局公告2023年第13号）规定：①对金融机构向小型企业、微型企业及个体工商户发放小额贷款取得的利息收入，免征增值税。金融机构应将相关免税证明材料留存备查，单独核算符合免税条件的小额贷款利息收入，按现行规定向主管税务机构办理纳税申报；未单独核算的，不得免征增值税。②对金融机构与小型企业、微型企业签订的借款合同免征印花税。上述所称小额贷款，是指单户授信小于100万元（含本数）的小型企业、微型企业或个体工商户贷款；没有授信额度的，是指单户贷款合同金额且贷款余额在100万元（含本数）以下的贷款。

（2）《财政部 税务总局关于金融机构小微企业贷款利息收入免征增值税政策的公告》（财政部 税务总局公告2023年第16号）规定，对金融机构向小型企业、微型企业和个体工商户发放小额贷款取得的利息收入，免征增值税。金融机构可以选择以下两种方法之一适用免税：①对金融机构向小型企业、微型企业和个体工商户发放的，利率水平不高于全国银行间同业拆借中心公布的贷款市场报价利率（LPR）150%（含本数）的单笔小额贷款取得的利息收入，免征增值税；高于全国银行间同业拆借中心公布的贷款市场报价利率（LPR）150%的单笔小额贷款取得的利息收入，按照现行政策规定缴纳增值税。②对金融机构向小型企业、微型企业和个体工商户发放单笔小额贷款取得的利息收入中，不高于该笔贷款按照全国银行间同业拆借中心公布的贷款市场报价利率（LPR）150%（含本数）计算的利息收入部分，免征增值税；超过部分按照现行政策规定缴纳增值税。金融机构可按会计年度在以上两种方法之间选定其一作为该年的免税适用方法，一经选定，该会计年度内不得变更。

上述所称金融机构，是指经中国人民银行、金融监管总局批准成立的已实现监管部门上一年度提出的小微企业贷款增长目标的机构，以及经中国人民银行、金融监管总局、中国证监会批准成立的开发银行及政策性银行、外资银行和非银行业金融机构。金融机构实现小微企业贷款增长目标情况，以金融监管总局及其派出机构考核结果为准。

上述所称小额贷款，是指单户授信小于 1 000 万元（含本数）的小型企业、微型企业或个体工商户贷款；没有授信额度的，是指单户贷款合同金额且贷款余额在 1 000 万元（含本数）以下的贷款。

（3）《财政部　税务总局关于延续实施支持农村金融发展企业所得税政策的公告》（财政部　税务总局公告 2023 年第 55 号）规定：①对金融机构农户小额贷款的利息收入，在计算应纳税所得额时，按 90% 计入收入总额。②对保险公司为种植业、养殖业提供保险业务取得的保费收入，在计算应纳税所得额时，按 90% 计入收入总额。上述所称小额贷款，是指单笔且该农户贷款余额总额在 10 万元（含本数）以下的贷款。上述所称保费收入，是指原保险保费收入加上分保费收入减去分出保费后的余额。

（4）《财政部　税务总局关于延续实施金融机构农户贷款利息收入免征增值税政策的公告》（财政部　税务总局公告 2023 年第 67 号）规定，对金融机构向农户发放小额贷款取得的利息收入，免征增值税。金融机构应将相关免税证明材料留存备查，单独核算符合免税条件的小额贷款利息收入，按现行规定向主管税务机关办理纳税申报；未单独核算的，不得免征增值税。上述所称小额贷款，是指单户授信小于 100 万元（含本数）的农户贷款；没有授信额度的，是指单户贷款合同金额且贷款余额在 100 万元（含本数）以下的贷款。

农户是指长期（一年以上）居住在乡镇（不包括城关镇）行政管理区域内的住户，还包括长期居住在城关镇所辖行政村范围内的住户和户口不在本地而在本地居住一年以上的住户，国有农场的职工和农村个体工商户。位于乡镇（不包括城关镇）行政管理区域内和在城关镇所辖行政村范围内的国有经济的机关、团体、学校、企事业单位的集体户；有本地户口，但举家外出谋生一年以上的住户，无论是否保留承包耕地均不属于农户。农户以户为统计单位，既可以从事农业生产经营，也可以从事非农业生产经营。农户贷款的判定应以贷款发放时的承贷主体是否属于农户为准。

小型企业、微型企业是指符合《中小企业划型标准规定》（工信部联企业〔2011〕300 号）的小型企业和微型企业。其中，资产总额和从业人员指标均以贷款发放时的实际状态确定；营业收入指标以贷款发放前 12 个自然月的累计数确定，不满 12 个自然月的，按照以下公式计算：

营业收入（年）＝企业实际存续期间营业收入 ÷ 企业实际存续月数 ×12

上述政策执行至 2027 年 12 月 31 日。

  税务筹划方案

甲农村信用社提供金融服务收入可以选择适用简易计税方法按照 3% 的征收率计算缴纳增值税，这样就可以将其增值税实际税负从 5% 降低为 3%。

  税务筹划依据

（1）《中华人民共和国增值税暂行条例》。
（2）《中华人民共和国增值税暂行条例实施细则》。

（3）《财政部　国家税务总局关于全面推开营业税改征增值税试点的通知》（财税〔2016〕36号）。

（4）《财政部　税务总局关于延续支持农村金融发展有关税收政策的通知》（财税〔2017〕44号）。

（5）《财政部　税务总局关于支持小微企业融资有关税收政策的通知》（财税〔2017〕77号）。

（6）《财政部　税务总局关于延续实施普惠金融有关税收优惠政策的公告》（财政部　税务总局公告2020年第22号）。

（7）《财政部　税务总局关于支持小微企业融资有关税收政策的公告》（财政部　税务总局公告2023年第13号）。

（8）《财政部　税务总局关于金融机构小微企业贷款利息收入免征增值税政策的公告》（财政部　税务总局公告2023年第16号）。

（9）《财政部　税务总局关于延续实施支持农村金融发展企业所得税政策的公告》（财政部　税务总局公告2023年第55号）。

（10）《财政部　税务总局关于延续实施金融机构农户贷款利息收入免征增值税政策的公告》（财政部　税务总局公告2023年第67号）。

四、清包工提供建筑服务的税务筹划

 税务筹划问题

甲装修公司主要以清包工方式提供装修服务，年含税销售额为3 000万元左右，属于营改增一般纳税人，适用9%的税率，全年进项税额约50万元，需要缴纳增值税197.71万元［3 000÷（1＋9%）×9%－50］。请提出税务筹划方案。

 税务筹划思路

一般纳税人以清包工方式提供的建筑服务，可以选择适用简易计税方法计税。以清包工方式提供建筑服务是指施工方不采购建筑工程所需的材料或只采购辅助材料，并收取人工费、管理费或者其他费用的建筑服务。

一般纳税人只有以清包工方式提供的建筑服务才可以选择适用简易计税方法计税，以包工包料的形式提供的建筑服务不能选择适用简易计税方法计税。因此，广大装修公司可以通过核算建筑工程所需的材料能够抵扣的进项税额来比较哪种提供建筑服务的方式税负较轻，从而在签订装修合同时，与客户协商采取该种方式。

 税务筹划方案

甲装修公司独立核算以清包工方式提供的建筑服务，并选择适用简易计税方法计税。全年需要缴纳增值税87.38元［3 000÷（1＋3%）×3%］。通过税务筹划，减轻增值税负担110.33万元（197.71－87.38）。

税务筹划依据

（1）《中华人民共和国增值税暂行条例》。

（2）《中华人民共和国增值税暂行条例实施细则》。

（3）《财政部　国家税务总局关于全面推开营业税改征增值税试点的通知》（财税〔2016〕36号）。

（4）《财政部　税务总局　海关总署关于深化增值税改革有关政策的公告》（财政部　税务总局　海关总署公告2019年第39号）。

五、甲供工程提供建筑服务的税务筹划

税务筹划问题

甲安装公司主要通过甲供工程的方式提供建筑服务，年销售额约2 000万元，属于营改增一般纳税人，适用9%的税率，全年进项税额约40万元，需要缴纳增值税125.14万元［2 000÷（1＋9%）×9%－40］。请提出税务筹划方案。

税务筹划思路

一般纳税人为甲供工程提供的建筑服务，可以选择适用简易计税方法计税。甲供工程是指全部或部分设备、材料、动力由工程发包方自行采购的建筑工程。

一般纳税人只有采取甲供工程的方式提供建筑服务才能选择适用简易计税方法计税，否则，应当按照一般计税方法计税。当然，具体哪种方式更加节税，应当综合考虑工程所使用的设备、材料、动力中能够抵扣的进项税额的多少。多数情形下，选择适用简易计税方法计税可以实现最低税负。

税务筹划方案

甲安装公司独立核算以甲供工程的方式提供的建筑服务，并选择适用简易计税方法计税。全年需要缴纳增值税58.25元［2 000÷（1＋3%）×3%］。通过税务筹划，减轻增值税负担66.89万元（125.14－58.25）。

税务筹划依据

（1）《中华人民共和国增值税暂行条例》。

（2）《中华人民共和国增值税暂行条例实施细则》。

（3）《财政部　国家税务总局关于全面推开营业税改征增值税试点的通知》（财税〔2016〕36号）。

（4）《财政部　税务总局　海关总署关于深化增值税改革有关政策的公告》（财政部、税务总局、海关总署公告2019年第39号）。

六、其他企业选用简易计税方法

（1）甲公司以在营改增试点之日前取得的挖掘机为标的物签订了长达五年的挖掘机租赁合同，适用13%的税率，由于进项税额较少，增值税税收负担率达到6%。请提出税务筹划方案。

（2）乙电影公司营改增之前年营业额为8 000万元，适用3%的税率，缴纳营业税240万元。营改增之后，适用6%的税率，由于其进项税额较少，税负较营改增之前有所提高。请为该电影公司提出税务筹划方案。

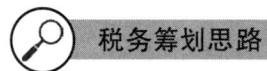

一般纳税人发生下列应税行为可以选择适用简易计税方法计税：电影放映服务、仓储服务、装卸搬运服务、收派服务和文化体育服务；以纳入营改增试点之日前取得的有形动产为标的物提供的经营租赁服务；在纳入营改增试点之日前签订的尚未执行完毕的有形动产租赁合同。

对于既有在纳入营改增试点之日前签订的尚未执行完毕的有形动产租赁合同，又有在纳入营改增试点之日后签订的尚未执行完毕的有形动产租赁合同的属于增值税一般纳税人的企业而言，如果选择适用简易计税方法计税，应当将上述两类合同分开核算，前者可以选择适用简易计税方法计税，后者不能选择适用简易计税方法计税。

（1）甲公司可以单独核算上述有形动产租赁合同，对该类合同取得的销售额选择适用简易计税方法计税，这样，该部分的增值税税收负担率可以降低为3%。

（2）该电影公司虽然已经达到一般纳税人的标准，但仍可以选择适用简易计税方法，按照3%的征收率计算增值税应纳税额为233.01万元[8 000÷（1＋3%）×3%]。与营改增之前相比，其税收负担有所降低。

（1）《财政部　国家税务总局关于全面推开营业税改征增值税试点的通知》（财税〔2016〕36号）。

（2）《增值税一般纳税人登记管理办法》（国家税务总局令第43号）。

（3）《国家税务总局关于增值税一般纳税人登记管理若干事项的公告》（国家税务总局公告2018年第6号）。

（4）《财政部　税务总局　海关总署关于深化增值税改革有关政策的公告》（财政部　税务总局　海关总署公告2019年第39号）。

第三节 利用房产转让增值税优惠

一、利用免税亲属转赠住房

 税务筹划问题

王女士想为自己的儿子在北京购买一套住房,由于他们均无北京户籍,而在北京缴纳社保和个人所得税的时间刚满一年,不具备在北京购买住房的资格。王女士便以其哥哥(具有北京户籍)的名义在北京购房,三年之后,等自己与儿子具备在北京买房资格后再过户到儿子名下。假设所涉住房购买时的价款为300万元,过户到王女士儿子名下时的市场价格为500万元,计算该套住房过户时应当缴纳的税款并提出税务筹划方案。

 税务筹划思路

个人将住房无偿赠与配偶、父母、子女、祖父母、外祖父母、孙子女、外孙子女、兄弟姐妹免征增值税、个人所得税。

房屋产权所有人将房屋产权无偿赠与配偶、父母、子女、祖父母、外祖父母、孙子女、外孙子女、兄弟姐妹以外的人,受赠人因无偿受赠房屋取得的受赠所得,按照"偶然所得"项目缴纳个人所得税,税率为20%,即无偿赠与的受赠人为近亲属以外的人时,受赠人须缴纳20%的个人所得税。

对受赠人无偿受赠房屋计征个人所得税时,其应纳税所得额为房地产赠与合同上标明的赠与房屋价值减除赠与过程中受赠人支付的相关税费后的余额。赠与合同标明的房屋价值明显低于市场价格或房地产赠与合同未标明赠与房屋价值的,税务机关可依据受赠房屋的市场评估价格或采取其他合理方式确定受赠人的应纳税所得额。

根据我国现行税收政策,亲属之间住房赠与免税的范围仅限于配偶、父母、子女、祖父母、外祖父母、孙子女、外孙子女、兄弟姐妹,其他亲属之间赠与住房不能享受免税待遇,此时,如果一定要赠与上述亲属以外的亲属,可以通过上述亲属进行转赠。例如,赠与侄子、侄女、外甥、外甥女,可以通过兄弟姐妹转赠;赠与岳父母、公婆、弟妹、小叔子、小舅子等,可以通过配偶转赠。

 税务筹划方案

该套住房过户时,王女士的哥哥需要缴纳增值税23.81万元[500÷(1+5%)×5%],需要缴纳城市维护建设税、教育费附加和地方教育附加2.86万元[23.81×(7%+3%+2%)];王女士的儿子需要缴纳契税14.29万元[500÷(1+5%)×3%],需要缴纳个人所得税92.38万元[(500-23.8-14.29)×20%],合计税收负担133.34万元(23.81+2.86+14.29+92.38)。

王女士的哥哥可以将房产先赠与王女士，由于两者是兄妹关系，根据现行税收政策，可以免征增值税和个人所得税，在过户时，王女士需要缴纳契税14.29万元［500÷（1＋5%）×3%］。随后，王女士可以再将住房赠与自己的儿子，由于两者是母子关系，根据现行税收政策，可以免征增值税和个人所得税，在过户时，王女士的儿子需要缴纳契税14.29万元［500÷（1＋5%）×3%］，合计税收负担28.58万元（14.29＋14.29）。通过税务筹划，减轻税收负担104.76万元（133.34－28.58）。

 税务筹划依据

（1）《财政部　国家税务总局关于全面推开营业税改征增值税试点的通知》（财税〔2016〕36号）。

（2）《财政部　国家税务总局关于个人无偿受赠房屋有关个人所得税问题的通知》（财税〔2009〕78号）。

（3）《中华人民共和国契税法》（2020年8月11日第十三届全国人民代表大会常务委员会第二十一次会议通过）。

（4）《中华人民共和国城市维护建设税法》（2020年8月11日第十三届全国人民代表大会常务委员会第二十一次会议通过）。

二、利用赡养关系免税

 税务筹划问题

李先生准备将一套市场价格为200万元且持有时间不足两年的住房赠与侄子，原本希望通过自己的弟弟转赠，但自己的弟弟已经在一场车祸中去世，无法转赠。如果直接赠与，请计算应当缴纳的税款并提出税务筹划方案。

 税务筹划思路

个人将住房无偿赠与对其承担直接抚养或者赡养义务的抚养人或者赡养人免征增值税、个人所得税。

原则上，抚养和赡养关系并不要求具备亲属关系，但一般而言，亲属之间存在抚养和赡养关系的可能性较大一些。如果不具备亲属关系，双方可以签订赡养协议，以此来证明双方之间存在赡养关系。

 税务筹划方案

如果直接赠与，由于李先生持有该房产的时间不足两年，李先生需要缴纳增值税9.52万元［200÷（1＋5%）×5%］，需要缴纳城市维护建设税、教育费附加和地方教育附加1.14万元［9.52×（7%＋3%＋2%）］；李先生的侄子需要缴纳契税5.71万元［200÷（1＋5%）×3%］，需要缴纳个人所得税36.95万元［（200－9.52－5.71）×20%］，合计税收负担53.32万元（9.52＋1.14＋5.71＋36.95）。

李先生可以到当地乡镇政府或者街道办开具自己与侄子具有抚养或者赡养关系的

证明，持该证明到税务机关办理免征增值税和个人所得税手续。在赠与过户时，李先生的侄子需要缴纳契税 5.71 万元［200÷（1＋5%）×3%］。通过税务筹划，减轻税收负担 47.61 万元（53.32－5.71）。

 税务筹划依据

（1）《财政部　国家税务总局关于全面推开营业税改征增值税试点的通知》（财税〔2016〕36 号）。

（2）《财政部　国家税务总局关于个人无偿受赠房屋有关个人所得税问题的通知》（财税〔2009〕78 号）。

（3）《中华人民共和国契税法》（2020 年 8 月 11 日第十三届全国人民代表大会常务委员会第二十一次会议通过）。

（4）《中华人民共和国城市维护建设税法》（2020 年 8 月 11 日第十三届全国人民代表大会常务委员会第二十一次会议通过）。

三、利用遗赠免税

 税务筹划问题

赵先生夫妻感情不和，事实上已经分居多年，由于各种原因，赵先生暂时无法办理离婚手续。在分居期间，赵先生与李女士共同生活在一起，李女士在赵先生生病期间悉心照料赵先生，赵先生准备将属于自己个人的一套住房赠与李女士，如果直接赠与，赵先生需要缴纳增值税、城市维护建设税、教育费附加和地方教育附加，李女士需要缴纳契税和个人所得税。请提出税务筹划方案。

 税务筹划思路

房屋产权所有人死亡，法定继承人、遗嘱继承人或者受遗赠人依法取得房屋产权免征增值税、个人所得税。

对于通过遗赠的方式赠与住房而言，法律并不要求双方有任何特别的关系。当然，为了能够在生前就在事实上将住房赠与对方，可以通过公证赠与的方式先将住房的永久使用权赠与对方，同时制作公证遗嘱，保证未来通过遗赠的方式将住房赠与对方。由于公证赠与是不能反悔的，因此，赠与住房的使用权之后就无法收回了，但公证遗嘱是可以变更的，因此，受赠人未来是否一定可以取得住房的所有权尚有不确定因素。

 税务筹划方案

赵先生可以先将该套住房的永久居住权赠与李女士，并办理赠与公证，同时立下遗嘱，在自己去世以后将该套房产遗赠给李女士，也办理遗嘱公证。这样，在赵先生生前，李女士可以一直使用该套住房，在赵先生去世之后，可以持公证遗嘱办理过户手续，在过户时，李女士只需要缴纳契税。

税务筹划依据

（1）《财政部　国家税务总局关于全面推开营业税改征增值税试点的通知》（财税〔2016〕36号）。

（2）《财政部　国家税务总局关于个人无偿受赠房屋有关个人所得税问题的通知》（财税〔2009〕78号）。

（3）《中华人民共和国契税法》（2020年8月11日第十三届全国人民代表大会常务委员会第二十一次会议通过）。

（4）《中华人民共和国城市维护建设税法》（2020年8月11日第十三届全国人民代表大会常务委员会第二十一次会议通过）。

四、持有满两年后再转让住房

 税务筹划问题

吴先生2022年1月10日在南京市区购买了一套普通住房，总价款为400万元。2023年7月1日，吴先生准备将该套住房以500万元的价格转让给他人。如果此时转让，计算应当缴纳的增值税并提出税务筹划方案。

 税务筹划思路

个人将购买不足两年的住房对外销售的，按照5%的征收率全额缴纳增值税；个人将购买两年以上（含两年）的非普通住房对外销售的，以销售收入减去购买住房价款后的差额按照5%的征收率缴纳增值税；个人将购买两年以上（含两年）的普通住房对外销售的，免征增值税。上述政策仅适用于北京市、上海市、广州市和深圳市。2021年，上海、广州九区和深圳已经将上述政策中的"两年"延长为"五年"。

个人将购买不足两年的住房对外销售的，按照5%的征收率全额缴纳增值税；个人将购买两年以上（含两年）的住房对外销售的，免征增值税。上述政策适用于北京市、上海市、广州市和深圳市之外的地区。

个人购买住房以取得的房屋产权证或契税完税证明上注明的时间作为其购买房屋的时间。"契税完税证明上注明的时间"是指契税完税证明上注明的填发日期。纳税人申报时，同时出具房屋产权证和契税完税证明且两者所注明的时间不一致的，按照"孰先"的原则确定购买房屋的时间，即：房屋产权证上注明的时间早于契税完税证明上注明的时间的，以房屋产权证注明的时间为购买房屋的时间；契税完税证明上注明的时间早于房屋产权证上注明的时间的，以契税完税证明上注明的时间为购买房屋的时间。个人购买住房以后要及时缴纳契税并办理房产证，否则，未来出售时会因为持有时间不满两年而享受不了相关优惠政策。

 税务筹划方案

如果此时转让，需要缴纳增值税23.81万元［500÷（1＋5%）×5%］，需要缴纳城市维护建设税、教育费附加和地方教育附加2.86万元［23.81×（7%＋3%＋2%）］，合计税收负担 26.67 万元 [23.81 + 2.86]。

如果吴先生能够再持有房产一段时间，在 2024 年 1 月 10 日以后进行房产过户，此时，吴先生已经持有该套房产满两年，可以免征增值税，可减轻税收负担 26.67 万元（暂时不考虑个人所得税负担）。

 税务筹划依据

（1）《财政部 国家税务总局关于全面推开营业税改征增值税试点的通知》（财税〔2016〕36 号）。

（2）《国家税务总局关于加强房地产交易个人无偿赠与不动产税收管理有关问题通知》（国税发〔2006〕144 号）。

（3）《中华人民共和国城市维护建设税法》（2020 年 8 月 11 日第十三届全国人民代表大会常务委员会第二十一次会议通过）。

五、通过抵押贷款延迟办理房产过户

 税务筹划问题

刘先生 2022 年 1 月 10 日在北京市区购买了一套普通住房，总价款为 480 万元。2023 年 7 月 1 日，刘先生因急需用钱，准备将该套住房以 500 万元的价格转让给他人。如果此时转让，需要缴纳增值税 23.81 万元 [500÷(1+5%)×5%]，需要缴纳城市维护建设税、教育费附加和地方教育附加 2.86 万元 [23.81×(7%+3%+2%)]，合计税收负担 26.67 万元（23.81 + 2.86）。请为刘先生提出增值税税务筹划方案。

 税务筹划思路

个人将购买不足两年的住房对外销售的，按照 5% 的征收率全额缴纳增值税；个人将购买两年以上（含两年）的非普通住房对外销售的，以销售收入减去购买住房价款后的差额按照 5% 的征收率缴纳增值税；个人将购买两年以上（含两年）的普通住房对外销售的，免征增值税。上述政策仅适用于北京市、上海市、广州市和深圳市。2021 年，上海、广州九区和深圳已经将上述政策中的"两年"延长为"五年"。

个人将购买不足两年的住房对外销售的，按照 5% 的征收率全额缴纳增值税；个人将购买两年以上（含两年）的住房对外销售的，免征增值税。上述政策适用于北京市、上海市、广州市和深圳市之外的地区。

迟延办理过户手续是常用的筹划方案，但应注意确保买卖双方的合法权益并预防道德风险。除了采取上文所阐述的抵押贷款的方式，还可以采取先租赁后销售的方式，但也应注意防止房产所有人"一房二卖"以及未来拒绝过户的风险。

 税务筹划方案

由于刘先生急需用钱，此时已经无法等到持有满两年再销售住房了，为了享受满两年免增值税的政策，刘先生可以先实际销售住房，等待满两年后再办理房产过户手续。为保证购房者的利益并预防刘先生未来再将住房销售给他人或者不办理房产过户手续，双方可以签订一个抵押借款协议。刘先生向购房者借款500万元，以该套住房作为抵押，并办理抵押登记。这样，购房者的利益可以得到保障。其次，刘先生与购房者签订一个购买该套住房的协议，协议约定住房办理过户的日期为2024年1月10日，如果刘先生拖延办理住房过户手续，可以约定每拖延一日支付一定数额的违约金，如果刘先生拒绝办理住房过户手续，可以约定一个比较高的违约金，这样就可以预防刘先生再以高价将住房出售给他人。通过上述筹划，可以减轻税收负担26.67万元。（暂时不考虑个人所得税负担）

 税务筹划依据

（1）《财政部　国家税务总局关于全面推开营业税改征增值税试点的通知》（财税〔2016〕36号）。

（2）《中华人民共和国城市维护建设税法》（2020年8月11日第十三届全国人民代表大会常务委员会第二十一次会议通过）。

第四节　利用增值税免税优惠

一、将销售额控制在起征点以下

 税务筹划问题

甲餐馆为个体工商户，每月含税销售额为4万元左右，其中有不少大客户的月结订单，每月需要缴纳增值税1 165.05元［40 000÷（1＋3%）×3%］，全年需要缴纳增值税13 980.6元（1 165.05×12）。已知当地增值税起征点为2万元，请提出税务筹划方案。（暂不考虑月销售额10万元以下免税的临时性增值税优惠，征收率按3%计算）

 税务筹划思路

个人发生应税行为的销售额未达到增值税起征点的，免征增值税；达到起征点的，全额计算缴纳增值税。增值税起征点不适用于登记为一般纳税人的个体工商户。增值税起征点幅度如下：①按期纳税的，为月销售额5 000～20 000元（含本数）；②按次纳税的，为每次（日）销售额300～500元（含本数）。

起征点中的销售额为不含税销售额，现实生活中，经营者收取的价款为含税销售额，应当换算为不含税销售额之后再去判断是否达到起征点。营改增起征点的税收优惠只能由个人中的小规模纳税人享受。增值税法中的个人包括自然人和个体工商户。自然人只能作为小规模纳税人，不能成为一般纳税人。个体工商户可以作为小规模纳税人，也可以成为一般纳税人。属于一般纳税人的个体工商户不能享受起征点的优惠政策。

对于月销售额明显超过起征点的个人，可以考虑通过在月底调节销售额，将部分销售额调节至下1个月,从而可以在某1个月实现销售额不达到起征点,从而可以享受免征增值税的优惠。需要注意的是,这样调节应当符合增值税法关于增值税纳税义务发生时间的规定,最常用的方法就是通过签订赊销合同,推迟实现销售收入的时间以及开具发票的时间。

税务筹划方案

由于甲餐馆的大客户订单比较多,可以考虑将某些订单改为赊销方式,即1月份的餐费放在2月份结算,这样可以实现在一个纳税年度中,有若干个月的含税销售额不达到20 600元,也就是不含税销售额不达到20 000元,这样该月就可以免纳增值税。假设有6个月的含税销售额控制为不达到20 600元,则剩余月份的含税销售额为356 400元(40 000×12－20 600×6)。甲餐馆全年需要缴纳增值税10 380.58元[356 400÷(1＋3%)×3%],少纳增值税3 600.02元(13 980.6－10 380.58)。

税务筹划依据

(1)《中华人民共和国增值税暂行条例》。
(2)《中华人民共和国增值税暂行条例实施细则》。
(3)《财政部 国家税务总局关于全面推开营业税改征增值税试点的通知》(财税〔2016〕36号)。

二、巧用小微企业免增值税优惠

税务筹划问题

(1)甲公司为营改增小规模纳税人,提供交通运输业劳务,2023年度每季度含税销售额为31万元左右。请提出税务筹划方案。
(2)乙咨询公司为营改增小规模纳税人,2023年度每季度销售额为60万元,每季度需要缴纳增值税0.6万元(60×1%),全年缴纳增值税2.4万元(0.6×4)。已知乙咨询公司的主要客户为一些固定的老客户,请提出税务筹划方案。

税务筹划思路

自2023年1月1日至2027年12月31日,对月销售额10万元以下(含本数)的增值税小规模纳税人,免征增值税。

这种筹划方案主要适用于季度销售额在30万元左右的企业,对于超过30万元的季度,企业应注意在季度末调控销售收入,尽量保证其中一个季度的销售额不超过30万元,临近季度的销售额可以超过30万元,这样就可以保证一个季度不纳税,另一个季度纳税,这样也可以适当降低税收负担。在筹划中应当注意增值税纳税义务的发生时间,不能为了少缴税而少申报销售额,这样可能会构成偷税,从而产生税务风险。

对于季度销售额远远超过30万元的小规模纳税人,可以通过分立企业的形式来使其季度销售额不超过30万元,从而可以享受免征增值税的优惠。企业分立应当具有合理商业目的，否则，有可能会被税务机关认定为避税行为，从而无法享受相关税收优惠。分立企业还应注意避免导致企业客户流失。

💡 税务筹划方案

（1）如果不进行税务筹划，假设甲公司每季度含税销售额为 31 万元，则其季度不含税销售额为 30.69 万元〔31÷（1＋1%）〕，由于超过了 30 万元的优惠标准，因此，每季度应当依法缴纳增值税 0.31 万元〔31÷（1＋1%）×1%〕，全年需要缴纳增值税 1.24 万元（0.31×4）。

甲公司通过合理控制每季度销售额以及发票开具等方式，将三个季度含税销售额控制在 30.3 万元，其中一个季度的含税销售额为 35.3 万元，全年含税销售额 124 万元（30.3×3＋33.1），与筹划前的全年含税销售额保持一致。由于其三个季度的含税销售额均为 30.3 万元，即不含税销售额 30 万元〔30.3÷（1＋1%）〕，由于没有超过 30 万元，可以享受免征增值税的优惠。其中一个季度应当缴纳增值税 0.33 万元〔33.1÷（1＋1%）×1%〕。通过税务筹划，减轻增值税负担 0.91 万元（1.24－0.33）。

（2）乙咨询公司的客户是固定的老客户，企业分立不会导致客户资源流失。乙咨询公司分立为两家咨询公司，相关老客户也分别划归两家咨询公司。如企业分立比较烦琐，也可以由乙咨询公司的股东再成立一家咨询公司，或者由乙咨询公司成立一家全资子公司。将乙咨询公司的一半业务转移至新成立的公司。每家咨询公司季度销售额为 30 万元，可以免征增值税。通过税务筹划，乙咨询公司每年可减轻增值税负担 2.4 万元。

📁 税务筹划依据

（1）《财政部　国家税务总局关于全面推开营业税改征增值税试点的通知》（财税〔2016〕36号）。

（2）《财政部　税务总局关于明确增值税小规模纳税人减免增值税等政策的公告》（财政部　税务总局公告 2023 年第 1 号）。

（3）《财政部　税务总局关于增值税小规模纳税人减免增值税政策的公告》（财政部　税务总局公告 2023 年第 19 号）。

三、利用资产重组免税优惠

（1）甲公司准备与乙公司进行资产互换，其中涉及的不动产、土地使用权转让以及机器设备等转让的销售额约 1 亿元，大约需要缴纳增值税 400 万元。请提出税务筹划方案。

（2）丙公司计划使用部分不动产、土地使用权、货物等实物出资，成立一家全资子公司，其中所涉及的不动产销售额为 2 000 万元，土地使用权销售额为 1 000 万元。请为丙公司提出税务筹划方案。

第九章　企业营改增税务筹划

 税务筹划思路

在资产重组过程中，通过合并、分立、出售、置换等方式，将全部或者部分实物资产以及与其相关联的债权、负债和劳动力一并转让给其他单位和个人，其中涉及的不动产、土地使用权转让行为不征收增值税。

纳税人在资产重组过程中，通过合并、分立、出售、置换等方式，将全部或者部分实物资产以及与其相关联的债权、负债和劳动力一并转让给其他单位和个人，不属于增值税的征税范围，其中涉及的货物转让，不征收增值税。

资产重组是指企业资产的拥有者、控制者与企业外部的经济主体进行的，对企业资产的分布状态进行重新组合、调整、配置的过程，或对设在企业资产上的权利进行重新配置的过程。只有在企业资产重组的大前提下进行资产置换才有可能免征增值税。

2022年8月1日至2027年12月31日，银行业金融机构、金融资产管理公司中的增值税一般纳税人处置抵债不动产，可选择以取得的全部价款和价外费用扣除取得该抵债不动产时的作价为销售额，适用9%税率计算缴纳增值税。按照上述规定从全部价款和价外费用中扣除抵债不动产的作价，应当取得人民法院、仲裁机构生效的法律文书。选择上述办法计算销售额的银行业金融机构、金融资产管理公司处置抵债不动产时，抵债不动产作价的部分不得向购买方开具增值税专用发票。

2022年8月1日至2027年12月31日，对银行业金融机构、金融资产管理公司接收、处置抵债资产过程中涉及的合同、产权转移书据和营业账簿免征印花税，对合同或产权转移书据其他各方当事人应缴纳的印花税照章征收。

2022年8月1日至2027年12月31日，对银行业金融机构、金融资产管理公司接收抵债资产免征契税。

各地可根据《中华人民共和国房产税暂行条例》（以下简称《房产税暂行条例》）、《中华人民共和国城镇土地使用税暂行条例》授权和本地实际，对银行业金融机构、金融资产管理公司持有的抵债不动产减免房产税、城镇土地使用税。

上述所称抵债不动产、抵债资产是指经人民法院判决裁定或仲裁机构仲裁的抵债不动产、抵债资产。其中，金融资产管理公司的抵债不动产、抵债资产，限于其承接银行业金融机构不良债权涉及的抵债不动产、抵债资产。

上述所称银行业金融机构是指在中华人民共和国境内设立的商业银行、农村合作银行、农村信用社、村镇银行、农村资金互助社以及政策性银行；所称金融资产管理公司，是指持有国务院银行业监督管理机构及其派出机构颁发的《金融许可证》的资产管理公司。

 税务筹划方案

（1）甲公司和乙公司将简单的资产互换设计为资产置换，不仅将全部实物资产互换，其中所涉及的债权、负债和劳动力也一并互换，这样，其中所涉及的货物转让、不动产转让和土地使用权转让均不征收增值税。通过税务筹划，减轻增值税负担约400万元。

（2）如果丙公司采取实物出资的方式设立子公司，则应计算增值税销项税额270万元〔（2 000＋1 000）×9%〕。如果在资产重组的框架中，采取公司分立的方式设立一家新公司，将相关资产及债权、债务和人员转移至新设立的公司，可以免纳增值税。

税务筹划依据

（1）《财政部　国家税务总局关于全面推开营业税改征增值税试点的通知》（财税〔2016〕36号）。

（2）《国家税务总局关于纳税人资产重组有关增值税问题的公告》（国家税务总局公告2011年第13号）。

（3）《财政部　税务总局　海关总署关于深化增值税改革有关政策的公告》（财政部、税务总局、海关总署公告2019年第39号）。

（4）《财政部　税务总局关于银行业金融机构、金融资产管理公司不良债权以物抵债有关税收政策的公告》（财政部　税务总局公告2022年第31号）。

（5）《财政部　税务总司关于继续实施银行业金融机构、金融资产管理公司不良债权以物抵债有关税收政策的公告》（财政部　税务总局公告2023年第35号）。

四、将资产转让转变为股权转让

 税务筹划问题

甲公司准备将一些无形资产、不动产和货物转让给乙公司，但该行为并不符合资产重组的定义，经初步核算，上述资产转让的应税销售额约2 000万元，需要缴纳增值税约100万元。请提出税务筹划方案。

 税务筹划思路

股权转让不征收增值税。通过股权转让进行税务筹划应当提前规划，且具有合理的商业目的，不能单纯地为了少纳税或者不纳税而设立公司并转让公司股权，否则，税务机关有可能对其股权转让行为进行反避税调查。

 税务筹划方案

甲公司可以分立为甲公司和A公司，将这些准备转让的无形资产、不动产和货物划入A公司，然后由A公司的股东将A公司的股权转让给乙公司，可以免纳增值税约100万元。未来，如果乙公司不想保留A公司，可以通过资产重组与A公司合并，此时发生的资产转让行为也不征收增值税。

 税务筹划依据

（1）《中华人民共和国增值税暂行条例》。

（2）《中华人民共和国增值税暂行条例实施细则》。

（3）《财政部　国家税务总局关于全面推开营业税改征增值税试点的通知》（财税〔2016〕36号）。

五、利用学生勤工俭学免增值税优惠

 税务筹划问题

甲教育公司从各高校聘请了大量本科生和研究生提供教育服务,原经营模式为由甲公司与客户签订合同,甲公司收取费用后向其聘请的学生发放劳务报酬。由于甲公司为营改增一般纳税人,适用税率为6%。甲公司年含税销售额为1 000万元,可以抵扣的进项税额为2万元,实际缴纳增值税254.60万元〔1 000÷(1+6%)×6%〕。已知发放给学生的劳务费为700万元,请提出税务筹划方案。

 税务筹划思路

学生勤工俭学提供的服务免征增值税。

由于增值税一般纳税人是不能直接变更为增值税小规模纳税人的,因此,甲公司只能先解散,再重新成立一家公司,该新设公司在年销售额不超过500万元的前提下可以选择增值税小规模纳税人身份。

 税务筹划方案

甲公司将上述由该公司提供教育服务的经营模式改为中介服务模式,即由其聘请的学生以勤工俭学的形式直接与客户签订合同,提供教育劳务,原由甲公司向学生发放的劳务报酬由客户直接支付给学生,甲公司以中介服务的身份收取一定的服务费。假设经营效益不发生变化,则甲公司可以取得含税服务费300万元(1 000 - 700),实际缴纳增值税214.98万元〔300÷(1+6%)×6%〕。通过税务筹划,少纳增值税39.62万元(254.60 - 214.98)。

如果甲公司年销售额一直保持在500万元以下,也可以考虑以小规模纳税人的身份缴纳增值税,这样实际缴纳增值税2.97万元〔300÷(1+1%)×1%〕,税负更轻。如果甲公司的股东设立更多公司来承接该项业务,每家公司每季度销售额保持在30万元以下,则可以免纳增值税。

 税务筹划依据

(1)《中华人民共和国增值税暂行条例》。
(2)《中华人民共和国增值税暂行条例实施细则》。
(3)《财政部 国家税务总局关于全面推开营业税改征增值税试点的通知》(财税〔2016〕36号)。
(4)《财政部 税务总局关于明确增值税小规模纳税人减免增值税等政策的公告》(财政部 税务总局公告2023年第1号)。

六、利用残疾人提供服务免增值税优惠

 税务筹划问题

王先生为残疾人员,由于掌握了一门特殊手艺,其提供的服务很受社会欢迎。王

先生计划创办一家公司提供生活服务，预计年含税销售额为 600 万元，可以抵扣的进项税额为 2 万元，实际缴纳增值税 31.96 万元［600÷（1＋6%）×6%－2］。请提出税务筹划方案。

 税务筹划思路

残疾人员本人为社会提供的服务免征增值税。只有残疾人员本人为社会提供的服务才能免征增值税，残疾人员创办个体工商户、个人独资企业、合伙企业、公司等组织形式并通过这些组织为社会提供的服务不能免征增值税。

 税务筹划方案

王先生虽然是残疾人，但其创办的公司不能享受免征增值税的优惠，因此，王先生应当注销公司，或者将该公司专业从事其他经营，由王先生本人为社会提供服务，假设其年销售额不发生变化，则每年可以少纳增值税 31.96 万元。

 税务筹划依据

（1）《中华人民共和国增值税暂行条例》。
（2）《中华人民共和国增值税暂行条例实施细则》。
（3）《财政部　国家税务总局关于全面推开营业税改征增值税试点的通知》（财税〔2016〕36 号）。
（4）《财政部　税务总局关于明确增值税小规模纳税人减免增值税等政策的公告》（财政部　税务总局公告 2023 年第 1 号）。

七、利用家政服务优惠

 税务筹划问题

甲家政服务公司为营改增一般纳税人，年销售额为 1 060 万元，适用税率为 6%，可以抵扣的进项税额为 10 万元，实际缴纳增值税 50 万元［1 060÷（1＋6%）×6%－10］。请提出税务筹划方案。

 税务筹划思路

家政服务企业由员工制家政服务员提供家政服务取得的收入免征增值税。家政服务企业是指在企业营业执照的规定经营范围中包括家政服务内容的企业。

员工制家政服务员必须同时符合下列三个条件：①依法与家政服务企业签订半年及半年以上的劳动合同或者服务协议，且在该企业实际上岗工作；②家政服务企业为其按月足额缴纳了企业所在地人民政府根据国家政策规定的基本养老保险、基本医疗保险、工伤保险、失业保险等社会保险；③家政服务企业通过金融机构向其实际支付不低于企业所在地适用的经省级人民政府批准的最低工资标准的工资。

第九章 企业营改增税务筹划

 税务筹划方案

甲家政服务公司转型为由员工制家政服务员提供家政服务，由此取得的收入可以享受免征增值税的优惠，每年可以少纳增值税50万元。

 税务筹划依据

（1）《中华人民共和国增值税暂行条例》。
（2）《中华人民共和国增值税暂行条例实施细则》。
（3）《财政部　国家税务总局关于全面推开营业税改征增值税试点的通知》（财税〔2016〕36号）。

八、利用个人买卖金融商品免税优惠

 税务筹划问题

张先生计划成立一家公司从事外汇、有价证券、非货物期货和其他金融商品买卖业务，预计年应税销售额约1 000万元，需要缴纳增值税约50万元。请提出税务筹划方案。

 税务筹划思路

个人从事金融商品转让业务取得的收入免征增值税。上述个人包括个体工商户及其他个人，即自然人。个人成立公司、个人独资企业或者合伙企业从事金融商品转让业务不能免征增值税。

 税务筹划方案

张先生可以成立一家个体工商户从事上述金融商品买卖业务，这样就可以免纳增值税，每年可以减轻增值税负担约50万元。

 税务筹划依据

（1）《中华人民共和国增值税暂行条例》。
（2）《中华人民共和国增值税暂行条例实施细则》。
（3）《财政部　国家税务总局关于全面推开营业税改征增值税试点的通知》（财税〔2016〕36号）。

九、利用国际货物运输代理服务免增值税优惠

 税务筹划问题

甲公司主要提供国际货物运输代理服务，年销售额约2 000万元，由于其部分费

用未通过金融机构进行结算，无法享受免征增值税的优惠，需要缴纳增值税约 60 万元。请提出税务筹划方案。

纳税人提供的直接或者间接国际货物运输代理服务免税。纳税人提供直接或者间接国际货物运输代理服务，向委托方收取的全部国际货物运输代理服务收入，以及向国际运输承运人支付的国际运输费用，必须通过金融机构进行结算。

纳税人为内地（大陆）与港澳台地区之间的货物运输提供的货物运输代理服务参照国际货物运输代理服务有关规定执行。委托方索取发票的，纳税人应当就国际货物运输代理服务收入向委托方全额开具增值税普通发票。

甲公司提供国际货物运输代理服务，本来可以享受免征增值税优惠，只是由于其部分收入并未通过金融机构进行结算而无法享受，因此，其可以通过加强财务管理，严格要求所有免税收入均通过金融机构进行结算，这样就可以享受免征增值税的优惠，每年减轻增值税负担约 60 万元。

（1）《中华人民共和国增值税暂行条例》。
（2）《中华人民共和国增值税暂行条例实施细则》。
（3）《财政部 国家税务总局关于全面推开营业税改征增值税试点的通知》（财税〔2016〕36 号）。

第五节 利用增值税其他政策

一、利用应收未收利息暂不缴纳增值税

某农村信用社每年产生的自结息日超过 90 天后发生的应收未收利息有 5 000 万元，其中有相当一部分是无法收回的，按照之前的营业税政策，需要缴纳营业税及其附加 280 万元［5 000×5%×（1＋7%＋3%＋2%）］。请提出税务筹划方案。

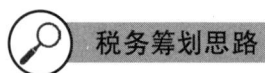

金融企业发放贷款后，自结息日起 90 天内发生的应收未收利息按现行规定缴纳增

值税，自结息日起 90 天后发生的应收未收利息暂不缴纳增值税，待实际收到利息时按规定缴纳增值税。

上述所称金融企业是指银行（包括国有、集体、股份制、合资、外资银行以及其他所有制形式的银行）、城市信用社、农村信用社、信托投资公司、财务公司。另外，只有超过 90 天以后再发生的应收未收利息才能暂时不纳税，90 天之内的应收未收利息仍然应当根据权责发生制原则确认收入。

 税务筹划方案

按照 2016 年 5 月 1 日以后的政策，上述 5 000 万元应收未收利息可以暂时不缴纳增值税，待实际收到利息时再缴纳增值税。这样就可以为其他节省一大笔税款支出，同时也取得了延期纳税的利益。

 税务筹划依据

（1）《中华人民共和国增值税暂行条例》。
（2）《中华人民共和国增值税暂行条例实施细则》。
（3）《财政部　国家税务总局关于全面推开营业税改征增值税试点的通知》（财税〔2016〕36 号）。

二、利用管道运输增值税优惠

 税务筹划问题

甲公司主要提供管道运输服务，适用 9% 的增值税税率，且进项税额相对较少，导致其增值税实际税负达到 6%。请提出税务筹划方案。

 税务筹划思路

一般纳税人提供管道运输服务，对其增值税实际税负超过 3% 的部分实行增值税即征即退政策。增值税实际税负是指纳税人当期提供应税服务实际缴纳的增值税额占纳税人当期提供应税服务取得的全部价款和价外费用的比例。

 税务筹划方案

甲公司对管道运输服务单独核算，可以享受增值税实际税负超过 3% 的部分实行增值税即征即退政策，这样，其增值税税负就可以从 6% 降低为 3%。

税务筹划依据

（1）《中华人民共和国增值税暂行条例》。
（2）《中华人民共和国增值税暂行条例实施细则》。
（3）《财政部 国家税务总局关于全面推开营业税改征增值税试点的通知》（财税〔2016〕36号）。
（4）《财政部 税务总局 海关总署关于深化增值税改革有关政策的公告》（财政部 税务总局 海关总署公告2019年第39号）。

三、利用退役士兵税收优惠

税务筹划问题

赵先生是自主就业退役士兵，原计划创办一家运输公司，预计年销售额为200万元，按照小规模纳税人纳税，需要缴纳增值税约6万元。请提出税务筹划方案。

税务筹划思路

2023年1月1日至2027年12月31日，自主就业退役士兵从事个体经营的，自办理个体工商户登记当月起，在3年（36个月，下同）内按每户每年2万元为限额依次扣减其当年实际应缴纳的增值税、城市维护建设税、教育费附加、地方教育附加和个人所得税。限额标准最高可上浮20%，各省、自治区、直辖市人民政府可根据本地区实际情况在此幅度内确定具体限额标准。

纳税人年度应缴纳税款小于上述扣减限额的，减免税额以其实际缴纳的税款为限；大于上述扣减限额的，以上述扣减限额为限。纳税人的实际经营期不足1年的，应当按月换算其减免税限额。换算公式为：

$$减免税限额＝年度减免税限额÷12×实际经营月数$$

城市维护建设税、教育费附加、地方教育附加的计税依据是享受本项税收优惠政策前的增值税应纳税额。

2023年1月1日至2027年12月31日，企业招用自主就业退役士兵，与其签订1年以上期限劳动合同并依法缴纳社会保险费的，自签订劳动合同并缴纳社会保险当月起，在3年内按实际招用人数予以定额依次扣减增值税、城市维护建设税、教育费附加、地方教育附加和企业所得税优惠。定额标准为每人每年6 000元，最高可上浮50%，各省、自治区、直辖市人民政府可根据本地区实际情况在此幅度内确定具体定额标准。

企业按招用人数和签订的劳动合同时间核算企业减免税总额，在核算减免税总额内每月依次扣减增值税、城市维护建设税、教育费附加和地方教育附加。企业实际应缴纳的增值税、城市维护建设税、教育费附加和地方教育附加小于核算减免税总额的，以实际应缴纳的增值税、城市维护建设税、教育费附加和地方教育附加为限；实际应缴纳的增值税、城市维护建设税、教育费附加和地方教育附加大于核算减免税总额的，以核算减免税总额为限。

纳税年度终了，如果企业实际减免的增值税、城市维护建设税、教育费附加和地方教育附加小于核算减免税总额，企业在企业所得税汇算清缴时以差额部分扣减企业所得税。当年扣减不完的，不再结转以后年度扣减。

自主就业退役士兵在企业工作不满1年的，应当按月换算减免税限额。计算公式为：

企业核算减免税总额＝Σ每名自主就业退役士兵本年度在本单位工作月份÷12×具体定额标准

城市维护建设税、教育费附加、地方教育附加的计税依据是享受本项税收优惠政策前的增值税应纳税额。

上述自主就业退役士兵是指依照《退役士兵安置条例》（国务院 中央军委令第608号）的规定退出现役并按自主就业方式安置的退役士兵。上述企业是指属于增值税纳税人或企业所得税纳税人的企业等单位。

自主就业退役士兵从事个体经营的，在享受税收优惠政策进行纳税申报时，注明其退役军人身份，并将《中国人民解放军义务兵退出现役证》《中国人民解放军士官退出现役证》或《中国人民武装警察部队义务兵退出现役证》《中国人民武装警察部队士官退出现役证》留存备查。

企业招用自主就业退役士兵享受税收优惠政策的，将以下资料留存备查：①招用自主就业退役士兵的《中国人民解放军义务兵退出现役证》《中国人民解放军士官退出现役证》或《中国人民武装警察部队义务兵退出现役证》《中国人民武装警察部队士官退出现役证》；②企业与招用自主就业退役士兵签订的劳动合同（副本），为职工缴纳的社会保险费记录；③自主就业退役士兵本年度在企业工作时间表。

企业招用自主就业退役士兵既可以适用上述规定的税收优惠政策，又可以适用其他扶持就业专项税收优惠政策的，企业可以选择适用最优惠的政策，但不得重复享受。

纳税人在2027年12月31日享受上述税收优惠政策未满3年的，可继续享受至3年期满为止。退役士兵以前年度已享受退役士兵创业就业税收优惠政策满3年的，不得再享受上述税收优惠政策；以前年度享受退役士兵创业就业税收优惠政策未满3年且符合上述规定条件的，可按上述规定享受优惠至3年期满。

税务筹划方案

赵先生可以创办个体工商户从事运输服务，这样每年可以扣减增值税1.2万元或者2万元，3年可以扣减增值税3.6万元或者6万元。

税务筹划依据

（1）《财政部 国家税务总局关于全面推开营业税改征增值税试点的通知》（财税〔2016〕36号）。

（2）《财政部 税务总局 退役军人部关于进一步扶持自主就业退役士兵创业就业有关税收政策的通知》（财税〔2019〕21号）。

（3）《财政部 税务总局关于延长部分税收优惠政策执行期限的公告》（财政部 税务总局公告2022年第4号）。

（4）《财政部 税务总局 退役军人事务部关于进一步扶持自主就业退役士兵创业就业有关税收政策的通知》《财政部 税务总局 退役军人事务部公告 2023 年第 14 号》。

四、巧妙转化服务性质

 税务筹划问题

甲公司因会议与培训需要，租用乙培训学校的礼堂一周，租金为 10.9 万元，原计划签订教室租赁合同，按照不动产租赁服务开具增值税普通发票。请为乙培训学校提出税务筹划方案。

 税务筹划思路

营改增后，我国设置了 13%、9%、6% 三档税率，不同性质的服务适用不同的税率。对于性质接近或者类似但适用税率不同的服务，可以通过巧妙转化服务性质来适用较低税率，从而降低增值税负担。如不动产租赁与仓储、会议等生活服务性质接近，但分别适用 9% 和 6% 的税率，存在转化的空间。有形动产租赁与其他服务业也存在诸多类似之处，由于其适用 13% 的最高税率，也可以适当转化。

 税务筹划方案

按照原计划，乙培训学校需要计算增值税销项税额：0.9 万元 [10.9÷（1＋9%）×9%]。如果双方签订培训合同或者会议服务，仅需计算增值税销项税额 0.62 万元 [10.9÷（1＋6%）×6%]。通过税务筹划，减轻增值税负担 0.28 万元（0.9 － 0.62）。

 税务筹划依据

（1）《中华人民共和国增值税暂行条例》。
（2）《中华人民共和国增值税暂行条例实施细则》。
（3）《财政部 国家税务总局关于全面推开营业税改征增值税试点的通知》（财税〔2016〕36 号）。
（4）《财政部 税务总局 海关总署关于深化增值税改革有关政策的公告》（财政部 税务总局 海关总署公告 2019 年第 39 号）。

五、用机器取代人的劳动

 税务筹划问题

甲建筑公司人的劳动所占比重较高，增值税负担也较重。由于大量的建筑劳动可以由机器来代替人工,经测算,该部分每年需负担机器购置租赁等支出约 5 000 万元(含税),该部分支付的工资与之大体相当。请为甲公司提出税务筹划方案。

 税务筹划思路

增值税以增值额为计税依据,而人的劳动是增值额的重要组成部分,因此,如果人的劳动占的比重过高,必然导致增值税负担过重。

原征收营业税的 7 个行业,人的劳动所占比重都比较高,从长远来看,营改增之后,这些行业都应当逐步提高物化劳动所占比重,从而逐步降低增值税负担。

 税务筹划方案

如果能将该部分劳动由人的劳动全部转为机器工作,则可以增加增值税进项税额 575.22 万元[5 000×(1 + 13%)÷13%]。使用机器还可以减少社保及住房公积金等额外的支出。

 税务筹划依据

(1)《中华人民共和国增值税暂行条例》。
(2)《中华人民共和国增值税暂行条例实施细则》。
(3)《财政部 国家税务总局关于全面推开营业税改征增值税试点的通知》(财税〔2016〕36 号)。
(4)《财政部 税务总局 海关总署关于深化增值税改革有关政策的公告》(财政部 税务总局 海关总署公告 2019 年第 39 号)。

第十章

企业经营中消费税税务筹划

第一节 利用消费税征税范围及计税依据

一、巧用消费税征税范围

甲公司拟投资于汽车制造业,在电动汽车和燃油汽车的选择上出现了分歧,从税务筹划的角度,你能给出什么建议?

根据《中华人民共和国消费税暂行条例》(以下简称《消费税暂行条例》)附录"消费税税目税率表"中规定的征收范围,我国目前对消费税的征收范围仅局限于 15 类商品,分别是烟、酒、高档化妆品、贵重首饰及珠宝玉石、鞭炮及烟火、成品油、摩托车、小汽车、高尔夫球及球具、高档手表、游艇、木制一次性筷子、实木地板税目、电池和涂料。即使在上述 15 类消费品的范围内,也有一些免税的消费品。如无汞原电池、金属氢化物镍蓄电池(又称氢镍蓄电池或镍氢蓄电池)、锂原电池、锂离子蓄电池、太阳能电池、燃料电池和全钒液流电池免征消费税,电动汽车不征消费税等。

如果企业希望从源头上节税,不妨在投资决策的时候就避开上述消费品,而选择其他符合国家产业政策、在流转税及所得税方面有优惠措施的产品进行投资,如高档摄像机、高档组合音响、裘皮制品、移动电话、装饰材料。在市场前景看好的情况下,企业选择这类项目投资,也可以达到减轻消费税税收负担的目的。

消费税的具体税目及税率,参见消费税税目税率表(表 10-1)的规定。

表 10-1　消费税税目税率表

税目	税率
一、烟	
1. 卷烟	
（1）甲类卷烟	56% 加 0.003 元 / 支（生产环节）
（2）乙类卷烟	36% 加 0.003 元 / 支（生产环节）
（3）批发环节	11% 加 0.005 元 / 支
2. 雪茄烟	36%
3. 烟丝	30%
4. 电子烟	
（1）生产（进口）环节	36%
（2）批发环节	11%
二、酒	
1. 白酒	20% 加 0.5 元 /500 克（或者 500 毫升）
2. 黄酒	240 元 / 吨
3. 啤酒	
（1）甲类啤酒	250 元 / 吨
（2）乙类啤酒	220 元 / 吨
4. 其他酒	10%
三、高档化妆品	15%
四、贵重首饰及珠宝玉石	
1. 金银首饰、铂金首饰和钻石及钻石饰品	5%
2. 其他贵重首饰和珠宝玉石	10%
五、鞭炮、焰火	15%
六、成品油	
1. 汽油	1.52 元 / 升
2. 柴油	1.20 元 / 升
3. 航空煤油	1.20 元 / 升
4. 石脑油	1.52 元 / 升
5. 溶剂油	1.52 元 / 升
6. 润滑油	1.52 元 / 升

（续表）

税目	税率
7. 燃料油	1.20元/升
七、摩托车	
1. 气缸容量（排气量，下同）250毫升的	3%
2. 气缸容量在250毫升（不含）以上的	10%
八、小汽车	
1. 乘用车	
（1）气缸容量（排气量，下同）在1.0升（含1.0升）以下的	1%
（2）气缸容量在1.0升至1.5升（含1.5升）的	3%
（3）气缸容量在1.5升至2.0升（含2.0升）的	5%
（4）气缸容量在2.0升至2.5升（含2.5升）的	9%
（5）气缸容量在2.5升至3.0升（含3.0升）的	12%
（6）气缸容量在3.0升至4.0升（含4.0升）的	25%
（7）气缸容量在4.0升以上的	40%
2. 中轻型商用客车	5%
3. 超豪华小汽车	10%（零售环节）
九、高尔夫球及球具	10%
十、高档手表	20%
十一、游艇	10%
十二、木制一次性筷子	5%
十三、实木地板	5%
十四、电池	4%
十五、涂料	4%

自2022年11月1日起，将电子烟纳入消费税征收范围，在烟税目下增设电子烟子目。电子烟是指用于产生气溶胶供人抽吸等的电子传输系统，包括烟弹、烟具以及烟弹与烟具组合销售的电子烟产品。烟弹是指含有雾化物的电子烟组件。烟具是指将雾化物雾化为可吸入气溶胶的电子装置。

在中华人民共和国境内生产（进口）、批发电子烟的单位和个人为消费税纳税人。电子烟生产环节纳税人是指取得烟草专卖生产企业许可证，并取得或经许可使用他人电子烟产品注册商标（以下称持有商标）的企业。通过代加工方式生产电子烟的，由持有商标的企业缴纳消费税。电子烟批发环节纳税人是指取得烟草专卖批发企业许可证并经营电子烟批发业务的企业。电子烟进口环节纳税人是指进口电子烟的单位和个人。

电子烟实行从价定率的办法计算纳税。生产（进口）环节的税率为36%，批发环节的税率为11%。纳税人生产、批发电子烟的，按照生产、批发电子烟的销售额计算纳税。电子烟生产环节纳税人采用代销方式销售电子烟的，按照经销商（代理商）销售给电子烟批发企业的销售额计算纳税。纳税人进口电子烟的，按照组成计税价格计算纳税。电子烟生产环节纳税人从事电子烟代加工业务的，应当分开核算持有商标电子烟的销售额和代加工电子烟的销售额；未分开核算的，一并缴纳消费税。

纳税人出口电子烟，适用出口退（免）税政策。将电子烟增列至边民互市进口商品不予免税清单并照章征税。

对购置日期在2023年1月1日至2023年12月31日期间内的新能源汽车，免征车辆购置税。免征车辆购置税的新能源汽车，通过工业和信息化部、税务总局发布《免征车辆购置税的新能源汽车车型目录》（以下简称《目录》）实施管理。自《目录》发布之日起购置的，列入《目录》的纯电动汽车、插电式混合动力（含增程式）汽车、燃料电池汽车，属于符合免税条件的新能源汽车。购置日期按照机动车销售统一发票或海关关税专用缴款书等有效凭证的开具日期确定。2022年12月31日前已列入《目录》的新能源汽车可按照《目录》继续适用免征车辆购置税政策。新能源汽车免征车辆购置税的其他事项，按照《财政部 税务总局 工业和信息化部关于新能源汽车免征车辆购置税有关政策的公告》（财政部 税务总局 工业和信息化部公告2020年第21号）、《工业和信息化部 财政部 税务总局关于调整免征车辆购置税新能源汽车产品技术要求的公告》（工业和信息化部 财政部 税务总局公告2021年第13号）等文件有关规定执行。

对购置日期在2024年1月1日至2025年12月31日期间的新能源汽车免征车辆购置税，其中，每辆新能源乘用车免税额不超过3万元；对购置日期在2026年1月1日至2027年12月31日期间的新能源汽车减半征收车辆购置税，其中，每辆新能源乘用车减税额不超过1.5万元。

税务筹划方案

电动汽车和燃油汽车均需要缴纳13%的增值税，但燃油汽车还需要缴纳1%至40%的消费税，特别是大排量的燃油车，消费税负担比较重。如果两种车型的投资收益率大体相当，建议投资于电动汽车。

税务筹划依据

（1）《中华人民共和国消费税暂行条例》。

（2）《中华人民共和国消费税暂行条例实施细则》（财政部 国家税务总局2008年第51号令）。

（3）《财政部 国家税务总局关于调整消费税政策的通知》（财税〔2014〕93号）。

（4）《财政部 国家税务总局关于对电池 涂料征收消费税的通知》（财税〔2015〕16号）。

（5）《财政部 国家税务总局关于调整卷烟消费税的通知》（财税〔2015〕60号）。

（6）《财政部 国家税务总局关于调整化妆品消费税政策的通知》（财税〔2016〕103号）。

（7）《财政部 海关总署 税务总局关于对电子烟征收消费税的公告》（财政部 海关总署 税务总局公告2022年第33号）。

（8）《财政部 税务总局 工业和信息化部关于延续新能源汽车免征车辆购置税政策的公告》（财政部 税务总局 工业和信息化部公告2022年第27号）。

（9）《财政部 税务总局 工业和信息化部关于延续和优化新能源汽车车辆购置税减免政策的公告》（财政部 税务总局 工业和信息化部公告2023年第10号）。

二、准确计算消费税的计税依据

 税务筹划问题

甲公司2023年1月销售高档手表取得含增值税价款113万元，甲公司计算缴纳消费税22.6万元（113×20%）。请判断甲公司计算的消费税是否准确。

税务筹划思路

由于增值税属于价外税，增值税税款不应作为消费税的计税依据。根据《中华人民共和国消费税暂行条例实施细则》（以下简称《消费税暂行条例实施细则》）第十二条的规定，销售额不包括应向购货方收取的增值税税款。如果纳税人应税消费品的销售额中未扣除增值税税款或者因不得开具增值税专用发票而发生价款和增值税税款合并收取的，在计算消费税时，应当换算为不含增值税税款的销售额。其换算公式为：

应税消费品的销售额＝含增值税的销售额÷（1＋增值税税率或者征收率）

因此，在现实经济生活中，应该深刻理解增值税价外税的属性，如果直接将含增值税的销售额作为消费税的计税依据，显然增大了消费税的计税依据，增加了纳税人的税收负担。

这种情况属于正确计算消费税额的问题，在西方发达国家，纳税人计算出现错误，税务机关会给予指出，多缴纳的税款也可以退回或者抵扣以后月份的消费税额。在我国虽然也有这种规定，但是在具体实践中并不如此完善，因此，纳税人因计算错误而多缴纳的税款并不总是能够退回的，即使能够退回，其中所涉及的资金占用成本、与税务机关交涉成本、举证成本等都是巨大的，因此，在计算阶段就按照税法规定合理计算，不多缴纳税款也是一种税务筹划的方法。

 税务筹划方案

甲公司计算的消费税不准确，其计税依据中不应包含增值税税款，甲公司应当计算缴纳消费税20万元［113÷（1＋13%）×20%］。

 税务筹划依据

（1）《中华人民共和国消费税暂行条例》。

（2）《中华人民共和国消费税暂行条例实施细则》（财政部 国家税务总局2008年第51号令）。

（3）《财政部 海关总署 税务总局关于对电子烟征收消费税的公告》（财政部 海关总署 税务总局公告2022年第33号）。

（4）《国家税务总局关于电子烟消费税征收管理有关事项的公告》（国家税务总局公告2022年第22号）。

三、巧用白酒消费税最低计税价格

某白酒生产企业所生产的A类白酒经过税务机关核定的最低计税价格为50元/500克，该企业批发给自己设立的销售公司的价格为49元/500克，批发给其他商贸公司的价格为55元/500克。2023年度该企业向其他商贸公司销售白酒5 000千克。请针对该情况给出税务筹划方案。

根据《国家税务总局关于加强白酒消费税征收管理通知》（国税函〔2009〕380号），白酒生产企业销售给销售单位的白酒，生产企业消费税计税价格低于销售单位对外销售价格（不含增值税，下同）70%以下的，税务机关应核定消费税最低计税价格。

销售单位是指销售公司、购销公司及委托境内其他单位或个人包销本企业生产白酒的商业机构。销售公司、购销公司是指专门购进并销售白酒生产企业生产的白酒，并与该白酒生产企业存在关联性质。包销是指销售单位依据协定价格从白酒生产企业购进白酒，同时承担大部分包装材料等成本费用，并负责销售白酒。

白酒生产企业应将各种白酒的消费税计税价格和销售单位销售价格，在主管税务机关规定的时限内填报。白酒消费税最低计税价格由白酒生产企业自行申报，税务机关核定。

主管税务机关应将白酒生产企业申报的销售给销售单位的消费税计税价格低于销售单位对外销售价格70%以下、年销售额1 000万元以上的各种白酒，在规定的时限内逐级上报至国家税务总局。税务总局选择其中部分白酒核定消费税最低计税价格。除税务总局已核定消费税最低计税价格的白酒外，其他需要核定消费税最低计税价格的白酒，消费税最低计税价格由各省、自治区、直辖市和计划单列市税务局核定。

白酒消费税最低计税价格核定标准如下：

（1）白酒生产企业销售给销售单位的白酒，生产企业消费税计税价格高于销售单位对外销售价格70%（含70%）以上的，税务机关暂不核定消费税最低计税价格。

（2）白酒生产企业销售给销售单位的白酒，生产企业消费税计税价格低于销售单位对外销售价格70%以下的，消费税最低计税价格由税务机关根据生产规模、白酒品牌、利润水平等情况在销售单位对外销售价格50%～70%范围内自行核定。其中生产规模较大，利润水平较高的企业生产的需要核定消费税最低计税价格的白酒，税务机关核价幅度原则上应选择在销售单位对外销售价格60%～70%范围内。

已核定最低计税价格的白酒，生产企业实际销售价格高于消费税最低计税价格的，按实际销售价格申报纳税；实际销售价格低于消费税最低计税价格的，按最低计税价格申报纳税。

已核定最低计税价格的白酒，销售单位对外销售价格持续上涨或下降时间达到3个月以上、累计上涨或下降幅度在20%（含）以上的白酒，税务机关重新核定最低计税价格。

对于已经核定白酒最低计税价格的企业而言，尽量按照白酒最低计税价格来确定自己的实际销售价格，这样可以按照最低的计税价格来纳税。

税务筹划方案

根据上述情况，5 000千克A类白酒应当缴纳消费税11.5万元（1×0.5＋55×1×20%）。如果该企业将A类白酒统一批发给其设立的销售公司，再由销售公司统一对外批发和零售，则应当缴纳消费税10.5万元（1×0.5＋50×1×20%）。经过税务筹划，可降低消费税负担1万元（11.5－10.5）。

税务筹划依据

（1）《中华人民共和国消费税暂行条例》。
（2）《中华人民共和国消费税暂行条例实施细则》（财政部 国家税务总局2008年第51号令）。
（3）《国家税务总局关于加强白酒消费税征收管理的通知》（国税函〔2009〕380号）。

第二节　利用消费税征税环节及核算方法

一、巧用生产制作环节纳税的规定

税务筹划问题

某化妆品生产厂家生产的高档化妆品，假设正常生产环节的不含税售价为每件400元，适用消费税税率为15%，则该厂每件高档化妆品应纳消费税60元（400×15%）。请提出该厂的税务筹划方案。

税务筹划思路

我国税法规定，生产应税消费品的，于销售时纳税，但企业可以通过降低商品价值，通过"物物交换"进行税务筹划，也可以改变和选择某种对企业有利的结算方式推迟纳税时间，获得资金使用利益。

我国的消费税除金银首饰改在零售环节课税，烟在批发环节额外征收一道消费税，超豪华小汽车在零售环节加征一道消费税以外，其他应税消费都在生产制作环节或者委托加工环节课税。这样的规定主要是从方便征管的角度考虑的，因为在生产制作环节纳税人数量较少，征管对象明确，便于控制税源，降低征管成本。由于生产制作环节不是商品实现消费以前的最后一个流转环节，在这个环节之后还存在批发、零售等若干个流转环节，这就为纳税人进行税务筹划提供了空间。纳税人可以用分设独立核算的经销部、销售公司，以较低的价格向它们供货，再以正常价格对外销售，由于消费税主要在生产制作环节征收，纳税人的税收负担会因此减轻许多。

以较低的销售价格将应税消费品销售给其独立核算的销售分公司，由于处在销售环节，只缴纳增值税不缴纳消费税，可使纳税人的整体消费税税负下降，但这种方法并不影响纳税人的增值税税负。目前，这种在纳税环节进行的税务筹划在生产化妆品、烟、酒、摩托车、小汽车的行业里得到了较为普遍的应用。但是应当指出的是，首先，根据《消费税暂行条例》第十条的规定，纳税人应税消费品的计税价格明显偏低并无正当理由的，由主管税务机关核定其计税价格。因此生产厂家向销售分公司出售应税消费品时，只能适度压低价格，如果压低的幅度过大，就构成了《消费税暂行条例》所称"计税价格明显偏低"的情况，税务机关可以行使价格调整权。其次，这种行为有税务筹划的嫌疑，国家有可能出台相关的税收法规来防止纳税人采用这种方式进行税务筹划。

另外还需要注意的是，2009年7月17日，国家税务总局发布了《关于加强白酒消费税征收管理的通知》（国税函〔2009〕380号），规定了白酒消费税最低计税价格核定管理的最新政策。白酒生产企业销售给销售单位的白酒，生产企业消费税计税价格低于销售单位对外销售价格（不含增值税，下同）70%以下的，税务机关应核定消费税最低计税价格。因此，白酒生产企业采取这种方式节税应当注意节税的空间。

税务筹划方案

倘若该厂经过税务筹划，设立一个独立核算的子公司负责对外销售，向该子公司供货时不含税价格定为每套200元，则该厂在转移产品时须缴纳消费税30元（200×15%）。该子公司对外零售商品时不需要缴纳消费税，没有消费税负担。通过这种税务筹划，该企业每套商品可少纳消费税30元。

可见，以较低的销售价格将应税消费品销售给其独立核算的销售子公司，由于处在销售环节，只缴纳增值税不缴纳消费税，可使纳税人的整体消费税税负下降，但这种方法并不影响纳税人的增值税税负。

税务筹划依据

（1）《中华人民共和国消费税暂行条例》。

（2）《中华人民共和国消费税暂行条例实施细则》（财政部 国家税务总局2008年第51号令）。

（3）《国家税务总局关于加强白酒消费税征收管理的通知》（国家税务总局2009年7月17日发布，国税函〔2009〕380号）。

二、兼营行为应分别核算消费税

 税务筹划问题

某公司既生产经营普通化妆品，又生产经营高档化妆品，高档化妆品的消费税税率为15%，普通化妆品不征收消费税。2023年度，该公司高档化妆品的不含税销售额为2 000万元，普通化妆品的不含税销售额为1 000万元。如果该公司没有分别核算或者将高档化妆品与普通化妆品组成成套商品销售，请计算该公司应当缴纳的消费税，并提出税务筹划方案。

 税务筹划思路

根据《消费税暂行条例》第三条的规定，纳税人兼营不同税率的应当缴纳消费税的消费品（简称应税消费品），应当分别核算不同税率应税消费品的销售额、销售数量；未分别核算销售额、销售数量，或者将不同税率的应税消费品组成成套消费品销售的，从高适用税率。税法的上述规定要求纳税人必须注意分别核算不同税率的应税消费品的生产情况，这一税务筹划方法看似简单，但如果纳税人不了解税法的这一规定，而没有分别核算的话，在缴纳消费税的时候就会吃亏。因此，纳税人在进行纳税申报的时候，必须要注意消费品的组合问题，没有必要成套销售的，就不宜采用这种销售方式。

 税务筹划方案

由于该公司不分别核算销售额，应当一律按高档化妆品的税率15%征收消费税。如果该公司将高档化妆品与普通化妆品组成成套消费品销售，全部销售额也要适用15%的税率，这两种做法显然都会加重普通化妆品的税收负担。2023年度该公司应纳消费税额450万元〔（2 000＋1 000）×15%〕。如果该公司事先进行税务筹划，分别核算两种经营项目，则该公司2023年度应纳消费税额300万元（2 000×15%），减轻税收负担150万元（450－300）。同时，纳税人在进行纳税申报的时候，必须注意消费品的组合问题，没有必要成套销售的，就不宜采用这种销售方式。

 税务筹划依据

（1）《中华人民共和国消费税暂行条例》第三条。

（2）《中华人民共和国消费税暂行条例实施细则》（财政部　国家税务总局 2008 年第 51 号令）。

（3）《财政部　国家税务总局关于调整化妆品消费税政策的通知》（财税〔2016〕103 号）。

三、消费品包装物的核算技巧

 税务筹划问题

某焰火厂生产一批焰火共 2 万箱，每箱不含税价格为 200 元，其中包含包装物价值 15 元，该月销售额为 400 万元（200×2），焰火的消费税税率为 15%。请计算该厂该月应当缴纳的消费税，并提出税务筹划方案。

 税务筹划思路

根据《消费税暂行条例实施细则》第十三条的规定，应税消费品连同包装物销售的，无论包装物是否单独计价及在会计上如何核算，均应并入应税消费品的销售额中缴纳消费税。如果包装物不作价随同产品销售，而是收取押金，此项押金则不应并入应税消费品的销售额中征税。但对因逾期未收回的包装物不再退还的或者已收取的时间超过 12 个月的押金，应并入应税消费品的销售额，按照应税消费品的适用税率缴纳消费税。对既作价随同应税消费品销售，又另外收取押金的包装物的押金，凡纳税人在规定的期限内没有退还的，均应并入应税消费品的销售额，按照应税消费品的适用税率缴纳消费税。因此，企业如果想在包装物上节省消费税，关键是包装物不能作价随同产品出售，而应采取收取"押金"的形式，这样"押金"就不并入销售额计算消费税额。即使在经过一年以后，需要将押金并入应税消费品的销售额，按照应税消费品的适用税率征收消费税，也使企业获得了该笔消费税的一年的免费使用权。

值得注意的是，根据《财政部　国家税务总局关于酒类产品包装物押金征税问题的通知》（财税〔1995〕53 号）及《国家税务总局关于印发〈消费税问题解答〉的通知》（国税函发〔1997〕306 号）的规定，从 1995 年 6 月 1 日起，对销售除啤酒、黄酒外的其他酒类产品而收取的包装物押金，无论是否返还以及会计上如何核算，均应并入当期销售额征税（之所以将啤酒和黄酒除外，是因为对酒类包装物押金征税的规定只适用于实行从价定率办法征收消费税的酒类，而啤酒和黄酒产品是实行从量定额办法征收消费税的，因此，无法适用这一规定）。这在一定程度上限制了经营酒类产品的企业利用包装物税务筹划的可能性。同时，财政部和税务总局的上述规定也从反面说明了企业大量使用这种税务筹划方法，导致企业节约了大量税款，相应导致国家税款流失。

根据《财政部　国家税务总局关于调整金银首饰消费税纳税环节有关问题的通知》（财税〔1994〕95 号）的规定，金银首饰连同包装物销售的，无论包装是否单独计价，也无论会计上如何核算,均应并入金银首饰的销售额,计征消费税。根据这一规定,金银首饰生产企业仍然可以通过把包装物变成押金的方式进行税务筹划。

根据《消费税暂行条例实施细则》第十三条的规定,该月应纳消费税额60万元(400×15%)。

根据《消费税暂行条例实施细则》第十三条的规定,如果包装物不作价随同产品销售,而是收取押金,此项押金则不应并入应税消费品的销售额中征税。但对因逾期未收回的包装物不再退还的和已收取一年以上的押金,应并入应税消费品的销售额,按照应税消费品的适用税率征收消费税。

通过税务筹划,该焰火厂以每箱185元的价格销售,收取15元押金,并规定包装物如有损坏则从押金中扣除相应修理费用直至全部扣除押金(这种规定与直接销售包装物大体相当),这样,该厂应纳消费税降低55.5万元(2×185×15%)。一年以后,如果该批包装物的押金没有退回,则该企业应当补缴消费税4.5万元(2×15×15%)。对于企业来讲,相当于获得了4.5万元的一年期无息贷款。

税务筹划依据

(1)《中华人民共和国消费税暂行条例》。
(2)《中华人民共和国消费税暂行条例实施细则》(财政部 国家税务总局2008年第51号令)第十三条。
(3)《财政部 国家税务总局关于酒类产品包装物押金征税问题的通知》(财税〔1995〕53号)。
(4)《国家税务总局关于印发〈消费税问题解答〉的通知》(国税函发〔1997〕306号)。
(5)《财政部 国家税务总局关于调整金银首饰消费税纳税环节有关问题的通知》(财税〔1994〕95号)。

第三节 利用消费税的其他制度

一、巧用啤酒消费税税率临界点

某啤酒厂2022年生产销售某品牌啤酒,每吨出厂价格为2 990元(不包括增值

税）。2023年，该厂对该品牌啤酒的生产工艺进行了改进，使该种啤酒的质量得到了较大提高。该厂准备将价格提到3 010元。根据以上信息，请提出该厂的税务筹划方案。

 税务筹划思路

根据《财政部　国家税务总局关于调整酒类产品消费税政策的通知》（财税〔2001〕84号）的规定，每吨啤酒出厂价格（含包装物及包装物押金）在3 000元（含3 000元，不含增值税）以上的，单位税额为250元/吨；每吨啤酒出厂价格在3 000元（不含3 000元，不含增值税）以下的，单位税额为220元/吨。娱乐业、饮食业自制啤酒，单位税额250元/吨。啤酒消费税的税率为从量定额税率，同时根据啤酒的单位价格实行全额累进。全额累进税率的一个特点是：在临界点，税收负担变化比较大，会出现税收负担的增加大于计税依据的增加的情况。在这种情况下，巧妙运用临界点的规定适当降低产品价格反而能够增加税后利润。

 税务筹划方案

如果将啤酒的价格提高到3 010元，每吨啤酒需要缴纳消费税250元，每吨啤酒扣除消费税后的销售收入2 760元（3 010－250）。

该厂经过税务筹划，认为适当降低产品的价格不仅能够获得更大的税后利润，而且可以增加产品在市场上的竞争力，于是该厂将2023年啤酒的出厂价格仍然定为2 990元，这样，每吨啤酒需要缴纳消费税220元，每吨啤酒扣除消费税后的销售收入2 770元（2 990－220）。

由此可见，这种税务筹划方法实现了"一箭双雕"，既增加了企业的销售收入，又增强了本厂产品在价格上的竞争力。

 税务筹划依据

（1）《中华人民共和国消费税暂行条例》。
（2）《中华人民共和国消费税暂行条例实施细则》（财政部　国家税务总局2008年第51号令）。
（3）《财政部　国家税务总局关于调整酒类产品消费税政策的通知》（财税〔2001〕84号）。

二、自产自用消费品的税务筹划

 税务筹划问题

某摩托车生产企业只生产一种品牌的摩托车，某月将100辆摩托车作为职工年终奖发放给职工，当月生产的摩托车的销售价格为 5 000 元，当月该企业按照 5 000 元的价格销售了 400 辆，按照 5 500 元的价格销售了 400 辆，已知该摩托车消费税税率为 10%。请计算 100 辆摩托车应当缴纳多少消费税，并给出税务筹划方案。

🔍 税务筹划思路

根据《消费税暂行条例》第七条的规定，纳税人自产自用的应税消费品，按照纳税人生产的同类消费品的销售价格计算纳税；没有同类消费品销售价格的，按照组成计税价格计算纳税。实行从价定率办法计算纳税的组成计税价格计算公式如下：

组成计税价格＝（成本＋利润）÷（1－比例税率）

实行复合计税办法计算纳税的组成计税价格计算公式如下：

组成计税价格＝（成本＋利润＋自产自用数量×定额税率）÷（1－比例税率）

应税消费品的全国平均成本利润率如下：①甲类卷烟为 10%；②乙类卷烟为 5%；③雪茄烟为 5%；④电子烟为 10%；⑤烟丝为 5%；⑥粮食白酒为 10%；⑦薯类白酒为 5%；⑧其他酒为 5%；⑨高档化妆品为 5%；⑩鞭炮、焰火为 5%；⑪贵重首饰及珠宝玉石为 6%；⑫摩托车为 6%；⑬高尔夫球及球具为 10%；⑭高档手表为 20%；⑮游艇为 10%；⑯木制一次性筷子为 5%；⑰实木地板为 5%；⑱乘用车为 8%；⑲中轻型商用客车为 5%；⑳电池为 4%；㉑涂料为 7%。

根据《消费税暂行条例实施细则》第十五条的规定，同类消费品的销售价格是指纳税人或者代收代缴义务人当月销售的同类消费品的销售价格，如果当月同类消费品各期销售价格高低不同，应按销售数量加权平均计算。但销售的应税消费品有下列情况之一的，不得列入加权平均计算：①销售价格明显偏低并无正当理由的；②无销售价格的。

如果当月无销售或者当月未完结，应按照同类消费品上月或最近月份的销售价格计算纳税。纳税人可以通过自产自用消费品计价方式的不同来选择税负最轻的纳税方式。

💡 税务筹划方案

如果该企业能够准确提供该批摩托车的销售价格，则按照销售价格确定消费税的税基，应纳消费税 50 000 元（5 000×100×10%）。如果不能准确提供该批摩托车的销售价格，即该批摩托车有两种销售价格，则应按销售数量加权平均计算，应纳消费税 52 500 元［（400×5 000＋400×5 500）÷800×100×10%］。如果没有"同类消费品的销售价格"，则应当按照组成计税价格计算纳税，应纳消费税 53 000 元［4 500×（1＋6%）÷（1－10%）×100×10%］。由此可以看出，按照同类商品的销售价格计算税负最轻，这就要求该企业健全会计核算制度，可以准确计算该批摩托车的销售价格。

第十章 企业经营中消费税税务筹划

税务筹划依据

（1）《中华人民共和国消费税暂行条例》第四条、第七条。

（2）《中华人民共和国消费税暂行条例实施细则》（财政部 国家税务总局2008年第51号令）第十五条。

（3）《财政部 国家税务总局关于调整和完善消费税政策的通知》（财税〔2006〕33号）。

（4）《财政部 国家税务总局关于对电池 涂料征收消费税的通知》（财税〔2015〕16号）。

（3）《财政部 海关总署 税务总局关于对电子烟征收消费税的公告》（财政部 海关总署 税务总局公告2022年第33号）。

（4）《国家税务总局关于电子烟消费税征收管理有关事项的公告》（国家税务总局公告2022年第22号）。

三、包装礼盒的消费税税务筹划

税务筹划问题

某酒厂生产各种类型的酒，以适应不同消费者需求。春节来临，大部分消费者都以酒作为馈赠亲朋好友的礼品，针对这种市场情况，公司于一月初推出"组合装礼品酒"的促销活动，将白酒、白兰地酒和葡萄酒各一瓶组成价值230元的成套礼品酒进行销售，三种酒的出厂价分别为50元/瓶、100元/瓶、80元/瓶，白酒消费税税率是0.5元/500克出厂价的20%、白兰地酒和葡萄酒消费税税率是销售额的10%。假设这三种酒每瓶均为500克装，该月共销售1万套礼品酒。该企业采取先包装后销售的方式促销。请计算该企业应当缴纳的消费税，并提出税务筹划方案。

税务筹划思路

根据《消费税暂行条例》第三条的规定，纳税人兼营不同税率的应税消费品，应当分别核算不同税率应税消费品的销售额、销售数量。未分别核算销售额、销售数量，或者将不同税率的应税消费品组成成套消费品销售的，从高适用税率。如果纳税人需要将不同税率的商品组成套装进行销售时应当尽量采取先销售后包装的方式进行核算，而不要采取先包装后销售的方式进行核算。

税务筹划方案

由于该企业采取先包装后销售的方式促销，属于混合销售行为，应当按照较高的税率计算消费税额，应纳消费税额47.5万元[1×（3×0.5＋230×20%）]。由于三种酒的税率不同，因此，采取混合销售的方式增加了企业的税收负担。该企业可以采取先销售后包装的方式进行促销,应纳消费税额 28.5 万元 [1×(1×0.5 + 50×20%) + 100×1×10% + 80×1×10%],减轻企业税收负担 19 万元(47.5 − 28.5)。

■ 税务筹划依据

(1)《中华人民共和国消费税暂行条例》第三条。
(2)《中华人民共和国消费税暂行条例实施细则》(财政部 国家税务总局 2008 年第 51 号令)。

第十一章

房地产领域税务筹划

第一节 利用土地增值税优惠

一、降低销售价格享受免土地增值税优惠

税务筹划问题

（1）甲房地产开发企业建造一批普通标准住宅，取得销售收入2 500万元，根据税法规定允许扣除的项目金额为2 070万元。该项目的增值额为430万元（2 500 − 2 070）；该项目增值额占扣除项目的比例为20.77%（430÷2 070×100%）。根据税法规定，应当按照30%的税率缴纳土地增值税129万元（430×30%）。请提出税务筹划方案。

（2）乙公司建造一栋普通标准住宅，经核算，税法规定的扣除项目金额为5 000万元，乙公司原定不含增值税销售价格为6 100万元。请从税务筹划的角度为乙公司提出定价方案。

税务筹划思路

根据《中华人民共和国土地增值税暂行条例》（以下简称《土地增值税暂行条例》）第八条的规定，有下列情形之一的，免征土地增值税：①纳税人建造普通标准住宅出售，增值额未超过扣除项目金额20%的；②因国家建设需要依法征用、收回的房地产。

根据《土地增值税暂行条例》第七条的规定，土地增值税实行四级超额累进税率：①增值额未超过扣除项目金额50%的部分，税率为30%；②增值额超过扣除项目金额50%、未超过扣除项目金额100%的部分，税率为40%；③增值额超过扣除项目金额100%、未超过扣除项目金额200%的部分，税率为50%；④增值额超过扣除项目金额200%的部分，税率为60%。具体税率与速算扣除系数如表11-1所示。

表 11-1　土地增值税税率表

级数	增值额与扣除项目金额的比率	税率	速算扣除系数
1	不超过 50% 的部分	30%	0
2	超过 50% 至 100% 的部分	40%	5%
3	超过 100% 至 200% 的部分	50%	15%
4	超过 200% 的部分	60%	35%

土地增值税的计算公式为：

土地增值税应纳税额＝增值额 × 适用税率－扣除项目金额 × 速算扣除系数

如果企业建造的普通标准住宅出售的增值率在 20% 这个临界点上，可以通过适当控制出售价格而避免缴纳土地增值税。根据《土地增值税暂行条例》第六条的规定，计算增值额的扣除项目包括：①取得土地使用权所支付的金额；②开发土地的成本、费用；③新建房及配套设施的成本、费用，或者旧房及建筑物的评估价格；④与转让房地产有关的税金；⑤财政部规定的其他扣除项目。

根据《中华人民共和国土地增值税暂行条例实施细则》（以下简称《土地增值税暂行条例实施细则》）第七条的规定，这里的"其他扣除项目"为取得土地使用权所支付的金额以及开发土地和新建房及配套设施的成本之和的 20%。

根据《国务院办公厅转发建设部等部门关于做好稳定住房价格工作意见的通知》（国办发〔2005〕26 号）的规定，普通标准住宅的标准为：住宅小区建筑容积率在 1.0 以上，单套建筑面积在 120 平方米以下，实际成交价格低于同级别土地上住房平均交易价格 1.2 倍以下。各省、自治区、直辖市要根据实际情况，制定本地区享受优惠政策普通住房的具体标准。允许单套建筑面积和价格标准适当浮动，但向上浮动的比例不得超过上述标准的 20%。

税务筹划方案

（1）如果甲房地产开发企业能够将销售收入降低为 2 480 万元，则该项目的增值额为 410 万元（2 480 － 2 070）；该项目增值额占扣除项目的比例为 19.81%（410÷2 070×100%）。增值率没有超过 20%，可以免征土地增值税。该企业降低销售收入 20 万元，少缴土地增值税 129 万元，增加扣除土地增值税后销售收入 109 万元。

（2）如果乙公司按 6 100 万元销售，增值额为 1 100 万元（6 100 － 5 000），增值率为 22%（1 100÷5 000×100%），应纳土地增值税 330 万元（1 100×30%）。若乙公司能将销售价格降低为 6 000 万元，此时增值额为 1 000 万元，增值率为 20%，可以免征土地增值税。虽然乙公司销售收入减少了 100 万元，但其节省了 330 万元的土地增值税，实际上增加销售收入 230 万元。

税务筹划依据

（1）《中华人民共和国土地增值税暂行条例》（1993 年 12 月 13 日中华人民共和

国国务院令第 138 号发布，根据 2011 年 1 月 8 日国务院令第 588 号《国务院关于废止和修改部分行政法规的决定》修订）。

（2）《中华人民共和国土地增值税暂行条例实施细则》（财政部 1995 年 1 月 27 日发布，财法〔1995〕6 号）。

（3）《国务院办公厅转发建设部等部门关于做好稳定住房价格工作意见的通知》（国务院办公厅 2005 年 5 月 9 日发布，国办发〔2005〕26 号）。

二、增加扣除项目享受免土地增值税优惠

税务筹划问题

（1）某房地产公司开发一栋普通标准住宅，房屋售价为 1 000 万元（不含增值税，下同），按照税法规定可扣除费用为 800 万元，增值额为 200 万元，增值率为 25%（200÷800×100%）。该房地产公司需要缴纳土地增值税 60 万元（200×30%）。请提出该企业的税务筹划方案。

（2）甲公司建造一栋普通标准住宅，经核算，税法规定的扣除项目金额为 5 000 万元，甲公司原定不含增值税销售价格为 6 500 万元。请为甲公司提出税务筹划方案。

税务筹划思路

土地增值税是房地产开发的主要成本之一，而土地增值税在建造普通标准住宅增值率不超过 20% 的情况下可以免征，企业可以通过增加扣除项目使得房地产的增值率不超过 20%，从而享受免税待遇。

纳税人建造普通标准住宅出售，在增值额大大超过扣除项目金额 20% 的情形下，单纯靠确定适宜的销售价格已经不足以将增值率控制在 20% 以内，或者通过大幅降低销售价格已经得不偿失，此时就可以考虑适当提高扣除项目金额。

在增值额不变的前提下，提高扣除项目金额就可以大大降低增值率，从而可以享受免征土地增值税的优惠。

税务筹划方案

（1）如果该房地产公司进行税务筹划，将该房屋进行简单装修，费用为 200 万元，房屋售价增加至 1 200 万元，则按照税法规定可扣除项目增加为 1 000 万元，增值额为 200 万元，增值率为 20%（200÷1 000×100%），不需要缴纳土地增值税。该税务筹划可降低企业土地增值税负担 60 万元。

（2）如果按 6 500 万元销售，增值额为 1 500 万元（6 500－5 000），增值率为 30%（1 500÷5 000×100%），应纳土地增值税 450 万元（1 500×30%）。若甲公司将销售价格降低为 6 000 万元，虽然免征了土地增值税，但仍得不偿失。甲公司可以加大对住宅的装修，使得扣除项目金额提高至 7 500 万元，但增值额仍保持 1 500 万元，此时

的增值率为20%（1 500÷7 500×100%），可以免征土地增值税。

税务筹划依据

（1）《中华人民共和国土地增值税暂行条例》（1993年12月13日中华人民共和国国务院令第138号发布，根据2011年1月8日国务院令第588号《国务院关于废止和修改部分行政法规的决定》修订）。

（2）《中华人民共和国土地增值税暂行条例实施细则》（财法字〔1995〕6号）。

第二节　土地增值税核算中的税务筹划

一、分解房地产销售与装修

税务筹划问题

某房地产公司出售一栋房屋，房屋不含增值税售价为1 000万元，该房屋进行了简单装修并安装了简单必备设施。根据相关税法的规定，该房地产开发业务允许扣除的费用为400万元，增值额为600万元。该房地产公司应该缴纳土地增值税、增值税、城市维护建设税、教育费附加以及企业所得税。土地增值率为150%（600÷400×100%），应当缴纳土地增值税240万元（600×50% － 400×15%）。请给出该企业的税务筹划方案。

税务筹划思路

房地产销售所负担的税收主要是土地增值税和增值税，而土地增值税是超率累进税率，即房地产的增值率越高，所适用的税率也越高。因此，如果有可能分解房地产销售的价格，从而降低房地产的增值率，则房地产销售所承担的土地增值税就可以大大降低。因为很多房地产在出售时已经进行了简单装修，所以可以从简单装修上做文章，将其作为单独的业务独立核算，这样就可以通过两次销售房地产进行税务筹划。

税务筹划方案

如果进行税务筹划，该房地产公司的股东设立一家独立的装修公司，同时将该房屋的出售分为两个合同，第一个合同为房屋出售合同，不包括装修费用，房屋不含增值税出售价格为700万元，允许扣除的成本为300万元。第二个合同为房屋装修合同，装修费用不含增值税300万元，允许扣除的成本为100万元，则土地增值率为133%（400÷300×100%），应缴纳土地增值税155万元（400×50% － 300×15%）。经过税务筹划，减轻企业土地增值税负担 85 万元（240－155）。

 税务筹划依据

（1）《中华人民共和国土地增值税暂行条例》（1993 年 12 月 13 日中华人民共和国国务院令第 138 号发布，根据 2011 年 1 月 8 日国务院令第 588 号《国务院关于废止和修改部分行政法规的决定》修订）。

（2）《中华人民共和国土地增值税暂行条例实施细则》（财法字〔1995〕6 号）。

二、代收费用处理过程中的税务筹划

 税务筹划问题

某房地产开发企业开发一套房地产，取得土地使用权支付费用 300 万元，土地和房地产开发成本为 800 万元，允许扣除的房地产开发费用为 100 万元，转让房地产税费为 140 万元，房地产出售价格为 2 500 万元。为当地县级人民政府代收各种费用为 100 万元。现在需要确定该企业是单独收取该项费用，还是并入房价收取该费用？

 税务筹划思路

根据《财政部 国家税务总局关于土地增值税一些具体问题规定的通知》（财税〔1995〕48 号）的规定，对于县级及县级以上人民政府要求房地产开发企业在售房时代收的各项费用，如果代收费用是计入房价中向购买方一并收取的，可作为转让房地产所取得的收入计税；如果代收费用未计入房价中，而是在房价之外单独收取的，可以不作为转让房地产的收入。对于代收费用作为转让收入计税的，在计算扣除项目金额时，可予以扣除，但不允许作为加计 20% 扣除的基数；对于代收费用未作为转让房地产的收入计税的，在计算增值额时不允许扣除代收费用。

企业是否将该代收费用计入房价对于企业的增值额不会产生影响，但是会影响房地产开发的总成本，也就会影响房地产的增值率，进而影响土地增值税的数额。由此，企业利用这一规定可以进行税务筹划。

 税务筹划方案

如果将该费用单独收取，该房地产可扣除费用为 1 560 万元［300＋800＋100＋（300＋800）×20%＋140］；增值额为 940 万元（2 500－1 560）；增值率为 60.25%（940÷1 560×100%）；应纳土地增值税 298 万元（940×40%－1 560×5%）。

如果将该费用计入房价，该房地产可扣除费用 1 660 万元［300＋800＋100＋（300＋800）×20%＋140＋100］；增值额为 940 万元（2 500－100－1 660）；增值率为 56.62%（940÷1 660×100%）；应纳土地增值税 293 万元（940×40%－1 660×5%）。该税务筹划减轻土地增值税负担 5 万元（298－293）。

税务筹划依据

（1）《中华人民共和国土地增值税暂行条例》（1993年12月13日中华人民共和国国务院令第138号发布，根据2011年1月8日国务院令第588号《国务院关于废止和修改部分行政法规的决定》修订）。

（2）《中华人民共和国土地增值税暂行条例实施细则》（财法字〔1995〕6号）。

（3）《财政部 国家税务总局关于土地增值税一些具体问题规定的通知》（财税〔1995〕48号）。

三、利息核算的税务筹划

税务筹划问题

（1）甲房地产企业开发一处房地产，为取得土地使用权支付1 000万元，为开发土地和新建房及配套设施花费1 200万元，财务费用中可以按转让房地产项目计算分摊利息的利息支出为200万元，不超过商业银行同类同期贷款利率。请确定甲企业是否提供金融机构证明。

（2）乙房地产企业开发一处房地产，为取得土地使用权支付1 000万元，为开发土地和新建房及配套设施花费1 200万元，财务费用中可以按转让房地产项目计算分摊利息的利息支出为80万元，不超过商业银行同类同期贷款利率。请确定乙企业是否提供金融机构证明。

税务筹划思路

房地产开发企业往往需要利用大量贷款，其中涉及利息的支出，关于利息支出的扣除，我国税法规定了一些限制。《土地增值税暂行条例实施细则》第七条规定："财务费用中的利息支出，凡能够按转让房地产项目计算分摊并提供金融机构证明的，允许据实扣除，但最高不能超过按商业银行同类同期贷款利率计算的金额。其他房地产开发费用，按本条（一）（二）项规定计算的金额之和的5%以内计算扣除。凡不能按转让房地产项目计算分摊利息支出或不能提供金融机构证明的，房地产开发费用按本条（一）（二）项规定计算的金额之和的10%以内计算扣除。上述计算扣除的具体比例，由各省、自治区、直辖市人民政府规定。"这里的（一）项为取得土地使用权所支付的金额是指纳税人为取得土地使用权所支付的地价款和按国家统一规定缴纳的有关费用。这里的（二）项为开发土地和新建房及配套设施的成本是指纳税人房地产开发项目实际发生的成本，包括土地征用及拆迁补偿费、前期工程费、建筑安装工程费、基础设施费、公共配套设施费、开发间接费用。

房地产企业贷款利息扣除的限额分为两种情况：一种是在商业银行同类同期贷款利率的限度内据实扣除；另一种是与其他费用一起按税法规定的房地产开发成本的

10%以内扣除。这两种扣除方式就为企业进行税务筹划提供了空间,企业可以根据两种计算方法所能扣除的费用的不同而决定具体采用哪种扣除方法。

税务筹划方案

(1)如果不提供金融机构证明,则甲企业所能扣除费用的最高额为 220 万元[(1 000 + 1 200)×10%]。如果提供金融机构证明,该企业所能扣除费用的最高额为 310 万元[200 + (1 000 + 1 200)×5%]。可见,在这种情况下,提供金融机构证明是有利的选择。

(2)如果不提供金融机构证明,则乙企业所能扣除费用的最高额为 220 万元[(1 000 + 1 200)×10%]。如果提供金融机构证明,该企业所能扣除费用的最高额为 190 万元[80 + (1 000 + 1 200)×5%]。可见,在这种情况下,不提供金融机构证明是有利的选择。

企业判断是否提供金融机构证明,关键在于看所发生的能够扣除的利息支出占税法规定的开发成本的比例,如果超过 5%,则提供证明比较有利,如果没有超过 5%,则不提供证明比较有利。

税务筹划依据

(1)《中华人民共和国土地增值税暂行条例》(1993 年 12 月 13 日中华人民共和国国务院令第 138 号发布,根据 2011 年 1 月 8 日国务院令第 588 号《国务院关于废止和修改部分行政法规的决定》修订)。

(2)《中华人民共和国土地增值税暂行条例实施细则》(财法字〔1995〕6 号)第八条。

第三节 企业重组与土地增值税清算中的税务筹划

一、利用企业改制重组的土地增值税优惠

税务筹划问题

甲公司计划将一栋不动产转让给乙公司,由于该不动产增值较高,预计仅土地增值税一项税负就达 5 000 万元。请为甲公司提出税务筹划方案。

税务筹划思路

2021 年 1 月 1 日至 2027 年 12 月 31 日,企业按照《公司法》有关规定整体改制,

包括非公司制企业改制为有限责任公司或股份有限公司，有限责任公司变更为股份有限公司，股份有限公司变更为有限责任公司，对改制前的企业将国有土地使用权、地上的建筑物及其附着物（以下称房地产）转移、变更到改制后的企业，暂不征土地增值税。整体改制是指不改变原企业的投资主体，并承继原企业权利、义务的行为。

按照法律规定或者合同约定，两个或两个以上企业合并为一个企业，且原企业投资主体存续的，对原企业将房地产转移、变更到合并后的企业，暂不征土地增值税。

按照法律规定或者合同约定，企业分设为两个或两个以上与原企业投资主体相同的企业，对原企业将房地产转移、变更到分立后的企业，暂不征土地增值税。

单位、个人在改制重组时以房地产作价入股进行投资，对其将房地产转移、变更到被投资的企业，暂不征土地增值税。

上述改制重组有关土地增值税政策不适用于房地产转移任意一方为房地产开发企业的情形。

改制重组后再转让房地产并申报缴纳土地增值税时，对"取得土地使用权所支付的金额"，按照改制重组前取得该宗国有土地使用权所支付的地价款和按国家统一规定缴纳的有关费用确定；经批准以国有土地使用权作价出资入股的，为作价入股时县级及以上自然资源部门批准的评估价格。按购房发票确定扣除项目金额的，按照改制重组前购房发票所载金额并从购买年度起至本次转让年度止每年加计5%计算扣除项目金额，购买年度是指购房发票所载日期的当年。

纳税人享受上述税收政策，应按税务机关规定办理。上述所称不改变原企业投资主体、投资主体相同是指企业改制重组前后出资人不发生变动，出资人的出资比例可以发生变动；投资主体存续是指原企业出资人必须存在于改制重组后的企业，出资人的出资比例可以发生变动。

甲公司可以在企业改制重组的大框架下进行该项交易，将不动产转让改为不动产投资，即将该处不动产出资至乙公司，持有乙公司一定份额的股权。此时即可免纳土地增值税。甲公司未来可以通过取得股息以及转让乙公司股权等方式来获取该项投资的收益。从长期来看，与转让不动产的收益是相当的，但税负将大大降低。

（1）《中华人民共和国土地增值税暂行条例》（1993年12月13日中华人民共和国国务院令第138号发布，根据2011年1月8日国务院令第588号《国务院关于废止和修改部分行政法规的决定》修订）。

（2）《中华人民共和国土地增值税暂行条例实施细则》（财法字〔1995〕6号）。

（3）《财政部　税务总局关于继续实施企业改制重组有关土地增值税政策的公告》（财政部　税务总局公告2021年第21号）。

（4）《财政部　税务总局关于继续实施企业改制重组有关土地增值税政策的公告》（财政部　税务总局公告2023年第51号）。

二、土地增值税清算中的税务筹划

 税务筹划问题

某房地产开发企业 2021 年 1 月取得房产销售许可证,开始销售房产。2022 年年底已经销售了 86% 的房产,经过企业内部初步核算,该企业需要缴纳土地增值税 8 000 万元。目前该企业已经预缴土地增值税 2 000 万元。该企业应当如何进行税务筹划?

 税务筹划思路

根据《国家税务总局关于房地产开发企业土地增值税清算管理有关问题的通知》(国税发〔2006〕187 号)的规定,土地增值税以国家有关部门审批的房地产开发项目为单位进行清算,对于分期开发的项目,以分期项目为单位清算。开发项目中同时包含普通住宅和非普通住宅的,应分别计算增值额。

符合下列情形之一的,纳税人应进行土地增值税的清算:①房地产开发项目全部竣工、完成销售的;②整体转让未竣工决算房地产开发项目的;③直接转让土地使用权的。

符合下列情形之一的,主管税务机关可要求纳税人进行土地增值税清算:①已竣工验收的房地产开发项目,已转让的房地产建筑面积占整个项目可售建筑面积的比例在 85% 以上,或该比例虽未超过 85%,但剩余的可售建筑面积已经出租或自用的;②取得销售(预售)许可证满三年仍未销售完毕的;③纳税人申请注销税务登记但未办理土地增值税清算手续的;④省税务机关规定的其他情况。

根据上述政策,房地产开发企业可以有意将转让比例控制在 85% 以下即可规避清算。另外,上述规定中的"剩余的可售建筑面积已经出租或自用"是指全部出租还是部分出租并未明确,根据法律解释的一般原则,应当解释为"全部出租",房地产开发企业很容易通过预留一部分房屋的方式来规避上述规定。

房地产开发企业将开发产品用于职工福利、奖励、对外投资、分配给股东或投资人、抵偿债务、换取其他单位和个人的非货币性资产等,发生所有权转移时应视同销售房地产,其收入按下列方法和顺序确认:①按本企业在同一地区、同一年度销售的同类房地产的平均价格确定;②由主管税务机关参照当地当年、同类房地产的市场价格或评估价值确定。

房地产开发企业将开发的部分房地产转为企业自用或用于出租等商业用途时,如果产权未发生转移,不征收土地增值税,在税款清算时不列收入,不扣除相应的成本和费用。根据上述政策,如果不发生所有权转移,就不视同销售房地产,因此,房地产开发企业完全可以通过不办理产权转让手续,而仅将房地产的实际占有使用权用于职工福利、奖励、对外投资、分配给股东或投资人、抵偿债务、换取其他单位和个人的非货币性资产等,从而就规避了上述"视同销售"的规定。另外,房地产开发企业通过长期以租代售(如 50 年租赁)方式转让房地产就可以规避清算,上述规定实际上给企业提供了税务筹划的渠道。

房地产开发企业办理土地增值税清算时计算与清算项目有关的扣除项目金额，应根据《土地增值税暂行条例》第六条及《土地增值税暂行条例实施细则》第七条的规定执行。除另有规定外，扣除取得土地使用权所支付的金额、房地产开发成本、费用及与转让房地产有关税金，需提供合法有效凭证；不能提供合法有效凭证的，不予扣除。房地产开发企业办理土地增值税清算所附送的前期工程费、建筑安装工程费、基础设施费、开发间接费用的凭证或资料不符合清算要求或不实的，地方税务机关可参照当地建设工程造价管理部门公布的建安造价定额资料，结合房屋结构、用途、区位等因素，核定上述四项开发成本的单位面积金额标准，并据以计算扣除。具体核定方法由省税务机关确定。房地产开发企业开发建造的与清算项目配套的居委会和派出所用房、会所、停车场（库）、物业管理场所、变电站、热力站、水厂、文体场馆、学校、幼儿园、托儿所、医院、邮电通信等公共设施，按以下原则处理：①建成后产权属于全体业主所有的，其成本、费用可以扣除；②建成后无偿移交给政府、公用事业单位用于非营利性社会公共事业的，其成本、费用可以扣除；③建成后有偿转让的，应计算收入，并准予扣除成本、费用。

房地产开发企业销售已装修的房屋，其装修费用可以计入房地产开发成本。房地产开发企业的预提费用，除另有规定外，不得扣除。属于多个房地产项目共同的成本费用，应按清算项目可售建筑面积占多个项目可售总建筑面积的比例或其他合理的方法，计算确定清算项目的扣除金额。

符合应进行土地增值税清算条件的纳税人，需在满足清算条件之日起90日内到主管税务机关办理清算手续；符合主管税务机关可要求进行土地增值税清算条件的纳税人，需在主管税务机关限定的期限内办理清算手续。纳税人办理土地增值税清算应报送以下资料：①房地产开发企业清算土地增值税书面申请、土地增值税纳税申报表；②项目竣工决算报表、取得土地使用权所支付的地价款凭证、国有土地使用权出让合同、银行贷款利息结算通知单、项目工程合同结算单、商品房购销合同统计表等与转让房地产的收入、成本和费用有关的证明资料；③主管税务机关要求报送的其他与土地增值税清算有关的证明资料等。纳税人委托税务中介机构审核鉴证的清算项目，还应报送中介机构出具的《土地增值税清算税款鉴证报告》。

税务中介机构受托对清算项目审核鉴证时，应按税务机关规定的格式对审核鉴证情况出具鉴证报告。对符合要求的鉴证报告，税务机关可以采信。税务机关要对从事土地增值税清算鉴证工作的税务中介机构在准入条件、工作程序、鉴证内容、法律责任等方面提出明确要求，并做好必要的指导和管理工作。

房地产开发企业有下列情形之一的，税务机关可以参照与其开发规模和收入水平相近的当地企业的土地增值税税负情况，按不低于预征率的征收率核定征收土地增值税：①依照法律、行政法规的规定应当设置但未设置账簿的；②擅自销毁账簿或者拒不提供纳税资料的；③虽设置账簿，但账目混乱或者成本资料、收入凭证、费用凭证残缺不全，难以确定转让收入或扣除项目金额的；④符合土地增值税清算条件，未按照规定的期限办理清算手续，经税务机关责令限期清算，逾期仍不清算的；⑤申报的计税依据明显偏低，又无正当理由的。

在土地增值税清算时未转让的房地产，清算后销售或有偿转让的，纳税人应按规定进行土地增值税的纳税申报，扣除项目金额按清算时的单位建筑面积成本费用乘以销售或转让面积计算。其中，单位建筑面积成本费用＝清算时的扣除项目总金额÷清算的总建筑面积。

这一规定使得房地产开发企业在清算后销售的房地产可以按照清算时的平均费用予以扣除，但清算后销售房地产的费用并不一定等于清算时的平均费用，这就会给房地产开发企业提供通过调控清算前后扣除费用来减轻纳税义务的空间。

  税务筹划方案

根据《国家税务总局关于房地产开发企业土地增值税清算管理有关问题的通知》（国税发〔2006〕187号）的规定，已竣工验收的房地产开发项目，已转让的房地产建筑面积占整个项目可售建筑面积的比例在85%以上的，主管税务机关可要求纳税人进行土地增值税清算。如果该企业进行土地增值税清算，则需要在2023年年初补缴6 000万元的税款。如果该企业有计划地控制房产销售的速度和规模，将销售比例控制在84%，剩余的房产可以留待以后销售或者用于出租，这样，该企业就可以避免在2023年年初进行土地增值税的清算，可以将清算时间推迟到2024年年初，这样就相当于该企业获得了6 000万元资金的一年期无息贷款。假设一年期资金成本为8%，则该税务筹划为企业节约利息480万元（6 000×8%）。

  税务筹划依据

（1）《中华人民共和国土地增值税暂行条例》（1993年12月13日中华人民共和国国务院令第138号发布，根据2011年1月8日国务院令第588号《国务院关于废止和修改部分行政法规的决定》修订）第七条。

（2）《中华人民共和国土地增值税暂行条例实施细则》（财法字〔1995〕6号）第七条。

（3）《国家税务总局关于房地产开发企业土地增值税清算管理有关问题的通知》（国税发〔2006〕187号）。

（4）《土地增值税清算管理规程》（国税发〔2009〕91号印发）。

第四节　房产税税务筹划

一、转换房产税计税方式

  税务筹划问题

（1）甲商业企业计划将部分闲置的库房用于出租，但是，租赁过程的税负过高，库房的原值较低，是否有可能通过税务筹划减轻税收负担呢？

（2）甲公司将一处自建仓库对外出租，原签订的均为仓库租赁合同，每年取得不含增值税租金1 000万元，缴纳房产税120万元，已知该处房产的计税余值为5 000万元。请为甲公司提出房产税的税务筹划方案。

税务筹划思路

根据《房产税暂行条例》第三条、第四条的规定，房产税依照房产原值一次减除10%～30%后的余值计算缴纳。房产出租的，以房产租金收入为房产税的计税依据。房产税的税率，依照房产余值计算缴纳的，税率为1.2%；依照房产租金收入计算缴纳的税率为12%。两种方式计算出来的应纳税额有时候存在很大差异，在这种情况下，就存在税务筹划的空间。企业可以适当将出租业务转变为承包业务而避免采用依照租金计算房产税的方式。

税务筹划方案

（1）假设该公司用于出租的库房有三栋，其房产原值为2 000万元，年不含增值税租金收入为400万元，则应纳房产税48万元（400×12%）。

如果对该公司的上述经营活动进行税务筹划。假如年底合同到期，公司派代表与客户进行友好协商，继续利用库房为客户存放商品，但将租赁合同改为仓储保管合同，增加服务内容，配备保管人员，为客户提供24小时服务。这样，该公司需要增加费用支出，假设增加支出15万元。如果该公司在增加的服务上不盈利，即收取的仓储费为房屋租赁费加15万元，则客户会非常欢迎这种做法。这样，该企业提供仓储服务的不含增值税收入仍然约为400万元，收入不变，则应纳房产税16.8万元［2 000×（1－30%）×1.2%］。通过税务筹划，使得该企业每年降低房产税负担31.2万元（48－16.8）。需要注意的是，收入性质的转化必须具有真实性、合法性，同时能够满足客户的利益要求。否则，该项性质的转化是行不通的。

（2）未来，甲公司可以将仓库租赁合同修改为仓储保管合同，将单纯的房产租赁改为仓储保管服务，增加相应的物业管理，这样就可以按照计税余值计算房产税60万元（5 000×1.2%）。节省的房产税足够支付增加相应物业管理的支出。

税务筹划依据

（1）《中华人民共和国房产税暂行条例》（1986年9月15日国务院发布，根据2011年1月8日国务院令第588号《国务院关于废止和修改部分行政法规的决定》修订）。

（2）《财政部　国家税务总局关于营改增后契税　房产税土地增值税个人所得税计税依据问题的通知》（财税〔2016〕43号）。

二、将不动产出租变为投资

税务筹划问题

位于城区的甲公司将其拥有的一套房屋出租给某商贸公司,租期10年,不含增值税租金为200万元/年。此项交易将产生增值税18万元(200×9%);产生城市维护建设税、教育费附加和地方教育附加2.16万元(18×12%);产生房产税24万元(200×12%)。不考虑其他税费,综合税收负担为44.16万元(18+2.16+24)。请给出该企业的税务筹划方案。

税务筹划思路

企业将其所拥有的房产出租,需要缴纳增值税、房产税、印花税、城市维护建设税、教育费附加、地方教育附加和企业所得税,承租企业需要支付房租并缴纳印花税。对于双方来讲,其成本都是比较大的,如果能够将出租改为投资,则双方都有可能从中受益,因为免除了增值税、城市维护建设税、教育费附加和地方教育附加。

根据《国家税务总局关于房地产开发企业土地增值税清算管理有关问题的通知》(国税发〔2006〕187号)的规定,房地产开发企业将开发产品用于职工福利、奖励、对外投资、分配给股东或投资人、抵偿债务、换取其他单位和个人的非货币性资产等,发生所有权转移时应视同销售房地产,其收入按下列方法和顺序确认:①按本企业在同一地区、同一年度销售的同类房地产的平均价格确定;②由主管税务机关参照当地当年、同类房地产的市场价格或评估价值确定。

根据《财政部 税务总局关于继续实施企业改制重组有关土地增值税政策的公告》(财政部 税务总局公告2021年第21号)、《财政部 税务总局关于继续实施企业改制重组有关土地增值税政策的的公告》(财政部 税务总局公告2023年第51号)的规定,自2021年1月1日至2027年12月31日,单位、个人在改制重组时以房地产作价入股进行投资,对其将房地产转移、变更到被投资的企业,暂不征土地增值税。

由此可见,房地产开发企业将房地产对外投资,需要视同销售,缴纳土地增值税,而其他企业将房地产对外投资仍可以免征土地增值税。

税务筹划方案

如果进行税务筹划,将甲公司房屋出租改为企业重组改制下的投资。甲公司将该房屋出资至该商贸公司,每年从该商贸公司取得股息若干元,假设该房屋的计税余值为1 000万元,则每年需要缴纳房产税12万元(1 000×1.2%)。企业重组改制之下的投资免于缴纳增值税及其附加、土地增值税和契税。减轻税收负担32.16万元(44.16-12)。

需要注意的是,甲公司将房屋投资商贸公司需要视同销售缴纳企业所得税,由于甲公司取得200万元租金也需要缴纳企业所得税,而取得若干股息则不需要缴纳企业所得税，二者在企业所得税上的综合负担基本相同，可以不予考虑。

税务筹划依据

（1）《中华人民共和国土地增值税暂行条例》（1993年12月13日中华人民共和国国务院令第138号发布，根据2011年1月8日国务院令第588号《国务院关于废止和修改部分行政法规的决定》修订）。

（2）《中华人民共和国土地增值税暂行条例实施细则》（财法字〔1995〕6号）。

（3）《国家税务总局关于房地产开发企业土地增值税清算管理有关问题的通知》（国税发〔2006〕187号）。

（4）《财政部 税务总局关于继续实施企业改制重组有关土地增值税政策的公告》（财政部 税务总局公告2021年第21号）。

（5）《财政部 税务总局关于继续实施企业改制重组有关土地增值税政策的公告》（财政部 税务总局公告2023年第51号）。

三、降低房产出租的名义租金

税务筹划问题

王先生有一套房屋出租，每月不含增值税租金3 000元。承租人是三位研究生。王先生同时还为自己的孩子聘请英语家教，每月家教费2 000元。请计算王先生应当缴纳的税款，并提出税务筹划方案。

税务筹划思路

根据《财政部 国家税务总局关于调整住房租赁市场税收政策的通知》（财税〔2000〕125号）的规定，对按政府规定价格出租的公有住房和廉租住房，包括企业和自收自支事业单位向职工出租的单位自有住房，房管部门向居民出租的公有住房，落实私房政策中带户发还产权并以政府规定租金标准向居民出租的私有住房等，暂免征收房产税、营业税。对个人按市场价格出租的居民住房，其应缴纳的房产税暂减按4%的税率征收。对个人出租房屋取得的所得暂减按10%的税率征收个人所得税。根据《财政部 国家税务总局关于廉租住房经济适用住房和住房租赁有关税收政策的通知》（财税〔2008〕24号）的规定，自2008年3月1日起，对个人出租住房，不区分用途，按4%的税率征收房产税，免征城镇土地使用税。对企事业单位、社会团体以及其他组织按市场价格向个人出租用于居住的住房，减按4%的税率征收房产税。对个人出租、承租住房签订的租赁合同，免征印花税。

出租房屋收取的租金应当缴纳4%的房产税，由于税率是不能改变的，因此，只能从租金数额上找税务筹划的空间。如果出租人和承租人有可以互相交换的物品、劳务，出租人可以一方面降低租金，另一方面通过获得承租人的物品或者劳务来获得一定的补偿，这样，出租人获得的实际利益是相同的，但是降低了租金，减轻了房产税负担。

第十一章 房地产领域税务筹划

 税务筹划方案

王先生每月需要缴纳房产税 120 元（3 000×4%），需要预扣预缴个人所得税 240 元〔（2 000－800）×20%〕。

王先生可以考虑由该三位研究生作为其孩子的英语家教，这样，每月只需要收取 1 000 元的房租。王先生每月需要缴纳房产税 40 元（1 000×4%），节约房产税 80 元。不需要代扣代缴个人所得税。对于王先生和三位研究生而言都有利。

 税务筹划依据

（1）《财政部 国家税务总局关于调整住房租赁市场税收政策的通知》（财税〔2000〕125 号）。

（2）《中华人民共和国房产税暂行条例》（1986 年 9 月 15 日国发〔1986〕90 号发布，2011 年 1 月 8 日中华人民共和国国务院令第 588 号修订）。

（3）《财政部 国家税务总局关于廉租住房经济适用住房和住房租赁有关税收政策的通知》（财税〔2008〕24 号）。

（4）《财政部 国家税务总局关于营改增后契税房产税土地增值税个人所得税计税依据问题的通知》（财税〔2016〕43 号）。

四、出租房屋的家具、家电单独计价

 税务筹划问题

（1）甲租赁公司有一套住房出租，每年不含增值税租金 40 000 元。出租的房屋中有彩电一台、洗衣机一台、冰箱一台、煤气灶一台、油烟机一台、写字台一个、空调两台、双人床一张等家具。请计算甲租赁公司每年应当缴纳的房产税，并提出税务筹划方案。

（2）乙公司将一栋写字楼出租给若干家公司，每年取得不含增值税租金 1 000 万元，需要缴纳房产税 120 万元，乙公司为该写字楼配备了充足的办公设备和家具家电，也提供物业服务。请为乙公司提出房产税的税务筹划方案。

 税务筹划思路

很多出租的房屋都附带很多家具和家电，租金相对比较高，而缴纳房产税时是按照收取的租金的全额来征收的，而实际上，租金中的很大一部分是家具和家电的租金，而出租家具是不需要缴纳房产税的，这样，纳税人无形之中就增加了自己的房产税税收负担。因此，出租人可以通过减少出租房屋的附属设施来降低租金。如果出租房屋内的家具和家电无法处理或者承租人就希望有丰富的家具和家电，此时，可以通过两种方法来解决。第一种方法是与承租人签订一个买卖协议，即先将家具和家电出售给承租人，出租人收取的仅仅是房屋的租金，租赁期满以后，出租人再将这些家具和家电以比较低的价格购买回来,这样,通过买卖差价,出租人就收回了出租这些家具和家电的租金,而这些租金是不需要缴纳房产税的,这样就降低了出租人的房产税税收负担。第二种方法是与承租人签订两份租赁协议,一份是房屋租赁协议,一份是家具和家电的租赁协议。其中,房屋租赁需要缴纳房产税和增值税,而家具和家电租赁仅需要缴纳增值税。

税务筹划方案

(1)甲租赁公司每年需要缴纳房产税1 600元(40 000×4%)。甲租赁公司可以和承租人签订两个合同,一个房屋租赁合同,每年租金为20 000元,一个家具家电租赁合同,每年租金20 000元。此时,甲租赁公司需要缴纳房产税800元(20 000×4%),减轻税收负担800元。

(2)乙公司可以在重新核算相关经营成本的基础上,将写字楼租赁合同修改为三份合同,一份写字楼租赁合同,不含增值税租金为800万元,一份办公设施租赁合同,不含增值税租金为100万元,一份物业服务合同,不含增值税服务费为100万元。乙公司每年仅需缴纳房产税96万元(800×12%)。

税务筹划依据

(1)《财政部 国家税务总局关于调整住房租赁市场税收政策的通知》(财税〔2000〕125号)。

(2)《中华人民共和国房产税暂行条例》(1986年9月15日国发〔1986〕90号发布,2011年1月8日中华人民共和国国务院令第588号修订)。

(3)《财政部 国家税务总局关于廉租住房经济适用住房和住房租赁有关税收政策的通知》(财税〔2008〕24号)。

(4)《财政部 国家税务总局关于营改增后契税房产税土地增值税个人所得税计税依据问题的通知》(财税〔2016〕43号)。

第五节 契税税务筹划

一、利用企业改制中的契税优惠

税务筹划问题

赵先生准备用自己名下的一处价值1 000万元的商用房投资设立一家一人有限责任公司,已知当地契税税率为3%,请为赵先生提出契税的税务筹划方案。

第十一章 房地产领域税务筹划

税务筹划思路

自 2021 年 1 月 1 日起至 2027 年 12 月 31 日，企业、事业单位改制重组实施以下契税优惠政策：

（1）企业按照《公司法》有关规定整体改制，包括非公司制企业改制为有限责任公司或股份有限公司，有限责任公司变更为股份有限公司，股份有限公司变更为有限责任公司，原企业投资主体存续并在改制（变更）后的公司中所持股权（股份）比例超过 75%，且改制（变更）后公司承继原企业权利、义务的，对改制（变更）后公司承受原企业土地、房屋权属，免征契税。

（2）事业单位按照国家有关规定改制为企业，原投资主体存续并在改制后企业中出资（股权、股份）比例超过 50% 的，对改制后企业承受原事业单位土地、房屋权属，免征契税。

（3）两个或两个以上的公司，依照法律规定、合同约定，合并为一个公司，且原投资主体存续的，对合并后公司承受原合并各方土地、房屋权属，免征契税。

（4）公司依照法律规定、合同约定分立为两个或两个以上与原公司投资主体相同的公司，对分立后公司承受原公司土地、房屋权属，免征契税。

（5）企业依照有关法律法规规定实施破产，债权人（包括破产企业职工）承受破产企业抵偿债务的土地、房屋权属，免征契税；对非债权人承受破产企业土地、房屋权属，凡按照《中华人民共和国劳动法》等国家有关法律法规政策妥善安置原企业全部职工规定，与原企业全部职工签订服务年限不少于三年的劳动用工合同的，对其承受所购企业土地、房屋权属，免征契税；与原企业超过 30% 的职工签订服务年限不少于三年的劳动用工合同的，减半征收契税。

（6）对承受县级以上人民政府或国有资产管理部门按规定进行行政性调整、划转国有土地、房屋权属的单位，免征契税。同一投资主体内部所属企业之间土地、房屋权属的划转，包括母公司与其全资子公司之间，同一公司所属全资子公司之间，同一自然人与其设立的个人独资企业、一人有限公司之间土地、房屋权属的划转，免征契税。母公司以土地、房屋权属向其全资子公司增资，视同划转，免征契税。

（7）经国务院批准实施债权转股权的企业，对债权转股权后新设立的公司承受原企业的土地、房屋权属，免征契税。

（8）以出让方式或国家作价出资（入股）方式承受原改制重组企业、事业单位划拨用地的，不属上述规定的免税范围，对承受方应按规定征收契税。

（9）在股权（股份）转让中，单位、个人承受公司股权（股份），公司土地、房屋权属不发生转移，不征收契税。

上述所称企业、公司是指依照我国有关法律法规设立并在中国境内注册的企业、公司。上述所称投资主体存续是指原改制重组企业、事业单位的出资人必须存在于改制重组后的企业，出资人的出资比例可以发生变动。上述所称投资主体相同是指公司分立前后出资人不发生变动，出资人的出资比例可以发生变动。

 **税务筹划方案**

如果直接投资,该有限责任公司需要缴纳契税30万元(1 000×3%)。若赵先生先成立一家一人有限责任公司,然后将自己名下的商用房划转至该一人有限责任公司,则可以免于缴纳30万元的契税。

 **税务筹划依据**

(1)《中华人民共和国契税法》(2020年8月11日第十三届全国人民代表大会常务委员会第二十一次会议通过)。

(2)《财政部 税务总局关于继续支持企业事业单位改制重组有关契税政策的通知》(财税〔2018〕17号)。

(3)《财政部 税务总局关于继续执行企业事业单位改制重组有关契税政策的公告》(财政部 税务总局公告2021年第17号)。

(4)《财政部 税务总局关于继续实施企业、事业单位改制重组有关契税政策的公告》(财政部 税务总局公告2023年第49号)。

二、利用房产交换的契税优惠

 **税务筹划问题**

张先生在甲市A区拥有一套价值500万元的房产,为子女上学方便,他准备在B区购置一套价值600万元的学区房,未来还准备将该学区房再以700万元的价格售出,在C区以800万元购置一套别墅,已知当地契税税率为4%,请为张先生提出契税的税务筹划方案。

 **税务筹划思路**

根据《中华人民共和国契税法》规定,土地使用权互换、房屋互换,契税的计税依据为所互换的土地使用权、房屋价格的差额。

在当前为子女上学以及工作需要而存在大量二手房交易的时期,对于具有互补需要的购房者可以考虑通过房产互换来进行契税的税务筹划。

 **税务筹划方案**

上述三次房产交易,交易当事人合计需要缴纳契税84万元〔(600+700+800)×4%〕。如张先生可以找到合适的房源,可以考虑与对方互换房产,即用A区的房产换购B区的房产,支付100万元差价,未来再用B区房产换购C区别墅,支付

第十一章 房地产领域税务筹划

100万元差价，合计仅需缴纳契税8万元［（100＋100）×4%］。

税务筹划依据

（1）《中华人民共和国契税法》（2020年8月11日第十三届全国人民代表大会常务委员会第二十一次会议通过）。

（2）《财政部 税务总局关于贯彻实施契税法若干事项执行口径的公告》（财政部 税务总局公告2021年第23号）。

（3）《财政部 税务总局关于契税法实施后有关优惠政策衔接问题的公告》（财政部 税务总局公告2021年第29号）。

第十二章

公司股权架构税务筹划

第一节 非货币性资产投资税务筹划

一、个人非货币性资产投资的税务筹划

 税务筹划问题

张先生将自己名下的一处不动产投资一人有限责任公司甲公司,该不动产的原值及合理税费为 1 000 万元,评估后的公允价值为 5 000 万元。请计算张先生应当缴纳的个人所得税并提出税务筹划方案。

 税务筹划思路

个人以非货币性资产投资,属于个人转让非货币性资产和投资同时发生。对个人转让非货币性资产的所得,应按照"财产转让所得"项目,依法计算缴纳个人所得税。非货币性资产投资个人所得税以发生非货币性资产投资行为并取得被投资企业股权的个人为纳税人。

个人以非货币性资产投资,应按评估后的公允价值确认非货币性资产转让收入。非货币性资产转让收入减除该资产原值及合理税费后的余额为应纳税所得额。个人以非货币性资产投资,应于非货币性资产转让、取得被投资企业股权时,确认非货币性资产转让收入的实现。

个人应在发生上述应税行为的次月 15 日内向主管税务机关申报纳税。纳税人一次性缴税有困难的,可合理确定分期缴纳计划并报主管税务机关备案后,自发生上述应税行为之日起不超过五个公历年度内(含)分期缴纳个人所得税。

个人以非货币性资产投资交易过程中取得现金补价的,现金部分应优先用于缴税;现金不足以缴纳的部分,可分期缴纳。个人在分期缴税期间转让其持有的上述全部或

第十二章 公司股权架构税务筹划

部分股权,并取得现金收入的,该现金收入应优先用于缴纳尚未缴清的税款。

非货币性资产是指现金、银行存款等货币性资产以外的资产,包括股权、不动产、技术发明成果以及其他形式的非货币性资产。非货币性资产投资,包括以非货币性资产出资设立新的企业,以及以非货币性资产出资参与企业增资扩股、定向增发股票、股权置换、重组改制等投资行为。

税务筹划方案

如果不进行税务筹划,张先生需要在不动产转让、取得甲公司股权时计算缴纳个人所得税 800 万元〔(5 000 - 1 000)×20%〕。

如果张先生合理确定分期缴纳计划并报主管税务机关备案后,则可以在不超过五个公历年度内分期缴纳个人所得税。例如,前四年每年缴纳个人所得税 1 万元,第五年缴纳个人所得税 796 万元。

税务筹划依据

(1)《中华人民共和国个人所得税法》。

(2)《财政部 国家税务总局关于个人非货币性资产投资有关个人所得税政策的通知》(财税〔2015〕41 号)。

(3)《国家税务总局关于个人非货币性资产投资有关个人所得税征管问题的公告》(国家税务总局公告 2015 年第 20 号)。

二、个人技术成果出资的税务筹划

税务筹划问题

李先生自创或者购置一项专利,成本为 100 万元,现将该专利投资成立李先生一人有限责任公司甲公司,评估值为 1 000 万元。请计算李先生应当缴纳的个人所得税并提出税务筹划方案。

税务筹划思路

企业或个人以技术成果投资入股到境内居民企业,被投资企业支付的对价全部为股票(权)的,企业或个人可选择继续按现行有关税收政策执行,也可选择适用递延纳税优惠政策。选择技术成果投资入股递延纳税政策的,经向主管税务机关备案,投资入股当期可暂不纳税,允许递延至转让股权时,按股权转让收入减去技术成果原值和合理税费后的差额计算缴纳所得税。

企业或个人选择适用上述任一项政策,均允许被投资企业按技术成果投资入股时的评估值入账并在企业所得税前摊销扣除。

技术成果是指专利技术（含国防专利）、计算机软件著作权、集成电路布图设计专有权、植物新品种权、生物医药新品种，以及科技部、财政部、国家税务总局确定的其他技术成果。技术成果投资入股是指纳税人将技术成果所有权让渡给被投资企业、取得该企业股票（权）的行为。

税务筹划方案

如果李先生不进行税务筹划，李先生应当在取得甲公司股权之时计算并缴纳个人所得税180万元〔（1 000－100）×20%〕。

如果李先生向主管税务机关备案，选择递延纳税优惠政策，则李先生在投资入股时不需要缴纳个人所得税，同时，甲公司还可以每年提取该项专利的摊销100万元，十年期间合计抵扣企业所得税250万元（1 000×25%）。李先生可以选择在第十年解散甲公司，假设甲公司清算时并无资本利得，则该项专利在出资时潜在的180万元个人所得税就免除了。就该项专利技术而言，李先生付出的成本为100万元，十年间该项技术为李先生实现节税250万元。如果李先生在投资入股时能将该项专利的评估值进一步提高为2 000万元，则节税额可以达到500万元。

税务筹划依据

（1）《中华人民共和国个人所得税法》。
（2）《财政部　国家税务总局关于完善股权激励和技术入股有关所得税政策的通知》（财税〔2016〕101号）。

第二节　股权转让税务筹划

一、利用税收洼地进行股权转让或减持

税务筹划问题

孙先生持有甲公司30%的股权，现准备转让其中10%的股权。已知孙先生取得该10%股权的成本为100万元，转让价款为1 000万元。请计算孙先生应当缴纳的个人所得税并提出税务筹划方案。

税务筹划思路

股权转让或上市公司股份减持是非常常见的交易形式，上述转让与减持行为一般

均会带来巨额的所得,如何对该笔所得进行税务筹划是很多投资者关心的问题。如果能够将上述所得装入一个享受免税政策的公司之中,就可以实现股权转让所得的节税目的。

2021年1月1日至2030年12月31日,对在新疆喀什、霍尔果斯两个特殊经济开发区内新办的属于《新疆困难地区重点鼓励发展产业企业所得税优惠目录》范围内的企业,自取得第一笔生产经营收入所属纳税年度起,五年内免征企业所得税。第一笔生产经营收入是指产业项目已建成并投入运营后所取得的第一笔收入。

 税务筹划方案

如果不进行税务筹划,孙先生在股权转让完成之时需要计算并缴纳个人所得税180万元[(1 000 − 100)×20%]。

如果孙先生事先在新疆喀什、霍尔果斯两个特殊经济开发区成立属于《新疆困难地区重点鼓励发展产业企业所得税优惠目录》范围内的企业A公司,由A公司购置并持有甲公司的股权,则可以由A公司转让甲公司10%的股权,取得900万元应纳税所得额。由于A公司享受五年免税待遇,该笔股权转让所得实际缴纳企业所得税为0,节税180万元。

 税务筹划依据

(1)《中华人民共和国个人所得税法》。
(2)《财政部 税务总局关于新疆困难地区及喀什、霍尔果斯两个特殊经济开发区新办企业所得税优惠政策的通知》(财税〔2021〕27号)。

二、利用亏损企业进行股权转让或减持

 税务筹划问题

赵女士持有甲公司30%的股权,现准备转让其中10%的股权。已知赵女士取得该10%股权的成本为100万元,转让价款为1 000万元。请计算赵女士应当缴纳的个人所得税并提出税务筹划方案。

 税务筹划思路

企业纳税年度发生的亏损,准予向以后年度结转,用以后年度的所得弥补,但结转年限最长不得超过五年。企业的亏损在特定的环境下有可能成为宝贵的资源,特别是如果能将企业的亏损与股权转让或减持的所得结合在一起,将取得意想不到的节税效果。

税务筹划方案

如果不进行税务筹划，赵女士在股权转让完成之时需要计算并缴纳个人所得税180万元[（1 000－100）×20%]。

如果赵女士事先购置一家亏损企业A公司，其拥有尚未过弥补期的亏损900万元。由A公司购置甲公司的股权并转让，上述900万元的应纳税所得额将由A公司实现，正好弥补其亏损，实现了该笔股权转让所得的免税目的。

 税务筹划依据

（1）《中华人民共和国企业所得税法》第十八条。
（2）《中华人民共和国企业所得税法实施条例》。

三、将公司股权转让转变为个人股权转让

 税务筹划问题

王先生夫妇持有甲公司100%的股权，甲公司持有乙公司100%的股权，现甲公司准备将乙公司40%的股权转让给孙先生，股权转让价为2 000万元，已知乙公司注册资本为1 000万元，当前公允价值为5 000万元，该笔股权的成本为400万元。请计算上述交易应当缴纳的所得税并提出税务筹划方案。

 税务筹划思路

一般情形下，以公司进行股权转让，需要缴纳25%的企业所得税，而以个人进行股权转让，仅需要缴纳20%的个人所得税。因此，在公司不享受税收优惠以及公司没有可以弥补的亏损的情形下，可以通过将公司转让股权转变为个人转让股权，从而降低股权转让所得的税负。将公司转让股权转变为个人转让股权的核心在于通过不公允增资将个人增加为公司股东。

 税务筹划方案

如果不进行税务筹划，甲公司需要缴纳企业所得税400万元[（2 000－400）×25%]。

如果王先生夫妇向乙公司增加出资666.67万元，持有乙公司40%的股权，股权转让价调整为2 266.67万元[（5 000＋666.67）×40%]，则王先生夫妇需要缴纳个人所得税320万元[（2 266.67－666.67）×20%]，节税80万元（400－320）。

税务筹划依据

（1）《中华人民共和国企业所得税法》。

（2）《中华人民共和国个人所得税法》。

四、通过撤资实现股权转让的目的

 税务筹划问题

王先生夫妇持有甲公司100%的股权，甲公司持有乙公司40%的股权，现甲公司准备将乙公司40%的股权转让给孙先生，股权转让价为2 000万元，已知乙公司注册资本为1 000万元，当前公允价值为5 000万元，该笔股权的成本为400万元，该笔股权对应的未分配利润和盈余公积金为1 100万元。请计算上述交易应当缴纳的所得税并提出税务筹划方案。

 税务筹划思路

企业转让股权收入，应于转让协议生效且完成股权变更手续时，确认收入的实现。转让股权收入扣除为取得该股权所发生的成本后，为股权转让所得。企业在计算股权转让所得时，不得扣除被投资企业未分配利润等股东留存收益中按该项股权所可能分配的金额。

投资企业从被投资企业撤回或减少投资，其取得的资产中，相当于初始出资的部分，应确认为投资收回；相当于被投资企业累计未分配利润和累计盈余公积按减少实收资本比例计算的部分，应确认为股息所得；其余部分确认为投资资产转让所得。

通过将股权转让巧妙地转化为撤资，可以实现节税的效果。

 税务筹划方案

如果不进行税务筹划，甲公司需要缴纳企业所得税400万元〔（2 000 − 400）× 25%〕。

如果甲公司从乙公司撤资，可以从甲公司取得2 000万元，其中，400万元为投资收回，不缴纳企业所得税，其中1 100万元为未分配利润和盈余公积金，确认为股息所得，也不缴纳企业所得税，剩余500万元为投资资产转让所得，需要缴纳企业所得税125万元（500×25%）。甲公司撤资后，由孙先生出资2 000万元投资乙公司，并持有乙公司40%的股权。最终实现与股权转让相同的效果，实现节税275万元（400 − 125）。

税务筹划依据

（1）《中华人民共和国企业所得税法》。

（2）《国家税务总局关于贯彻落实企业所得税法若干税收问题的通知》（国税函〔2010〕79号）。

（3）《国家税务总局关于企业所得税若干问题的公告》（国家税务总局公告2011年第34号）。

五、将资产转让转化为股权转让

 税务筹划问题

甲公司准备购置几处写字楼,持有若干年,待增值后再转让。假设上述写字楼的购置成本为 10 000 万元,转让价款为 20 000 万元,请计算甲公司应当缴纳的税款并设计税务筹划方案。

 税务筹划思路

资产转让的税负比较重,一般情形下,资产转让方需要缴纳增值税及其附加、土地增值税、所得税和印花税,资产受让方需要缴纳契税和印花税。而股权转让一般情形下,资产转让方仅需缴纳所得税和印花税,资产受让方仅需要缴纳印花税。因此,企业与个人在投资之初就应当采取由公司持有资产的方式进行投资。

 税务筹划方案

如果不进行税务筹划,甲公司需要缴纳增值税 476.19 万元[(20 000 − 10 000)÷(1 + 5%)×5%]。需要缴纳城市维护建设税、教育费附加和地方教育附加 57.14 万元[476.19×(7% + 3% + 2%)],需要缴纳土地增值税(暂按交易额的 3% 核定)600 万元(20 000×3%)。需要缴纳印花税 10 万元(20 000×0.05%),需要缴纳企业所得税 2 214.17 万元[(20 000 − 10 000 − 476.19 − 57.14 − 600 − 10)×25%]。购买方需要缴纳契税 571.43 万元[20 000÷(1 + 5%)×3%],需要缴纳印花税 10 万元。整个交易的综合税负为 3 938.9 万元(476.19 + 57.14 + 600 + 10 + 2 214.17 + 571.4 + 10)。

如果甲公司成立乙公司、丙公司、丁公司等若干家公司,每一家公司持有一处写字楼,未来通过转让乙公司、丙公司、丁公司等公司股权的方式来转让写字楼。假设将上述交易合并视为一次交易,则甲公司需要缴纳印花税 10 万元(20 000×0.05%),需要缴纳企业所得税 2 497.5 万元[(20 000 − 10 000 − 10)×25%]。购买方需要缴纳印花税 10 万元。整个交易的综合税负为 2 517.5 万元(10 + 2 497.5 + 10),减轻税收负担 1 421.4 万元(3 938.9 − 2 517.5)。

 税务筹划依据

(1)《中华人民共和国企业所得税法》。

(2)《财政部 国家税务总局关于全面推开营业税改征增值税试点的通知》(财税〔2016〕36号)。

(3)《中华人民共和国土地增值税暂行条例》(1993 年 12 月 13 日中华人民共

和国国务院令第 138 号发布，根据 2011 年 1 月 8 日国务院令第 588 号《国务院关于废止和修改部分行政法规的决定》修订）。

（4）《中华人民共和国契税法》（2020 年 8 月 11 日第十三届全国人民代表大会常务委员会第二十一次会议通过）。

（5）《中华人民共和国印花税法》（2021 年 6 月 10 日第十三届全国人民代表大会常务委员会第二十九次会议通过）。

第十三章

主要税收优惠政策指引

第一节 加计扣除税收优惠政策指引

一、研发费用税前加计扣除政策指引

（一）研发费用加计扣除的具体政策

· 适用主体 ·

除烟草制造业、住宿和餐饮业、批发和零售业、房地产业、租赁和商务服务业、娱乐业等以外，其他行业企业均可享受。

· 优惠内容 ·

企业开展研发活动中实际发生的研发费用，未形成无形资产计入当期损益的，在按规定据实扣除的基础上，自2023年1月1日起，再按照实际发生额的100%在税前加计扣除；形成无形资产的，自2023年1月1日起，按照无形资产成本的200%在税前摊销。

上述政策作为制度性安排长期实施。

集成电路企业和工业母机企业开展研发活动中实际发生的研发费用，未形成无形资产计入当期损益的，在按规定据实扣除的基础上，在2023年1月1日至2027年12月31日期间，再按照实际发生额的120%在税前扣除；形成无形资产的，在上述期间按照无形资产成本的220%在税前摊销。

· 政策依据 ·

（1）《财政部 国家税务总局 科技部关于完善研究开发费用税前加计扣除政策的通知》（财税〔2015〕119号）。

（2）《财政部 税务总局关于进一步完善研发费用税前加计扣除政策的公告》（财

政部　税务总局公告 2023 年第 7 号）。

（3）《财政部　税务总局　国家发展改革委　工业和信息化部关于提高集成电路和工业母机企业研发费用加计扣除比例的公告》（财政部　税务总局　国家发展改革委　工业和信息化部公告 2023 年第 44 号）。

（二）研发费用加计扣除政策的适用范围

· 适用主体 ·

除烟草制造业、住宿和餐饮业、批发和零售业、房地产业、租赁和商务服务业、娱乐业等以外，其他行业企业均可享受。

· 适用范围 ·

企业为获得科学与技术新知识，创造性运用科学技术新知识，或实质性改进技术、产品（服务）、工艺而持续进行的具有明确目标的系统性活动。

下列活动不适用税前加计扣除政策：
（1）企业产品（服务）的常规性升级。
（2）对某项科研成果的直接应用，如直接采用公开的新工艺、材料、装置、产品、服务或知识等。
（3）企业在商品化后为顾客提供的技术支持活动。
（4）对现存产品、服务、技术、材料或工艺流程进行的重复或简单改变。
（5）市场调查研究、效率调查或管理研究。
（6）作为工业（服务）流程环节或常规的质量控制、测试分析、维修维护。
（7）社会科学、艺术或人文方面的研究。

· 政策依据 ·

《财政部　国家税务总局　科技部关于完善研究开发费用税前加计扣除政策的通知》（财税〔2015〕119 号）。

（三）可加计扣除的研发费用范围

· 适用主体 ·

除烟草制造业、住宿和餐饮业、批发和零售业、房地产业、租赁和商务服务业、娱乐业等以外，其他行业企业均可享受。

· 优惠内容 ·

1. 人员人工费用

人员人工费用是指直接从事研发活动人员的工资薪金、基本养老保险费、基本医疗保险费、失业保险费、工伤保险费、生育保险费和住房公积金，以及外聘研发人员的劳务费用。

2. 直接投入费用

直接投入费用包括：

（1）研发活动直接消耗的材料、燃料和动力费用。

（2）用于中间试验和产品试制的模具、工艺装备开发及制造费，不构成固定资产的样品、样机及一般测试手段购置费，试制产品的检验费。

（3）用于研发活动的仪器、设备的运行维护、调整、检验、维修等费用，以及通过经营租赁方式租入的用于研发活动的仪器、设备租赁费。

3. 折旧费用

折旧费用是指用于研发活动的仪器、设备的折旧费。

4. 无形资产摊销

无形资产摊销是指用于研发活动的软件、专利权、非专利技术（包括许可证、专有技术、设计和计算方法等）的摊销费用。

5. 现场试验费

现场试验费是指用于新产品设计费、新工艺规程制定费、新药研制的临床试验费、勘探开发技术的费用。

6. 其他相关费用

与研发活动直接相关的其他费用，如技术图书资料费、资料翻译费、专家咨询费、高新科技研发保险费，研发成果的检索、分析、评议、论证、鉴定、评审、评估、验收费用，知识产权的申请费、注册费、代理费，差旅费、会议费，职工福利费、补充养老保险费、补充医疗保险费。此类费用总额不得超过可加计扣除研发费用总额的10%。

·政策依据·

（1）《财政部　国家税务总局　科技部关于完善研究开发费用税前加计扣除政策的通知》（财税〔2015〕119号）。

（2）《国家税务总局关于研发费用税前加计扣除归集范围有关问题的公告》（国家税务总局公告2017年第40号）。

（四）委托、合作、集中研发费用加计扣除政策

·适用主体·

除烟草制造业、住宿和餐饮业、批发和零售业、房地产业、租赁和商务服务业、娱乐业等以外，其他行业企业均可享受。

· 判定标准 ·

（1）企业委托外部机构或个人进行研发活动所发生的费用，按照费用实际发生额的80%计入委托方研发费用并计算加计扣除，受托方不得再进行加计扣除。委托境外进行研发活动所发生的费用，按照费用实际发生额的80%计入委托方的委托境外研发费用。委托境外研发费用不超过境内符合条件的研发费用2/3的部分，可以按规定在企业所得税前加计扣除。

（2）企业共同合作开发的项目，由合作各方就自身实际承担的研发费用分别计算加计扣除。

（3）企业集团根据生产经营和科技开发的实际情况，对技术要求高、投资数额大，需要集中研发的项目，其实际发生的研发费用，可以按照权利和义务相一致、费用支出和收益分享相配比的原则，合理确定研发费用的分摊方法，在受益成员企业间进行分摊，由相关成员企业分别计算加计扣除。

· 政策依据 ·

（1）《财政部　国家税务总局　科技部关于完善研究开发费用税前加计扣除政策的通知》（财税〔2015〕119号）。

（2）《财政部　税务总局　科技部关于企业委托境外研究开发费用税前加计扣除有关政策问题的通知》（财税〔2018〕64号）。

（五）研发费用加计扣除政策会计核算与管理

· 适用主体 ·

除烟草制造业、住宿和餐饮业、批发和零售业、房地产业、租赁和商务服务业、娱乐业等以外，其他行业企业均可享受。

· 优惠内容 ·

（1）企业应按照国家财务会计制度要求，对研发支出进行会计处理；同时，对享受加计扣除的研发费用按研发项目设置辅助账，准确归集核算当年可加计扣除的各项研发费用实际发生额。企业在一个纳税年度内进行多项研发活动的，应按照不同研发项目分别归集可加计扣除的研发费用。

（2）企业应对研发费用和生产经营费用分别核算，准确、合理归集各项费用支出，对划分不清的，不得实行加计扣除。

· 政策依据 ·

《财政部　国家税务总局　科技部关于完善研究开发费用税前加计扣除政策的通知》（财税〔2015〕119号）。

二、企业投入基础研究税收优惠政策操作指南

·适用对象·

企业投入基础研究税前扣除及加计扣除政策适用于所有企业，基础研究资金收入免征企业所得税政策适用于符合条件的非营利性科学技术研究开发机构（以下简称非营利性科研机构）、高等学校。

·政策内容·

（1）对企业出资给非营利性科研机构、高等学校和政府性自然科学基金用于基础研究的支出，在计算应纳税所得额时可按实际发生额在税前扣除，并可按100%在税前加计扣除。

（2）对非营利性科研机构、高等学校接收企业、个人和其他组织机构基础研究资金收入，免征企业所得税。

·操作流程·

1. 留存备查材料

企业和非营利性科研机构、高等学校和政府性自然科学基金管理单位应将相关资料留存备查，包括企业出资协议、出资合同、相关票据等，出资协议、出资合同和出资票据应包含出资方、接收方、出资用途（注明用于基础研究）、出资金额等信息。

2. 办理渠道

企业、非营利性科研机构、高等学校可通过办税服务厅（场所）、电子税务局办理，具体地点和网址可从省（自治区、直辖市和计划单列市）税务局网站"纳税服务"栏目查询。

3. 申报要求

企业在办理企业所得税预缴申报和年度纳税申报时，通过填报申报表相关行次即可享受优惠。

（1）关于企业出资给非营利性科研机构、高等学校和政府性自然科学基金用于基础研究的支出加计扣除。

预缴申报时，在《中华人民共和国企业所得税月（季）度预缴纳税申报表（A类）》（A200000）第7行"减：免税收入、减计收入、加计扣除"下的明细行次填报相关加计扣除情况。手工申报的，在明细行次填写"企业投入基础研究支出加计扣除（按100%加计扣除）"事项名称及优惠金额。通过电子税务局申报的，可直接在下拉菜单中选择相应的优惠事项名称，并填报优惠金额。相关优惠事项名称和优惠金额填报要求可参见国家税务总局网站发布的《企业所得税申报事项目录》。

年度申报时，填报《中华人民共和国企业所得税年度纳税申报表（A类，2017版）》之《免税、减计收入及加计扣除优惠明细表》（A107010）有关行次。

（2）关于非营利性科研机构、高等学校接收企业、个人和其他组织机构基础研究资金收入免征企业所得税。

预缴申报时，在《中华人民共和国企业所得税月（季）度预缴纳税申报表（A类）》（A200000）第7行"减：免税收入、减计收入、加计扣除"下的明细行次填报相关免税收入情况。手工申报的，在明细行次填写"取得的基础研究收入免征企业所得税"事项名称及优惠金额。通过电子税务局申报的，可直接在下拉菜单中选择相应的优惠事项名称，并填报优惠金额。相关优惠事项名称和优惠金额填报要求可参见国家税务总局网站发布的《企业所得税申报事项目录》。

年度申报时，填报《中华人民共和国企业所得税年度纳税申报表（A类，2017版）》之《免税、减计收入及加计扣除优惠明细表》（A107010）有关行次。

· 相关规定 ·

（1）非营利性科研机构、高等学校包括国家设立的科研机构和高等学校、民办非营利性科研机构和高等学校，具体按以下条件确定：

第一，国家设立的科研机构和高等学校是指利用财政性资金设立的、取得《事业单位法人证书》的科研机构和公办高等学校，包括中央和地方所属科研机构和高等学校。

第二，民办非营利性科研机构和高等学校是指同时满足以下条件的科研机构和高等学校：①根据《民办非企业单位登记管理暂行条例》在民政部门登记，并取得《民办非企业单位（法人）登记证书》；②对于民办非营利性科研机构，其《民办非企业单位（法人）登记证书》记载的业务范围应属于科学研究与技术开发、成果转让、科技咨询与服务、科技成果评估范围。对业务范围存在争议的，由税务机关转请县级（含）以上科技行政主管部门确认。对于民办非营利性高等学校，应取得教育主管部门颁发的《民办学校办学许可证》，记载学校类型为"高等学校"；③经认定取得企业所得税非营利组织免税资格。

（2）政府性自然科学基金是指国家和地方政府设立的自然科学基金委员会管理的自然科学基金。

（3）基础研究是指通过对事物的特性、结构和相互关系进行分析，从而阐述和检验各种假设、原理和定律的活动。具体依据以下内容判断：

第一，基础研究不预设某一特定的应用或使用目的，主要是为获得关于现象和可观察事实的基本原理的新知识，可针对已知或具有前沿性的科学问题，或者针对人们普遍感兴趣的某些广泛领域，以未来广泛应用为目标。

第二，基础研究可细分为两种类型。一是自由探索性基础研究，即为了增进知识，不追求经济或社会效益，也不积极谋求将其应用于实际问题或把成果转移到负责应用的部门；二是目标导向（定向）基础研究，旨在获取某方面知识、期望为探索解决当前已知或未来可能发现的问题奠定基础。

第三，基础研究成果通常表现为新原理、新理论、新规律或新知识，并以论文、著作、研究报告等形式为主。同时，由于基础研究具有较强的探索性、存在失败的风险，论文、著作、研究报告等也可以体现为试错或证伪等成果。

上述基础研究不包括在境外开展的研究，也不包括社会科学、艺术或人文学方面的研究。

· 相关文件 ·

（1）《财政部 税务总局关于企业投入基础研究税收优惠政策的公告》（财政部 税务总局公告2022年第32号）。

（2）《中华人民共和国企业所得税年度纳税申报表（A类，2017年版）》。

（3）《中华人民共和国企业所得税月（季）度预缴纳税申报表（A类）》。

（4）《企业所得税申报事项目录》（国家税务总局网站"纳税服务"栏目发布）。

· 有关问题 ·

（1）企业投入基础研究税收优惠政策的主要内容是什么？

答：按照国务院的决策部署，为鼓励企业加大创新投入，支持我国基础研究发展，《财政部 税务总局关于企业投入基础研究税收优惠政策的公告》（财政部 税务总局公告2022年第32号，以下简称《公告》），对基础研究从出资方和接收方两端分别规定了优惠政策：一是出资方政策，对企业出资给非营利性科研机构、高等学校和政府性自然科学基金用于基础研究的支出，在计算应纳税所得额时可按实际发生额在税前扣除，并可按100%在税前加计扣除；二是接收方政策，对非营利性科研机构、高等学校接收企业、个人和其他组织机构基础研究资金收入，免征企业所得税。

（2）我公司是一家批发和零售业，属于《财政部 国家税务总局 科技部关于完善研究开发费用税前加计扣除政策的通知》（财税〔2015〕119号）规定的不能享受研发费用加计扣除政策的六大行业，我公司出资给高等学校用于基础研究的支出，可以享受基础研究税收优惠政策吗？

答：《公告》未对适用基础研究税收优惠政策的行业进行限制，住宿和餐饮业、批发和零售业、房地产业、租赁和商务服务业、娱乐业、烟草制造业等六大行业，可以与其他行业一样，同等适用基础研究税收优惠政策。你公司作为批发和零售业企业，出资给符合条件的高等学校用于基础研究的支出，不受财税〔2015〕119号文件规定的行业限制，在计算应纳税所得额时可以按实际发生额在税前扣除，并可按100%在税前加计扣除。

（3）我单位是一家民办的科研机构，从企业接收了用于基础研究的资金，可以享受免征企业所得税政策吗？

答：《公告》对适用基础研究税收优惠政策的民办非营利科研机构和高等学校的条件进行了明确，要求同时符合以下条件：一是根据《民办非企业单位登记管理暂行条例》规定在民政部门登记，并取得《民办非企业单位（法人）登记证书》；二是对于民办非营利性科研机构,其《民办非企业单位(法人)登记证书》记载的业务范围应属于科学研究与技术开发、成果转让、科技咨询与服务、科技成果评估范围。对业务范围存在争议的,由税务机关转请县级(含)以上科技行政主管部门确认。对于民办非营利性高等学校,应取得教育主管部门颁发的《民办学校办学许可证》,记载学校类型为"高等学校";三是经认定取得企业所得税非营利组织免税资格。

你单位如同时符合上述条件,接收企业、个人和其他组织机构基础研究资金收入,可以免征企业所得税。

(4)我单位是一家非营利性科研机构,只有从企业取得的基础研究资金收入,才可以享受免征企业所得税优惠吗?

答:《公告》规定,对非营利性科研机构、高等学校接收企业、个人和其他组织机构基础研究资金收入,免征企业所得税。因此,享受免征企业所得税优惠的范围不仅限于从企业取得的基础研究资金收入,还包括接受个人和其他组织机构的基础研究资金收入。

(5)基础研究税收优惠政策的接收方中包括政府性自然科学基金,政府性自然科学基金具体是指什么?

答:《公告》对政府性自然科学基金进行了界定,具体是指国家和地方政府设立的自然科学基金委员会管理的自然科学基金。

(6)享受基础研究税收优惠政策,需要办理备案或审批手续吗?

答:享受优惠的企业、非营利性科研机构、高等学校应当结合实际情况,按照《公告》的规定自行判断是否符合政策规定的条件,符合条件的可以自行计算并通过填报企业所得税纳税申报表享受税收优惠,同时归集和留存相关资料备查即可,无需备案或审批。

(7)我单位享受基础研究出资加计扣除优惠政策,需留存备查什么材料?

答:基础研究税收优惠政策的主要留存备查资料,包括企业出资协议或出资合同、相关票据等,出资协议、出资合同和出资票据应包含出资方、接收方、出资用途(注明用于基础研究)、出资金额等信息。

(8)我们注意到基础研究税收优惠政策是在2022年10月8日发布的,我公司在2022年5月出资150万元给某公办高等学校用于基础研究,可以享受税收优惠吗?

答:《公告》规定,基础研究税收优惠政策于2022年1月1日开始实施,《公告》的发布时间不影响政策实施时间。你公司2022年5月出资给公办高等学校用于基础研究的支出,发生在2022年1月1日以后,若符合政策规定的其他条件,可以享受税前扣除和加计扣除政策。

(9)我公司2022年4月向国家自然科学基金进行基础研究出资,在什么时候可以享受加计扣除优惠?

答:你公司在10月征期时,可就前三季度出资给国家自然科学基金用于基础研究的支出享受加计扣除优惠,也可在企业所得税汇算清缴时统一享受加计扣除优惠。

（10）我单位是一家高等学校，想问一下可以适用税收优惠的基础研究的范围是什么？

答：《公告》对适用政策的基础研究进行了明确规定，具体为：基础研究是指通过对事物的特性、结构和相互关系进行分析，从而阐述和检验各种假设、原理和定律的活动。具体依据以下内容判断：

第一，基础研究不预设某一特定的应用或使用目的，主要是为获得关于现象和可观察事实的基本原理的新知识，可针对已知或具有前沿性的科学问题，或者针对人们普遍感兴趣的某些广泛领域，以未来广泛应用为目标。

第二，基础研究可细分为两种类型，一是自由探索性基础研究，即为了增进知识，不追求经济或社会效益，也不积极谋求将其应用于实际问题或把成果转移到负责应用的部门；二是目标导向（定向）基础研究，旨在获取某方面知识、期望为探索解决当前已知或未来可能发现的问题奠定基础。

第三，基础研究成果通常表现为新原理、新理论、新规律或新知识，并以论文、著作、研究报告等形式为主。同时，由于基础研究具有较强的探索性、存在失败的风险，论文、著作、研究报告等也可以体现为试错或证伪等成果。

上述基础研究不包括在境外开展的研究，也不包括社会科学、艺术或人文学方面的研究。

（11）我单位是一家公办科研机构，2022年接收到一笔基础研究出资，《公告》对接收的基础研究资金管理有要求吗？

答：《公告》对非营利性科研机构、高等学校和政府性自然科学基金管理单位接收的基础研究资金明确了管理要求，具体为：非营利性科研机构、高等学校和政府性自然科学基金管理单位应做好企业投入基础研究的资金管理，建立健全监督机制，确保资金用于基础研究，提高资金使用效率。

（12）我公司按月预缴企业所得税，6月向某符合条件的科研机构进行基础研究出资100万元，不享受其他免税、减计收入、加计扣除优惠。预缴申报9月份企业所得税时，如何填报申报表并享受优惠政策？

答：预缴申报9月份企业所得税时，在《中华人民共和国企业所得税月（季）度预缴纳税申报表（A类）》（A200000）第7行"减：免税收入、减计收入、加计扣除"下的明细行次填报相关加计扣除情况。手工申报的，在明细行次填写"企业投入基础研究支出加计扣除（按100%加计扣除）"事项名称及优惠金额。通过电子税务局申报的，可直接在下拉菜单中选择"企业投入基础研究支出加计扣除（按100%加计扣除）"事项名称，并填报优惠金额。相关优惠事项名称和优惠金额填报要求可参见国家税务总局网站发布的《企业所得税申报事项目录》。

（13）我单位是一家符合条件的科研机构'按季度预缴企业所得税，2022年11月接收企业投入基础研究资金收入200万元，不享受其他免税、减计收入、加计扣除优惠。预缴申报第4季度企业所得税时，如何填报申报表并享受优惠政策？

答：预缴申报第4季度企业所得税时，在《中华人民共和国企业所得税月（季）

度预缴纳税申报表（A类）》（A200000）第7行"减：免税收入、减计收入、加计扣除"下的明细行次填报相关免税收入情况。手工申报的，在明细行次填写"取得的基础研究收入免征企业所得税"事项名称及优惠金额。通过电子税务局申报的，可直接在下拉菜单中选择"取得的基础研究收入免征企业所得税"事项名称，并填报优惠金额。相关优惠事项名称和优惠金额填报要求可参见国家税务总局网站发布的《企业所得税申报事项目录》。

三、研发费用税前加计扣除政策即问即答

（1）我公司是一家信息传输、软件和信息技术服务企业，2023年度发生的研发费用如何适用加计扣除政策？

答：《财政部 税务总局关于进一步完善研发费用税前加计扣除政策的公告》（财政部 税务总局公告2023年第7号，以下简称7号公告）明确：企业开展研发活动中实际发生的研发费用，未形成无形资产计入当期损益的，在按规定据实扣除的基础上，自2023年1月1日起，再按照实际发生额的100%在税前加计扣除；形成无形资产的，自2023年1月1日起，按照无形资产成本的200%在税前摊销。

你公司2023年度发生的研发费用可按照上述规定，适用研发费用加计扣除政策。

（2）我单位是一家科技服务业企业，2023年发生了1 000万元研发费用计入当期损益，可在税前扣除多少？

答：7号公告明确，企业开展研发活动中实际发生的研发费用，未形成无形资产计入当期损益的，在按规定据实扣除的基础上，自2023年1月1日起，再按照实际发生额的100%在税前加计扣除。

你单位2023年发生研发费用1 000万元，未形成无形资产计入当期损益的，可在税前据实扣除1 000万元的基础上，在税前按100%比例加计扣除，合计在税前扣除2 000万元。

（3）我公司是一家批发和零售业企业，在7号公告出台以后，可以适用研发费用加计扣除政策吗？

答：7号公告明确，企业享受研发费用加计扣除政策的其他政策口径和管理要求，按照《财政部 国家税务总局 科技部关于完善研究开发费用税前加计扣除政策的通知》（财税〔2015〕119号）、《财政部 税务总局 科技部关于企业委托境外研究开发费用税前加计扣除有关政策问题的通知》（财税〔2018〕64号）等文件相关规定执行。

按照《财政部 国家税务总局 科技部关于完善研究开发费用税前加计扣除政策的通知》（财税〔2015〕119号）规定，烟草制造业、住宿和餐饮业、批发和零售业、房地产业、租赁和商务服务业、娱乐业等不适用税前加计扣除政策。

因此，7号公告出台以后，你公司作为一家批发和零售业企业，仍不能适用研发费

用加计扣除政策。

（4）7号公告明确《财政部 税务总局关于进一步完善研发费用税前加计扣除政策的公告》（财政部 税务总局公告2021年第13号）同时废止。我公司是一家制造业企业，在进行2022年度纳税申报时，研发费用还可按100%比例加计扣除吗？

答：2022年度企业所得税汇算清缴对应的税款所属期为2022年1月1日至2022年2月31日，企业在汇算清缴时均可适用此期间有效的政策。《财政部 税务总局关于进一步完善研发费用税前加计扣除政策的公告》（财政部 税务总局公告2021年第13号）于2023年1月1日起废止，不影响其在2022年1月1日至2022年12月31日的有效性，因此，制造业企业在进行2022年度纳税申报时，其研发费用按规定可以按100%比例加计扣除。

（5）我单位在2022年第二季度形成了一项无形资产，该资产在2023年如何适用研发费用加计扣除政策？

答：7号公告规定形成无形资产的，自2023年1月1日起，按照无形资产成本的200%在税前摊销。上述政策未对无形资产形成的时间进行限定，因此，你单位2022年第二季度形成的一项无形资产，在2023年可按无形资产成本的200%在税前摊销。

（6）7号公告将所有企业的研发费用加计扣除比例均提高到100%，相关政策口径和管理要求是否有变化？

答：7号公告将所有企业的研发费用加计扣除比例统一提高到100%，并作为制度性安排长期实施。其他政策口径和管理要求没有变化，仍按照《财政部 国家税务总局 科技部关于完善研究开发费用税前加计扣除政策的通知》（财税〔2015〕119号）、《财政部 税务总局 科技部关于企业委托境外研究开发费用税前加计扣除有关政策问题的通知》（财税〔2018〕64号）、《国家税务总局关于企业研究开发费用税前加计扣除政策有关问题的公告》（国家税务总局公告2015年第97号）、《国家税务总局关于研发费用税前加计扣除归集范围有关问题的公告》（国家税务总局公告2017年第40号）、《国家税务总局关于企业预缴申报享受研发费用加计扣除优惠政策有关事项的公告》（国家税务总局公告2022年第10号）等现行有效的文件规定执行。

（7）我公司是一家核定征收企业，可以享受7号公告规定的研发费用加计扣除政策吗？

答：7号公告明确，企业享受研发费用加计扣除政策的其他政策口径和管理要求，按照《财政部 国家税务总局 科技部关于完善研究开发费用税前加计扣除政策的通知》（财税〔2015〕119号）、《财政部 税务总局 科技部关于企业委托境外研究开发费用税前加计扣除有关政策问题的通知》（财税〔2018〕64号）等文件相关规定执行。

按照财税〔2015〕119号规定，享受研发费用加计扣除政策的企业应为会计核算健全、实行查账征收并能够准确归集研发费用的居民企业。你单位作为核定征收企业，不符合上述规定条件，不能享受研发费用加计扣除政策。

（8）研发费用加计扣除比例提高到100%后，企业在10月份预缴时还能享受前三季度研发费用加计扣除优惠吗？

答：继制造业、科技型中小企业研发费用加计扣除比例提高到100%后，7号公告将研发费用加计扣除比例统一提高到100%，进一步加大了税收支持科技创新的优惠力度。

根据现行规定，企业每年10月份预缴申报第3季度（按季预缴）或9月份（按月预缴）企业所得税时，可以根据其盈亏情况、研发费用核算情况、研发费用金额大小等因素，自主选择是否就当年前三季度研发费用享受加计扣除优惠政策。在10月份预缴申报期未选择享受研发费用加计扣除优惠政策的企业，可以在办理当年度企业所得税汇算清缴时统一享受。

（9）企业在10月份申报期提前享受前三季度研发费用加计扣除优惠，怎么填写申报表，需要留存相关资料吗？

答：企业享受研发费用加计扣除优惠政策采取"真实发生、自行判别、申报享受、相关资料留存备查"办理方式。对于企业未实际发生研发费用、生产费用与研发费用混在一起不能准确核算等情形，不得享受加计扣除优惠。

在实际操作中，企业依据实际发生的研发费用支出，自行计算加计扣除金额，并填报《中华人民共和国企业所得税月（季）度预缴纳税申报表（A类）》享受税收优惠，并根据享受加计扣除优惠的研发费用情况（前三季度）填写《研发费用加计扣除优惠明细表》（A107012）。

《研发费用加计扣除优惠明细表》（A107012）与规定的其他资料一并留存备查。

（10）企业在10月份申报期提前享受前三季度研发费用加计扣除优惠后，在汇算清缴时还需对前三季度的研发费用进行纳税申报吗？

答：企业在10月份申报期提前享受前三季度研发费用加计扣除优惠，主要目的是减少企业10月份申报期的应纳税额，从而增加企业资金流，减少企业资金压力。

企业在次年办理上年度汇算清缴时，对10月份申报期已享受的前三季度研发费用，还需与第四季度的研发费用一起进行年度纳税申报，以全面享受研发费用加计扣除优惠，否则将可能导致少享受税收优惠，影响企业的合法权益。

第二节　组合式税费支持政策指引

一、2022 年出台的税费支持政策

（一）2022 年增值税期末留抵退税政策

·适用主体·

符合条件的小微企业（含个体工商户）以及"制造业""科学研究和技术服务业""电力、热力、燃气及水生产和供应业""软件和信息技术服务业""生态保护和环境治理业"和"交通运输、仓储和邮政业"（以下称制造业等行业）企业（含个体工商户）及"批发和零售业""农、林、牧、渔业""住宿和餐饮业""居民服务、修理和其他服务业""教育""卫生和社会工作"和"文化、体育和娱乐业"（以下称批发零售业等行业）企业（含个体工商户）。

·优惠内容·

（1）符合条件的小微企业，可以自 2022 年 4 月纳税申报期起向主管税务机关申请退还增量留抵税额。

（2）符合条件的微型企业，可以自 2022 年 4 月纳税申报期起向主管税务机关申请一次性退还存量留抵税额；符合条件的小型企业，可以自 2022 年 5 月纳税申报期起向主管税务机关申请一次性退还存量留抵税额。

（3）符合条件的制造业等行业企业，可以自 2022 年 4 月纳税申报期起向主管税务机关申请退还增量留抵税额。

（4）符合条件的制造业等行业中型企业，可以自 2022 年 5 月纳税申报期起向主管税务机关申请一次性退还存量留抵税额；符合条件的制造业等行业大型企业，可以自 2022 年 6 月纳税申报期起向主管税务机关申请一次性退还存量留抵税额。

（5）符合条件的批发零售业等行业企业，可以自 2022 年 7 月纳税申报期起向主管税务机关申请退还增量留抵税额。

（6）符合条件的批发零售业等行业企业，可以自 2022 年 7 月纳税申报期起向主管税务机关申请一次性退还存量留抵税额。

·享受条件·

（1）在 2022 年 12 月 31 日前，纳税人享受退税需同时符合以下条件：①纳税信用等级为 A 级或者 B 级；②申请退税前 36 个月未发生骗取留抵退税、骗取出口退税或虚开增值税专用发票情形；③申请退税前 36 个月未因偷税被税务机关处罚两次及以

上；④2019年4月1日起未享受即征即退、先征后返（退）政策。

（2）增量留抵税额，区分以下情形确定：①纳税人获得一次性存量留抵退税前，增量留抵税额为当期期末留抵税额与2019年3月31日相比新增加的留抵税额。②纳税人获得一次性存量留抵退税后，增量留抵税额为当期期末留抵税额。

（3）存量留抵税额，区分以下情形确定：①纳税人获得一次性存量留抵退税前，当期期末留抵税额大于或等于2019年3月31日期末留抵税额的，存量留抵税额为2019年3月31日期末留抵税额；当期期末留抵税额小于2019年3月31日期末留抵税额的，存量留抵税额为当期期末留抵税额。②纳税人获得一次性存量留抵退税后，存量留抵税额为零。

（4）纳税人按照以下公式计算允许退还的留抵税额：

允许退还的增量留抵税额＝增量留抵税额×进项构成比例×100%

允许退还的存量留抵税额＝存量留抵税额×进项构成比例×100%

进项构成比例，为2019年4月至申请退税前一税款所属期已抵扣的增值税专用发票（含带有"增值税专用发票"字样全面数字化的电子发票、税控机动车销售统一发票）、收费公路通行费增值税电子普通发票、海关进口增值税专用缴款书、解缴税款完税凭证注明的增值税额占同期全部已抵扣进项税额的比重。

（5）纳税人出口货物劳务、发生跨境应税行为，适用免抵退税办法的，应先办理免抵退税。免抵退税办理完毕后，仍符合规定条件的，可以申请退还留抵税额；适用免退税办法的，相关进项税额不得用于退还留抵税额。

（6）纳税人自2019年4月1日起已取得留抵退税款的，不得再申请享受增值税即征即退、先征后返（退）政策。纳税人可以在2022年10月31日前一次性将已取得的留抵退税款全部缴回后，按规定申请享受增值税即征即退、先征后返（退）政策。纳税人自2019年4月1日起已享受增值税即征即退、先征后返（退）政策的，可以在2022年10月31日前一次性将已退还的增值税即征即退、先征后返（退）税款全部缴回后，按规定申请退还留抵税额。

（7）纳税人可以选择向主管税务机关申请留抵退税，也可以选择结转下期继续抵扣。纳税人应在纳税申报期内，完成当期增值税纳税申报后申请留抵退税。2022年4月至6月的留抵退税申请时间，延长至每月最后一个工作日。

· 政策依据 ·

（1）《财政部　税务总局关于进一步加大增值税期末留抵退税政策实施力度的公告》（财政部　税务总局公告2022年第14号）。

（2）《财政部　税务总局关于进一步加快增值税期末留抵退税政策实施进度的公告》（财政部　税务总局公告2022年第17号）。

（3）《财政部　税务总局关于进一步持续加快增值税期末留抵退税政策实施进度的公告》（财政部　税务总局公告2022年第19号）。

（4）《财政部　税务总局关于扩大全额退还增值税留抵税额政策行业范围的公告》（财政部　税务总局公告2022年第21号）。

（二）中小微企业设备器具所得税税前扣除政策

·享受主体·

中小微企业。

·优惠内容·

中小微企业在2022年1月1日至2022年12月31日期间新购置的设备、器具，单位价值在500万元以上的，按照单位价值的一定比例自愿选择在企业所得税税前扣除。其中，企业所得税法实施条例规定最低折旧年限为3年的设备器具，单位价值的100%可在当年一次性税前扣除；最低折旧年限为4年、5年、10年的，单位价值的50%可在当年一次性税前扣除，其余50%按规定在剩余年度计算折旧进行税前扣除。

企业选择适用上述政策当年不足扣除形成的亏损，可在以后5个纳税年度结转弥补，享受其他延长亏损结转年限政策的企业可按现行规定执行。

企业在2024年1月1日至2027年12月31日期间新购进的设备、器具，单位价值不超过500万元的，允许一次性计入当期成本费用在计算应纳税所得额时扣除，不再分年度计算折旧；单位价值超过500万元的，仍按《企业所得税法实施条例》、《财政部 国家税务总局关于完善固定资产加速折旧企业所得税政策的通知》（财税〔2014〕75号）、《财政部 国家税务总局关于进一步完善固定资产加速折旧企业所得税政策的通知》（财税〔2015〕106号）等相关规定执行。上述所称设备、器具，是指除房屋、建筑物以外的固定资产。

·享受条件·

（1）中小微企业是指从事国家非限制和禁止行业，且符合以下条件的企业：①信息传输业、建筑业、租赁和商务服务业：从业人员2 000人以下，或营业收入10亿元以下或资产总额12亿元以下。②房地产开发经营：营业收入20亿元以下或资产总额1亿元以下。③其他行业：从业人员1 000人以下或营业收入4亿元以下。

（2）设备、器具是指除房屋、建筑物以外的固定资产；从业10人数，包括与企业建立劳动关系的职工人数和企业接受的劳务派遣用工人数。

从业人数和资产总额指标，应按企业全年的季度平均值确定。具体计算公式如下：

$$季度平均值＝（季初值＋季末值）\div 2$$
$$全年季度平均值＝全年各季度平均值之和 \div 4$$

年度中间开业或者终止经营活动的，以其实际经营期作为一个纳税年度确定上述相关指标。

（3）中小微企业可按季（月）在预缴申报时享受上述政策。《财政部 税务总局关于中小微企业设备器具所得税税前扣除有关政策的公告》（财政部 税务总局公告2022年第12号）发布前企业在2022年已购置的设备、器具，可在政策发布后的预缴申报、年度汇算清缴时享受。

（4）中小微企业可根据自身生产经营核算需要自行选择享受上述政策，当年度未选择享受的，以后年度不得再变更享受。

第十三章 主要税收优惠政策指引

· 政策依据 ·

（1）《财政部　税务总局关于中小微企业设备器具所得税税前扣除有关政策的公告》（财政部　税务总局公告 2022 年第 12 号）。

（2）《财政部　税务总局关于设备、器具扣除有关企业所得税政策的公告》（财政部　税务总局公告 2023 年第 37 号）。

（三）航空和铁路运输企业分支机构暂停预缴增值税政策

· 享受主体 ·

航空和铁路运输企业分支机构。

· 优惠内容 ·

自 2022 年 1 月 1 日至 2022 年 12 月 31 日，航空和铁路运输企业分支机构暂停预缴增值税。2022 年 2 月纳税申报期至《财政部　税务总局关于促进服务业领域困难行业纾困发展有关增值税政策的公告》（财政部　税务总局公告 2022 年第 11 号）发布之日（2022 年 3 月 3 日）已预缴的增值税予以退还。

· 享受条件 ·

航空和铁路运输企业的分支机构。

· 政策依据 ·

《财政部　税务总局关于促进服务业领域困难行业纾困发展有关增值税政策的公告》（财政部　税务总局公告 2022 年第 11 号）。

（四）公共交通运输服务收入免征增值税政策

· 享受主体 ·

提供公共交通运输服务的纳税人。

· 优惠内容 ·

自 2022 年 1 月 1 日至 2022 年 12 月 31 日，对纳税人提供公共交通运输服务取得的收入，免征增值税。《财政部　税务总局关于促进服务业领域困难行业纾困发展有关增值税政策的公告》（财政部　税务总局公告 2022 年第 11 号）发布之前已征收入库的按规定应予免征的增值税税款，可抵减纳税人以后月份应缴纳的增值税税款或者办理税款退库。

· 享受条件 ·

（1）公共交通运输服务的具体范围，按照《营业税改征增值税试点有关事项的规定》（财税〔2016〕36号印发）执行。

（2）已向购买方开具增值税专用发票的，应将专用发票追回后方可办理免税。

· 政策依据 ·

《财政部 税务总局关于促进服务业领域困难行业纾困发展有关增值税政策的公告》（财政部 税务总局公告2022年第11号）。

（五）3周岁以下婴幼儿照护个人所得税专项附加扣除政策

· 享受主体 ·

3周岁以下婴幼儿的监护人，包括生父母、继父母、养父母，父母之外的其他人担任未成年人的监护人的，可以比照执行。

· 优惠内容 ·

自2022年1月1日起实施3周岁以下婴幼儿照护个人所得税专项附加扣除政策：

（1）纳税人照护3周岁以下婴幼儿子女的相关支出，按照每个婴幼儿每月1 000元的标准定额扣除。

（2）父母可以选择由其中一方按扣除标准的100%扣除，也可以选择由双方分别按扣除标准的50%扣除，具体扣除方式在一个纳税年度内不能变更。

自2023年1月1日起，3周岁以下婴幼儿照护专项附加扣除标准，由每个婴幼儿每月1 000元提高到2 000元。

· 享受条件 ·

3周岁以下婴幼儿照护个人所得税专项附加扣除涉及的保障措施和其他事项，参照《个人所得税专项附加扣除暂行办法》（国发〔2018〕41号文件印发）有关规定执行。

· 政策依据 ·

（1）《国务院关于设立3岁以下婴幼儿照护个人所得税专项附加扣除的通知》（国发〔2022〕8号）。

（2）《国家税务总局关于贯彻执行提高个人所得税有关专项附加扣除标准政策的公告》（国家税务总局公告2023年第14号）。

（六）增值税小规模纳税人减免增值税政策

· 享受主体 ·

增值税小规模纳税人。

· 优惠内容 ·

自2023年1月1日至2027年12月31日，对月销售额10万元以下（含本数）的增值税小规模纳税人，免征增值税。

自 2023 年 1 月 1 日至 2027 年 12 月 31 日，增值税小规模纳税人适用 3% 征收率的应税销售收入，减按 1% 征收率征收增值税；适用 3% 预征率的预缴增值税项目，减按 1% 预征率预缴增值税。

· 享受条件 ·

增值税小规模纳税人适用 3% 征收率的应税销售收入；增值税小规模纳税人适用 3% 预征率的预缴增值税项目。

· 政策依据 ·

（1）《财政部　税务总局关于明确增值税小规模纳税人减免增值税等政策的公告》（财政部　税务总局公告 2023 年第 1 号）。

（2）《国家税务总局关于增值税小规模纳税人减免增值税等政策有关征管事项的公告》（国家税务总局公告 2023 年第 1 号）。

（3）《财政部　税务总局关于增值税小规模纳税人减免增值税政策的公告》（财政部　税务总局公告 2023 年第 19 号）。

（七）增值税小规模纳税人、小型微利企业和个体工商户"六税两费"减免政策

· 享受主体 ·

增值税小规模纳税人、小型微利企业和个体工商户。

· 优惠内容 ·

自 2023 年 1 月 1 日至 2027 年 12 月 31 日，对增值税小规模纳税人、小型微利企业和个体工商户减半征收资源税（不含水资源税）、城市维护建设税、房产税、城镇土地使用税、印花税（不含证券交易印花税）、耕地占用税和教育费附加、地方教育附加。

增值税小规模纳税人、小型微利企业和个体工商户已依法享受资源税、城市维护建设税、房产税、城镇土地使用税、印花税、耕地占用税、教育费附加、地方教育附加等其他优惠政策的，可叠加享受此项优惠政策。

· 享受条件 ·

小型微利企业是指从事国家非限制和禁止行业，且同时符合年度应纳税所得额不超过 300 万元、从业人数不超过 300 人、资产总额不超过 5 000 万元等三个条件的企业。

从业人数，包括与企业建立劳动关系的职工人数和企业接受的劳务派遣用工人数。所称从业人数和资产总额指标，应按企业全年的季度平均值确定。具体计算公式如下：

$$季度平均值＝（季初值＋季末值）÷2$$
$$全年季度平均值＝全年各季度平均值之和 ÷4$$

年度中间开业或者终止经营活动的，以其实际经营期作为一个纳税年度确定上述相关指标。

小型微利企业的判定以企业所得税年度汇算清缴结果为准。登记为增值税一般纳税人的新设立的企业，从事国家非限制和禁止行业，且同时符合申报期上月末从业人数不超过300人、资产总额不超过5 000万元等两个条件的，可在首次办理汇算清缴前按照小型微利企业申报享受以上优惠政策。

·享受方式·

纳税人自行申报享受减免优惠，不需额外提交资料。

·政策依据·

《财政部　税务总局关于进一步支持小微企业和个体工商户发展有关税费政策的公告》（财政部　税务总局公告2023年第12号）。

（八）小型微利企业减免企业所得税政策

·享受主体·

小型微利企业。

·优惠内容·

对小型微利企业减按25%计算应纳税所得额，按20%的税率缴纳企业所得税政策，延续执行至2027年12月31日。

·享受条件·

小型微利企业是指从事国家非限制和禁止行业，且同时符合年度应纳税所得额不超过300万元、从业人数不超过300人、资产总额不超过5 000万元等三个条件的企业。

从业人数，包括与企业建立劳动关系的职工人数和企业接受的劳务派遣用工人数。所称从业人数和资产总额指标，应按企业全年的季度平均值确定。具体计算公式如下：
$$季度平均值＝（季初值＋季末值）÷2$$
$$全年季度平均值＝全年各季度平均值之和 ÷4$$

年度中间开业或者终止经营活动的，以其实际经营期作为一个纳税年度确定上述相关指标。

·享受方式·

小型微利企业在预缴和汇算清缴企业所得税时，通过填写纳税申报表，即可享受小型微利企业所得税优惠政策。小型微利企业应准确填报基础信息，包括从业人数、资产总额、年度应纳税所得额、国家限制或禁止行业等，信息系统将为小型微利企业智能预填优惠项目、自动计算减免税额。

· 政策依据 ·

（1）《财政部 税务总局关于进一步实施小微企业所得税优惠政策的公告》（财政部 税务总局公告 2022 年第 13 号）。

（2）《财政部 税务总局关于小微企业和个体工商户所得税优惠政策的公告》（财政部 税务总局公告 2023 年第 6 号）。

（3）《国家税务总局关于落实小型微利企业所得税优惠政策征管问题的公告》（国家税务总局公告 2023 年第 6 号）。

（4）《财政部 税务总局关于进一步支持小微企业和个体工商户发展有关税费政策的公告》（财政部 税务总局公告 2023 年第 12 号）。

（九）制造业中小微企业延缓缴纳部分税费政策

· 享受主体 ·

符合条件的制造业中小微企业（含个人独资企业、合伙企业、个体工商户）。

· 优惠内容 ·

在继续延缓缴纳 2021 年第四季度部分税费基础上，延缓缴纳 2022 年第一季度、第二季度部分税费：在依法办理纳税申报后，制造业中型企业可以延缓缴纳本政策规定的各项税费金额的 50%，制造业小微企业可以延缓缴纳本政策规定的全部税费，延缓的期限为 6 个月。延缓期限届满，纳税人应依法缴纳相应月份或者季度的税费。

· 享受条件 ·

（1）制造业中型企业是指国民经济行业分类中行业门类为制造业，且年销售额 2 000 万元以上（含 2 000 万元）4 亿元以下（不含 4 亿元的企业）。制造业小微企业是指国民经济行业分类中行业门类为制造业，且年销售额 2 000 万元以下（不含 2 000 万元）的企业。

销售额是指应征增值税销售额，包括纳税申报销售额、稽查查补销售额、纳税评估调整销售额。适用增值税差额征税政策的，以差额后的销售额确定。

（2）制造业中小微企业年销售额按以下方式确定：

截至 2021 年 12 月 31 日成立满一年的企业，按照所属期为 2021 年 1 月至 2021 年 12 月的销售额确定。

截至 2021 年 12 月 31 日成立不满一年的企业，按照所属期截至 2021 年 12 月 31 日的销售额除以实际经营月份再乘 12 个月的销售额确定。

2022 年 1 月 1 日及以后成立的企业，按照实际申报期销售额除以实际经营月份再乘 12 个月的销售额确定。

（3）延缓缴纳的税费包括所属期为 2022 年 1 月、2 月、3 月、4 月、5 月、6 月（按月缴纳）或者 2022 年第一季度、第二季度（按季缴纳）的企业所得税、个人所得税、国内增值税、国内消费税及附征的城市维护建设税、教育费附加、地方教育附加，不包括代扣代缴、代收代缴以及向税务机关申请代开发票时缴纳的税费。

对于在《国家税务总局　财政部关于延续实施制造业中小微企业延缓缴纳部分税费有关事项的公告》（国家税务总局　财政部公告 2022 年第 2 号）施行前已缴纳入库的所属期为 2022 年 1 月的上述税费，企业可自愿选择申请办理退税（费）并享受缓缴政策。

· 政策依据 ·

《国家税务总局　财政部关于延续实施制造业中小微企业延缓缴纳部分税费有关事项的公告》（国家税务总局　财政部公告 2022 年第 2 号）。

（十）阶段性缓缴企业基本养老保险费、失业保险费、工伤保险费政策

· 享受主体 ·

（1）困难行业所属企业。餐饮、零售、旅游、民航、公路水路铁路运输 5 个特困行业；农副食品加工业，纺织业，纺织服装、服饰业，造纸和纸制品业，印刷和记录媒介复制业，医药制造业，化学纤维制造业，橡胶和塑料制品业，通用设备制造业，汽车制造业，铁路、船舶、航空航天和其他运输设备制造业，仪器仪表制造业，社会工作，广播、电视、电影和录音制作业，文化艺术业，体育，娱乐业 17 个困难行业。上述行业中以单位方式参加社会保险的有雇工的个体工商户以及其他单位，参照企业办法缓缴。

（2）受疫情影响严重地区生产经营出现暂时困难的所有中小微企业、以单位方式参保的个体工商户。参加企业职工基本养老保险的事业单位及社会团体、基金会、社会服务机构、律师事务所、会计师事务所等社会组织参照执行。

（3）以个人身份参加企业职工基本养老保险的个体工商户和各类灵活就业人员。

· 优惠内容 ·

（1）困难行业所属企业，可申请缓缴企业职工基本养老保险费、失业保险费、工伤保险费（以下简称三项社保费）单位缴费部分，其中养老保险费缓缴实施期限到 2022 年年底，工伤保险费、失业保险费缓缴期限不超过 1 年。缓缴期间免收滞纳金。

（2）受疫情影响严重地区生产经营出现暂时困难的所有中小微企业、以单位方式

参保的个体工商户，可申请缓缴三项社保费单位缴费部分，缓缴实施期限到2022年年底，期间免收滞纳金。

（3）以个人身份参加企业职工基本养老保险的个体工商户和各类灵活就业人员，2022年缴纳费款有困难的，可自愿暂缓缴费，2022年未缴费月度可于2023年年底前进行补缴，缴费基数在2023年当地个人缴费基数上下限范围内自主选择，缴费年限累计计算。具体落实以本地实施办法为准。

·政策依据·

（1）《人力资源社会保障部　财政部　国家税务总局关于做好失业保险稳岗位提技能防失业工作的通知》（人社部发〔2022〕23号）。

（2）《人力资源社会保障部办公厅　国家税务总局办公厅关于特困行业阶段性实施缓缴企业社会保险费政策的通知》（人社厅发〔2022〕16号）。

（3）《人力资源社会保障部　国家发展改革委　财政部　税务总局关于扩大阶段性缓缴社会保险费政策实施范围等问题的通知》（人社部发〔2022〕31号）。

（十一）阶段性缓缴职工基本医疗保险费政策

·享受主体·

统筹基金累计结存可支付月数大于6个月统筹地区的中小微企业、以单位方式参保的个体工商户。社会团体、基金会、社会服务机构、律师事务所、会计师事务所等社会组织参照执行。

·优惠内容·

（1）统筹基金累计结存可支付月数大于6个月的统筹地区，自2022年7月起，对中小微企业、以单位方式参保的个体工商户缓缴3个月职工基本医疗保险单位缴费，缓缴期间免收滞纳金。社会团体、基金会、社会服务机构、律师事务所、会计师事务所等社会组织参照执行。

（2）中小微企业缓缴职工医保单位缴费，不影响该企业参保人就医正常报销医疗费用。缓缴期间，相关企业参保人发生的符合基本医保政策规定的医疗费用应及时报销、应报尽报，确保基本医保报销水平保持稳定不降低。

（3）该政策享受主体全面推行"免申即享"经办模式，符合条件的中小微企业无需提出缓缴申请即可享受缓缴单位缴费政策。

·政策依据·

《国家医保局　国家发展改革委　财政部　国家税务总局关于阶段性缓缴职工基本医疗保险单位缴费的通知》（医保发〔2022〕21号）。

二、延续实施的税费支持政策

（一）重点群体创业税费扣减政策

·享受主体·

脱贫人口（含防止返贫监测对象）、持《就业创业证》（注明"自主创业税收政策"或"毕业年度内自主创业税收政策"）或《就业失业登记证》（注明"自主创业税收政策"）的人员，具体包括：

（1）纳入全国防止返贫监测和衔接推进乡村振兴信息系统的脱贫人口。

（2）在人力资源社会保障部门公共就业服务机构登记失业半年以上的人员。

（3）零就业家庭、享受城市居民最低生活保障家庭劳动年龄内的登记失业人员。

（4）毕业年度内高校毕业生。高校毕业生是指实施高等学历教育的普通高等学校、成人高等学校应届毕业的学生；毕业年度是指毕业所在自然年，即1月1日至12月31日。

·优惠内容·

自2023年1月1日至2027年12月31日，上述人员从事个体经营的，自办理个体工商户登记当月起，在3年（36个月）内按每户每年20 000元为限额依次扣减其当年实际应缴纳的增值税、城市维护建设税、教育费附加、地方教育附加和个人所得税。限额标准最高可上浮20%，各省、自治区、直辖市人民政府可根据本地区实际情况在此幅度内确定具体限额标准。

·享受条件·

纳税人年度应缴纳税款小于规定扣减限额的，减免税额以实际缴纳的税款为限；大于规定扣减限额的，以上述扣减限额为限。

·享受方式·

（1）脱贫人口从事个体经营的，向主管税务机关申报纳税时享受优惠。

（2）登记失业半年以上的人员，零就业家庭、享受城市居民最低生活保障家庭劳动年龄的登记失业人员，以及毕业年度内高校毕业生从事个体经营的，先申领《就业创业证》。失业人员在常住地公共就业服务机构进行失业登记，申领《就业创业证》。毕业年度内高校毕业生在校期间凭学生证向公共就业服务机构申领《就业创业证》，或委托所在高校就业指导中心向公共就业服务机构代为申领《就业创业证》；毕业年度内高校毕业生离校后可凭毕业证直接向公共就业服务机构按规定申领《就业创业证》。

申领后，相关人员可持《就业创业证》（或《就业失业登记证》，下同）、个体工商户登记执照（未完成"两证整合"的还须持《税务登记证》）向创业地县以上（含县级，下同）人力资源社会保障部门提出申请。县以上人力资源社会保障部门应当按照《财政部　税务总局　人力资源社会保障部　农业农村部关于进一步支持重点群体创业就业有关税收政策的公告》（财政部　税务总局　人力资源社会保障部　农业农村部公告2023年第15号）的规定，核实其是否享受过重点群体创业就业税收优惠政策。对符合规定条件的人员在《就业创业证》上注明"自主创业税收政策"或"毕业年度内自主创业税收政策"。登记失业半年以上的人员，零就业家庭、享受城市居民最低生活保障家庭劳动年龄的登记失业人员，以及毕业年度内高校毕业生向主管税务机关申报纳税时享受优惠。

· 政策依据 ·

《财政部　税务总局　人力资源社会保障部　农业农村部关于进一步支持重点群体创业就业有关税收政策的公告》（财政部　税务总局　人力资源社会保障部　农业农村部公告2023年第15号）。

（二）吸纳重点群体就业税费扣减政策

· 享受主体 ·

招用脱贫人口，以及在人力资源社会保障部门公共就业服务机构登记失业半年以上且持《就业创业证》或《就业失业登记证》（注明"企业吸纳税收政策"）人员，与其签订1年以上期限劳动合同并依法缴纳社会保险费的企业。

· 优惠内容 ·

自2023年1月1日至2027年12月31日，企业招用脱贫人口，以及在人力资源社会保障部门公共就业服务机构登记失业半年以上且持《就业创业证》或《就业失业登记证》（注明"企业吸纳税收政策"）的人员，与其签订1年以上期限劳动合同并依法缴纳社会保险费的，自签订劳动合同并缴纳社会保险当月起，在3年内按实际招用人数予以定额依次扣减增值税、城市维护建设税、教育费附加、地方教育附加和企业所得税优惠。定额标准为每人每年6 000元，最高可上浮30%，各省、自治区、直辖市人民政府可根据本地区实际情况在此幅度内确定具体定额标准。城市维护建设税、教育费附加、地方教育附加的计税依据是享受本项税收优惠政策前的增值税应纳税额。

· 享受条件 ·

（1）上述政策中的企业是指属于增值税纳税人或企业所得税纳税人的企业等单位。

（2）企业招用就业人员既可以适用上述规定的税收优惠政策，又可以适用其他扶持就业专项税收优惠政策的，企业可以选择适用最优惠的政策，但不得重复享受。

（3）企业与脱贫人口，以及在人力资源社会保障部门公共就业服务机构登记失业半年以上且持《就业创业证》或《就业失业登记证》（注明"企业吸纳税收政策"）的人员签订1年以上期限劳动合同并依法缴纳社会保险费。

（4）按上述标准计算的税收扣减额应在企业当年实际缴纳的增值税、城市维护建设税、教育费附加、地方教育附加和企业所得税税额中扣减，纳税人当年扣减不完的，不再结转以后年度扣减。

·享受方式·

1. 申请

享受招用重点群体就业税收优惠政策的企业，持下列材料向县以上人力资源社会保障部门递交申请：

（1）招用人员持有的《就业创业证》（脱贫人口不需提供）。

（2）企业与招用重点群体签订的劳动合同（副本），企业依法为重点群体缴纳的社会保险记录。通过内部信息共享、数据比对等方式审核的地方，可不再要求企业提供缴纳社会保险记录。

招用人员发生变化的，应向人力资源社会保障部门办理变更申请。

2. 税款减免顺序及额度

（1）纳税人按本单位招用重点群体的人数及其实际工作月数核算本单位减免税总额，在减免税总额内每月依次扣减增值税、城市维护建设税、教育费附加和地方教育附加。城市维护建设税、教育费附加、地方教育附加的计税依据是享受本项税收优惠政策前的增值税应纳税额。

纳税人实际应缴纳的增值税、城市维护建设税、教育费附加和地方教育附加小于核算的减免税总额的，以实际应缴纳的增值税、城市维护建设税、教育费附加、地方教育附加为限；实际应缴纳的增值税、城市维护建设税、教育费附加和地方教育附加大于核算的减免税总额的，以核算的减免税总额为限。纳税年度终了，如果纳税人实际减免的增值税、城市维护建设税、教育费附加和地方教育附加小于核算的减免税总额，纳税人在企业所得税汇算清缴时，以差额部分扣减企业所得税。当年扣减不完的，不再结转以后年度扣减。享受优惠政策当年，重点群体人员工作不满1年的，应当以实际月数换算其减免税总额。计算公式如下：

减免税总额 = $\sum$ 每名重点群体人员本年度在本企业工作月数 $\div 12 \times$ 具体定额标准

（2）第2年及以后年度当年新招用人员、原招用人员及其工作时间按上述程序和办法执行。计算每名重点群体人员享受税收优惠政策的期限最长不超过36个月。

（3）企业招用重点群体享受本项优惠的，由企业留存以下材料备查：①登记失业半年以上的人员的《就业创业证》(注明"企业吸纳税收政策",招用脱贫人口无需提供)。②县以上人力资源社会保障部门核发的《企业吸纳重点群体就业认定证明》。③《重点群体人员本年度实际工作时间表》。

● 政策依据 ●

《财政部 税务总局 人力资源社会保障部 农业农村部关于进一步支持重点群体创业就业有关税收政策的公告》(财政部 税务总局 人力资源社会保障部 农业农村部公告2023年第15号)。

(三)企业扶贫捐赠所得税税前扣除政策

● 享受主体 ●

通过公益性社会组织或者县级(含县级)以上人民政府及其组成部门和直属机构,捐赠支出用于目标脱贫地区扶贫的企业。

● 优惠内容 ●

自2019年1月1日至2025年12月31日,企业通过公益性社会组织或者县级(含县级)以上人民政府及其组成部门和直属机构,用于目标脱贫地区的扶贫捐赠支出,准予在计算企业所得税应纳税所得额时据实扣除。在政策执行期限内,目标脱贫地区实现脱贫的,可继续适用上述政策。

● 享受条件 ●

(1)"目标脱贫地区"包括832个国家扶贫开发工作重点县、集中连片特困地区县(新疆阿克苏地区6县1市享受片区政策)和建档立卡贫困村。

(2)企业同时发生扶贫捐赠支出和其他公益性捐赠支出,在计算公益性捐赠支出年度扣除限额时,符合上述条件的扶贫捐赠支出不计算在内。

(3)企业在2015年1月1日至2018年12月31日期间已发生的符合上述条件的扶贫捐赠支出,尚未在计算企业所得税应纳税所得额时扣除的部分,可执行上述企业所得税政策。

● 政策依据 ●

(1)《财政部 税务总局 人力资源社会保障部 国家乡村振兴局关于延长部分扶贫税收优惠政策执行期限的公告》(财政部 税务总局 人力资源社会保障部 国家乡村振兴局公告2021年第18号)。

(2)《财政部 税务总局 国务院扶贫办关于企业扶贫捐赠所得税税前扣除政策

的公告》（财政部　税务总局　国务院扶贫办公告 2019 年第 49 号）。

（四）扶贫货物捐赠免征增值税政策

· 享受主体 ·

将自产、委托加工或购买的货物通过公益性社会组织、县级及以上人民政府及其组成部门和直属机构，或直接无偿捐赠给目标脱贫地区单位和个人的单位或者个体工商户。

· 优惠内容 ·

自 2019 年 1 月 1 日至 2025 年 12 月 31 日，对单位或者个体工商户将自产、委托加工或购买的货物通过公益性社会组织、县级及以上人民政府及其组成部门和直属机构，或直接无偿捐赠给目标脱贫地区的单位和个人，免征增值税。在政策执行期限内，目标脱贫地区实现脱贫的，可继续适用上述政策。

· 享受条件 ·

（1）"目标脱贫地区"包括 832 个国家扶贫开发工作重点县、集中连片特困地区县（新疆阿克苏地区 6 县 1 市享受片区政策）和建档立卡贫困村。

（2）在 2015 年 1 月 1 日至 2018 年 12 月 31 日期间已发生的符合上述条件的扶贫货物捐赠，可追溯执行上述增值税政策。

（3）2019 年第 55 号公告发布前（即 2019 年 4 月 10 日前），已征收入库的按规定应予免征的增值税税款，可抵减纳税人以后月份应缴纳的增值税税款或者办理税款退库。已向购买方开具增值税专用发票的，应将专用发票追回后方可办理免税。无法追回专用发票的，不予免税。

· 政策依据 ·

（1）《财政部　税务总局　人力资源社会保障部　国家乡村振兴局关于延长部分扶贫税收优惠政策执行期限的公告》（财政部　税务总局　人力资源社会保障部　国家乡村振兴局公告 2021 年第 18 号）。

（2）《财政部　税务总局　国务院扶贫办关于扶贫货物捐赠免征增值税政策的公告》（财政部　税务总局　国务院扶贫办公告 2019 年第 55 号）。

（五）自主就业退役士兵创业税费扣减政策

· 享受主体 ·

自主就业的退役士兵。

第十三章 主要税收优惠政策指引

·优惠内容·

自2023年1月1日至2027年12月31日，自主就业退役士兵从事个体经营的，自办理个体工商户登记当月起，在3年（36个月）内按每户每年20 000元为限额依次扣减其当年实际应缴纳的增值税、城市维护建设税、教育费附加、地方教育附加和个人所得税。限额标准最高可上浮20%，各省、自治区、直辖市人民政府可根据本地区实际情况在此幅度内确定具体限额标准。

·享受条件·

（1）自主就业退役士兵是指依照《退役士兵安置条例》（国务院中央军委令第608号）的规定退出现役并按自主就业方式安置的退役士兵。

（2）纳税人年度应缴纳税款小于上述扣减限额的，减免税额以其实际缴纳的税款为限；大于上述扣减限额的，以上述扣减限额为限。纳税人的实际经营期不足一年的，应当按月换算其减免税限额。换算公式如下：

减免税限额＝年度减免税限额÷12×实际经营月数

（3）自主就业退役士兵从事个体经营的，在享受税收优惠政策进行纳税申报时，注明其退役军人身份，并将《中国人民解放军退出现役证书》《中国人民解放军义务兵退出现役证》《中国人民解放军士官退出现役证》或《中国人民武装警察部队退出现役证书》《中国人民武装警察部队义务兵退出现役证》《中国人民武装警察部队士官退出现役证》留存备查。

·享受方式·

自主就业退役士兵向主管税务机关申报纳税时享受优惠。

·政策依据·

《财政部　税务总局　退役军人事务部关于进一步扶持自主就业退役士兵创业就业有关税收政策的公告》（财政部　税务总局　退役军人事务部公告2023年第14号）。

（六）吸纳退役士兵就业税费扣减政策

·享受主体·

招用自主就业退役士兵，与其签订1年以上期限劳动合同并依法缴纳社会保险费的企业。

·优惠内容·

2023年1月1日至2027年12月31日，招用自主就业退役士兵，与其签订1年以上期限劳动合同并依法缴纳社会保险的，自签订劳动合同并缴纳社会保险当月起，在 3 年内按实际招用人数予以定额依次扣减增值税、城市维护建设税、教育费附加、地方教育附加和企业所得税优惠。定额标准为每人每年 6 000 元，最高可上浮 50%，各省、自治区、直辖市人民政府可根据本地区实际情况在此幅度内确定具体定额标准。

·享受条件·

（1）自主就业退役士兵是指依照《退役士兵安置条例》（国务院中央军委令第 608 号）的规定退出现役并按自主就业方式安置的退役士兵。

（2）上述政策中的企业是指属于增值税纳税人或企业所得税纳税人的企业等单位。

（3）企业与招用自主就业退役士兵签订 1 年以上期限劳动合同并依法缴纳社会保险费。

（4）企业既可以适用上述税收优惠政策，又可以适用其他扶持就业专项税收优惠政策的，可以选择适用最优惠的政策，但不得重复享受。

（5）企业按招用人数和签订的劳动合同时间核算企业减免税总额，在核算减免税总额内每月依次扣减增值税、城市维护建设税、教育费附加和地方教育附加。企业实际应缴纳的增值税、城市维护建设税、教育费附加和地方教育附加小于核算减免税总额的，以实际应缴纳的增值税、城市维护建设税、教育费附加和地方教育附加为限；实际应缴纳的增值税、城市维护建设税、教育费附加和地方教育附加大于核算减免税总额的，以核算减免税总额为限。

纳税年度终了，如果企业实际减免的增值税、城市维护建设税、教育费附加和地方教育附加小于核算减免税总额，企业在企业所得税汇算清缴时以差额部分扣减企业所得税。当年扣减不完的，不再结转以后年度扣减。

自主就业退役士兵在企业工作不满 1 年的，应当按月换算减免税限额。计算公式为：

企业核算减免税总额 $=\sum$ 每名自主就业退役士兵本年度在本单位工作月份 $\div 12 \times$ 具体定额标准

（6）企业招用自主就业退役士兵享受税收优惠政策的，将以下资料留存备查：①招用自主就业退役士兵的《中国人民解放军退出现役证书》《中国人民解放军义务兵退出现役证》《中国人民解放军士官退出现役证》或《中国人民武装警察部队退出现役证书》《中国人民武装警察部队义务兵退出现役证》《中国人民武装警察部队士官退出现役证》；②企业与招用自主就业退役士兵签订的劳动合同（副本），为职工缴纳的社会保险费记录；③自主就业退役士兵本年度在企业工作时间表。

·享受方式·

招用自主就业退役士兵的企业，向主管税务机关申报纳税时享受优惠。

·政策依据·

《财政部 税务总局 退役军人事务部关于进一步扶持自主就业退役士兵创业就业有关税收政策的公告》（财政部 税务总局 退役军人事务部公告 2023 年第 14 号）。

（七）科技企业孵化器等免征房产税、城镇土地使用税和增值税政策

· 享受主体 ·

国家级、省级科技企业孵化器、大学科技园和国家备案众创空间。

· 优惠内容 ·

（1）自 2019 年 1 月 1 日至 2027 年 12 月 31 日，对国家级、省级科技企业孵化器、大学科技园和国家备案众创空间自用以及无偿或通过出租等方式提供给在孵对象使用的房产、土地，免征房产税和城镇土地使用税。

（2）自 2019 年 1 月 1 日至 2027 年 12 月 31 日，对国家级、省级科技企业孵化器、大学科技园和国家备案众创空间向在孵对象提供孵化服务取得的收入，免征增值税。

· 享受条件 ·

（1）孵化服务是指为在孵对象提供的经纪代理、经营租赁、研发和技术、信息技术、鉴证咨询服务。

（2）国家级、省级科技企业孵化器、大学科技园和国家备案众创空间应当单独核算孵化服务收入。

（3）国家级科技企业孵化器、大学科技园和国家备案众创空间认定和管理办法由国务院科技、教育部门另行发布；省级科技企业孵化器、大学科技园认定和管理办法由省级科技、教育部门另行发布。

（4）国家级、省级科技企业孵化器、大学科技园和国家备案众创空间应按规定申报享受免税政策，并将房产土地权属资料、房产原值资料、房产土地租赁合同、孵化协议等留存备查。

（5）2018 年 12 月 31 日以前认定的国家级科技企业孵化器、大学科技园，以及 2019 年 1 月 1 日至 2023 年 12 月 31 日认定的国家级科技企业孵化器、省级科技企业孵化器、大学科技园和国家备案众创空间，自 2024 年 1 月 1 日起继续享受上述政策规定的税收优惠。2024 年 1 月 1 日以后认定的国家级科技企业孵化器、省级科技企业孵化器、大学科技园和国家备案众创空间，自认定之日次月起享受上述政策规定的税收优惠。被取消资格的，自取消资格之日次月起停止享受上述政策规定的税收优惠。

· 政策依据 ·

（1）《财政部 税务总局关于延长部分税收优惠政策执行期限的公告》（财政部 税务总局公告 2022 年第 4 号）。

（2）《财政部 税务总局 科技部 教育部关于科技企业孵化器 大学科技园和众创空间税收政策的通知》（财税〔2018〕120 号）。

（3）《财政部 税务总局 科技部 教育部关于延续实施科技企业孵化器、大学科技园和众创空间有关税收政策的公告》（财政部 税务总局 科技部 教育部公告

2023年第42号）。

（八）高校学生公寓免征房产税、印花税政策

· 享受主体 ·

运营高校学生公寓的纳税人。

· 优惠内容 ·

（1）自2019年1月1日至2027年12月31日，对高校学生公寓免征房产税。

（2）自2019年1月1日至2027年12月31日，对与高校学生签订的高校学生公寓租赁合同，免征印花税。

· 享受条件 ·

（1）高校学生公寓是指为高校学生提供住宿服务，按照国家规定的收费标准收取住宿费的学生公寓。

（2）企业享受本政策，应按规定进行免税申报，并将不动产权属证明、载有房产原值的相关材料、房产用途证明、租赁合同等资料留存备查。

· 政策依据 ·

（1）《财政部 税务总局关于延长部分税收优惠政策执行期限的公告》（财政部 税务总局公告2022年第4号）。

（2）《财政部 税务总局关于高校学生公寓房产税 印花税政策的通知》（财税〔2019〕14号）。

（3）《财政部 税务总局关于继续实施高校学生公寓房产税、印花税政策的公告》（财政部 税务总局公告2023年第53号）。

（九）城市公交站场等运营用地免征城镇土地使用税政策

· 享受主体 ·

运营城市公交站场、道路客运站场、城市轨道交通系统的纳税人。

· 优惠内容 ·

自2019年1月1日至2027年12月31日，对城市公交站场、道路客运站场、城市轨道交通系统运营用地，免征城镇土地使用税。

· 享受条件 ·

（1）城市公交站场运营用地，包括城市公交首末车站、停车场、保养场、站场办公用地、生产辅助用地。道路客运站场运营用地，包括站前广场、停车场、发车位、

站务用地、站场办公用地、生产辅助用地。城市轨道交通系统运营用地，包括车站（含出入口、通道、公共配套及附属设施）、运营控制中心、车辆基地（含单独的综合维修中心、车辆段）以及线路用地，不包括购物中心、商铺等商业设施用地。

（2）城市公交站场、道路客运站场是指经县级以上（含县级）人民政府交通运输主管部门等批准建设的，为公众及旅客、运输经营者提供站务服务的场所。城市轨道交通系统是指依规定批准建设的，采用专用轨道导向运行的城市公共客运交通系统，包括地铁系统、轻轨系统、单轨系统、有轨电车、磁浮系统、自动导向轨道系统、市域快速轨道系统，不包括旅游景区等单位内部为特定人群服务的轨道系统。

（3）纳税人享受本政策，应按规定进行免税申报，并将不动产权属证明、土地用途证明等资料留存备查。

· 政策依据 ·

（1）《财政部　税务总局关于延长部分税收优惠政策执行期限的公告》（财政部　税务总局公告 2022 年第 4 号）。

（2）《财政部　税务总局关于继续对城市公交站场 道路客运站场 城市轨道交通系统减免城镇土地使用税优惠政策的通知》（财税〔2019〕11 号）。

（3）《财政部　税务总局关于继续实施对城市公交站场、道路客运站场、城市轨道交通系统减免城镇土地使用税优惠政策的公告》（财政部　税务总局公告 2023 年第 52 号）。

（十）农产品批发市场、农贸市场免征房产税、城镇土地使用税政策

· 享受主体 ·

农产品批发市场、农贸市场。

· 优惠内容 ·

自 2019 年 1 月 1 日至 2027 年 12 月 31 日，对农产品批发市场、农贸市场（包括自有和承租，下同）专门用于经营农产品的房产、土地，暂免征收房产税和城镇土地使用税。对同时经营其他产品的农产品批发市场和农贸市场使用的房产、土地，按其他产品与农产品交易场地面积的比例确定征免房产税和城镇土地使用税。

· 享受条件 ·

（1）农产品批发市场和农贸市场是指经工商登记注册，供买卖双方进行农产品及其初加工品现货批发或零售交易的场所。农产品包括粮油、肉禽蛋、蔬菜、干鲜果品、水产品、调味品、棉麻、活畜、可食用的林产品以及由省、自治区、直辖市财税部门确定的其他可食用的农产品。

（2）享受本政策的房产、土地是指农产品批发市场、农贸市场直接为农产品交易提供服务的房产、土地。农产品批发市场、农贸市场的行政办公区、生活区，以及商业餐饮娱乐等非直接为农产品交易提供服务的房产、土地，不属于规定的优惠范围，

应按规定征收房产税和城镇土地使用税。

（3）企业享受本政策，应按规定进行免税申报，并将不动产权属证明、载有房产原值的相关材料、租赁协议、房产土地用途证明等资料留存备查。

· 政策依据 ·

（1）《财政部 税务总局关于延长部分税收优惠政策执行期限的公告》（财政部 税务总局公告2022年第4号）。

（2）《财政部 税务总局关于继续实行农产品批发市场 农贸市场房产税 城镇土地使用税优惠政策的通知》（财税〔2019〕12号）。

（3）《财政部 税务总局关于继续实施农产品批发市场和农贸市场房产税、城镇土地使用税优惠政策的公告》（财政部 税务总局公告2023年第50号）。

（十一）从事污染防治的第三方企业减免企业所得税政策

· 享受主体 ·

符合条件的从事污染防治的第三方企业。

· 优惠内容 ·

自2019年1月1日至2027年12月31日，对符合条件的从事污染防治的第三方企业（以下称第三方防治企业）减按15%的税率征收企业所得税。

· 享受条件 ·

第三方防治企业是指受排污企业或政府委托，负责环境污染治理设施（包括自动连续监测设施，下同）运营维护的企业。

第三方防治企业应当同时符合以下条件：

（1）在中国境内（不包括港、澳、台地区）依法注册的居民企业。

（2）具有1年以上连续从事环境污染治理设施运营实践，且能够保证设施正常运行。

（3）具有至少5名从事本领域工作且具有环保相关专业中级及以上技术职称的技术人员，或者至少2名从事本领域工作且具有环保相关专业高级及以上技术职称的技术人员。

（4）从事环境保护设施运营服务的年度营业收入占总收入的比例不低于60%。

（5）具备检验能力，拥有自有实验室，仪器配置可满足运行服务范围内常规污染物指标的检测需求。

（6）保证其运营的环境保护设施正常运行，使污染物排放指标能够连续稳定达到国家或者地方规定的排放标准要求。

（7）具有良好的纳税信用，近三年内纳税信用等级未被评定为C级或D级。

·政策依据·

（1）《财政部 税务总局关于延长部分税收优惠政策执行期限的公告》（财政部 税务总局公告2022年第4号）。

（2）《财政部 税务总局 国家发展改革委 生态环境部关于从事污染防治的第三方企业所得税政策问题的公告》（财政部 税务总局 国家发展改革委 生态环境部公告2019年第60号）。

（3）《财政部 税务总局 国家发展改革委 生态环境部关于从事污染防治的第三方企业所得税政策问题的公告》（财政部 税务总局 国家发展改革委 生态环境部公告2023年第38号）。

（十二）支持疫情防护救治等免征个人所得税政策

·享受主体·

（1）参加疫情防治工作的医务人员和防疫工作者。

（2）获得单位发给用于预防新型冠状病毒感染的肺炎的药品、医疗用品和防护用品等实物（不包括现金）的个人。

·优惠内容·

（1）自2020年1月1日至2023年12月31日，对参加疫情防治工作的医务人员和防疫工作者按照政府规定标准取得的临时性工作补助和奖金，免征个人所得税。政府规定标准包括各级政府规定的补助和奖金标准。对省级及省级以上人民政府规定的对参与疫情防控人员的临时性工作补助和奖金，比照执行。

（2）自2020年1月1日至2023年12月31日，单位发给个人用于预防新型冠状病毒感染的肺炎的药品、医疗用品和防护用品等实物（不包括现金），不计入工资、薪金收入，免征个人所得税。

·政策依据·

（1）《财政部 税务总局关于延长部分税收优惠政策执行期限的公告》（财政部 税务总局公告2022年第4号）。

（2）《财政部 税务总局关于支持新型冠状病毒感染的肺炎疫情防控有关个人所得税政策的公告》（财政部 税务总局公告2020年第10号）。

（十三）商品储备免征印花税和房产税、城镇土地使用税政策

·享受主体·

商品储备管理公司及其直属库。

· 优惠内容 ·

（1）自2019年1月1日至2027年12月31日，对商品储备管理公司及其直属库资金账簿免征印花税；对其承担商品储备业务过程中书立的购销合同免征印花税，对合同其他各方当事人应缴纳的印花税照章征收。

（2）自2019年1月1日至2027年12月31日，对商品储备管理公司及其直属库自用的承担商品储备业务的房产、土地，免征房产税、城镇土地使用税。

· 享受条件 ·

（1）商品储备管理公司及其直属库是指接受县级以上政府有关部门委托，承担粮（含大豆）、食用油、棉、糖、肉5种商品储备任务，取得财政储备经费或者补贴的商品储备企业。

（2）承担中央政府有关部门委托商品储备业务的储备管理公司及其直属库，包括中国储备粮管理集团有限公司及其分公司、直属库，华商储备商品管理中心有限公司及其管理的国家储备糖库、国家储备肉库。承担地方政府有关部门委托商品储备业务的储备管理公司及其直属库，由省、自治区、直辖市财政、税务部门会同有关部门明确或者制定具体管理办法，并报省、自治区、直辖市人民政府批准。

（3）企业享受本政策，应按规定进行免税申报，并将不动产权属证明、房产原值、承担商品储备业务情况、储备库建设规划等资料留存备查。

（4）2022年1月1日以后已缴上述应予免税的款项，从企业应纳的相应税款中抵扣或者予以退税。

· 政策依据 ·

（1）《财政部 税务总局关于延续执行部分国家商品储备税收优惠政策的公告》（财政部 税务总局公告2022年第8号）。

（2）《财政部 税务总局关于部分国家储备商品有关税收政策的公告》（财政部 税务总局公告2019年第77号）。

（3）《财政部 税务总局关于继续实施部分国家商品储备税收优惠政策的公告》（财政部 税务总局公告2023年第48号）。

（十四）生产、生活性服务业增值税加计抵减政策

· 享受主体 ·

生产、生活性服务业纳税人。

· 优惠内容 ·

自2023年1月1日至2023年12月31日，增值税加计抵减政策按照以下规定执行：

（1）允许生产性服务业纳税人按照当期可抵扣进项税额加计5%抵减应纳税额。

（2）允许生活性服务业纳税人按照当期可抵扣进项税额加计10%抵减应纳税额。

· 享受条件 ·

（1）增值税一般纳税人。

（2）生产性服务业纳税人是指提供邮政服务、电信服务、现代服务、生活服务取得的销售额占全部销售额的比重超过50%的纳税人。生活性服务业纳税人是指提供生活服务取得的销售额占全部销售额的比重超过50%的纳税人。

邮政服务、电信服务、现代服务、生活服务的具体范围按照《销售服务、无形资产、不动产注释》（财税〔2016〕36号印发）执行。

（3）加计抵减政策适用所称"销售额"，包括纳税申报销售额、稽查查补销售额、纳税评估调整销售额。其中，纳税申报销售额包括一般计税方法销售额，简易计税方法销售额，免税销售额，税务机关代开发票销售额，免、抵、退办法出口销售额，即征即退项目销售额。

稽查查补销售额和纳税评估调整销售额，计入查补或评估调整当期销售额确定适用加计抵减政策；适用增值税差额征收政策的，以差额后的销售额确定适用加计抵减政策。

（4）纳税人可计提但未计提的加计抵减额，可在确定适用加计抵减政策当期一并计提。

· 政策依据 ·

（1）《财政部　税务总局关于明确增值税小规模纳税人减免增值税等政策的公告》（财政部　税务总局公告2023年第1号）。

（2）《国家税务总局关于增值税小规模纳税人减免增值税等政策有关征管事项的公告》（国家税务总局公告2023年第1号）。

（3）《财政部　税务总局　海关总署关于深化增值税改革有关政策的公告》（财政部　税务总局　海关总署公告2019年第39号）。

（4）《财政部　税务总局关于明确生活性服务业增值税加计抵减政策的公告》（财政部　税务总局公告2019年第87号）。

（5）《国家税务总局关于国内旅客运输服务进项税抵扣等增值税征管问题的公告》（国家税务总局公告2019年第31号）。

（十五）创业投资企业和天使投资个人有关税收优惠政策

· 享受主体 ·

公司制创业投资企业、有限合伙制创业投资企业合伙人和天使投资个人。

优惠内容

（1）公司制创业投资企业采取股权投资方式直接投资于种子期、初创期科技型企业（以下简称初创科技型企业）满2年（24个月，下同）的，可以按照投资额的70%在股权持有满2年的当年抵扣该公司制创业投资企业的应纳税所得额；当年不足抵扣的，可以在以后纳税年度结转抵扣。

（2）有限合伙制创业投资企业（以下简称合伙创投企业）采取股权投资方式直接投资于初创科技型企业满2年的，该合伙创投企业的合伙人分别按以下方式处理：①法人合伙人可以按照对初创科技型企业投资额的70%抵扣法人合伙人从合伙创投企业分得的所得；当年不足抵扣的，可以在以后纳税年度结转抵扣。②个人合伙人可以按照对初创科技型企业投资额的70%抵扣个人合伙人从合伙创投企业分得的经营所得；当年不足抵扣的，可以在以后纳税年度结转抵扣。

（3）天使投资个人采取股权投资方式直接投资于初创科技型企业满2年的，可以按照投资额的70%抵扣转让该初创科技型企业股权取得的应纳税所得额；当期不足抵扣的，可以在以后取得转让该初创科技型企业股权的应纳税所得额时结转抵扣。

天使投资个人投资多个初创科技型企业的，对其中办理注销清算的初创科技型企业，天使投资个人对其投资额的70%尚未抵扣完的，可自注销清算之日起36个月内抵扣天使投资个人转让其他初创科技型企业股权取得的应纳税所得额。

享受条件

（1）初创科技型企业，应同时符合以下条件：①在中国境内（不包括港、澳、台地区）注册成立、实行查账征收的居民企业；②接受投资时，从业人数不超过300人，其中具有大学本科以上学历的从业人数不低于30%；资产总额和年销售收入均不超过5 000万元；③接受投资时设立时间不超过5年（60个月）；④接受投资时以及接受投资后2年内未在境内外证券交易所上市；⑤接受投资当年及下一纳税年度，研发费用总额占成本费用支出的比例不低于20%。

（2）创业投资企业，应同时符合以下条件：①在中国境内（不含港、澳、台地区）注册成立、实行查账征收的居民企业或合伙创投企业，且不属于被投资初创科技型企业的发起人；②符合《创业投资企业管理暂行办法》（发展改革委等10部门令第39号）规定或者《私募投资基金监督管理暂行办法》（证监会令第105号）关于创业投资基金的特别规定，按照上述规定完成备案且规范运作；③投资后2年内，创业投资企业及其关联方持有被投资初创科技型企业的股权比例合计应低于50%。

（3）天使投资个人，应同时符合以下条件：①不属于被投资初创科技型企业的发起人、雇员或其亲属（包括配偶、父母、子女、祖父母、外祖父母、孙子女、外孙子女、兄弟姐妹，下同），且与被投资初创科技型企业不存在劳务派遣等关系；②投资后2年内，本人及其亲属持有被投资初创科技型企业股权比例合计应低于50%。

（4）享受上述税收政策的投资，仅限于通过向被投资初创科技型企业直接支付现金方式取得的股权投资，不包括受让其他股东的存量股权。

2019 年 1 月 1 日至 2027 年 12 月 31 日，在此期间已投资满 2 年及新发生的投资，可按《财政部 税务总局关于创业投资企业和天使投资个人有关税收政策的通知》（财税〔2018〕55 号）和《财政部 税务总局关于延续执行创业投资企业和天使投资个人投资初创科技型企业有关政策条件的公告》（财政部 税务总局公告 2023 年第 17 号）适用有关税收政策。

- 享受方式 -

上述政策免于申请即可享受。

- 政策依据 -

（1）《财政部 税务总局关于创业投资企业和天使投资个人有关税收政策的通知》（财税〔2018〕55 号）。

（2）《国家税务总局关于创业投资企业和天使投资个人税收政策有关问题的公告》（国家税务总局公告 2018 年第 43 号）。

（3）《财政部 税务总局关于实施小微企业普惠性税收减免政策的通知》（财税〔2019〕13 号）。

（4）《财政部 税务总局关于延续执行创业投资企业和天使投资个人投资初创科技型企业有关政策条件的公告》（财政部 税务总局公告 2022 年第 6 号）。

（5）《财政部 税务总局关于延续执行创业投资企业和天使投资个人投资初创科技型企业有关政策条件的公告》（财政部 税务总局公告 2023 年第 17 号）。

（十六）全年一次性奖金个人所得税优惠政策

- 享受主体 -

居民个人。

- 优惠内容 -

居民个人取得全年一次性奖金，在 2027 年 12 月 31 日前，不并入当年综合所得，以全年一次性奖金收入除以 12 个月得到的数额，按照按月换算后的综合所得税率表，确定适用税率和速算扣除数，单独计算纳税。计算公式为：

$$应纳税额 = 全年一次性奖金收入 \times 适用税率 - 速算扣除数$$

居民个人取得全年一次性奖金，也可以选择并入当年综合所得计算纳税。

- 享受条件 -

居民个人取得全年一次性奖金，应当符合《国家税务总局关于调整个人取得全年一次性奖金等计算征收个人所得税方法问题的通知》（国税发〔2005〕9号）规定。

·政策依据·

（1）《财政部 税务总局关于延续实施全年一次性奖金等个人所得税优惠政策的公告》（财政部 税务总局公告2021年第42号）。

（2）《财政部 税务总局关于个人所得税法修改后有关优惠政策衔接问题的通知》（财税〔2018〕164号）。

（3）《财政部 税务总局关于延续实施全年一次性奖金个人所得税政策的公告》（财政部 税务总局公告2023年第30号）。

（十七）上市公司股权激励个人所得税优惠政策

·享受主体·

居民个人。

·优惠内容·

居民个人取得股票期权、股票增值权、限制性股票、股权奖励等股权激励，符合相关政策条件的，在2027年12月31日前，不并入当年综合所得，全额单独适用综合所得税率表，计算纳税。计算公式为：

$$应纳税额 = 股权激励收入 \times 适用税率 - 速算扣除数$$

居民个人一个纳税年度内取得两次以上（含两次）股权激励的，应合并按规定计算纳税。

·享受条件·

居民个人取得股票期权、股票增值权、限制性股票、股权奖励等股权激励，应当符合《财政部 国家税务总局关于个人股票期权所得征收个人所得税问题的通知》（财税〔2005〕35号）、《财政部 国家税务总局关于股票增值权所得和限制性股票所得征收个人所得税有关问题的通知》（财税〔2009〕5号）、《财政部 国家税务总局关于将国家自主创新示范区有关税收试点政策推广到全国范围实施的通知》（财税〔2015〕116号）第四条、《财政部 国家税务总局关于完善股权激励和技术入股有关所得税政策的通知》（财税〔2016〕101号）第四条第（一）项规定的相关条件。

·政策依据·

（1）《财政部 税务总局关于延续实施全年一次性奖金等个人所得税优惠政策的公告》（财政部 税务总局公告2021年第42号）。

（2）《财政部　税务总局关于个人所得税法修改后有关优惠政策衔接问题的通知》（财税〔2018〕164号）。

（3）《财政部　税务总局关于延续实施上市公司股权激励有关个人所得税政策的公告》（财政部　税务总局公告2023年第25号）。

（十八）外籍个人津补贴个人所得税优惠政策

・享受主体・

符合居民条件的外籍个人。

・优惠内容・

自2019年1月1日至2027年12月31日，外籍个人符合居民个人条件的，可以选择享受个人所得税专项附加扣除，也可以选择按照《财政部　国家税务总局关于个人所得税若干政策问题的通知》（财税〔1994〕20号）、《国家税务总局关于外籍个人取得有关补贴征免个人所得税执行问题的通知》（国税发〔1997〕54号）和《财政部　国家税务总局关于外籍个人取得港澳地区住房等补贴征免个人所得税的通知》（财税〔2004〕29号）规定，享受住房补贴、语言训练费、子女教育费等津补贴免税优惠政策。

・享受条件・

外籍个人符合居民个人条件，可以选择享受个人所得税专项附加扣除，也可以选择享受住房补贴、语言训练费、子女教育费等津补贴免税优惠政策，但不得同时享受。外籍个人一经选择，在一个纳税年度内不得变更。

・政策依据・

（1）《财政部　税务总局关于延续实施外籍个人津补贴等有关个人所得税优惠政策的公告》（财政部　税务总局公告2021年第43号）。

（2）《财政部　税务总局关于个人所得税法修改后有关优惠政策衔接问题的通知》（财税〔2018〕164号）。

（3）《财政部　税务总局关于延续实施外籍个人有关津补贴个人所得税政策的公告》（财政部　税务总局公告2023年第29号）。

（十九）阶段性降低失业保险、工伤保险费率政策

・享受主体・

失业保险、工伤保险参保单位。

· 优惠内容 ·

自 2022 年 5 月 1 日起，延续实施阶段性降低失业保险、工伤保险费率政策 1 年，执行期限至 2023 年 4 月 30 日。

按照现行阶段性降率政策规定，失业保险总费率为 1%。在省（区、市）行政区域内，单位及个人的费率应当统一，个人费率不得超过单位费率。本地具体费率由各省（区、市）确定。工伤保险基金累计结余可支付月数在 18 至 23 个月的统筹地区可以现行费率为基础下调 20%，累计结余可支付月数在 24 个月以上的统筹地区可以现行费率为基础下调 50%。

· 政策依据 ·

（1）《人力资源社会保障部 财政部 国家税务总局关于做好失业保险稳岗位提技能防失业工作的通知》（人社部发〔2022〕23 号）。

（2）《人力资源社会保障部 财政部关于继续阶段性降低社会保险费率的通知》（人社部发〔2018〕25 号）。

（3）《人力资源社会保障部 财政部关于阶段性降低失业保险费率有关问题的通知》（人社部发〔2017〕14 号）。

第三节　支持绿色发展税费优惠政策指引

一、支持环境保护税费优惠政策

（一）环境保护税收优惠

1. 从事符合条件的环境保护项目的所得定期减免企业所得税

· 享受主体 ·

从事符合条件的环境保护项目的企业。

· 优惠内容 ·

企业从事符合条件的环境保护项目的所得，自项目取得第一笔生产经营收入所属纳税年度起，第一年至第三年免征企业所得税，第四年至第六年减半征收企业所得税。

· 享受条件 ·

符合条件的环境保护项目，包括公共污水处理、公共垃圾处理、沼气综合开发利用等。项目的具体条件和范围按照《环境保护、节能节水项目企业所得税优惠目录（2021年版）》执行。

企业从事属于《财政部 国家税务总局 国家发展改革委关于公布环境保护节能节水项目企业所得税优惠目录（试行）的通知》（财税〔2009〕166号）和《财政部 国家税务总局 国家发展改革委关于垃圾填埋沼气发电列入〈环境保护、节能节水项目企业所得税优惠目录（试行）〉的通知》（财税〔2016〕131号）中目录规定范围的环境保护项目，2021年12月31日前已进入优惠期的，可按政策规定继续享受至期满为止；企业从事属于《环境保护、节能节水项目企业所得税优惠目录（2021年版）》规定范围的环境保护项目，若2020年12月31日前已取得第一笔生产经营收入，可在剩余期限享受政策优惠至期满为止。

· 政策依据 ·

（1）《中华人民共和国企业所得税法》第二十七条第（三）项。

（2）《中华人民共和国企业所得税法实施条例》第八十八条。

（3）《财政部 国家税务总局 国家发展改革委关于公布环境保护节能节水项目企业所得税优惠目录（试行）的通知》（财税〔2009〕166号）。

（4）《财政部 国家税务总局 国家发展改革委关于垃圾填埋沼气发电列入〈环境保护、节能节水项目企业所得税优惠目录（试行）〉的通知》（财税〔2016〕131号）。

（6）《财政部 税务总局 发展改革委 生态环境部关于公布〈环境保护、节能节水项目企业所得税优惠目录（2021年版）〉以及〈资源综合利用企业所得税优惠目录（2021年版）〉的公告》（财政部 税务总局 发展改革委 生态环境部公告2021年第36号）第一条、第二条。

2.购置用于环境保护专用设备的投资额按一定比例实行企业所得税额抵免

· 享受主体 ·

购置用于环境保护专用设备的企业。

· 优惠内容 ·

企业购置并实际使用《环境保护专用设备企业所得税优惠目录》规定的环境保护专用设备的，该专用设备的投资额的10%可以从企业当年的应纳税额中抵免；当年不足抵免的，可以在以后5个纳税年度结转抵免。

· 享受条件 ·

实际购置并自身实际投入使用《环境保护专用设备企业所得税优惠目录》的专用设备。企业购置上述专用设备在5年内转让、出租的，应当停止享受企业所得税优惠，并补缴已经抵免的企业所得税税款。

· 政策依据 ·

（1）《中华人民共和国企业所得税法》第三十四条。

（2）《中华人民共和国企业所得税法实施条例》第一百条。

（3）《财政部 税务总局 国家发展改革委 工业和信息化部 环境保护部关于印发节能节水和环境保护专用设备企业所得税优惠目录（2017年版）的通知》（财税〔2017〕71号）。

3. 从事污染防治的第三方企业减按15%的税率征收企业所得税

相关内容参见本章第二节第二项"（十一）从事污染防治的第三方企业减免企业所得税政策"，此处不再赘述。

4. 企业厂区以外的公共绿化用地免征城镇土地使用税

· 享受主体 ·

企业厂区（包括生产、办公及生活区）以外的公共绿化用地和向社会开放的公园用地的城镇土地使用税的纳税人。

· 优惠内容 ·

对企业厂区（包括生产、办公及生活区）以外的公共绿化用地和向社会开放的公园用地，暂免征收土地使用税。

· 享受条件 ·

企业厂区（包括生产、办公及生活区）以外的公共绿化用地和向社会开放的公园用地。

· 政策依据 ·

《国家税务局关于印发〈关于土地使用税若干具体问题的补充规定〉的通知》（国税地字〔1989〕140号）第十三条。

（二）水土保持税费优惠

1. 建设市政生态环境保护基础设施项目免征水土保持补偿费

· 享受主体 ·

建设市政生态环境保护基础设施项目的水土保持补偿费缴纳义务人。

第十三章 主要税收优惠政策指引

·优惠内容·

建设市政生态环境保护基础设施项目的，免征水土保持补偿费。

·享受条件·

建设市政生态环境保护基础设施项目。

·政策依据·

《财政部　国家发展改革委　水利部　中国人民银行关于印发〈水土保持补偿费征收使用管理办法〉的通知》（财综〔2014〕8号）第十一条第（四）项。

2.按照水土保持规划开展水土流失治理活动免征水土保持补偿费

·享受主体·

按照水土保持规划开展水土流失治理活动的水土保持补偿费缴纳义务人。

·优惠内容·

按照水土保持规划开展水土流失治理活动的，免征水土保持补偿费。

·享受条件·

按照水土保持规划开展水土流失治理活动。

·政策依据·

《财政部　国家发展改革委　水利部　中国人民银行关于印发〈水土保持补偿费征收使用管理办法〉的通知》（财综〔2014〕8号）第十一条第（六）项。

二、促进节能环保税费优惠政策

（一）合同能源管理项目税收优惠

1.合同能源管理项目暂免征收增值税（货物）

·享受主体·

实施符合条件的合同能源管理项目的节能服务公司。

·优惠内容·

节能服务公司实施符合条件的合同能源管理项目，将项目中的增值税应税货物转让给用能企业，暂免征收增值税。

· 享受条件 ·

（1）节能服务公司实施合同能源管理项目相关技术应符合国家质量监督检验检疫总局和国家标准化管理委员会发布的《合同能源管理技术通则》（GB/T24915—2010）[注：该通则已被《合同能源管理技术通则》（GB/T24915—2020）替代，下同]规定的技术要求。

（2）节能服务公司与用能企业签订《节能效益分享型》合同，其合同格式和内容，符合《民法典》和国家质量监督检验检疫总局和国家标准化管理委员会发布的《合同能源管理技术通则》（GB/T24915—2010）等规定。

· 政策依据 ·

《财政部 国家税务总局关于促进节能服务产业发展增值税、营业税和企业所得税政策问题的通知》（财税〔2010〕110号）第一条第（二）项、第（三）项。

2. 合同能源管理项目免征增值税（服务）

· 享受主体 ·

实施符合条件的合同能源管理服务的节能服务公司。

· 优惠内容 ·

节能服务公司实施符合条件的实施合同能源管理服务，免征增值税。

· 享受条件 ·

（1）节能服务公司实施合同能源管理项目相关技术，应当符合国家质量监督检验检疫总局和国家标准化管理委员会发布的《合同能源管理技术通则》（GB/T24915—2010）规定的技术要求。

（2）节能服务公司与用能企业签订节能效益分享型合同，其合同格式和内容，符合《中华人民共和国民法典》和《合同能源管理技术通则》（GB/T24915—2010）等规定。

· 政策依据 ·

《财政部 国家税务总局关于全面推开营业税改征增值税试点的通知》（财税〔2016〕36号）附件3第一条第（二十七）项。

3. 节能服务公司实施合同能源管理项目的所得定期减免企业所得税

· 享受主体 ·

实施合同能源管理项目的符合条件的节能服务公司。

第十三章　主要税收优惠政策指引

·优惠内容·

自 2011 年 1 月 1 日起，对符合条件的节能服务公司实施合同能源管理项目，符合企业所得税税法有关规定的，自项目取得第一笔生产经营收入所属纳税年度起，第一年至第三年免征企业所得税，第四年至第六年按照 25% 的法定税率减半征收企业所得税。

·享受条件·

（1）对符合条件的节能服务公司，以及与其签订节能效益分享型合同的用能企业，实施合同能源管理项目有关资产的企业所得税税务处理按以下规定执行：①用能企业按照能源管理合同实际支付给节能服务公司的合理支出，均可以在计算当期应纳税所得额时扣除，不再区分服务费用和资产价款进行税务处理；②能源管理合同期满后，节能服务公司转让给用能企业的因实施合同能源管理项目形成的资产，按折旧或摊销期满的资产进行税务处理，用能企业从节能服务公司接受有关资产的计税基础也应按折旧或摊销期满的资产进行税务处理；③能源管理合同期满后，节能服务公司与用能企业办理有关资产的权属转移时，用能企业已支付的资产价款，不再另行计入节能服务公司的收入。

（2）"符合条件"是指同时满足以下条件：①具有独立法人资格，注册资金不低于 100 万元，且能够单独提供用能状况诊断、节能项目设计、融资、改造（包括施工、设备安装、调试、验收等）、运行管理、人员培训等服务的专业化节能服务公司；②节能服务公司实施合同能源管理项目相关技术应符合国家质量监督检验检疫总局和国家标准化管理委员会发布的《合同能源管理技术通则》（GB/T24915—2010）规定的技术要求；③节能服务公司与用能企业签订《节能效益分享型》合同，其合同格式和内容，符合《民法典》和国家质量监督检验检疫总局和国家标准化管理委员会发布的《合同能源管理技术通则》（GB/T24915—2010）等规定；④节能服务公司实施合同能源管理的项目符合《财政部　国家税务总局国家发展改革委关于公布环境保护节能节水项目企业所得税优惠目录（试行）的通知》（财税〔2009〕166 号）"4.节能减排技术改造"类中第一项至第八项规定的项目和条件；⑤节能服务公司投资额不低于实施合同能源管理项目投资总额的 70%；⑥节能服务公司拥有匹配的专职技术人员和合同能源管理人才，具有保障项目顺利实施和稳定运行的能力。

（3）节能服务公司与用能企业之间的业务往来，应当按照独立企业之间的业务往来收取或者支付价款、费用。

（4）用能企业对从节能服务公司取得的与实施合同能源管理项目有关的资产，应与企业其他资产分开核算，并建立辅助账或明细账。

（5）节能服务公司同时从事适用不同税收政策待遇项目的，其享受税收优惠项目应当单独计算收入、扣除，并合理分摊企业的期间费用。

·政策依据·

《财政部　国家税务总局关于促进节能服务产业发展增值税　营业税和企业所得

税政策问题的通知》(财税〔2010〕110号)第二条。

(二)供热企业税收优惠

1. 供热企业取得的采暖费收入免征增值税

> **· 享受主体 ·**

供热企业,即热力产品生产企业和热力产品经营企业。热力产品生产企业包括专业供热企业、兼营供热企业和自供热单位。

> **· 优惠内容 ·**

自2019年1月1日至2027年供暖期结束,对供热企业向居民个人(以下称居民)供热取得的采暖费收入免征增值税。

> **· 享受条件 ·**

(1)向居民供热取得的采暖费收入,包括供热企业直接向居民收取的、通过其他单位向居民收取的和由单位代居民缴纳的采暖费。

(2)免征增值税的采暖费收入,应当按照《增值税暂行条例》第十六条的规定单独核算。通过热力产品经营企业向居民供热的热力产品生产企业,应当根据热力产品经营企业实际从居民取得的采暖费收入占该经营企业采暖费总收入的比例,计算免征的增值税。

(3)供暖期是指当年下半年供暖开始至次年上半年供暖结束的期间。

(4)享受优惠政策的地区:北京市、天津市、河北省、山西省、内蒙古自治区、辽宁省、大连市、吉林省、黑龙江省、山东省、青岛市、河南省、陕西省、甘肃省、青海省、宁夏回族自治区和新疆维吾尔自治区。

> **· 政策依据 ·**

(1)《财政部 税务总局关于延续供热企业增值税 房产税 城镇土地使用税优惠政策的通知》(财税〔2019〕38号)第一条、第三条、第四条。

(2)《财政部 税务总局关于延长部分税收优惠政策执行期限的公告》(财政部 税务总局公告2021年第6号)第二条。

(3)《财政部 税务总局关于延续实施供热企业有关税收政策的公告》(财政部 税务总局公告2023年第56号)。

2. 为居民供热的供热企业使用的厂房免征房产税

> **· 享受主体 ·**

供热企业,即热力产品生产企业和热力产品经营企业。热力产品生产企业包括专业供热企业、兼营供热企业和自供热单位。

- 优惠内容 -

自2019年1月1日至2027年供暖期结束，对向居民供热收取采暖费的供热企业，为居民供热所使用的厂房免征房产税；对供热企业其他厂房，应当按照规定征收房产税。

- 享受条件 -

（1）对专业供热企业，按其向居民供热取得的采暖费收入占全部采暖费收入的比例，计算免征的房产税。

（2）对兼营供热企业，视其供热所使用的厂房与其他生产经营活动所使用的厂房是否可以区分，按照不同方法计算免征的房产税。可以区分的，对其供热所使用厂房，按向居民供热取得的采暖费收入占全部采暖费收入的比例，计算免征的房产税。难以区分的，对其全部厂房，按向居民供热取得的采暖费收入占其营业收入的比例，计算免征的房产税、城镇土地使用税。

（3）对自供热单位，按向居民供热建筑面积占总供热建筑面积的比例，计算免征供热所使用的厂房的房产税。

（4）享受优惠政策的地区：北京市、天津市、河北省、山西省、内蒙古自治区、辽宁省、大连市、吉林省、黑龙江省、山东省、青岛市、河南省、陕西省、甘肃省、青海省、宁夏回族自治区和新疆维吾尔自治区。

- 政策依据 -

（1）《财政部 税务总局关于延续供热企业增值税 房产税 城镇土地使用税优惠政策的通知》（财税〔2019〕38号）第二条、第三条、第四条。

（2）《财政部 税务总局关于延长部分税收优惠政策执行期限的公告》（财政部 税务总局公告2021年第6号）第二条。

（3）《财政部 税务总局关于延续实施供热企业有关税收政策的公告》（财政部 税务总局公告2023年第56号）。

3. 为居民供热的供热企业使用的土地免征城镇土地使用税

- 享受主体 -

供热企业，即热力产品生产企业和热力产品经营企业。热力产品生产企业包括专业供热企业、兼营供热企业和自供热单位。

- 优惠内容 -

自2019年1月1日至2027年供暖期结束，对向居民供热收取采暖费的供热企业，为居民供热所使用的土地免征城镇土地使用税；对供热企业其他土地，应当按照规定征收城镇土地使用税。

·享受条件·

（1）对专业供热企业，按其向居民供热取得的采暖费收入占全部采暖费收入的比例，计算免征的城镇土地使用税。

（2）对兼营供热企业，视其供热所使用的厂房及土地与其他生产经营活动所使用的厂房及土地是否可以区分，按照不同方法计算免征的房产税、城镇土地使用税。可以区分的，对其供热所使用厂房及土地，按向居民供热取得的采暖费收入占全部采暖费收入的比例，计算免征的房产税、城镇土地使用税。难以区分的，对其全部厂房及土地，按向居民供热取得的采暖费收入占其营业收入的比例，计算免征的房产税、城镇土地使用税。

（3）对自供热单位，按向居民供热建筑面积占总供热建筑面积的比例，计算免征供热所使用的土地的城镇土地使用税。

（4）享受优惠政策的地区：北京市、天津市、河北省、山西省、内蒙古自治区、辽宁省、大连市、吉林省、黑龙江省、山东省、青岛市、河南省、陕西省、甘肃省、青海省、宁夏回族自治区和新疆维吾尔自治区。

·政策依据·

（1）《财政部 税务总局关于延续供热企业增值税 房产税 城镇土地使用税优惠政策的通知》（财税〔2019〕38号）第二条、第三条、第四条。

（2）《财政部 税务总局关于延长部分税收优惠政策执行期限的公告》（财政部 税务总局公告2021年第6号）第二条。

（3）《财政部 税务总局关于延续实施供热企业有关税收政策的公告》（财政部 税务总局公告2023年第56号）。

（三）节能环保电池、涂料税收优惠

1. 节能环保电池免征消费税

·享受主体·

生产、委托加工和进口无汞原电池、金属氢化物镍蓄电池（又称氢镍蓄电池或镍氢蓄电池）、锂原电池、锂离子蓄电池、太阳能电池、燃料电池和全钒液流电池的单位和个人。

·优惠内容·

对无汞原电池、金属氢化物镍蓄电池（又称氢镍蓄电池或镍氢蓄电池）、锂原电池、锂离子蓄电池、太阳能电池、燃料电池和全钒液流电池免征消费税。

- 享受条件 -

无汞原电池、金属氢化物镍蓄电池（又称氢镍蓄电池或镍氢蓄电池）、锂原电池、锂离子蓄电池、太阳能电池、燃料电池和全钒液流电池。

- 政策依据 -

《财政部 国家税务总局关于对电池 涂料征收消费税的通知》（财税〔2015〕16号）第二条第一款。

2. 节能环保涂料免征消费税

- 享受主体 -

生产、委托加工和进口施工状态下挥发性有机物（volatile organic compounds，VOC）含量低于420克/升（含）的涂料的单位和个人。

- 优惠内容 -

对施工状态下挥发性有机物含量低于420克/升（含）的涂料免征消费税。

- 享受条件 -

施工状态下挥发性有机物含量低于420克/升（含）的涂料。

- 政策依据 -

《财政部 国家税务总局关于对电池 涂料征收消费税的通知》（财税〔2015〕16号）第二条第三款。

（四）节能节水税收优惠

1. 滴灌产品免征增值税

- 享受主体 -

生产销售和批发、零售滴灌带和滴灌管的增值税纳税人。

- 优惠内容 -

自2007年7月1日起，纳税人生产销售和批发、零售滴灌带和滴灌管产品免征增值税。

·享受条件·

滴灌带和滴灌管产品是指农业节水滴灌系统专用的、具有制造过程中加工的孔口或其他出流装置、能够以滴状或连续流状出水的水带和水管产品。滴灌带和滴灌管产品按照国家有关质量技术标准要求进行生产，并与PVC管（主管）、PE管（辅管）、承插管件、过滤器等部件组成滴灌系统。

·政策依据·

《财政部 国家税务总局关于免征滴灌带和滴灌管产品增值税的通知》（财税〔2007〕83号）第一条。

2. 从事符合条件的节能节水项目的所得定期减免企业所得税

·享受主体·

从事符合条件的节能节水项目的企业。

·优惠内容·

企业从事符合条件的节能节水项目的所得，自项目取得第一笔生产经营收入所属纳税年度起，第一年至第三年免征企业所得税，第四年至第六年减半征收企业所得税。

·享受条件·

符合条件的节能节水项目，包括节能减排技术改造、海水淡化等。项目的具体条件和范围按照《环境保护、节能节水项目企业所得税优惠目录（2021年版）》执行。企业从事属于《财政部 国家税务总局 国家发展改革委关于公布环境保护节能节水项目企业所得税优惠目录（试行）的通知》（财税〔2009〕166号）和《财政部 国家税务总局 国家发展改革委关于垃圾填埋沼气发电列入〈环境保护、节能节水项目企业所得税优惠目录（试行）〉的通知》（财税〔2016〕131号）中目录规定范围的节能节水项目，2021年12月31日前已进入优惠期的，可按政策规定继续享受至期满为止；企业从事属于《环境保护、节能节水项目企业所得税优惠目录（2021年版）》规定范围的节能节水项目，若2020年12月31日前已取得第一笔生产经营收入，可在剩余期限享受政策优惠至期满为止。

·政策依据·

（1）《中华人民共和国企业所得税法》第二十七条第（三）项。

（2）《中华人民共和国企业所得税法实施条例》第八十八条。

（3）《财政部 国家税务总局 国家发展改革委关于公布环境保护节能节水项目企业所得税优惠目录（试行）的通知》（财税〔2009〕166号）。

（4）《财政部 国家税务总局 国家发展改革委关于垃圾填埋沼气发电列入〈环

境保护、节能节水项目企业所得税优惠目录（试行）〉的通知》（财税〔2016〕131号）。

（5）《财政部　税务总局　发展改革委　生态环境部关于公布〈环境保护、节能节水项目企业所得税优惠目录（2021年版）〉以及〈资源综合利用企业所得税优惠目录（2021年版）〉的公告》（财政部　税务总局　发展改革委　生态环境部公告2021年第36号）第一条、第二条。

3. 购置用于节能节水专用设备的投资额按一定比例实行企业所得税额抵免

· 享受主体 ·

购置用于节能节水专用设备的企业。

· 优惠内容 ·

企业购置并实际使用《节能节水专用设备企业所得税优惠目录》规定的节能节水专用设备的，该专用设备的投资额的10%可以从企业当年的应纳税额中抵免；当年不足抵免的，可以在以后5个纳税年度结转抵免。

· 享受条件 ·

实际购置并自身实际投入使用《节能节水专用设备企业所得税优惠目录》的专用设备。企业购置上述专用设备在5年内转让、出租的，应当停止享受企业所得税优惠，并补缴已经抵免的企业所得税税款。

· 政策依据 ·

（1）《中华人民共和国企业所得税法》第三十四条。

（2）《中华人民共和国企业所得税法实施条例》第一百条。

（3）《财政部　税务总局　国家发展改革委　工业和信息化部　环境保护部关于印发节能节水和环境保护专用设备企业所得税优惠目录（2017年版）的通知》（财税〔2017〕71号）。

（五）新能源车船税收优惠

1. 新能源车船免征车船税

· 享受主体 ·

新能源车船的车船税纳税人。

· 优惠内容 ·

对新能源车船，免征车船税。

·享受条件·

（1）免征车船税的新能源汽车是指纯电动商用车、插电式（含增程式）混合动力汽车、燃料电池商用车。

（2）免征车船税的新能源汽车应同时符合以下标准：①获得许可在中国境内销售的纯电动商用车、插电式（含增程式）混合动力汽车、燃料电池商用车。②符合新能源汽车产品技术标准，具体标准见《财政部 税务总局 工业和信息化部 交通运输部关于节能 新能源车船税优惠政策的通知》（财税〔2018〕74号）附件4《新能源汽车产品技术标准》；同时符合《关于调整享受车船税优惠的节能 新能源汽车产品技术要求的公告》（工业和信息化部 财政部 税务总局公告〔2022〕2号）对财税〔2018〕74号文中插电式混合动力（含增程式）乘用车调整的有关技术要求。③通过新能源汽车专项检测，符合新能源汽车标准，具体标准见《财政部 税务总局 工业和信息化部 交通运输部关于节能 新能源车船税优惠政策的通知》（财税〔2018〕74号）附件5《新能源汽车产品专项检验标准目录》。④新能源汽车生产企业或进口新能源汽车经销商在产品质量保证、产品一致性、售后服务、安全监测、动力电池回收利用等方面符合相关要求，具体要求见《财政部 税务总局 工业和信息化部 交通运输部关于节能 新能源车船税优惠政策的通知》（财税〔2018〕74号）附件6《新能源汽车企业要求》。

（3）免征车船税的新能源船舶应符合以下标准：

船舶的主推进动力装置为纯天然气发动机。发动机采用微量柴油引燃方式且引燃油热值占全部燃料总热值的比例不超过5%的，视同纯天然气发动机。

（4）符合上述标准的节能、新能源汽车，由工业和信息化部、税务总局不定期联合发布《享受车船税减免优惠的节约能源使用新能源汽车车型目录》。

·政策依据·

（1）《中华人民共和国车船税法》第四条。

（2）《财政部 税务总局 工业和信息化部 交通运输部关于节能 新能源车船税优惠政策的通知》（财税〔2018〕74号）第二条、附件4、附件5、附件6。

（3）《工业和信息化部 财政部 税务总局关于调整享受车船税优惠的节能 新能源汽车产品技术要求的公告》（工业和信息化部 财政部 税务总局公告2022年第2号）。

2. 节能汽车减半征收车船税

·享受主体·

节能汽车的车船税纳税人。

·优惠内容·

对节能汽车，减半征收车船税。

第十三章 主要税收优惠政策指引

· 享受条件 ·

（1）减半征收车船税的节能乘用车应同时符合以下标准：①获得许可在中国境内销售的排量为1.6升以下（含1.6升）的燃用汽油、柴油的乘用车（含非插电式混合动力、双燃料和两用燃料乘用车）。②综合工况燃料消耗量应符合标准，具体要求见《财政部 税务总局 工业和信息化部 交通运输部关于节能 新能源车船税优惠政策的通知》（财税〔2018〕74号）附件1《节能乘用车综合工况燃料消耗量限值标准》；同时符合《关于调整享受车船税优惠的节能 新能源汽车产品技术要求的公告》（工业和信息化部 财政部 税务总局公告2022年第2号）附件1《节能乘用车综合工况燃料消耗量限值标准》的相关要求。

（2）减半征收车船税的节能商用车应同时符合以下标准：①获得许可在中国境内销售的燃用天然气、汽油、柴油的轻型和重型商用车（含非插电式混合动力、双燃料和两用燃料轻型和重型商用车）。②燃用汽油、柴油的轻型和重型商用车综合工况燃料消耗量应符合标准，具体标准见《财政部 税务总局 工业和信息化部 交通运输部关于节能 新能源车船税优惠政策的通知》（财税〔2018〕74号）附件2《节能轻型商用车综合工况燃料消耗量限值标准》、附件3《节能重型商用车综合工况燃料消耗量限值标准》；同时符合《关于调整享受车船税优惠的节能 新能源汽车产品技术要求的公告》（工业和信息化部 财政部 税务总局公告〔2022〕2号）附件2《节能轻型商用车综合工况燃料消耗量限值标准》、附件3《节能重型商用车综合工况燃料消耗量限值标准》的相关要求。

· 政策依据 ·

（1）《中华人民共和国车船税法》第四条。

（2）《财政部 税务总局 工业和信息化部 交通运输部关于节能 新能源车船税优惠政策的通知》（财税〔2018〕74号）第一条、附件1、附件2、附件3。

（3）《工业和信息化部 财政部 税务总局关于调整享受车船税优惠的节能 新能源汽车产品技术要求的公告》（工业和信息化部 财政部 税务总局公告2022年第2号）。

3.新能源汽车减免车辆购置税

· 享受主体 ·

购置新能源汽车的车辆购置税纳税人。

· 优惠内容 ·

对购置日期在2023年1月1日至2025年12月31日期间内的新能源汽车，免征车辆购置税，其中，对购置日期在2024年1月1日至2025年12月31日期间新能源汽车，每辆新能源乘用车免税额不超过3万元。

对购置日期在2026年1月1日至2027年12月31日期间的新能源汽车减半征收

车辆购置税，其中，每辆新能源乘用车减税额不超过 1.5 万元。

· 享受条件 ·

免征车辆购置税的新能源汽车，通过工业和信息化部、税务总局发布《免征车辆购置税的新能源汽车车型目录》（以下简称《目录》）实施管理。自《目录》发布之日起购置的，列入《目录》的纯电动汽车、插电式混合动力（含增程式）汽车、燃料电池汽车，属于符合免税条件的新能源汽车。购置日期按照机动车销售统一发票或海关关税专用缴款书等有效凭证的开具日期确定。

· 政策依据 ·

（1）《财政部 税务总局 工业和信息化部关于新能源汽车免征车辆购置税有关政策的公告》（财政部 税务总局 工业和信息化部公告 2022 年第 27 号）。

（2）《财政部 税务总局 工业和信息化部关于延续和优化新能源汽车车辆购置税减免政策的公告》（财政部 税务总局 工业和信息化部公告 2023 年第 10 号）。

（六）节约水资源税收优惠

1. 取用污水处理再生水免征水资源税

· 享受主体 ·

取用污水处理再生水的单位和个人。

· 优惠内容 ·

取用污水处理再生水，免征水资源税。

· 享受条件 ·

（1）取用污水处理再生水。

（2）享受水资源税优惠的地区：北京市、天津市、山西省、内蒙古自治区、河南省、山东省、四川省、陕西省、宁夏回族自治区。

· 政策依据 ·

《财政部 国家税务总局 水利部关于印发〈扩大水资源税改革试点实施办法〉的通知》（财税〔2017〕80 号）附件第十五条第（二）项。

2. 抽水蓄能发电取用水免征水资源税

· 享受主体 ·

抽水蓄能发电取用水的单位和个人。

· 优惠内容 ·

抽水蓄能发电取用水，免征水资源税。

· 享受条件 ·

（1）抽水蓄能发电取用水。
（2）享受水资源税优惠的地区：北京市、天津市、山西省、内蒙古自治区、河南省、山东省、四川省、陕西省、宁夏回族自治区。

· 政策依据 ·

《财政部　国家税务总局　水利部关于印发〈扩大水资源税改革试点实施办法〉的通知》（财税〔2017〕80号）附件第十五条第（四）项。

3.采油排水经分离净化后在封闭管道回注的免征水资源税

· 享受主体 ·

使用经分离净化的采油排水在封闭管道回注的单位和个人。

· 优惠内容 ·

采油排水经分离净化后在封闭管道回注的，免征水资源税。

· 享受条件 ·

（1）经分离净化后在封闭管道回注的采油排水。
（2）享受水资源税优惠的地区：北京市、天津市、山西省、内蒙古自治区、河南省、山东省、四川省、陕西省、宁夏回族自治区。

· 政策依据 ·

《财政部　国家税务总局　水利部关于印发〈扩大水资源税改革试点实施办法〉的通知》（财税〔2017〕80号）附件第十五条第（五）项。

（七）污染物减排税收优惠

1.农业生产排放污染物免征环境保护税

· 享受主体 ·

从事农业生产向环境排放应税污染物的环境保护税纳税人。

· 优惠内容 ·

农业生产（不包括规模化养殖）排放应税污染物的，暂予免征环境保护税。

· 享受条件 ·

除规模化养殖以外，农业生产排放的应税污染物。

· 政策依据 ·

《中华人民共和国环境保护税法》第十二条第（一）项。

2. 城乡污水集中处理、生活垃圾集中处理场所排放污染物免征环境保护税

· 享受主体 ·

依法设立的城乡污水集中处理、生活垃圾集中处理场所。

· 优惠内容 ·

依法设立的城乡污水集中处理、生活垃圾集中处理场所排放相应应税污染物，不超过国家和地方规定的排放标准的，暂予免征环境保护税。

· 享受条件 ·

（1）依法设立的城乡污水集中处理、生活垃圾集中处理场所排放相应应税污染物。
（2）不超过国家和地方规定的排放标准。

· 政策依据 ·

《中华人民共和国环境保护税法》第十二条第（三）项。

3. 排放应税大气污染物或者水污染物的浓度值低于国家和地方规定的污染物排放标准减征环境保护税

· 享受主体 ·

排放应税大气污染物或者水污染物的浓度值低于国家和地方规定的污染物排放标准50%的环境保护税纳税人。

排放应税大气污染物或者水污染物的浓度值低于国家和地方规定的污染物排放标准30%的环境保护税纳税人。

· 优惠内容 ·

纳税人排放应税大气污染物或者水污染物的浓度值低于国家和地方规定的污染物

排放标准 30% 的，减按 75% 征收环境保护税。

纳税人排放应税大气污染物或者水污染物的浓度值低于国家和地方规定的污染物排放标准 50% 的，减按 50% 征收环境保护税。

· 享受条件 ·

纳税人排放应税大气污染物或者水污染物的浓度值低于国家和地方规定的污染物排放标准 30%。

纳税人排放应税大气污染物或者水污染物的浓度值低于国家和地方规定的污染物排放标准 50%。

· 政策依据 ·

《中华人民共和国环境保护税法》第十三条。

三、鼓励资源综合利用税费优惠政策

（一）资源综合利用税收优惠

1. 新型墙体材料增值税即征即退

· 享受主体 ·

销售自产的列入《享受增值税即征即退政策的新型墙体材料目录》的新型墙体材料的纳税人。

· 优惠内容 ·

对纳税人销售自产的列入《享受增值税即征即退政策的新型墙体材料目录》的新型墙体材料，实行增值税即征即退 50% 的政策。

· 享受条件 ·

纳税人销售自产的《享受增值税即征即退政策的新型墙体材料目录》所列新型墙体材料，其申请享受规定的增值税优惠政策时，应同时符合下列条件：

（1）销售自产的新型墙体材料，不属于国家发展和改革委员会《产业结构调整指导目录》中的禁止类、限制类项目。

（2）销售自产的新型墙体材料，不属于环境保护部《环境保护综合名录》中的"高污染、高环境风险"产品或者重污染工艺。

（3）纳税信用等级不属于税务机关评定的 C 级或 D 级。

·政策依据·

《财政部 国家税务总局关于新型墙体材料增值税政策的通知》（财税〔2015〕73号）。

2. 资源综合利用产品及劳务增值税即征即退

·享受主体·

销售自产的资源综合利用产品和提供资源综合利用劳务的增值税一般纳税人。

·优惠内容·

自 2022 年 3 月 1 日起，增值税一般纳税人销售自产的资源综合利用产品和提供资源综合利用劳务，可享受增值税即征即退政策。

·享受条件·

（1）综合利用的资源名称、综合利用产品和劳务名称、技术标准和相关条件、退税比例等按照《资源综合利用产品和劳务增值税优惠目录（2022 年版）》（以下称《目录》）的相关规定执行。

（2）纳税人从事《目录》所列的资源综合利用项目，其申请享受规定的增值税即征即退政策时，应同时符合下列条件：①纳税人在境内收购的再生资源，应按规定从销售方取得增值税发票；适用免税政策的，应按规定从销售方取得增值税普通发票。销售方为依法依规无法申领发票的单位或者从事小额零星经营业务的自然人，应取得销售方开具的收款凭证及收购方内部凭证，或者税务机关代开的发票。上述所称小额零星经营业务是指自然人从事应税项目经营业务的销售额不超过增值税按次起征点的业务。纳税人从境外收购的再生资源，应按规定取得海关进口增值税专用缴款书，或者从销售方取得具有发票性质的收款凭证、相关税费缴纳凭证。②纳税人应建立再生资源收购台账，留存备查。台账内容包括：再生资源供货方单位名称或个人姓名及身份证号、再生资源名称、数量、价格、结算方式、是否取得增值税发票或符合规定的凭证等。纳税人现有账册、系统能够包括上述内容的，无需单独建立台账。③销售综合利用产品和劳务，不属于发展改革委《产业结构调整指导目录》中的淘汰类、限制类项目。④销售综合利用产品和劳务，不属于生态环境部《环境保护综合名录》中的"高污染、高环境风险"产品或重污染工艺。"高污染、高环境风险"产品是指在《环境保护综合名录》中标注特性为"GHW/GHF"的产品，但纳税人生产销售的资源综合利用产品满足"GHW/GHF"例外条款规定的技术和条件的除外。⑤综合利用的资源，属于生态环境部《国家危险废物名录》列明的危险废物的，应当取得省级或市级生态环境部门颁发的《危险废物经营许可证》，且许可经营范围包括该危险废物的利用。⑥纳税信用级别不为 C 级或 D 级。⑦纳税人申请享受规定的即征即退政策时，申请退税税款所属期前 6 个月（含所属期当期）不得发生下列情形：其一，因违反生态环境保护的法律法规受到行政处罚（警告、通报批评或单次 10 万元以下罚款、没收违法所得、没收非法财物除外；单次 10 万元以下含本数，下同）；其二，因违反税收法律法规被税务机关处罚（单次 10 万元以下罚款除外），或发生骗取出口退税、虚开发票的情形。

（3）《财政部　国家税务总局关于印发〈资源综合利用产品和劳务增值税优惠目录〉的通知》（财税〔2015〕78 号）、《财政部　税务总局关于资源综合利用增值税政策的公告》（财政部　税务总局公告 2019 年第 90 号）中"技术标准和相关条件"有关规定执行至 2022 年 12 月 31 日止。

·政策依据·

（1）《财政部　国家税务总局关于印发〈资源综合利用产品和劳务增值税优惠目录〉的通知》（财税〔2015〕78 号）附件"技术标准和相关条件"。

（2）《财政部　税务总局关于资源综合利用增值税政策的公告》（财政部　税务总局公告 2019 年第 90 号）"技术标准和相关条件"。

（3）《财政部　税务总局关于完善资源综合利用增值税政策的公告》（财政部　税务总局公告 2021 年第 40 号）第三条、第七条、附件。

3. 综合利用资源生产产品取得的收入在计算应纳税所得额时减计收入

·享受主体·

以《资源综合利用企业所得税优惠目录》规定的资源作为主要原材料，生产国家非限制和禁止并符合国家和行业相关标准的产品的企业。

·优惠内容·

企业以《资源综合利用企业所得税优惠目录》规定的资源作为主要原材料，生产国家非限制和禁止并符合国家和行业相关标准的产品取得的收入，减按 90% 计入收入总额。

·享受条件·

（1）以《资源综合利用企业所得税优惠目录》规定的资源作为主要原材料。

（2）原材料占生产产品材料的比例不得低于《资源综合利用企业所得税优惠目录》规定的标准。

（3）生产国家非限制和禁止并符合国家和行业相关标准的产品。

·政策依据·

（1）《中华人民共和国企业所得税法》第三十三条。

（2）《中华人民共和国企业所得税法实施条例》第九十九条。

（3）《财政部　税务总局　发展改革委　生态环境部关于公布〈环境保护、节能节水项目企业所得税优惠目录（2021 年版）〉以及〈资源综合利用企业所得税优惠目录（2021 年版）〉的公告》（财政部　税务总局　发展改革委　生态环境公告 2021 年第36号）附件2。

4. 利用废弃动植物油生产纯生物柴油免征消费税

- 享受主体 -

利用废弃的动物油和植物油为原料生产纯生物柴油的消费税纳税人。

- 优惠内容 -

对利用废弃的动物油和植物油为原料生产的纯生物柴油免征消费税。

- 享受条件 -

（1）对同时符合下列条件的纯生物柴油免征消费税：①生产原料中废弃的动物油和植物油用量所占比重不低于70%；②生产的纯生物柴油符合国家《柴油机燃料调合生物柴油（BD100）》标准。

（2）"废弃的动物油和植物油"的范围：①餐饮、食品加工单位及家庭产生的不允许食用的动植物油脂，主要包括泔水油、煎炸废弃油、地沟油和抽油烟机凝析油等。②利用动物屠宰分割和皮革加工修削的废弃物处理提炼的油脂，以及肉类加工过程中产生的非食用油脂。③食用油脂精炼加工过程中产生的脂肪酸、甘油酯及含少量杂质的混合物，主要包括酸化油、脂肪酸；棕榈酸化油、棕榈油脂肪酸、白土油及脱臭馏出物等。④油料加工或油脂储存过程中产生的不符合食用标准的油脂。

- 政策依据 -

（1）《财政部　国家税务总局关于对利用废弃的动植物油生产纯生物柴油免征消费税的通知》（财税〔2010〕118号）。

（2）《财政部　国家税务总局关于明确废弃动植物油生产纯生物柴油免征消费税适用范围的通知》（财税〔2011〕46号）。

5. 利用废矿物油生产的工业油料免征消费税

- 享受主体 -

以回收的废矿物油为原料生产的润滑油基础油、汽油、柴油等工业油料的消费税纳税人。

- 优惠内容 -

自2013年11月1日至2027年12月31日，对以回收的废矿物油为原料生产的润滑油基础油、汽油、柴油等工业油料免征消费税。

· 享受条件 ·

（1）废矿物油是指工业生产领域机械设备及汽车、船舶等交通运输设备使用后失去或降低功效更换下来的废润滑油。

（2）纳税人利用废矿物油生产的润滑油基础油、汽油、柴油等工业油料免征消费税，应同时符合下列条件：①纳税人必须取得省级以上（含省级）环境保护部门颁发的《危险废物（综合）经营许可证》，且该证件上核准生产经营范围应包括"利用"或"综合经营"字样。生产经营范围为"综合经营"的纳税人，还应同时提供颁发《危险废物（综合）经营许可证》的环境保护部门出具的能证明其生产经营范围包括"利用"的材料。纳税人在申请办理免征消费税备案时，应同时提交污染物排放地环境保护部门确定的该纳税人应予执行的污染物排放标准，以及污染物排放地环境保护部门在此前6个月以内出具的该纳税人的污染物排放符合上述标准的证明材料。纳税人回收的废矿物油应具备能显示其名称、特性、数量、接受日期等项目的《危险废物转移联单》。②生产原料中废矿物油重量必须占到90%以上。产成品中必须包括润滑油基础油，且每吨废矿物油生产的润滑油基础油应不少于0.65吨。③利用废矿物油生产的产品与利用其他原料生产的产品应分别核算。

· 政策依据 ·

（1）《财政部　国家税务总局关于对废矿物油再生油品免征消费税的通知》（财税〔2013〕105号）。

（2）《财政部　税务总局关于延长对废矿物油再生油品免征消费税政策实施期限的通知》（财税〔2018〕144号）。

（3）《财政部　税务总局关于继续对废矿物油再生油品免征消费税的公告》（财政部　税务总局公告2023年第69号）。

6.承受荒山、荒地、荒滩用于农、林、牧、渔业生产免征契税

· 享受主体 ·

承受荒山、荒地、荒滩土地使用权用于农、林、牧、渔业生产的契税纳税人。

· 优惠内容 ·

承受荒山、荒地、荒滩土地使用权用于农、林、牧、渔业生产，免征契税。

· 享受条件 ·

承受荒山、荒地、荒滩用于农、林、牧、渔业生产。

· 政策依据 ·

《中华人民共和国契税法》第六条第（三）项。

7. 综合利用的固体废物免征环境保护税

·享受主体·

符合国家和地方环境保护标准，对应税固体废物进行综合利用的环境保护税纳税人。

·优惠内容·

纳税人综合利用的固体废物，符合国家和地方环境保护标准的，暂予免征环境保护税。

·享受条件·

符合工业和信息化部制定的工业固体废物综合利用评价管理规范。

参考规范：《工业固体废物资源综合利用评价管理暂行办法》《国家工业固体废物资源综合利用产品目录》（工业和信息化部公告2018年第26号发布）。

·政策依据·

（1）《中华人民共和国环境保护税法》第十二条第（四）项。

（2）《财政部 税务总局 生态环境部关于环境保护税有关问题的通知》（财税〔2018〕23号）第三条。

（3）《中华人民共和国工业和信息化部公告2018年第26号》（工业和信息化部公告2018年第26号）。

（二）污水处理税收优惠

1. 污水处理厂生产的再生水增值税即征即退或免征增值税

·享受主体·

从事《资源综合利用产品和劳务增值税优惠目录（2022年版）》2.15"污水处理厂出水、工业排水（矿井水）、生活污水、垃圾处理厂渗透（滤）液等"项目的增值税一般纳税人。

·优惠内容·

纳税人从事《资源综合利用产品和劳务增值税优惠目录（2022年版）》2.15"污水处理厂出水、工业排水（矿井水）、生活污水、垃圾处理厂渗透（滤）液等"项目生产再生水，可以选择享受财政部、税务总局公告2021年第40号规定的增值税即征

第十三章 主要税收优惠政策指引

即退政策，或选择享受免征增值税政策。

·享受条件·

（1）综合利用的资源名称、综合利用产品和劳务名称、技术标准和相关条件、退税比例等按照《资源综合利用产品和劳务增值税优惠目录（2022年版）》（以下称《目录》）的相关规定执行。

（2）纳税人从事《目录》所列的资源综合利用项目，其申请享受规定的增值税即征即退政策时，应同时符合下列条件：①纳税人在境内收购的再生资源，应按规定从销售方取得增值税发票；适用免税政策的，应按规定从销售方取得增值税普通发票。销售方为依法依规无法申领发票的单位或者从事小额零星经营业务的自然人，应取得销售方开具的收款凭证及收购方内部凭证，或者税务机关代开的发票。上述所称小额零星经营业务是指自然人从事应税项目经营业务的销售额不超过增值税按次起征点的业务。纳税人从境外收购的再生资源，应按规定取得海关进口增值税专用缴款书，或者从销售方取得具有发票性质的收款凭证、相关税费缴纳凭证。②纳税人应建立再生资源收购台账，留存备查。台账内容包括：再生资源供货方单位名称或个人姓名及身份证号、再生资源名称、数量、价格、结算方式、是否取得增值税发票或符合规定的凭证等。纳税人现有账册、系统能够包括上述内容的，无需单独建立台账。③销售综合利用产品和劳务，不属于发展改革委《产业结构调整指导目录》中的淘汰类、限制类项目。④销售综合利用产品和劳务，不属于生态环境部《环境保护综合名录》中的"高污染、高环境风险"产品或重污染工艺。"高污染、高环境风险"产品是指在《环境保护综合名录》中标注特性为"GHW/GHF"的产品，但纳税人生产销售的资源综合利用产品满足"GHW/GHF"例外条款规定的技术和条件的除外。⑤综合利用的资源，属于生态环境部《国家危险废物名录》列明的危险废物的，应当取得省级或市级生态环境部门颁发的《危险废物经营许可证》，且许可经营范围包括该危险废物的利用。⑥纳税信用级别不为C级或D级。⑦纳税人申请享受规定的即征即退政策时，申请退税税款所属期前6个月（含所属期当期）不得发生下列情形：一是因违反生态环境保护的法律法规受到行政处罚（警告、通报批评或单次10万元以下罚款、没收违法所得、没收非法财物除外；单次10万元以下含本数，下同）；二是因违反税收法律法规被税务机关处罚（单次10万元以下罚款除外），或发生骗取出口退税、虚开发票的情形。

·政策依据·

《财政部 税务总局关于完善资源综合利用增值税政策的公告》（财政部 税务总局公告2021年第40号）第三条、第四条、附件。

2. 垃圾处理、污泥处理处置劳务增值税即征即退或免征增值税

·享受主体·

从事《资源综合利用产品和劳务增值税优惠目录（2022年版）》5.1"垃圾处理、

污泥处理处置劳务"项目的增值税一般纳税人。

·优惠内容·

纳税人从事《资源综合利用产品和劳务增值税优惠目录（2022年版）》5.1"垃圾处理、污泥处理处置劳务"项目，可以选择享受2021年第40号规定的增值税即征即退政策，或选择享受免征增值税政策。

·享受条件·

（1）综合利用的资源名称、综合利用产品和劳务名称、技术标准和相关条件、退税比例等按照《资源综合利用产品和劳务增值税优惠目录（2022年版）》（以下称《目录》）的相关规定执行。

（2）纳税人从事《目录》所列的资源综合利用项目，其申请享受规定的增值税即征即退政策时，应同时符合下列条件：①纳税人在境内收购的再生资源，应按规定从销售方取得增值税发票；适用免税政策的，应按规定从销售方取得增值税普通发票。销售方为依法依规无法申领发票的单位或者从事小额零星经营业务的自然人，应取得销售方开具的收款凭证及收购方内部凭证，或者税务机关代开的发票。上述所称小额零星经营业务是指自然人从事应税项目经营业务的销售额不超过增值税按次起征点的业务。纳税人从境外收购的再生资源，应按规定取得海关进口增值税专用缴款书，或者从销售方取得具有发票性质的收款凭证、相关税费缴纳凭证。②纳税人应建立再生资源收购台账，留存备查。台账内容包括：再生资源供货方单位名称或个人姓名及身份证号、再生资源名称、数量、价格、结算方式、是否取得增值税发票或符合规定的凭证等。纳税人现有账册、系统能够包括上述内容的，无需单独建立台账。③销售综合利用产品和劳务，不属于发展改革委《产业结构调整指导目录》中的淘汰类、限制类项目。④销售综合利用产品和劳务，不属于生态环境部《环境保护综合名录》中的"高污染、高环境风险"产品或重污染工艺。"高污染、高环境风险"产品是指在《环境保护综合名录》中标注特性为"GHW/GHF"的产品，但纳税人生产销售的资源综合利用产品满足"GHW/GHF"例外条款规定的技术和条件的除外。⑤综合利用的资源，属于生态环境部《国家危险废物名录》列明的危险废物的，应当取得省级或市级生态环境部门颁发的《危险废物经营许可证》，且许可经营范围包括该危险废物的利用。⑥纳税信用级别不为C级或D级。⑦纳税人申请享受规定的即征即退政策时，申请退税税款所属期前6个月（含所属期当期）不得发生下列情形：一是因违反生态环境保护的法律法规受到行政处罚（警告、通报批评或单次10万元以下罚款、没收违法所得、没收非法财物除外；单次10万元以下含本数，下同）；二是因违反税收法律法规被税务机关处罚（单次10万元以下罚款除外），或发生骗取出口退税、虚开发票的情形。

·政策依据·

《财政部 税务总局关于完善资源综合利用增值税政策的公告》（财政部 税务总

局公告 2021 年第 40 号）第三条、第四条、附件。

3. 污水处理劳务增值税即征即退或免征增值税

·享受主体·

从事《资源综合利用产品和劳务增值税优惠目录（2022 年版）》5.2"污水处理劳务"项目的增值税一般纳税人。

·优惠内容·

纳税人从事《资源综合利用产品和劳务增值税优惠目录（2022 年版）》5.2"污水处理劳务"项目，可以选择享受 2021 年第 40 号规定的增值税即征即退政策，或选择享受免征增值税政策。

·享受条件·

（1）综合利用的资源名称、综合利用产品和劳务名称、技术标准和相关条件、退税比例等按照《资源综合利用产品和劳务增值税优惠目录（2022 年版）》（以下称《目录》）的相关规定执行。

（2）纳税人从事《目录》所列的资源综合利用项目，其申请享受规定的增值税即征即退政策时，应同时符合下列条件：①纳税人在境内收购的再生资源，应按规定从销售方取得增值税发票；适用免税政策的，应按规定从销售方取得增值税普通发票。销售方为依法依规无法申领发票的单位或者从事小额零星经营业务的自然人，应取得销售方开具的收款凭证及收购方内部凭证，或者税务机关代开的发票。上述所称小额零星经营业务是指自然人从事应税项目经营业务的销售额不超过增值税按次起征点的业务。纳税人从境外收购的再生资源，应按规定取得海关进口增值税专用缴款书，或者从销售方取得具有发票性质的收款凭证、相关税费缴纳凭证。②纳税人应建立再生资源收购台账，留存备查。台账内容包括：再生资源供货方单位名称或个人姓名及身份证号、再生资源名称、数量、价格、结算方式、是否取得增值税发票或符合规定的凭证等。纳税人现有账册、系统能够包括上述内容的，无需单独建立台账。③销售综合利用产品和劳务，不属于发展改革委《产业结构调整指导目录》中的淘汰类、限制类项目。④销售综合利用产品和劳务，不属于生态环境部《环境保护综合名录》中的"高污染、高环境风险"产品或重污染工艺。"高污染、高环境风险"产品是指在《环境保护 综合名录》中标注特性为"GHW/GHF"的产品，但纳税人生产销售的资源综合利用产品满足"GHW/GHF"例外条款规定的技术和条件的除外。⑤综合利用的资源，属于生态环境部《国家危险废物名录》列明的危险废物的，应当取得省级或市级生态环境部门颁发的《危险废物经营许可证》，且许可经营范围包括该危险废物的利用。⑥纳税信用级别不为 C 级或 D 级。⑦纳税人申请享受规定的即征即退政策时，申请退税税款所属期前 6 个月（含所属期当期）不得发生下列情形：一是因违反生态环境保护的法律法规受到行政处罚（警告、通报批评或单次 10 万元以下罚款、没收违法所得、没收非法财物除外；单次 10 万元以下含本数，下同）；二是因违反税收法律法规被税务机关处罚（单次 10 万元以下罚款除外），或发生骗取出口退税、虚开发票的情形。

· 政策依据 ·

《财政部　税务总局关于完善资源综合利用增值税政策的公告》（财政部　税务总局公告 2021 年第 40 号）第三条、第四条、附件。

4. 污水处理费免征增值税

· 享受主体 ·

自来水厂（公司）。

· 优惠内容 ·

对各级政府及主管部门委托自来水厂（公司）随水费收取的污水处理费，免征增值税。

· 享受条件 ·

各级政府及主管部门委托自来水厂（公司）随水费收取的污水处理费。

· 政策依据 ·

《财政部　国家税务总局关于污水处理费有关增值税政策的通知》（财税〔2001〕97 号）。

（三）矿产资源开采税收优惠

1. 煤炭开采企业抽采的煤成（层）气免征资源税

· 享受主体 ·

抽采的煤成（层）气的煤炭开采企业。

· 优惠内容 ·

煤炭开采企业因安全生产需要抽采的煤成（层）气，免征资源税。

· 享受条件 ·

因安全生产需要抽采的煤成（层）气。

·政策依据·

《中华人民共和国资源税法》第六条第一款第（二）项。

2. 衰竭期矿山开采的矿产品减征资源税

·享受主体·

从衰竭期矿山开采矿产品的资源税纳税人。

·优惠内容·

从衰竭期矿山开采的矿产品，减征30%资源税。

·享受条件·

从衰竭期矿山开采的矿产品。

·政策依据·

《中华人民共和国资源税法》第六条第二款第（四）项。

3. 充填开采置换出来的煤炭减征资源税

·享受主体·

充填开采置换出来煤炭的资源税纳税人。

·优惠内容·

自2014年12月1日至2027年12月31日，对充填开采置换出来的煤炭，资源税减征50%。

·享受条件·

充填开采置换出来的煤炭。

·政策依据·

（1）《财政部 税务总局关于继续执行的资源税优惠政策的公告》（财政部 税务总局公告2020年第32号）第四条。

（2）《财政部 税务总局关于延续对充填开采置换出来的煤炭减征资源税优惠政策的公告》（财政部 税务总局公告2023年第36号）。

4. 开采共伴生矿减免资源税

·享受主体·

开采共伴生矿的资源税纳税人。

·优惠内容·

纳税人开采共伴生矿的，省、自治区、直辖市可以决定免征或者减征资源税。

·享受条件·

开采共伴生矿。

·政策依据·

《中华人民共和国资源税法》第七条第（二）项。

5. 开采低品位矿减免资源税

·享受主体·

开采低品位矿的资源税纳税人。

·优惠内容·

纳税人开采低品位矿的，省、自治区、直辖市可以决定免征或者减征资源税。

·享受条件·

开采低品位矿。

·政策依据·

《中华人民共和国资源税法》第七条第（二）项。

6. 开采尾矿减免资源税

·享受主体·

开采尾矿的资源税纳税人。

·优惠内容·

纳税人开采尾矿的，省、自治区、直辖市可以决定免征或者减征资源税。

第十三章 主要税收优惠政策指引

·享受条件·

开采尾矿。

·政策依据·

《中华人民共和国资源税法》第七条第（二）项。

7. 页岩气减征资源税

·享受主体·

开采页岩气的资源税纳税人。

·优惠内容·

自 2018 年 4 月 1 日至 2027 年 12 月 31 日，对页岩气资源税（按 6% 的规定税率）减征 30%。

·享受条件·

开采页岩气。

·政策依据·

（1）《财政部 国家税务总局关于对页岩气减征资源税的通知》（财税〔2018〕26 号）。
（2）《财政部 税务总局关于继续执行的资源税优惠政策的公告》（财政部 税务总局公告 2020 年第 32 号）第二条。
（3）《财政部 税务总局关于延长部分税收优惠政策执行期限的公告》（财政部 税务总局公告 2021 年第 6 号）附件 1。
（4）《财政部 税务总局关于继续实施页岩气减征资源税优惠政策的公告》（财政部 税务总局公告 2023 年第 46 号）。

（四）水利工程建设税费优惠

1. 国家重大水利工程建设基金免征城市维护建设税

·享受主体·

缴纳国家重大水利工程建设基金的增值税纳税人。

·优惠内容·

对国家重大水利工程建设基金免征城市维护建设税。

·享受条件·

缴纳国家重大水利工程建设基金。

·政策依据·

（1）《财政部 国家税务总局关于免征国家重大水利工程建设基金的城市维护建设税和教育费附加的通知》（财税〔2010〕44号）。

（2）《财政部 税务总局关于继续执行的城市维护建设税优惠政策的公告》（财政部 税务总局公告2021年第27号）第三条。

2. 国家重大水利工程建设基金免征教育费附加

·享受主体·

缴纳国家重大水利工程建设基金的增值税纳税人。

·优惠内容·

对国家重大水利工程建设基金免征教育费附加。

·享受条件·

缴纳国家重大水利工程建设基金。

·政策依据·

《财政部 国家税务总局关于免征国家重大水利工程建设基金的城市维护建设税和教育费附加的通知》（财税〔2010〕44号）。

3. 水利工程占用耕地减征耕地占用税

·享受主体·

占用耕地建设水利工程的耕地占用税纳税人。

·优惠内容·

水利工程占用耕地，减按每平方米二元的税额征收耕地占用税。

第十三章 主要税收优惠政策指引

·享受条件·

减税的水利工程,具体范围限于经县级以上人民政府水行政主管部门批准建设的防洪、排涝、灌溉、引(供)水、滩涂治理、水土保持、水资源保护等各类工程及其配套和附属工程的建筑物、构筑物占压地和经批准的管理范围用地。

·政策依据·

(1)《中华人民共和国耕地占用税法》第七条第二款。

(2)《财政部 税务总局 自然资源部 农业农村部 生态环境部关于发布〈中华人民共和国耕地占用税法实施办法〉的公告》(财政部 税务总局 自然资源部 农业农村部 生态环境部公告2019年第81号)附件第十五条。

四、推动低碳产业发展税费优惠政策

(一)清洁发展机制基金及清洁发展机制项目税收优惠

1. 中国清洁发展机制基金取得的收入免征企业所得税

·享受主体·

中国清洁发展机制基金管理中心。

·优惠内容·

对中国清洁发展机制基金(以下简称清洁基金)取得的符合条件的收入,免征企业所得税。

·享受条件·

对清洁基金取得的下列收入,免征企业所得税:
(1)清洁发展机制项目温室气体减排量转让收入上缴国家的部分。
(2)国际金融组织赠款收入。
(3)基金资金的存款利息收入、购买国债的利息收入。
(4)国内外机构、组织和个人的捐赠收入。

·政策依据·

《财政部 国家税务总局关于中国清洁发展机制基金及清洁发展机制项目实施企业有关企业所得税政策问题的通知》(财税〔2009〕30号)第一条。

2. 实施清洁发展机制项目减免企业所得税

· 享受主体 ·

清洁发展机制项目（以下简称 CDM 项目）实施企业。

· 优惠内容 ·

对企业实施的将温室气体减排量转让收入的 65% 上缴给国家的氢氟碳化物（HFC）和全氟碳化物（PFC）类 CDM 项目，以及将温室气体减排量转让收入的 30% 上缴给国家的氧化亚氮（N2O）类 CDM 项目，其实施该类 CDM 项目的所得，自项目取得第一笔减排量转让收入所属纳税年度起，第一年至第三年免征企业所得税，第四年至第六年减半征收企业所得税。

· 享受条件 ·

（1）企业实施 CDM 项目的所得是指企业实施 CDM 项目取得的温室气体减排量转让收入扣除上缴国家的部分，再扣除企业实施 CDM 项目发生的相关成本、费用后的净所得。

（2）企业应单独核算其享受优惠的 CDM 项目的所得，并合理分摊有关期间费用。

· 政策依据 ·

《财政部　国家税务总局关于中国清洁发展机制基金及清洁发展机制项目实施企业有关企业所得税政策问题的通知》（财税〔2009〕30号）第二条第（二）项。

（二）风力、水力、光伏发电和核电产业税费优惠

1. 风力发电增值税即征即退

· 享受主体 ·

销售自产的利用风力生产的电力产品的增值税纳税人。

· 优惠内容 ·

自 2015 年 7 月 1 日起，对纳税人销售自产的利用风力生产的电力产品，实行增值税即征即退 50% 的政策。

· 享受条件 ·

销售自产的利用风力生产的电力产品。

·政策依据·

《财政部 国家税务总局关于风力发电增值税政策的通知》(财税〔2015〕74号)。

2. 水电站部分用地免征城镇土地使用税

·享受主体·

水电站。

·优惠内容·

对水电站除发电厂房用地(包括坝内、坝外式厂房),生产、办公生活用地以外,其他用地免征城镇土地使用税。

·享受条件·

水电站除发电厂房用地(包括坝内、坝外式厂房)、生产、办公生活用地以外的其他用地。

·政策依据·

《国家税务局关于电力行业征免土地使用税问题的规定》(〔1989〕国税地字第13号)第二条。

3. 分布式光伏发电自发自用电量免收国家重大水利工程建设基金

·享受主体·

分布式光伏发电企业。

·优惠内容·

对分布式光伏发电自发自用电量免收国家重大水利工程建设基金。

·享受条件·

分布式光伏发电自发自用电量。

·政策依据·

《财政部关于对分布式光伏发电自发自用电量免征政府性基金有关问题的通知》(财综〔2013〕103号)。

4. 分布式光伏发电自发自用电量免收可再生能源电价附加

· 享受主体 ·

分布式光伏发电企业。

· 优惠内容 ·

对分布式光伏发电自发自用电量免收可再生能源电价附加。

· 享受条件 ·

分布式光伏发电自发自用电量。

· 政策依据 ·

《财政部关于对分布式光伏发电自发自用电量免征政府性基金有关问题的通知》（财综〔2013〕103号）。

5. 分布式光伏发电自发自用电量免收大中型水库移民后期扶持基金

· 享受主体 ·

分布式光伏发电企业。

· 优惠内容 ·

对分布式光伏发电自发自用电量免收大中型水库移民后期扶持基金。

· 享受条件 ·

分布式光伏发电自发自用电量。

· 政策依据 ·

《财政部关于对分布式光伏发电自发自用电量免征政府性基金有关问题的通知》（财综〔2013〕103号）。

6. 分布式光伏发电自发自用电量免收农网还贷资金

· 享受主体 ·

分布式光伏发电企业。

· 优惠内容 ·

对分布式光伏发电自发自用电量免收农网还贷资金。

·享受条件·

分布式光伏发电自发自用电量。

·政策依据·

《财政部关于对分布式光伏发电自发自用电量免征政府性基金有关问题的通知》（财综〔2013〕103号）。

7. 核电站部分用地免征城镇土地使用税

·享受主体·

核电站。

·优惠内容·

（1）对核电站除核岛、常规岛、辅助厂房和通讯设施用地（不包括地下线路用地），生活、办公用地以外，其他用地免征城镇土地使用税。

（2）对核电站应税土地在基建期内减半征收城镇土地使用税。

·享受条件·

（1）核电站除核岛、常规岛、辅助厂房和通讯设施用地（不包括地下线路用地）、生活、办公用地以外的其他用地。

（2）核电站在基建期内应税土地。

·政策依据·

《财政部 国家税务总局关于核电站用地征免城镇土地使用税的通知》（财税〔2007〕124号）。

第四节 稳外贸、稳外资税收政策指引

一、稳外贸税收政策

（一）货物劳务税收政策

1. 出口货物劳务退（免）税政策

· 适用主体 ·

（1）依法办理市场主体登记、对外贸易经营者备案登记，自营或委托出口货物的单位或个体工商户。

（2）依法办理市场主体登记但未办理对外贸易经营者备案登记，委托出口货物的生产企业。

· 政策内容 ·

（1）对符合条件的出口货物劳务，实行免征和退还增值税［以下称增值税退（免）税］政策：①免抵退税办法。生产企业出口自产货物和视同自产货物及对外提供加工修理修配劳务，以及列名生产企业出口非自产货物，免征增值税，相应的进项税额抵减应纳增值税额（不包括适用增值税即征即退、先征后退政策的应纳增值税额），未抵减完的部分予以退还；②免退税办法。不具有生产能力的外贸企业或其他单位出口货物劳务，免征增值税，相应的进项税额予以退还。

（2）出口企业出口或视同出口适用增值税退（免）税的货物，如果属于消费税应税消费品，免征消费税，如果属于购进出口的货物，退还前一环节对其已征的消费税。

· 适用条件 ·

（1）出口货物是指海关报关后实际离境并销售给境外单位或个人的货物，分为自营出口货物和委托出口货物。

（2）生产企业是指具有生产能力（包括加工修理修配能力）的单位或个体工商户。

（3）出口企业或其他单位视同出口货物：①出口企业对外援助、对外承包、境外投资的出口货物。②出口企业经海关报关进入国家批准的出口加工区、保税物流园区、保税港区、综合保税区、珠澳跨境工业区（珠海园区）、中哈霍尔果斯国际边境合作中心（中方配套区域）、保税物流中心（B型）（统称特殊区域）并销售给特殊区域内单位或境外单位、个人的货物。③免税品经营企业销售的货物（国家规定不允许经营和限制出口的货物、卷烟和超出免税品经营企业《企业法人营业执照》规定经营范围的货物除外）。④出口企业或其他单位销售给用于国际金融组织或外国政府贷款国际招标建设项目的中标机电产品（包括外国企业中标再分包给出口企业或其他单位的机电产品）。⑤符合条件的生产企业向海上石油天然气开采企业销售的自产的海洋工程结构物。⑥符合条件的出口企业或其他单位销售给国际运输企业用于国际运输工具上的货物。该规定暂仅适用于外轮供应公司、远洋运输供应公司销售给外轮、远洋国轮的货物，国内航空供应公司生产销售给国内和国外航空公司国际航班的航空食品。⑦出口企业或其他单位销售给特殊区域内生产企业生产耗用且不向海关报关而输入特殊区域的水（包括蒸汽）、电力、燃气。

（4）出口企业对外提供加工修理修配劳务是指对进境复出口货物或从事国际运输的运输工具进行的加工修理修配。

• 政策依据 •

《财政部　国家税务总局关于出口货物劳务增值税和消费税政策的通知》（财税〔2012〕39号）第一至第五条、第八条。

2. 出口货物劳务免税政策

• 适用主体 •

出口企业或其他单位。

• 政策内容 •

对符合条件的出口货物劳务免征增值税。出口企业出口或视同出口适用增值税免税政策的货物，如果属于消费税应税消费品，免征消费税，但不退还其以前环节已征的消费税，且不允许在内销应税消费品应纳消费税款中抵扣。

• 适用条件 •

适用增值税免税政策的出口货物劳务是指：

（1）出口企业或其他单位出口规定的货物：①增值税小规模纳税人出口的货物；②避孕药品和用具，古旧图书；③海关税则号前四位为"9803"的软件产品；④含黄金、铂金成分的货物，钻石及其饰品；⑤国家计划内出口的卷烟；⑥购进时未取得增值税专用发票、海关进口增值税专用缴款书但其他相关单证齐全的已使用过的设备；⑦非出口企业委托出口的货物；⑧非列名生产企业出口的非视同自产货物；⑨符合条件的农业生产者自产农产品；⑩油画、花生果仁、黑大豆等财政部和国家税务总局规定的出口免税的货物；⑪外贸企业取得普通发票、废旧物资收购凭证、农产品收购发票、政府非税收入票据的货物；⑫来料加工复出口的货物；⑬特殊区域内的企业出口的特殊区域内的货物；⑭以人民币现金作为结算方式的边境地区出口企业从所在省（自治区）的边境口岸出口到接壤国家的一般贸易和边境小额贸易出口货物；⑮以旅游购物贸易方式报关出口的货物。

（2）出口企业或其他单位视同出口的货物劳务：①国家批准设立的免税店销售的免税货物［包括进口免税货物和已实现退（免）税的货物］；②特殊区域内的企业为境外的单位或个人提供加工修理修配劳务；③同一特殊区域、不同特殊区域内的企业之间销售特殊区域内的货物。

· 政策依据 ·

《财政部 国家税务总局关于出口货物劳务增值税和消费税政策的通知》（财税〔2012〕39号）第六条、第八条。

3. 不适用增值税退（免）税和免税政策的出口货物劳务征税政策规定

· 适用主体 ·

出口企业或其他单位。

· 政策内容 ·

对部分出口货物劳务，不适用增值税退（免）税和免税政策，按规定及视同内销货物征税的其他规定征收增值税。出口企业出口或视同出口适用增值税征税政策的货物，如果属于消费税应税消费品，应按规定缴纳消费税，不退还其以前环节已征的消费税，且不允许在内销应税消费品应纳消费税款中抵扣。

· 适用条件 ·

适用增值税征税政策的出口货物劳务是指：

（1）出口企业出口或视同出口财政部和国家税务总局根据国务院决定明确的取消出口退（免）税的货物（不包括来料加工复出口货物、中标机电产品、列名原材料、输入特殊区域的水电气、海洋工程结构物）。

（2）出口企业或其他单位销售给特殊区域内的生活消费用品和交通运输工具。

（3）出口企业或其他单位因骗取出口退税被税务机关停止办理增值税退（免）税期间出口的货物。

（4）出口企业或其他单位提供虚假备案单证的货物。

（5）出口企业或其他单位增值税退（免）税凭证有伪造或内容不实的货物。

（6）经主管税务机关审核不予免税核销的出口卷烟。

（7）出口企业或其他单位具有以下情形之一的出口货物劳务：①将空白的出口货物报关单、出口收汇核销单等退（免）税凭证交由除签有委托合同的货代公司、报关行，或由境外进口方指定的货代公司（提供合同约定或者其他相关证明）以外的其他单位或个人使用的。②以自营名义出口,其出口业务实质上是由本企业及其投资的企业以外的单位或个人借该出口企业名义操作完成的。③以自营名义出口,其出口的同一批货物既签订购货合同,又签订代理出口合同(或协议)的。④出口货物在海关验放后,自己或委托货代承运人对该笔货物的海运提单或其他运输单据等上的品名、规格等进行修改,造成出口货物报关单与海运提单或其他运输单据有关内容不符的。⑤以自营名义出口,但不承担出口货物的质量、收款或退税风险之一的,即出口货物发生质量问题不承担购买方的索赔责任(合同中有约定质量责任承担者除外);不承担未按期收款导致不能核销的责任(合同中有约定收款责任承担者除外);不承担因申报出口退(免)税的资料、单证等出现问题造成不退税责任的。⑥未实质参与出口经营活动、接受并从事由中间人介绍的其他出口业务,但仍以自营名义出口的。

· 政策依据 ·

《财政部 国家税务总局关于出口货物劳务增值税和消费税政策的通知》(财税〔2012〕39号)第七、第八条。

4. 海关特殊监管区域增值税一般纳税人试点政策

· 适用主体 ·

在符合条件完成一般纳税人资格试点备案的综合保税区内,已按规定向主管税务机关办理增值税一般纳税人资格登记的试点企业。

· 政策内容 ·

试点企业自增值税一般纳税人资格生效之日起,适用下列税收政策:

(1)试点企业进口自用设备(包括机器设备、基建物资和办公用品)时,暂免征收进口关税和进口环节增值税、消费税(以下简称进口税收)。上述暂免进口税收按照该进口自用设备海关监管年限平均分摊到各个年度,每年年终对本年暂免的进口税收按照当年内外销比例进行划分,对外销比例部分执行试点企业所在海关特殊监管区域的税收政策,对内销比例部分比照执行海关特殊监管区域外(以下简称区外)税收政策补征税款。

(2)除进口自用设备外,购买的下列货物适用保税政策:①从境外购买并进入试点区域的货物;②从海关特殊监管区域(试点区域除外)或海关保税监管场所购买并进入试点区域的保税货物;③从试点区域内非试点企业购买的保税货物;④从试点区域内其他试点企业购买的未经加工的保税货物。

(3)销售的下列货物,向主管税务机关申报缴纳增值税、消费税:①向境内区外销售的货物;②向保税区、不具备退税功能的保税监管场所销售的货物(未经加工的保税货物除外);③向试点区域内其他试点企业销售的货物(未经加工的保税货物除外)。试点企业销售上述货物中含有保税货物的,按照保税货物进入海关特殊监管区域时的状态向海关申报缴纳进口税收，并按照规定补缴缓税利息。

（4）向海关特殊监管区域或者海关保税监管场所销售的未经加工的保税货物，继续适用保税政策。

（5）销售的下列货物（未经加工的保税货物除外），适用出口退（免）税政策，主管税务机关凭海关提供的与之对应的出口货物报关单电子数据审核办理试点企业申报的出口退（免）税：①离境出口的货物；②向海关特殊监管区域（试点区域、保税区除外）或海关保税监管场所（不具备退税功能的保税监管场所除外）销售的货物；③向试点区域内非试点企业销售的货物。

（6）未经加工的保税货物离境出口实行增值税、消费税免税政策。

（7）除财政部、海关总署、国家税务总局另有规定外，试点企业适用区外关税、增值税、消费税的法律、法规等现行规定。

（8）区外销售给试点企业的加工贸易货物，继续按现行税收政策执行；销售给试点企业的其他货物（包括水、蒸汽、电力、燃气）不再适用出口退税政策，按照规定缴纳增值税、消费税。

· 适用条件 ·

（1）在完成一般纳税人资格试点备案的综合保税区内，符合增值税一般纳税人登记管理有关规定，且已向综合保税区所在地主管税务机关、海关申请成为试点企业，并按规定向主管税务机关办理增值税一般纳税人资格登记。

（2）一般纳税人资格试点推广实行备案管理。符合下列条件的综合保税区，由所在地省级税务、财政部门和直属海关将一般纳税人资格试点实施方案（包括综合保税区名称、企业申请需求、政策实施准备条件等情况）向国家税务总局、财政部和海关总署备案后，可以开展一般纳税人资格试点：一是综合保税区内企业确有开展一般纳税人资格试点的需求。二是所在地市（地）级人民政府牵头建立了综合保税区行政管理机构、税务、海关等部门协同推进试点的工作机制。三是综合保税区主管税务机关和海关建立了一般纳税人资格试点工作相关的联合监管和信息共享机制。四是综合保税区主管税务机关具备开展业务的工作条件，明确专门机构或人员负责纳税服务、税收征管等相关工作。

· 政策依据 ·

《国家税务总局　财政部　海关总署关于在综合保税区推广增值税一般纳税人资格试点的公告》（国家税务总局　财政部　海关总署公告2019年第29号）。

5.融资租赁货物出口退税政策

· 适用主体 ·

符合条件的融资租赁企业、金融租赁公司及其设立的项目子公司（以下统称融资租赁出租方）。

第十三章 主要税收优惠政策指引

·政策内容·

自 2014 年 10 月 1 日起，对融资租赁出租方以融资租赁方式租赁给境外承租人且租赁期限在 5 年（含）以上，并向海关报关后实际离境的符合相关规定的货物，试行增值税、消费税出口退税政策。对融资租赁出租方购买的，并以融资租赁方式租赁给境内列名海上石油天然气开采企业且租赁期限在 5 年（含）以上的国内生产企业生产的海洋工程结构物，视同出口，试行增值税、消费税出口退税政策。融资租赁出租方将融资租赁出口货物租赁给境外承租方、将融资租赁海洋工程结构物租赁给海上石油天然气开采企业，向融资租赁出租方退还其购进租赁货物所含增值税。融资租赁出口货物、融资租赁海洋工程结构物属于消费税应税消费品的，向融资租赁出租方退还前一环节已征的消费税。

·适用条件·

（1）融资租赁企业是指经商务部批准设立的外商投资融资租赁公司、经商务部和国家税务总局共同批准开展融资业务试点的内资融资租赁企业、经商务部授权的省级商务主管部门和国家经济技术开发区批准的融资租赁公司。金融租赁公司是指中国银行业监督管理委员会批准设立的金融租赁公司。

（2）融资租赁出口货物的范围，包括飞机、飞机发动机、铁道机车、铁道客车车厢、船舶及其他货物，具体应符合《中华人民共和国增值税暂行条例实施细则》（财政部　国家税务总局令第 50 号）第二十一条"固定资产"的相关规定。海洋工程结构物范围、退税率以及海上石油天然气开采企业的具体范围按照《财政部　国家税务总局关于出口货物劳务增值税和消费税政策的通知》（财税〔2012〕39 号）有关规定执行。上述融资租赁出口货物和融资租赁海洋工程结构物不包括在海关监管年限内的进口减免税货物。

·政策依据·

（1）《财政部　海关总署　国家税务总局关于在全国开展融资租赁货物出口退税政策试点的通知》（财税〔2014〕62 号）。

（2）《国家税务总局关于发布〈融资租赁货物出口退税管理办法〉的公告》（国家税务总局公告 2014 年第 56 号发布，国家税务总局公告 2018 年第 31 号修改）。

（3）《财政部　海关总署　国家税务总局关于融资租赁货物出口退税政策有关问题的通知》（财税〔2016〕87 号）。

6. 启运港退税政策

·适用主体·

从启运地口岸启运报关出口，自离境地口岸离境出口集装箱货物的出口企业。

政策内容

（1）水路启运港退税政策。对符合条件的出口企业从启运地口岸（以下称启运港）启运报关出口，由符合条件的运输企业承运，从水路转关直航或经停指定口岸（以下称经停港），自离境地口岸（以下称离境港）离境的集装箱货物，实行启运港退税政策。对从经停港报关出口、由符合条件的运输企业途中加装的集装箱货物，符合上述规定的运输方式、离境地点要求的，以经停港作为货物的启运港，也实行启运港退税政策。

（2）陆路启运港退税政策。对符合条件的出口企业，从启运港启运报关出口，由中国国家铁路集团有限公司及其下属公司承运，利用火车班列或铁路货车车辆，从铁路转关运输直达离境地口岸离境的集装箱货物，实行启运港退税政策。

适用条件

（1）出口企业。出口企业的出口退（免）税分类管理类别为一类或二类，并且在海关的信用等级为一般认证及以上企业。

（2）运输企业。运输企业为在海关的信用等级为一般信用企业或认证企业，并且纳税信用级别为B级及以上的航运企业。运输工具为配备导航定位、全程视频监控设备并且符合海关对承运海关监管货物运输工具要求的船舶，或中国国家铁路集团有限公司及其下属公司承运的火车班列或铁路货车车辆。

（3）启运港、经停港和离境港。主要包括：①上海启运港退税政策，启运港为武汉市阳逻港、青岛市前湾港、南京市龙潭港、苏州市太仓港、连云港市连云港、芜湖市朱家桥港、九江市城西港、岳阳市城陵矶港、泸州市泸州港、重庆市果园港、宜昌市云池港、张家港市永嘉港、南通市狼山港等13个港口；离境港为上海洋山港和上海外高桥港区；上述所列启运港均可作为经停港。②粤港澳大湾区启运港退税政策，启运港为珠三角九市37个港口：广州市滘心港、旧港、乌冲港、嘉利港、集司港、东江口港、新沙港、深圳市盐田港、大铲湾港、佛山市九江中外运港、勒流港、北滘港、佛山新港、三水港、南海国际货柜港、高明珠江货运港、容奇港、顺德新港、肇庆市高要港、肇庆新港、四会港、肇庆三榕港、云浮新港、肇庆港、惠州市惠州港、东莞市虎门港、中山市中山港、中山外运港、小榄港、中山神湾港、珠海市珠海洪湾港、西域港、高栏港、珠海斗门港、江门市江门高沙港、江门外海港、天马港；离境港为广州南沙保税港区、深圳前海保税港区。③海南自贸港启运港退税政策，启运港为营口市营口港、大连市大连港、锦州市锦州港、秦皇岛市秦皇岛港、天津市天津港、烟台市烟台港、青岛市青岛港、日照市日照港、苏州市太仓港、连云港市连云港港、南通市南通港、泉州市泉州港、广州市南沙港、湛江市湛江港、钦州市钦州港等15个港口；离境港为海南省洋浦港区；上述所列启运港均可作为经停港。④陆路启运港退税政策，启运港为陕西省西安国际港务区铁路场站；离境港为北部湾港（包括防城港区、钦州港区、北海湾区），新疆维吾尔自治区阿拉山口、霍尔果斯铁路口岸。

政策依据

（1）《财政部 海关总署 税务总局关于完善启运港退税政策的通知》（财税〔2018〕5号）。

（2）《国家税务总局关于发布〈启运港退（免）税管理办法（2018年12月28日修订）〉的公告》（国家税务总局公告2018年第66号）。

（3）《财政部 海关总署 税务总局关于在粤港澳大湾区实行有关增值税政策的通知》（财税〔2020〕48号）。

（4）《财政部 海关总署 税务总局关于海南自由贸易港试行启运港退税政策的通知》（财税〔2021〕1号）。

（5）《财政部 海关总署 税务总局关于中国（上海）自由贸易试验区临港新片区有关增值税政策的通知》（财税〔2021〕3号）。

（6）《财政部 海关总署 税务总局关于陆路启运港退税试点政策的通知》（财税〔2022〕9号）。

7. 边境小额贸易税收政策

适用主体

在内蒙古、辽宁、吉林、黑龙江、广西、新疆、西藏、云南省（自治区）行政区域内登记注册的出口企业。

政策内容

凡在内蒙古、辽宁、吉林、黑龙江、广西、新疆、西藏、云南省（自治区）行政区域内登记注册的出口企业，以一般贸易或边境小额贸易方式从海关实施监管的边境货物进出口口岸出口到接壤毗邻国家的货物，并采取银行转账人民币结算方式的，可享受应退税额全额出口退税政策。

适用条件

（1）以人民币现金结算方式出口的货物，不享受出口退税政策。

（2）出口企业以边境小额贸易方式代理外国企业、外国自然人出口的货物，按规定已备案的，不属于增值税应税范围，其仅就代理费收入进行增值税申报。

（3）边境货物进出口口岸包括：内蒙古自治区：室韦、黑山头、满洲里、阿日哈沙特、额布都格、二连、珠恩嘎达布其、满都拉、甘其毛道、策克。辽宁省：丹东、太平湾。吉林省：集安、临江、长白、古城里、南坪、三合、开三屯、图们、沙坨子、圈河、珲春、老虎哨。黑龙江省：东宁、绥芬河、密山、虎林、饶河、抚远、同江、萝北、嘉荫、孙吴、逊克、黑河、呼玛、漠河（包括洛古河）。广西壮族自治区：龙邦、水口、凭祥、友谊关、东兴、平孟、峒中、爱店、硕龙、岳圩、平尔、科甲。云南省：

猴桥、瑞丽、畹町、孟定、打洛、磨憨、河口、金水河、天保、片马、盈江、章凤、南伞、孟连、沧源、田蓬。西藏自治区：普兰、吉隆、樟木、日屋。新疆维吾尔自治区：老爷庙、乌拉斯台、塔克什肯、红山嘴、吉木乃、巴克图、阿拉山口、霍尔果斯、都拉塔、阿黑土别克、木扎尔特、吐尔尕特、伊尔克什坦、卡拉苏、红其拉甫。

（4）接壤毗邻国家是指：俄罗斯、朝鲜、越南、缅甸、老挝、哈萨克斯坦、吉尔吉斯斯坦、塔吉克斯坦、巴基斯坦、印度、蒙古国、尼泊尔、阿富汗、不丹。

（5）边境省份出口企业出口符合条件的货物后，除按现行出口退（免）税规定，提供有关出口退（免）税凭证外，还应提供结算银行转账人民币结算的银行入账单，按月向税务机关申请办理退（免）税或免抵退税手续。对确有困难而不能提供结算银行转账人民币结算的银行入账单的边境省份出口企业，可按照《国家外汇管理局关于边境省区跨境贸易人民币结算核销管理有关问题的通知》（汇发〔2010〕40号）相关规定，凭签注"人民币核销"的出口收汇核销单退税专用联向税务机关直接办理退税。

（6）以边境小额贸易方式代理外国企业、外国自然人出口货物，出口企业应当在货物报关出口之日（以出口货物报关单上的出口日期为准）次月起至次年4月30日前的各增值税纳税申报期内，提供相关资料向主管税务机关办理代理报关备案。

· 政策依据 ·

（1）《财政部 国家税务总局关于边境地区一般贸易和边境小额贸易出口货物以人民币结算准予退（免）税试点的通知》（财税〔2010〕26号）。

（2）《财政部 国家税务总局关于边境地区一般贸易和边境小额贸易出口货物以人民币结算准予退（免）税试点的补充通知》（财税〔2011〕8号）。

（3）《国家税务总局关于部分税务行政审批事项取消后有关管理问题的公告》（国家税务总局公告2015年第56号）第三条第（八）项。

（二）跨境应税行为增值税政策

1. 跨境应税行为适用增值税零税率政策

· 适用主体 ·

符合条件的境内单位和个人。

· 政策内容 ·

中华人民共和国境内（以下称境内）的单位和个人销售的下列服务和无形资产，适用增值税零税率：

（1）国际运输服务。

国际运输服务是指：①在境内载运旅客或者货物出境；②在境外载运旅客或者货物入境；③在境外载运旅客或者货物。

（2）航天运输服务。

（3）向境外单位提供的完全在境外消费的下列服务：①研发服务；②合同能源管理服务；③设计服务；④广播影视节目（作品）的制作和发行服务；⑤软件服务；⑥电路设计及测试服务；⑦信息系统服务；⑧业务流程管理服务；⑨离岸服务外包业务，包括信息技术外包服务（ITO）、技术性业务流程外包服务（BPO）、技术性知识流程外包服务（KPO），其所涉及的具体业务活动，按照《销售服务、无形资产、不动产注释》相对应的业务活动执行；⑩转让技术。

（4）财政部和国家税务总局规定的其他服务。

·适用条件·

（1）增值税零税率应税服务提供者是指，提供适用增值税零税率应税服务，且认定为增值税一般纳税人，实行增值税一般计税方法的境内单位和个人。属于汇总缴纳增值税的，为经财政部和国家税务总局批准的汇总缴纳增值税的总机构。

（2）境内增值税一般纳税人提供适用增值税零税率的应税服务，实行增值税退（免）税办法。实行增值税退（免）税办法的增值税零税率应税服务不得开具增值税专用发票。

（3）境内的单位和个人提供适用增值税零税率的服务或者无形资产，如果属于适用简易计税方法的，实行免征增值税办法。如果属于适用增值税一般计税方法的，生产企业实行免抵退税办法，外贸企业外购服务或者无形资产出口实行免退税办法，外贸企业直接将服务或自行研发的无形资产出口，视同生产企业连同其出口货物统一实行免抵退税办法。

（4）境内的单位和个人销售适用增值税零税率的服务或无形资产的，可以放弃适用增值税零税率，选择免税或按规定缴纳增值税。放弃适用增值税零税率后，36个月内不得再申请适用增值税零税率。

（5）境内单位和个人向国内海关特殊监管区域及场所内的单位或个人提供的应税服务，不属于增值税零税率应税服务适用范围。

（6）按照国家有关规定应取得相关资质的国际运输服务项目，纳税人取得相关资质的，适用增值税零税率政策，未取得的，适用增值税免税政策。境内的单位或个人提供程租服务，如果租赁的交通工具用于国际运输服务和港澳台运输服务，由出租方按规定申请适用增值税零税率。境内的单位和个人向境内单位或个人提供期租、湿租服务，如果承租方利用租赁的交通工具向其他单位或个人提供国际运输服务和港澳台运输服务，由承租方适用增值税零税率。境内的单位或个人向境外单位或个人提供期租、湿租服务，由出租方适用增值税零税率。境内单位和个人以无运输工具承运方式提供的国际运输服务，由境内实际承运人适用增值税零税率；无运输工具承运业务的经营者适用增值税免税政策。

·政策依据·

（1）《财政部　国家税务总局关于全面推开营业税改征增值税试点的通知》（财

税〔2016〕36号）附件4《跨境应税行为适用增值税零税率和免税政策的规定》第一条、第三至第六条。

（2）《国家税务总局关于发布〈适用增值税零税率应税服务退（免）税管理办法〉的公告》（国家税务总局公告2014年第11号）。

（3）《国家税务总局关于〈适用增值税零税率应税服务退（免）税管理办法〉的补充公告》（国家税务总局公告2015年第88号）。

2. 跨境应税行为适用增值税免税政策

· 适用主体 ·

符合条件的境内单位和个人。

· 政策内容 ·

（1）境内的单位和个人销售的下列服务和无形资产免征增值税，但财政部和国家税务总局规定适用增值税零税率的除外，包括下列服务：

①工程项目在境外的建筑服务；②工程项目在境外的工程监理服务；③工程、矿产资源在境外的工程勘察勘探服务；④会议展览地点在境外的会议展览服务；⑤存储地点在境外的仓储服务；⑥标的物在境外使用的有形动产租赁服务；⑦在境外提供的广播影视节目（作品）的播映服务；⑧在境外提供的文化体育服务、教育医疗服务、旅游服务。

（2）为出口货物提供的邮政服务、收派服务、保险服务。为出口货物提供的保险服务，包括出口货物保险和出口信用保险。

（3）向境外单位提供的完全在境外消费的下列服务和无形资产：①电信服务；②知识产权服务；③物流辅助服务（仓储服务、收派服务除外）；④鉴证咨询服务；⑤专业技术服务；⑥商务辅助服务；⑦广告投放地在境外的广告服务；⑧无形资产。

（4）以无运输工具承运方式提供的国际运输服务。

（5）为境外单位之间的货币资金融通及其他金融业务提供的直接收费金融服务，且该服务与境内的货物、无形资产和不动产无关。

（6）未按规定取得相关资质的国际运输服务项目。

（7）符合增值税零税率政策，但适用简易计税方法的服务或者无形资产

（8）声明放弃适用增值税零税率政策，选择适用免税政策的销售服务或者无形资产。

（9）自2022年1月1日至2025年12月31日，以出口货物为保险标的的产品责任保险和以出口货物为保险标的的产品质量保证保险。

（10）财政部和国家税务总局规定的其他服务。

· 适用条件 ·

（1）纳税人发生跨境应税行为免征增值税的，应单独核算跨境应税行为的销售

第十三章 主要税收优惠政策指引

额,准确计算不得抵扣的进项税额,其免税收入不得开具增值税专用发票。

(2)工程总承包方和工程分包方为施工地点在境外的工程项目提供的建筑服务,均属于工程项目在境外的建筑服务。

(3)为客户参加在境外举办的会议、展览而提供的组织安排服务,属于会议展览地点在境外的会议展览服务。

(4)在境外提供的广播影视节目(作品)播映服务是指在境外的影院、剧院、录像厅及其他场所播映广播影视节目(作品)。通过境内的电台、电视台、卫星通信、互联网、有线电视等无线或者有线装置向境外播映广播影视节目(作品),不属于在境外提供的广播影视节目(作品)播映服务。

(5)在境外提供的文化体育服务和教育医疗服务是指纳税人在境外现场提供的文化体育服务和教育医疗服务。为参加在境外举办的科技活动、文化活动、文化演出、文化比赛、体育比赛、体育表演、体育活动而提供的组织安排服务,属于在境外提供的文化体育服务。通过境内的电台、电视台、卫星通信、互联网、有线电视等媒体向境外单位或个人提供的文化体育服务或教育医疗服务,不属于在境外提供的文化体育服务、教育医疗服务。

(6)为出口货物提供的邮政服务是指:①寄递函件、包裹等邮件出境;②向境外发行邮票;③出口邮册等邮品。

(7)为出口货物提供的收派服务是指为出境的函件、包裹提供的收件、分拣、派送服务。纳税人为出口货物提供收派服务,免税销售额为其向寄件人收取的全部价款和价外费用。

(8)纳税人向境外单位或者个人提供的电信服务,通过境外电信单位结算费用的,服务接受方为境外电信单位,属于完全在境外消费的电信服务。

(9)服务实际接受方为境内单位或者个人的知识产权服务,不属于完全在境外消费的知识产权服务。

(10)境外单位从事国际运输和港澳台运输业务经停我国机场、码头、车站、领空、内河、海域时,纳税人向其提供的航空地面服务、港口码头服务、货运客运站场服务、打捞救助服务、装卸搬运服务,属于完全在境外消费的物流辅助服务。

(11)下列情形不属于完全在境外消费的鉴证咨询服务:①服务的实际接受方为境内单位或者个人;②对境内的货物或不动产进行的认证服务、鉴证服务和咨询服务。

(12)下列情形不属于完全在境外消费的专业技术服务:①服务的实际接受方为境内单位或者个人;②对境内的天气情况、地震情况、海洋情况、环境和生态情况进行的气象服务、地震服务、海洋服务、环境和生态监测服务;③为境内的地形地貌、地质构造、水文、矿藏等进行的测绘服务;④为境内的城、乡、镇提供的城市规划服务。

(13)纳税人向境外单位提供的代理报关服务和货物运输代理服务,属于完全在境外消费的代理报关服务和货物运输代理服务。

(14)纳税人向境外单位提供的外派海员服务,属于完全在境外消费的人力资源服务。外派海员服务是指境内单位派出属于本单位员工的海员,为境外单位在境外提供的船舶驾驶和船舶管理等服务。

（15）纳税人以对外劳务合作方式，向境外单位提供的完全在境外发生的人力资源服务，属于完全在境外消费的人力资源服务。对外劳务合作是指境内单位与境外单位签订劳务合作合同，按照合同约定组织和协助中国公民赴境外工作的活动。

（16）下列情形不属于完全在境外消费的商务辅助服务：①服务的实际接受方为境内单位或者个人；②对境内不动产的投资与资产管理服务、物业管理服务、房地产中介服务；③拍卖境内货物或不动产过程中提供的经纪代理服务；④为境内货物或不动产的物权纠纷提供的法律代理服务；⑤为境内货物或不动产提供的安全保护服务。

（17）广告投放地在境外的广告服务是指为在境外发布的广告提供的广告服务。

（18）下列情形不属于向境外单位销售的完全在境外消费的无形资产：①无形资产未完全在境外使用；②所转让的自然资源使用权与境内自然资源相关；③所转让的基础设施资产经营权、公共事业特许权与境内货物或不动产相关；④向境外单位转让在境内销售货物、应税劳务、服务、无形资产或不动产的配额、经营权、经销权、分销权、代理权。

（19）为境外单位之间、境外单位和个人之间的外币、人民币资金往来提供的资金清算、资金结算、金融支付、账户管理服务，属于为境外单位之间的货币资金融通及其他金融业务提供的直接收费金融服务。

（20）按照国家有关规定应取得相关资质的国际运输服务项目，纳税人取得相关资质的，适用增值税零税率政策，未取得的，适用增值税免税政策。

（21）境内的单位和个人提供适用增值税零税率的服务或者无形资产，如果属于适用简易计税方法的，实行免征增值税办法。

（22）境内的单位和个人销售适用增值税零税率的服务或无形资产的，可以放弃适用增值税零税率，选择免税或按规定缴纳增值税。放弃适用增值税零税率后，36个月内不得再申请适用增值税零税率。

· 政策依据 ·

（1）《财政部　国家税务总局关于全面推开营业税改征增值税试点的通知》（财税〔2016〕36号）附件4《跨境应税行为适用增值税零税率和免税政策的规定》第二至五条。

（2）《国家税务总局关于发布〈营业税改征增值税跨境应税行为增值税免税管理办法（试行）〉的公告》（国家税务总局公告2016年第29号）。

（3）《财政部　税务总局关于出口货物保险增值税政策的公告》（财政部　税务总局公告2021年第37号）。

（三）外贸新业态税收政策

1.跨境电子商务零售出口适用增值税、消费税退（免）税政策

· 适用主体 ·

符合条件的电子商务出口企业。

·政策内容·

自 2014 年 1 月 1 日起，电子商务出口企业出口货物［财政部、国家税务总局明确不予出口退（免）税或免税的货物除外］，同时符合相关条件的，适用增值税、消费税退（免）税政策。

·适用条件·

（1）电子商务出口企业是指自建跨境电子商务销售平台的电子商务出口企业和利用第三方跨境电子商务平台开展电子商务出口的企业。

（2）适用增值税、消费税退（免）税政策，须同时符合下列条件：①电子商务出口企业属于增值税一般纳税人并已向主管税务机关办理出口退（免）税资格认定；②出口货物取得海关出口货物报关单（出口退税专用），且与海关出口货物报关单电子信息一致；③出口货物在退（免）税申报期截止之日内收汇；④电子商务出口企业属于外贸企业的，购进出口货物取得相应的增值税专用发票、消费税专用缴款书（分割单）或海关进口增值税、消费税专用缴款书，且上述凭证有关内容与出口货物报关单（出口退税专用）有关内容相匹配。

·政策依据·

《财政部　国家税务总局关于跨境电子商务零售出口税收政策的通知》（财税〔2013〕96 号）第一条、第三至六条。

2.跨境电子商务零售出口免征增值税、消费税

·适用主体·

符合条件的电子商务出口企业。

·政策内容·

自 2014 年 1 月 1 日起，电子商务出口企业出口货物［财政部、国家税务总局明确不予出口退（免）税或免税的货物除外］，如不符合增值税、消费税退（免）税政策条件，但同时符合相关条件的，适用增值税、消费税免税政策。

·适用条件·

（1）电子商务出口企业是指自建跨境电子商务销售平台的电子商务出口企业和利用第三方跨境电子商务平台开展电子商务出口的企业。

（2）适用增值税、消费税免税政策，须同时符合下列条件：①电子商务出口企业已办理税务登记；②出口货物取得海关签发的出口货物报关单；③购进出口货物取得合法有效的进货凭证。

· 政策依据 ·

《财政部 国家税务总局关于跨境电子商务零售出口税收政策的通知》（财税〔2013〕96号）第二至第六条。

3.跨境电子商务综试区零售出口无票免税政策

· 适用主体 ·

符合条件的电子商务出口企业。

· 政策内容 ·

自2018年10月1日起，对跨境电子商务综合试验区（以下简称综试区）内电子商务出口企业出口未取得有效进货凭证的货物，同时符合相关条件的，试行增值税、消费税免税政策。

· 适用条件 ·

（1）综试区是指经国务院批准的跨境电子商务综合试验区。

（2）电子商务出口企业是指自建跨境电子商务销售平台或利用第三方跨境电子商务平台开展电子商务出口的单位和个体工商户。

（3）适用增值税、消费税免税政策，须同时符合下列条件：①电子商务出口企业在综试区注册，并在注册地跨境电子商务线上综合服务平台登记出口日期、货物名称、计量单位、数量、单价、金额；②出口货物通过综试区所在地海关办理电子商务出口申报手续；③出口货物不属于财政部和税务总局根据国务院决定明确取消出口退（免）税的货物。

· 政策依据 ·

《财政部 税务总局 商务部 海关总署关于跨境电子商务综合试验区零售出口货物税收政策的通知》（财税〔2018〕103号）。

4.跨境电子商务综试区零售出口企业所得税核定征收政策

· 适用主体 ·

跨境电子商务综合试验区（以下简称综试区）内的跨境电子商务零售出口企业（以下简称跨境电商企业）。

· 政策内容 ·

自2020年1月1日起，对综试区内适用"无票免税"政策的跨境电商企业，符合

第十三章 主要税收优惠政策指引

相关条件的，采用应税所得率方式核定征收企业所得税，应税所得率统一按照4%确定。

· 适用条件 ·

（1）综试区是指经国务院批准的跨境电子商务综合试验区。

（2）跨境电商企业是指自建跨境电子商务销售平台或利用第三方跨境电子商务平台开展电子商务出口的企业。

（3）跨境电商企业适用核定征收企业所得税办法，须同时符合下列条件：①在综试区注册，并在注册地跨境电子商务线上综合服务平台登记出口货物日期、名称、计量单位、数量、单价、金额的；②出口货物通过综试区所在地海关办理电子商务出口申报手续的；③出口货物未取得有效进货凭证，其增值税、消费税享受免税政策的。

（4）综试区内实行核定征收的跨境电商企业符合小型微利企业优惠政策条件的，可享受小型微利企业所得税优惠政策；其取得的收入属于《企业所得税法》第二十六条规定的免税收入的，可享受免税收入优惠政策。

· 政策依据 ·

《国家税务总局关于跨境电子商务综合试验区零售出口企业所得税核定征收有关问题的公告》（国家税务总局公告2019年第36号）。

5. 市场采购贸易方式出口货物免征增值税政策

· 适用主体 ·

经国家批准的专业市场集聚区内的市场经营户（以下简称市场经营户）自营或委托从事市场采购贸易经营的单位（以下简称市场采购贸易经营者）。

· 政策内容 ·

市场经营户自营或委托市场采购贸易经营者在经国家商务主管等部门认定的市场集聚区内采购的、单票报关单商品货值15万（含15万）美元以下、并在采购地办理出口商品通关手续的货物免征增值税。

· 适用条件 ·

（1）市场采购贸易方式出口货物是指市场经营户自营或委托市场采购贸易经营者，按照海关总署规定的市场采购贸易监管办法办理通关手续，并纳入涵盖市场采购贸易各方经营主体和贸易全流程的市场采购贸易综合管理系统管理的货物（国家规定不适用市场采购贸易方式出口的商品除外）。

（2）委托出口的市场经营户应与市场采购贸易经营者签订《委托代理出口货物协议》。受托出口的市场采购贸易经营者在货物报关出口后，应在规定的期限内向主管税务机关申请开具《代理出口货物证明》。

（3）市场经营户或市场采购贸易经营者应按以下要求时限，在市场采购贸易综合管理系统中准确、及时录入商品名称、规格型号、计量单位、数量、单价和金额等相关内容形成交易清单：①自营出口，市场经营户应当于同外商签订采购合同时自行录入；②委托出口，市场经营户将货物交付市场采购贸易经营者时自行录入，或由市场采购贸易经营者录入。

（4）市场经营户应在货物报关出口次月的增值税纳税申报期内按规定向主管税务机关办理市场采购贸易出口货物免税申报；委托出口的，市场采购贸易经营者可以代为办理免税申报手续。

（5）试点范围包括：浙江义乌国际小商品城、江苏海门叠石桥国际家纺城、浙江海宁皮革城、江苏常熟服装城、广东广州花都皮革皮具市场、山东临沂商城工程物资市场、武汉汉口北国际商品交易中心、河北白沟箱包市场、浙江温州（鹿城）轻工产品交易中心、福建泉州石狮服装城、湖南长沙高桥大市场、广东佛山亚洲国际家具材料交易中心、广东中山利和灯博中心、四川成都国际商贸城、辽宁鞍山西柳服装城、浙江绍兴柯桥中国轻纺城、浙江台州路桥日用品及塑料制品交易中心、浙江湖州（织里）童装及日用消费品交易管理中心、安徽蚌埠中恒商贸城、福建晋江国际鞋纺城、青岛即墨国际商贸城、山东烟台三站批发交易市场、河南中国（许昌）国际发制品交易市场、湖北宜昌三峡物流园、广东汕头市宝奥国际玩具城、广东东莞市大朗毛织贸易中心、云南昆明俊发·新螺蛳湾国际商贸城、深圳华南国际工业原料城、内蒙古满洲里满购中心（边贸商品市场）、广西凭祥出口商品采购中心（边贸商品市场）、云南瑞丽国际商品交易市场（边贸商品市场）。

政策依据

（1）《国家税务总局关于发布〈市场采购贸易方式出口货物免税管理办法（试行）〉的公告》（国家税务总局公告2015年第89号发布，国家税务总局公告2018年第31号修改）。

（2）《关于加快推进市场采购贸易方式试点工作的函》（商贸函〔2020〕425号）。

6.外贸综合服务企业代办退税政策

适用主体

外贸综合服务企业及办理委托代办退税的生产企业。

政策内容

外贸综合服务企业（以下简称综服企业）代国内生产企业办理出口退（免）税事项同时符合相关条件的，可由综服企业向综服企业所在地主管税务机关集中代为办理出口退（免）税事项（以下称代办退税）。

适用条件

（1）综服企业代国内生产企业办理出口退（免）税事项同时符合下列条件的，可由综服企业向综服企业所在地主管税务机关集中代办退税：①符合商务部等部门规定的综服企业定义并向主管税务机关备案；②企业内部已建立较为完善的代办退税内部风险管控制度。

（2）生产企业出口货物，同时符合以下条件的，可由综服企业代办退税：①出口货物为生产企业的自产货物或视同自产货物；②生产企业为增值税一般纳税人并已按规定办理出口退（免）税备案；③生产企业已与境外单位或个人签订出口合同；④生产企业已与综服企业签订外贸综合服务合同（协议），约定由综服企业提供包括报关报检、物流、代办退税、结算等在内的综合服务，并明确相关法律责任；⑤生产企业向主管税务机关提供代办退税的开户银行和账号。

（3）生产企业代办退税的出口货物，应先按出口货物离岸价和增值税适用税率计算销项税额并按规定申报缴纳增值税，同时向综服企业开具备注栏内注明"代办退税专用"的增值税专用发票（以下称代办退税专用发票），作为综服企业代办退税的凭证。出口货物离岸价以人民币以外的货币结算的，其人民币折合率可以选择销售额发生的当天或者当月1日的人民币汇率中间价。代办退税专用发票上的"金额"栏次须按照换算成人民币金额的出口货物离岸价填写。

（4）综服企业向其主管税务机关申报代办退税，应退税额按代办退税专用发票上注明的"金额"和出口货物适用的出口退税率计算。

应退税额＝代办退税专用发票上注明的"金额"×出口货物适用的出口退税率

（5）代办退税专用发票不得作为综服企业的增值税扣税凭证。

政策依据

（1）《国家税务总局关于调整完善外贸综合服务企业办理出口货物退（免）税有关事项的公告》（国家税务总局公告2017年第35号）。

（2）《国家税务总局关于进一步便利出口退税办理 促进外贸平稳发展有关事项的公告》（国家税务总局公告2022年第9号）第六条第（一）项。

（四）出口退（免）税服务便利化举措

1. 简并优化出口退（免）税报送资料和办理流程

服务对象

符合条件的出口企业。

> **服务措施**

（1）纳税人办理委托出口货物退（免）税申报时，停止报送代理出口协议副本、复印件。

（2）纳税人办理融资租赁货物出口退（免）税备案和申报时，停止报送融资租赁合同原件，改为报送融资租赁合同复印件（复印件上应注明"与原件一致"并加盖企业印章）。

（3）纳税人办理来料加工委托加工出口货物的免税核销手续时，停止报送加工企业开具的加工费普通发票原件及复印件。

（4）纳税人申请开具《代理出口货物证明》时，停止报送代理出口协议原件。

（5）纳税人申请开具《代理进口货物证明》时，停止报送加工贸易手册原件、代理进口协议原件。

（6）纳税人申请开具《来料加工免税证明》时，停止报送加工费普通发票原件、进口货物报关单原件。

（7）纳税人申请开具《出口货物转内销证明》时，停止报送《出口货物已补税/未退税证明》原件及复印件。

（8）简化外贸综合服务企业代办退税备案流程。

（9）推行出口退（免）税实地核查"容缺办理"。

（10）推广出口退（免）税证明电子化开具和使用。

（11）推广出口退（免）税事项"非接触"办理。

（12）纳税人因申报出口退（免）税的出口报关单、代理出口货物证明、委托出口货物证明、增值税进货凭证没有电子信息或凭证内容与电子信息不符，无法在规定期限内申报出口退（免）税或者开具《代理出口货物证明》的，取消出口退（免）税凭证无相关电子信息申报，停止报送《出口退（免）税凭证无相关电子信息申报表》。待收齐退（免）税凭证及相关电子信息后，即可申报办理退（免）税。

（13）纳税人因未收齐出口退（免）税相关单证，无法在规定期限内申报出口退（免）税或者开具《代理出口货物证明》的，取消出口退（免）税延期申报，停止报送《出口退（免）税延期申报申请表》及相关举证资料。待收齐退（免）税凭证及相关电子信息后，即可申报办理退（免）税。

（14）纳税人办理出口退（免）税备案时，停止报送《对外贸易经营者备案登记表》《中华人民共和国外商投资企业批准证书》《中华人民共和国海关报关单位注册登记证书》。

（15）纳税人办理出口退（免）税备案变更时，在《出口退（免）税备案表》中仅需填报变更的内容。

（16）生产企业办理增值税免抵退税申报时，报送简并优化后的《免抵退税申报汇总表》和《生产企业出口货物劳务免抵退税申报明细表》，停止报送《免抵退税申报汇总表附表》《免抵退税申报资料情况表》《生产企业出口货物扣除国内免税原材料申请表》；办理消费税退税申报时，报送简并优化后的《生产企业出口非自产货物

第十三章 主要税收优惠政策指引

消费税退税申报表》。

（17）生产企业办理年度进料加工业务核销时，报送简并优化后的《生产企业进料加工业务免抵退税核销表》。企业获取的主管税务机关反馈数据与实际业务不一致的，报送简并优化后的《已核销手册（账册）海关数据调整表》。主管税务机关确认核销后，生产企业应根据《生产企业进料加工业务免抵退税核销表》确认的应调整不得免征和抵扣税额在首次纳税申报时申报调整。

（18）外贸企业以及横琴、平潭购买企业办理出口退（免）税申报时，报送简并优化后的《外贸企业出口退税进货明细申报表》和《外贸企业出口退税出口明细申报表》，停止报送《外贸企业出口退税汇总申报表》《区内企业退税进货明细申报表》《区内企业退税入区货物明细申报表》《区内企业退税汇总申报表》。

（19）纳税人办理已使用过且未计算抵扣进项税额设备的出口退（免）税申报时，报送简并优化后的《出口已使用过的设备退税申报表》，停止报送《出口已使用过的设备折旧情况确认表》。

（20）纳税人办理购买水电气、采购国产设备退税时，报送简并优化后的《购进自用货物退税申报表》，停止报送《购进水电气退税申报表》。

（21）纳税人办理跨境应税行为免抵退税申报时，报送简并优化后的《免抵退税申报汇总表》，停止报送《免抵退税申报汇总表附表》。其中，办理国际运输（港澳台运输）免抵退税申报时，报送简并优化后的《国际运输（港澳台运输）免抵退税申报明细表》；办理其他跨境应税行为免抵退税申报时，报送简并优化后的《跨境应税行为免抵退税申报明细表》和《跨境应税行为收讫营业款明细清单》。

（22）纳税人办理航天运输服务或在轨交付空间飞行器及相关货物免退税申报时，报送简并优化后的《航天发射业务免退税申报明细表》；办理其他跨境应税行为免退税申报时，报送简并优化后的《跨境应税行为免退税申报明细表》，停止报送《外贸企业外购应税服务出口明细申报表》《外贸企业出口退税进货明细申报表》《外贸企业出口退税汇总申报表》。

政策依据

（1）《税务总局等十部门关于进一步加大出口退税支持力度　促进外贸平稳发展的通知》（税总货劳发〔2022〕36号）。

（2）《国家税务总局关于进一步便利出口退税办理　促进外贸平稳发展有关事项的公告》（国家税务总局公告2022年第9号）。

（3）《国家税务总局关于优化整合出口退税信息系统　更好服务纳税人有关事项的公告》（国家税务总局公告2021年第15号）。

2. 持续加快出口退（免）税办理进度

服务对象

符合条件的出口企业。

·服务措施·

在 2021 年正常出口退税平均 7 个工作日办结的基础上，进一步压缩出口退税办理时间，2022 年进一步压缩至 6 个工作日内。全面实现退库无纸化，进一步提高税款退付效率。

·政策依据·

《税务总局等十部门关于进一步加大出口退税支持力度 促进外贸平稳发展的通知》（税总货劳发〔2022〕36 号）第二条第（八）项。

3. 持续提升出口退（免）税服务水平

·服务对象·

合条件的出口企业。

·服务措施·

（1）丰富宣传渠道及精准提醒内容，让出口企业及时获知报关、结关、退税等事项办理进度，引导企业提高内部管理效率，进一步压缩出口单证收集、流转时间，加速申报出口退税。

（2）规范跨境电商零售出口税收管理，引导出口企业在线上综合服务平台登记出口商品信息并进行免税申报，促进跨境电商出口贸易健康发展。

（3）深化落实外贸综合服务企业代办退税管理办法，进一步提高集中代办退税备案及实地核查效率。鼓励外贸综合服务企业采用无纸化方式申报出口退税、电子化方式管理出口退税备案单证。

（4）进一步提升出口退税申报便利水平，实现企业通过税务信息系统申报出口退税时自动调用本企业出口报关单信息，通过国际贸易"单一窗口"申报出口退税时自动调用本企业购进的出口货物的发票信息。持续扩大出口退税申报"免填报"范围，为企业高效申报退税创造便利条件，进一步提升申报效率。

（5）为便于纳税人及时了解出口退（免）税政策及管理要求的更新情况、出口退（免）税业务申报办理进度，税务机关为纳税人免费提供出口退（免）税政策更新、出口退税率文库升级、尚有未用于退（免）税申报的出口货物报关单、已办结出口退（免）税等提醒服务。纳税人可自行选择订阅提醒服务内容。

（6）为便于纳税人申报办理出口退（免）税事项，纳税人可以选用电子税务局、标准版国际贸易"单一窗口"、出口退税离线申报工具三种免费申报渠道申报出口退税。

（7）为便于纳税人办理下列出口退（免）税事项，电子税务局、标准版国际贸易"单

第十三章 主要税收优惠政策指引

一窗口"、出口退税离线申报工具增加了便捷服务功能，纳税人可通过上述申报渠道，提出相关申请：①出口退（免）税备案撤回；②已办结退税的出口货物免退税申报，发现申报数据有误而作申报调整；③将申请出口退税的增值税专用发票、海关进口增值税专用缴款书用途改为申报抵扣；④出口退（免）税相关证明作废；⑤进料加工计划分配率调整。

·政策依据·

（1）《税务总局等十部门关于进一步加大出口退税支持力度　促进外贸平稳发展的通知》（税总货劳发〔2022〕36号）。

（2）《国家税务总局关于进一步便利出口退税办理　促进外贸平稳发展有关事项的公告》（国家税务总局公告2022年第9号）。

（3）《国家税务总局关于优化整合出口退税信息系统　更好服务纳税人有关事项的公告》（国家税务总局公告2021年第15号）。

二、稳外资税收政策

（一）鼓励外商投资税收政策

1. 境外投资者以分配利润直接投资暂不征收预提所得税

·适用主体·

符合条件的境外投资者。

·政策内容·

自2018年1月1日起，境外投资者从中国境内居民企业分配的利润用于境内直接投资，符合规定条件的暂不征收预提所得税。

·适用条件·

（1）境内直接投资的范围是非禁止外商投资的项目和领域。

（2）境外投资者以分得利润进行的直接投资，包括境外投资者以分得利润进行的增资、新建、股权收购等权益性投资行为，但不包括新增、转增、收购上市公司股份（符合条件的战略投资除外），具体是指：①新增或转增中国境内居民企业实收资本或者资本公积。境外投资者以分得的利润用于补缴其在境内居民企业已经认缴的注册资本，增加实收资本或资本公积的，属于符合"新增或转增中国境内居民企业实收资本或者资本公积"情形；②在中国境内投资新建居民企业；③从非关联方收购中国境内居民企业股权；④财政部、税务总局规定的其他方式。

（3）境外投资者分得的利润属于中国境内居民企业向投资者实际分配已经实现的留存收益而形成的股息、红利等权益性投资收益。

（4）境外投资者用于直接投资的利润以现金形式支付的，相关款项从利润分配企业的账户直接转入被投资企业或股权转让方账户，在直接投资前不得在境内外其他账户周转；境外投资者用于直接投资的利润以实物、有价证券等非现金形式支付的，相关资产所有权直接从利润分配企业转入被投资企业或股权转让方，在直接投资前不得由其他企业、个人代为持有或临时持有。

（5）"境外投资者"是指适用《企业所得税法》第三条第三款规定的非居民企业；"中国境内居民企业"是指依法在中国境内成立的居民企业。

·政策依据·

（1）《财政部　税务总局　国家发展改革委　商务部关于扩大境外投资者以分配利润直接投资暂不征收预提所得税政策适用范围的通知》（财税〔2018〕102号）。

（2）《国家税务总局关于扩大境外投资者以分配利润直接投资暂不征收预提所得税政策适用范围有关问题的公告》（国家税务总局公告2018年第53号）。

2. 符合条件的非居民纳税人享受协定待遇

·适用主体·

符合条件的非居民纳税人。

·政策内容·

非居民纳税人可以按照中华人民共和国政府签署的避免双重征税协定和国际运输协定税收条款规定，减轻或者免除按照国内税收法律规定应当履行的企业所得税、个人所得税纳税义务。

非居民纳税人需要享受内地与香港、澳门特别行政区签署的避免双重征税安排待遇的，按照《国家税务总局关于发布〈非居民纳税人享受协定待遇管理办法〉的公告》（国家税务总局公告2019年第35号）执行。

·适用条件·

（1）非居民纳税人是指按照税收协定居民条款规定应为缔约对方税收居民的纳税人。

（2）非居民纳税人享受协定待遇，采取"自行判断、申报享受、相关资料留存备查"的方式办理。自行判断符合享受协定待遇条件的，可在纳税申报时，或通过扣缴义务人在扣缴申报时，自行享受协定待遇，同时按照《国家税务总局关于发布〈非居民纳税人享受协定待遇管理办法〉的公告》（国家税务总局公告2019年第35号）的规定归集和留存相关资料备查，并接受税务机关后续管理。

（3）需留存备查资料包括：①由协定缔约对方税务主管当局开具的证明非居民纳税人取得所得的当年度或上一年度税收居民身份的税收居民身份证明；享受税收协定国际运输条款或国际运输协定待遇的，可用能够证明符合协定规定身份的证明代替税收居民身份证明。②与取得相关所得有关的合同、协议、董事会或股东会决议、支付凭证等权属证明资料。③享受股息、利息、特许权使用费条款协定待遇的，应留存证明"受益所有人"身份的相关资料。④非居民纳税人认为能够证明其符合享受协定待遇条件的其他资料。

· 政策依据 ·

《国家税务总局关于发布〈非居民纳税人享受协定待遇管理办法〉的公告》（国家税务总局公告2019年第35号）。

3. 中外合作办学免征增值税

· 适用主体 ·

境外教育机构与境内从事学历教育的学校。

· 政策内容 ·

自2018年7月25日起，境外教育机构与境内从事学历教育的学校开展中外合作办学，提供学历教育服务取得的收入免征增值税。

· 适用条件 ·

（1）中外合作办学是指中外教育机构按照《中华人民共和国中外合作办学条例》（国务院令第372号）的有关规定，合作举办的以中国公民为主要招生对象的教育教学活动。

（2）上述"学历教育""从事学历教育的学校""提供学历教育服务取得的收入"的范围，按照《营业税改征增值税试点过渡政策的规定》（财税〔2016〕36号文件附件3）第一条第（八）项的有关规定执行。

· 政策依据 ·

《国家税务总局关于明确中外合作办学等若干增值税征管问题的公告》（国家税务总局公告2018年第42号）第一条。

4. 台湾航运公司从事海峡两岸海上直航业务免征增值税

· 适用主体 ·

台湾航运公司。

·政策内容·

台湾航运公司从事海峡两岸海上直航业务在大陆取得的运输收入，免征增值税。

·适用条件·

台湾航运公司是指取得交通运输部颁发的"台湾海峡两岸间水路运输许可证"且该许可证上注明的公司登记地址在台湾的航运公司。

·政策依据·

《财政部 国家税务总局关于全面推开营业税改征增值税试点的通知》（财税〔2016〕36号）附件3《营业税改征增值税试点过渡政策的规定》第一条第（十七）项。

5. 台湾航运公司从事海峡两岸海上直航业务免征企业所得税

·适用主体·

台湾航运公司。

·政策内容·

自2008年12月15日起，对台湾航运公司从事海峡两岸海上直航业务取得的来源于大陆的所得，免征企业所得税。

·适用条件·

（1）台湾航运公司是指取得交通运输部颁发的"台湾海峡两岸间水路运输许可证"且上述许可证上注明的公司登记地址在台湾的航运公司。

（2）享受政策的台湾航运公司应当按照《企业所得税法实施条例》的有关规定，单独核算其从事上述业务在大陆取得的收入和发生的成本、费用；未单独核算的，不得享受免征企业所得税政策。

·政策依据·

《财政部 国家税务总局关于海峡两岸海上直航营业税和企业所得税政策的通知》（财税〔2009〕4号）第二条、第三条。

6. 台湾航空公司从事海峡两岸空中直航业务免征增值税

·适用主体·

台湾航空公司。

第十三章 主要税收优惠政策指引

·政策内容·

台湾航空公司从事海峡两岸空中直航业务在大陆取得的运输收入，免征增值税。

·适用条件·

台湾航空公司是指取得中国民用航空局颁发的"经营许可"或者依据《海峡两岸空运协议》和《海峡两岸空运补充协议》规定，批准经营两岸旅客、货物和邮件不定期（包机）运输业务，且公司登记地址在台湾的航空公司。

·政策依据·

《财政部 国家税务总局关于全面推开营业税改征增值税试点的通知》（财税〔2016〕36号）附件3《营业税改征增值税试点过渡政策的规定》第一条第（十七）项。

7.台湾航空公司从事海峡两岸空中直航业务免征企业所得税

·适用主体·

台湾航空公司。

·政策内容·

自2009年6月25日起，对台湾航空公司从事海峡两岸空中直航业务取得的来源于大陆的所得，免征企业所得税。

·适用条件·

（1）台湾航空公司是指取得中国民用航空局颁发的"经营许可"或依据《海峡两岸空运协议》和《海峡两岸空运补充协议》规定，批准经营两岸旅客、货物和邮件不定期（包机）运输业务，且公司登记地址在台湾的航空公司。

（2）享受政策的台湾航空公司应当按照《企业所得税法实施条例》的有关规定，单独核算其从事上述业务在大陆取得的收入和发生的成本、费用；未单独核算的，不得享受免征企业所得税政策。

·政策依据·

《财政部 国家税务总局关于海峡两岸空中直航营业税和企业所得税政策的通知》（财税〔2010〕63号）第二条、第三条。

（二）支持金融市场对外开放税收政策

1.QFII和RQFII委托境内公司在我国从事证券买卖业务免征增值税

·适用主体·

合格境外机构投资者（简称QFII）、人民币合格境外机构投资者（简称RQFII）。

·政策内容·

QFII及RQFII委托境内公司在我国从事证券买卖业务，免征增值税。

·适用条件·

QFII及RQFII委托境内公司在我国从事证券买卖业务。

·政策依据·

（1）《财政部 国家税务总局关于全面推开营业税改征增值税试点的通知》（财税〔2016〕36号）附件3《营业税改征增值税试点过渡政策的规定》第一条第（二十二）项。
（2）《财政部 国家税务总局关于金融机构同业往来等增值税政策的补充通知》（财税〔2016〕70号）第四条。

2.QFII和RQFII取得中国境内的股票等权益性投资资产转让所得暂免征收企业所得税

·适用主体·

合格境外机构投资者（简称QFII）、人民币合格境外机构投资者（简称RQFII）。

·政策内容·

从2014年11月17日起，对QFII、RQFII取得来源于中国境内的股票等权益性投资资产转让所得，暂免征收企业所得税。

·适用条件·

上述政策适用于在中国境内未设立机构、场所，或者在中国境内虽设立机构、场所，但取得的上述所得与其所设机构、场所没有实际联系的QFII、RQFII。

·政策依据·

《财政部 国家税务总局 证监会关于QFII和RQFII取得中国境内的股票等权益性投资资产转让所得暂免征收企业所得税问题的通知》（财税〔2014〕79号）。

3.QFII和RQFII取得创新企业CDR转让差价收入暂免征收增值税

·适用主体·

合格境外机构投资者（简称QFII）、人民币合格境外机构投资者（简称RQFII）。

第十三章 主要税收优惠政策指引

·政策内容·

对 QFII 及 RQFII 委托境内公司转让创新企业 CDR 取得的差价收入，暂免征收增值税。

·适用条件·

创新企业 CDR 是指符合《国务院办公厅转发证监会关于开展创新企业境内发行股票或存托凭证试点若干意见的通知》（国办发〔2018〕21 号）规定的试点企业，以境外股票为基础证券，由存托人签发并在中国境内发行，代表境外基础证券权益的证券。

·政策依据·

《财政部 税务总局 证监会关于创新企业境内发行存托凭证试点阶段有关税收政策的公告》（财政部 税务总局 证监会公告 2019 年第 52 号）第三条第四项。

4.QFII 和 RQFII 取得创新企业 CDR 转让差价所得和股息红利所得征免企业所得税规定

·适用主体·

合格境外机构投资者（简称 QFII）、人民币合格境外机构投资者（简称 RQFII）。

·政策内容·

对 QFII 及 RQFII 转让创新企业 CDR 取得的差价所得和持有创新企业 CDR 取得的股息红利所得，视同转让或持有据以发行创新企业 CDR 的基础股票取得的权益性资产转让所得和股息红利所得征免企业所得税。

·适用条件·

创新企业 CDR 是指符合《国务院办公厅转发证监会关于开展创新企业境内发行股票或存托凭证试点若干意见的通知》（国办发〔2018〕21 号）规定的试点企业，以境外股票为基础证券，由存托人签发并在中国境内发行，代表境外基础证券权益的证券。

·政策依据·

《财政部 税务总局 证监会关于创新企业境内发行存托凭证试点阶段有关税收政策的公告》（财政部 税务总局 证监会公告 2019 年第 52 号）第二条第三项。

5.境外机构投资银行间本币市场取得的金融商品转让收入免征增值税

·适用主体·

经人民银行认可的境外机构。

·政策内容·

经人民银行认可的境外机构投资银行间本币市场取得的金融商品转让收入,免征增值税。

·适用条件·

银行间本币市场包括货币市场、债券市场以及衍生品市场。

·政策依据·

《财政部 国家税务总局关于金融机构同业往来等增值税政策的补充通知》(财税〔2016〕70号)第四条。

6. 境外机构投资境内债券利息收入暂免征收增值税

·适用主体·

投资境内债券市场的境外机构。

·政策内容·

2018年11月7日至2025年12月31日,对境外机构投资境内债券市场取得的债券利息收入暂免征收增值税。

·适用条件·

境外机构投资境内债券市场取得债券利息收入。

·政策依据·

(1)《财政部 税务总局关于境外机构投资境内债券市场企业所得税 增值税政策的通知》(财税〔2018〕108号)。

(2)《财政部 税务总局关于延续境外机构投资境内债券市场企业所得税、增值税政策的公告》(财政部 税务总局公告2021年第34号)。

7. 境外机构投资境内债券利息收入暂免征收企业所得税

·适用主体·

投资境内债券市场的境外机构。

·政策内容·

2018年11月7日至2025年12月31日,对境外机构投资境内债券市场取得的债券利息收入暂免征收企业所得税。

· 适用条件 ·

暂免征收企业所得税的范围不包括境外机构在境内设立的机构、场所取得的与该机构、场所有实际联系的债券利息。

· 政策依据 ·

（1）《财政部 税务总局关于境外机构投资境内债券市场企业所得税 增值税政策的通知》（财税〔2018〕108号）。

（2）《财政部 税务总局关于延续境外机构投资境内债券市场企业所得税、增值税政策的公告》（财政部 税务总局公告2021年第34号）。

8. 香港市场投资者投资上交所上市A股取得的转让差价免征增值税

· 适用主体 ·

通过沪港通投资上交所上市A股的香港市场投资者（包括单位和个人）。

· 政策内容 ·

香港市场投资者（包括单位和个人）通过沪港通买卖上海证券交易所上市A股取得的转让差价收入，在营改增试点期间免征增值税。

· 适用条件 ·

香港市场投资者通过沪港通投资上海证券交易所上市A股。

· 政策依据 ·

《财政部 国家税务总局关于全面推开营业税改征增值税试点的通知》（财税〔2016〕36号）附件3《营业税改征增值税试点过渡政策的规定》第一条第（二十二）项。

9. 香港市场投资者投资上交所上市A股取得的转让差价所得暂免征收所得税

· 适用主体 ·

通过沪港通投资上交所上市A股的香港市场投资者（包括企业和个人）。

· 政策内容 ·

香港市场投资者（包括企业和个人）投资上交所上市A股取得的转让差价所得，暂免征收所得税。

· 适用条件 ·

香港市场投资者通过沪港通投资上海证券交易所上市 A 股。

· 政策依据 ·

《财政部　国家税务总局　证监会关于沪港股票市场交易互联互通机制试点有关税收政策的通知》（财税〔2014〕81 号）第二条第一项。

10. 香港市场投资者投资上交所上市 A 股取得的股息红利所得税政策

· 适用主体 ·

通过沪港通投资上交所上市 A 股的香港市场投资者（包括企业和个人）。

· 政策内容 ·

对香港市场投资者（包括企业和个人）投资上交所上市 A 股取得的股息红利所得，在香港中央结算有限公司不具备向中国证券登记结算有限责任公司提供投资者的身份及持股时间等明细数据的条件之前，暂不执行按持股时间实行差别化征税政策，由上市公司按照 10% 的税率代扣所得税，并向其主管税务机关办理扣缴申报。

对于香港投资者中属于其他国家税收居民且其所在国与中国签订的税收协定规定股息红利所得税率低于 10% 的，企业或个人可以自行或委托代扣代缴义务人，向上市公司主管税务机关提出享受税收协定待遇的申请，主管税务机关审核后，应按已征税款和根据税收协定税率计算的应纳税款的差额予以退税。

· 适用条件 ·

香港市场投资者通过沪港通投资上海证券交易所上市 A 股。

· 政策依据 ·

《财政部　国家税务总局　证监会关于沪港股票市场交易互联互通机制试点有关税收政策的通知》（财税〔2014〕81 号）第二条第二项。

11. 香港市场投资者投资深交所上市 A 股取得的转让差价免征增值税

· 适用主体 ·

通过深港通投资深交所上市 A 股的香港市场投资者（包括单位和个人）。

· 政策内容 ·

香港市场投资者（包括单位和个人）通过深港通买卖深交所上市 A 股取得的差价

收入，在营改增试点期间免征增值税。

- **适用条件**

香港市场投资者通过深港通投资深圳证券交易所上市 A 股。

- **政策依据**

《财政部　国家税务总局　证监会关于深港股票市场交易互联互通机制试点有关税收政策的通知》（财税〔2016〕127 号）第三条第一项。

12. 香港市场投资者投资深交所上市 A 股取得的转让差价所得暂免征收所得税

- **适用主体**

通过深港通投资深交所上市 A 股的香港市场投资者（包括企业和个人）。

- **政策内容**

对香港市场投资者（包括企业和个人）投资深交所上市 A 股取得的转让差价所得，暂免征收所得税。

- **适用条件**

香港市场投资者通过深港通投资深圳证券交易所上市 A 股。

- **政策依据**

《财政部　国家税务总局　证监会关于深港股票市场交易互联互通机制试点有关税收政策的通知》（财税〔2016〕127 号）第二条第一项。

13. 香港市场投资者投资深交所上市 A 股取得的股息红利所得税政策

- **适用主体**

通过深港通投资深交所上市 A 股的香港市场投资者（包括企业和个人）。

- **政策内容**

对香港市场投资者（包括企业和个人）投资深交所上市 A 股取得的股息红利所得，在香港中央结算有限公司不具备向中国证券登记结算有限责任公司提供投资者的身份及持股时间等明细数据的条件之前，暂不执行按持股时间实行差别化征税政策，由上市公司按照 10% 的税率代扣所得税，并向其主管税务机关办理扣缴申报。对于香港投资者中属于其他国家税收居民且其所在国与中国签订的税收协定规定股息红利所得税率低于 10% 的，企业或个人可以自行或委托代扣代缴义务人，向上市公司主管税务机关提出享受税收协定待遇退还多缴税款的申请，主管税务机关查实后，对符合退税条件的，应按已征税款和根据税收协定税率计算的应纳税款的差额予以退税。

· 适用条件 ·

香港市场投资者通过深港通投资深圳证券交易所上市 A 股。

· 政策依据 ·

《财政部 国家税务总局 证监会关于深港股票市场交易互联互通机制试点有关税收政策的通知》（财税〔2016〕127 号）第二条第二项。

14. 香港市场投资者参与股票担保卖空涉及的股票借入、归还暂免征收证券（股票）交易印花税

· 适用主体 ·

香港市场投资者。

· 政策内容 ·

香港市场投资者通过沪股通和深股通参与股票担保卖空涉及的股票借入、归还，暂免征收证券（股票）交易印花税。

· 适用条件 ·

香港市场投资者通过沪股通和深股通参与股票担保卖空。

· 政策依据 ·

《财政部 国家税务总局 证监会关于深港股票市场交易互联互通机制试点有关税收政策的通知》（财税〔2016〕127 号）第五条。

15. 香港市场投资者买卖内地基金份额取得的转让差价免征增值税

· 适用主体 ·

香港市场投资者（包括单位和个人）。

· 政策内容 ·

香港市场投资者（包括单位和个人）通过基金互认买卖内地基金份额取得的转让差价收入，在营改增试点期间免征增值税。

· 适用条件 ·

香港市场投资者通过基金互认买卖内地基金份额。

· 政策依据 ·

《财政部 国家税务总局关于全面推开营业税改征增值税试点的通知》（财税〔2016〕36号）附件3《营业税改征增值税试点过渡政策的规定》第一条第（二十二）项。

16. 香港市场投资者买卖内地基金份额取得的转让差价所得暂免征收所得税

· 适用主体 ·

香港市场投资者（包括企业和个人）。

· 政策内容 ·

对香港市场投资者（包括企业和个人）通过基金互认买卖内地基金份额取得的转让差价所得，暂免征收所得税。

· 适用条件 ·

香港市场投资者通过基金互认买卖内地基金份额。

· 政策依据 ·

《财政部 国家税务总局 证监会关于内地与香港基金互认有关税收政策的通知》（财税〔2015〕125号）第二条第一项。

17. 香港市场投资者从内地基金分配取得收益所得税政策

· 适用主体 ·

香港市场投资者（包括企业和个人）。

· 政策内容 ·

对香港市场投资者（包括企业和个人）通过基金互认从内地基金分配取得的收益，由内地上市公司向该内地基金分配股息红利时，对香港市场投资者按照10%的税率代扣所得税；或发行债券的企业向该内地基金分配利息时，对香港市场投资者按照7%的税率代扣所得税，并由内地上市公司或发行债券的企业向其主管税务机关办理扣缴申报。该内地基金向投资者分配收益时，不再扣缴所得税。

· 适用条件 ·

（1）香港市场投资者通过基金互认从内地基金分配取得收益。

（2）内地基金管理人应当向相关证券登记结算机构提供内地基金的香港市场投资者的相关信息。

· 政策依据 ·

《财政部 国家税务总局 证监会关于内地与香港基金互认有关税收政策的通知》（财税〔2015〕125号）第二条第二项。

18. 香港市场投资者买卖、继承、赠与内地基金份额暂不征收印花税

· 适用主体 ·

香港市场投资者。

· 政策内容 ·

香港市场投资者通过基金互认买卖、继承、赠与内地基金份额，按照内地现行税制规定，暂不征收印花税。

· 适用条件 ·

香港市场投资者通过基金互认买卖、继承、赠与内地基金份额。

· 政策依据 ·

《财政部 国家税务总局 证监会关于内地与香港基金互认有关税收政策的通知》（财税〔2015〕125号）第四条第一项。

19. 境外机构投资者从事中国境内原油期货交易暂不征收企业所得税

· 适用主体 ·

符合条件的境外机构投资者（包括境外经纪机构）。

· 政策内容 ·

对在中国境内未设立机构、场所的，或者虽设立机构、场所但取得的所得与其所设机构、场所没有实际联系的境外机构投资者（包括境外经纪机构），从事中国境内原油期货交易取得的所得（不含实物交割所得），暂不征收企业所得税。对境外经纪机构在境外为境外投资者提供中国境内原油期货经纪业务取得的佣金所得，不属于来源于中国境内的劳务所得，不征收企业所得税。

· 适用条件 ·

（1）境外机构投资者（包括境外经纪机构）从事中国境内原油期货交易。

（2）境外机构投资者（包括境外经纪机构）在中国境内未设立机构、场所，或者虽设立机构、场所但取得的所得与其所设机构、场所没有实际联系。

· 政策依据 ·

《财政部 税务总局 证监会关于支持原油等货物期货市场对外开放税收政策的通知》（财税〔2018〕21号）第一条。

第五节 支持小微企业和个体工商户发展税费优惠政策指引

一、增值税小规模纳税人月销售额10万元以下免征增值税政策

· 享受主体 ·

增值税小规模纳税人。

· 优惠内容 ·

自2023年1月1日至2027年12月31日，对月销售额10万元以下（含本数）的增值税小规模纳税人免征增值税。

· 享受条件 ·

（1）适用于按期纳税的增值税小规模纳税人。

（2）小规模纳税人以1个月为1个纳税期的，月销售额未超过10万元；小规模纳税人以1个季度为1个纳税期的，季度销售额未超过30万元，可以享受免征增值税政策。

（3）小规模纳税人发生增值税应税销售行为，合计月销售额超过10万元，但扣除本期发生的销售不动产的销售额后未超过10万元的，其销售货物、劳务、服务、无形资产取得的销售额免征增值税。

（4）适用增值税差额征税政策的小规模纳税人，以差额后的销售额确定是否可以享受上述免征增值税政策。

（5）其他个人采取一次性收取租金形式出租不动产取得的租金收入，可在对应的租赁期内平均分摊，分摊后的月租金收入未超过10万元的，免征增值税。

（6）按固定期限纳税的小规模纳税人可以选择以1个月或1个季度为纳税期限，一经选择，一个会计年度内不得变更。

享受方式

（1）申报流程：该事项属于申报享受增值税减免事项。小规模纳税人发生增值税应税销售行为，合计月销售额未超过10万元的，免征增值税的销售额等项目应当填写在《增值税及附加税费申报表（小规模纳税人适用）》"小微企业免税销售额"或者"未达起征点销售额"相关栏次，如果没有其他免税项目，则无需填报《增值税减免税申报明细表》。

（2）办理渠道：小规模纳税人可在电子税务局、办税服务厅等线上、线下渠道办理增值税纳税申报。

政策依据

（1）《财政部 税务总局关于明确增值税小规模纳税人减免增值税等政策的公告》（财政部 税务总局公告2023年第1号）。

（2）《国家税务总局关于增值税小规模纳税人减免增值税等政策有关征管事项的公告》（国家税务总局公告2023年第1号）。

（3）《财政部 税务总局关于增值税小规模纳税人减免增值税政策的公告》（财政部 税务总局公告2023年第19号）。

政策案例

某小规模纳税人2023年7～9月的销售额分别是6万元、8万元和12万元。如果纳税人按月纳税，则9月的销售额超过了月销售额10万元的免税标准，可减按1%缴纳增值税，7月、8月的6万元、8万元能够享受免税；如果纳税人按季纳税，2023年3季度销售额合计26万元，未超过季度销售额30万元的免税标准，因此，26万元全部能够享受免税政策。

某小规模纳税人2023年7～9月的销售额分别是6万元、8万元和20万元，如果纳税人按月纳税，7月和8月的销售额均未超过月销售额10万元的免税标准，能够享受免税政策，9月的销售额超过了月销售额10万元的免税标准，可减按1%缴纳增值税；如果纳税人按季纳税，2023年3季度销售额合计34万元，超过季度销售额30万元的免税标准，因此，34万元均无法享受免税政策，但可以享受减按1%征收增值税政策。

二、增值税小规模纳税人适用3%征收率的应税销售收入减按1%征收增值税政策

享受主体

增值税小规模纳税人。

第十三章 主要税收优惠政策指引

·优惠内容·

自 2023 年 1 月 1 日至 2027 年 12 月 31 日，增值税小规模纳税人适用 3% 征收率的应税销售收入，减按 1% 征收率征收增值税；适用 3% 预征率的预缴增值税项目，减按 1% 预征率预缴增值税。

·享受条件·

（1）适用于增值税小规模纳税人。
（2）发生 3% 征收率的应税销售或 3% 预征率的预缴增值税项目。

·享受方式·

（1）申报流程：该事项属于申报享受增值税减免事项。小规模纳税人减按 1% 征收率征收增值税的销售额应填写在《增值税及附加税费申报表（小规模纳税人适用）》"应征增值税不含税销售额（3% 征收率）"相应栏次，对应减征的增值税应纳税额按销售额的 2% 计算填写在《增值税及附加税费申报表（小规模纳税人适用）》"本期应纳税额减征额"相应栏次，并在《增值税减免税申报明细表》中选择对应的减免性质代码 01011608，填写减税项目相应栏次。

（2）办理渠道：小规模纳税人可在电子税务局、办税服务厅等线上、线下渠道办理增值税纳税申报。

·政策依据·

（1）《财政部 税务总局关于明确增值税小规模纳税人减免增值税等政策的公告》（财政部 税务总局公告 2023 年第 1 号）。

（2）《国家税务总局关于增值税小规模纳税人减免增值税等政策有关征管事项的公告》（国家税务总局公告 2023 年第 1 号）。

（3）《财政部 税务总局关于增值税小规模纳税人减免增值税政策的公告》（财政部 税务总局公告 2023 年第 19 号）。

·政策案例·

一家餐饮公司为按月申报的增值税小规模纳税人，2023 年 8 月 5 日为客户开具了 2 万元的 3% 征收率增值税普通发票。8 月实际月销售额为 15 万元，均为 3% 征收率的销售收入，因公司客户为个人，无法收回已开具发票，还能否享受 3% 征收率销售收入减按 1% 征收率征收增值税政策。

解析：此种情形下，该餐饮企业 3% 征收率的销售收入 15 万元，可以在申报纳税时直接进行减税申报，享受 3% 征收率销售收入减按 1% 征收率征收增值税政策。为减轻纳税人办税负担，无需对已开具的 3% 征收率的增值税普通发票进行作废或换开。但需要注意的是，按照《中华人民共和国发票管理办法》等相关规定，纳税人应如实开具发票,因此,今后享受 3% 征收率销售收入减按 1% 征收率征收增值税政策时,如需开具增值税普通发票,应按照 1% 征收率开具。

三、增值税小规模纳税人、小型微利企业和个体工商户减半征收"六税两费"政策

相关内容参见本章第二节第一项"(七)增值税小规模纳税人、小型微利企业和个体工商户'六税两费'减免政策",此处不再赘述。

·政策案例·

甲企业为小型微利企业,符合《财政部税务总局关于继续实施物流企业大宗商品仓储设施用地城镇土地使用税优惠政策的公告》(2023 年第 5 号,以下简称 5 号公告)规定的"物流企业"条件,当地的城镇土地使用税额标准为 20 元 / 平方米,该企业自有的大宗商品仓储设施用地面积为 10 000 平方米,可按 5 号公告规定享受城镇土地使用税减按 50% 计征优惠。甲企业是否可以叠加享受"六税两费"减半征收优惠政策,年应纳税额是多少?

解析:根据《财政部税务总局关于进一步支持小微企业和个体工商户发展有关税费政策的公告》(2023 年第 12 号)第四条的规定,增值税小规模纳税人、小型微利企业和个体工商户已依法享受其他优惠政策的,可叠加享受"六税两费"减半征收优惠政策。在纳税申报时,甲企业可先享受物流企业大宗商品仓储设施用地城镇土地使用税优惠政策,再按减免后的金额享受"六税两费"优惠政策,两项优惠政策叠加减免后的应纳税额为 50 000 元(20×10 000×50%×50%)。

四、小型微利企业减免企业所得税政策

相关内容参见本章第二节第一项"(八)小型微利企业减免企业所得税政策",此处不再赘述。

·政策案例·

A 企业 2022 年成立,从事国家非限制和禁止行业,2023 年一季度季初、季末的从业人数分别为 120 人、200 人,一季度季初、季末的资产总额分别为 2 000 万元、4 000 万元,一季度的应纳税所得额为 190 万元。

解析:2023 年一季度,A 企业"从业人数"的季度平均值为 160 人,"资产总额"的季度平均值为 3 000 万元,应纳税所得额为 190 万元。符合关于小型微利企业预缴企业所得税时的判断标准:从事国家非限制和禁止行业,且同时符合截至本期预缴申报所

属期末资产总额季度平均值不超过 5 000 万元、从业人数季度平均值不超过 300 人、应纳税所得额不超过 300 万元，可以享受优惠政策。A 企业一季度的应纳税额为 9.5 万元（190×25%×20%）。

五、个体工商户年应纳税所得额不超过 200 万元部分减半征收个人所得税政策

· 享受主体 ·

个体工商户。

· 优惠内容 ·

自 2023 年 1 月 1 日至 2027 年 12 月 31 日，对个体工商户年应纳税所得额不超过 200 万元的部分，减半征收个人所得税。个体工商户在享受现行其他个人所得税优惠政策的基础上，可叠加享受上述优惠政策。

· 享受条件 ·

（1）个体工商户不区分征收方式，均可享受。

（2）个体工商户在预缴税款时即可享受，其年应纳税所得额暂按截至本期申报所属期末的情况进行判断，并在年度汇算清缴时按年计算、多退少补。若个体工商户从两处以上取得经营所得，需在办理年度汇总纳税申报时，合并个体工商户经营所得年应纳税所得额，重新计算减免税额，多退少补。

（3）按照以下方法计算减免税额：

减免税额＝（个体工商户经营所得应纳税所得额不超过 200 万元部分的应纳税额－其他政策减免税额 × 个体工商户经营所得应纳税所得额不超过 200 万元部分 ÷ 经营所得应纳税所得额）×50%

· 享受方式 ·

个体工商户在预缴和汇算清缴个人所得税时均可享受减半征税政策，享受政策时无需进行备案，通过填写个人所得税纳税申报表和减免税事项报告表相关栏次，即可享受。对于通过电子税务局申报的个体工商户，税务机关将自动提供申报表和报告表中该项政策的预填服务。实行简易申报的定期定额个体工商户，税务机关按照减免后的应纳税额自动进行税款划缴。

· 政策依据 ·

（1）《财政部　税务总局关于实施小微企业和个体工商户所得税优惠政策的公告》

（财政部　税务总局公告 2021 年第 12 号）。

（2）《国家税务总局关于进一步落实支持个体工商户发展个人所得税优惠政策有关事项的公告》（国家税务总局公告 2023 年第 12 号）。

· 政策案例 ·

纳税人张某同时经营个体工商户 A 和个体工商户 B，年应纳税所得额分别为 80 万元和 150 万元，那么张某在年度汇总纳税申报时，可以享受减半征收个人所得税政策的应纳税所得额为 200 万元。

纳税人李某经营个体工商户 C，年应纳税所得额为 80 000 元（适用税率为 10%，速算扣除数为 1 500），同时可以享受残疾人政策减免税额 2 000 元，那么李某该项政策的减免税额为 2 250 元 $\{[(80\,000 \times 10\% - 1\,500) - 2\,000] \times 50\%\}$。

纳税人吴某经营个体工商户 D，年应纳税所得额为 2 400 000 元（适用税率 35%，速算扣除数 65 500），同时可以享受残疾人政策减免税额 6 000 元，那么吴某该项政策的减免税额为 314 750 元 $\{[(2\,000\,000 \times 35\% - 65\,500) - 6\,000 \times 2\,000\,000 \div 2\,400\,000] \times 50\%\}$。

六、金融机构小微企业及个体工商户 1 000 万元及以下小额贷款利息收入免征增值税政策

· 享受主体 ·

向小型企业、微型企业及个体工商户发放小额贷款的金融机构。

· 优惠内容 ·

2027 年 12 月 31 日前，对金融机构向小型企业、微型企业和个体工商户发放小额贷款取得的利息收入，免征增值税。金融机构可以选择以下两种方法之一适用免税：

（1）对金融机构向小型企业、微型企业和个体工商户发放的，利率水平不高于全国银行间同业拆借中心公布的贷款市场报价利率（LPR）150%（含本数）的单笔小额贷款取得的利息收入，免征增值税；高于全国银行间同业拆借中心公布的贷款市场报价利率（LPR）150%的单笔小额贷款取得的利息收入，按照现行政策规定缴纳增值税。

（2）对金融机构向小型企业、微型企业和个体工商户发放单笔小额贷款取得的利息收入中，不高于该笔贷款按照全国银行间同业拆借中心公布的贷款市场报价利率（LPR）150%（含本数）计算的利息收入部分，免征增值税；超过部分按照现行政策

第十三章 主要税收优惠政策指引

规定缴纳增值税。

金融机构可按会计年度在以上两种方法之间选定其一作为该年的免税适用方法，一经选定，该会计年度内不得变更。

·享受条件·

（1）小型企业、微型企业是指符合《中小企业划型标准规定》（工信部联企业〔2011〕300号）的小型企业和微型企业。其中，资产总额和从业人员指标均以贷款发放时的实际状态确定，营业收入指标以贷款发放前12个自然月的累计数确定，不满12个自然月的，按照以下公式计算：

营业收入（年）＝企业实际存续期间营业收入÷企业实际存续月数×12

（2）2023年1月1日至2023年12月31日，金融机构是指经人民银行、金融监管总局批准成立的已通过监管部门上一年度"两增两控"考核的机构，以及经人民银行、金融监管总局、证监会批准成立的开发银行及政策性银行、外资银行和非银行业金融机构。"两增两控"是指单户授信总额1 000万元以下（含）小微企业贷款同比增速不低于各项贷款同比增速，有贷款余额的户数不低于上年同期水平，合理控制小微企业贷款资产质量水平和贷款综合成本（包括利率和贷款相关的银行服务收费）水平。金融机构完成"两增两控"情况，以金融监管总局及其派出机构考核结果为准。2024年1月1日至2027年12月31日，金融机构是指经中国人民银行、金融监管总局批准成立的已实现监管部门上一年度提出的小微企业贷款增长目标的机构，以及经中国人民银行、金融监管总局、中国证监会批准成立的开发银行及政策性银行、外资银行和非银行业金融机构。金融机构实现小微企业贷款增长目标情况，以金融监管总局及其派出机构考核结果为准。

（3）小额贷款是指单户授信小于1 000万元（含本数）的小型企业、微型企业或个体工商户贷款；没有授信额度的是指单户贷款合同金额且贷款余额在1 000万元（含本数）以下的贷款。

（4）金融机构应将相关免税证明材料留存备查，单独核算符合免税条件的小额贷款利息收入，按现行规定向主管税务机构办理纳税申报；未单独核算的，不得免征增值税。

金融机构应依法依规享受增值税优惠政策，一经发现存在虚报或造假骗取本项税收优惠情形的，停止享受上述有关增值税优惠政策。

金融机构应持续跟踪贷款投向，确保贷款资金真正流向小型企业、微型企业和个体工商户，贷款的实际使用主体与申请主体一致。

·享受方式·

（1）享受方式：纳税人在增值税纳税申报时按规定填写申报表相应减免税栏次。

（2）办理渠道：纳税人可以通过电子税务局、办税服务厅办理。

政策依据

（1）《财政部 税务总局关于金融机构小微企业贷款利息收入免征增值税政策的通知》（财税〔2018〕91号）。

（2）《财政部 税务总局关于明确国有农用地出租等增值税政策的公告》（财政部 税务总局公告2020年第2号）。

（3）《财政部 税务总局关于延长部分税收优惠政策执行期限的公告》（财政部 税务总局公告2021年第6号）。

（4）《财政部 税务总局关于金融机构小微企业贷款利息收入免征增值税政策的公告》（财政部 税务总局公告2023年第16号）。

（5）《工业和信息化部 国家统计局 国家发展和改革委员会 财政部关于印发中小企业划型标准规定的通知》（工信部联企业〔2011〕300号）。

政策案例

A银行是一家通过2022年度监管部门"两增两控"考核的机构。2023年第三季度，全国银行间同业拆借中心公布的贷款市场报价利率（LPR）为3.55%，A银行累计向5户小微企业发放5笔1 000万元以下的小额贷款，其中：3笔年利率为6%，第三季度确认利息收入36万元（不含税，下同），2笔年利率为3%，第三季度确认利息收入12万元。10月份，A银行在进行纳税申报时，可按会计年度在规定的两种方法之间选定其中一种作为该年的免税适用方法，享受免征增值税优惠；免税适用方法一经选定，该会计年度内不得变更。

方法一：A银行3笔6%利率[超过LPR150%（5.325% = 3.55%×150%）]的小额贷款利息收入不适用免征增值税优惠，应按照6%税率计算增值税销项税额2.16万元（36×6%）。2笔3%利率[未超过LPR150%（5.325% = 3.55%×150%）]的小额贷款利息收入可以按规定免征增值税0.72万元（12×6%）。按照方法一，A银行合计免征增值税0.72万元。

方法二：A银行3笔6%利率的小额贷款取得的利息收入中，不高于该笔贷款按照LPR150%计算的利息收入部分31.95万元（36×5.325%÷6%），可以按规定免征增值税1.917万元（31.95×6%）；高于该笔贷款按照LPR150%计算的利息收入部分4.05万元（36 − 31.95），不能享受免税优惠，应按照6%税率计算增值税销项税额0.243万元（4.05×6%）。2笔3%利率的小额贷款取得的利息收入，均不高于该笔贷款按照LPR150%计算的利息收入，可以按规定免征增值税0.72万元（12×6%）。按照方法二，A银行合计免征增值税2.637万元。

第十三章 主要税收优惠政策指引

七、金融机构小微企业及个体工商户 100 万元及以下小额贷款利息收入免征增值税政策

·享受主体·

向小型企业、微型企业及个体工商户发放小额贷款的金融机构。

·优惠内容·

2027 年 12 月 31 日前，对金融机构向小型企业、微型企业及个体工商户发放小额贷款取得的利息收入，免征增值税。

·享受条件·

（1）小型企业、微型企业是指符合《中小企业划型标准规定》（工信部联企业〔2011〕300 号）的小型企业和微型企业。其中，资产总额和从业人员指标均以贷款发放时的实际状态确定，营业收入指标以贷款发放前 12 个自然月的累计数确定，不满 12 个自然月的，按照以下公式计算：

营业收入（年）＝企业实际存续期间营业收入÷企业实际存续月数×12

（2）小额贷款是指单户授信小于 100 万元（含本数）的小型企业、微型企业或个体工商户贷款；没有授信额度的是指单户贷款合同金额且贷款余额在 100 万元（含本数）以下的贷款。

（3）金融机构应将相关免税证明材料留存备查，单独核算符合免税条件的小额贷款利息收入，按现行规定向主管税务机关办理纳税申报；未单独核算的，不得免征增值税。

·享受方式·

（1）享受方式：纳税人在增值税纳税申报时按规定填写申报表相应减免税栏次。
（2）办理渠道：纳税人可以通过电子税务局、办税服务厅办理。

·政策依据·

（1）《财政部税务总局关于支持小微企业融资有关税收政策的通知》（财税〔2017〕77 号）。

（2）《财政部 税务总局关于延续实施普惠金融有关税收优惠政策的公告》（财政部 税务总局公告 2020 年第 22 号）。

（3）《财政部 税务总局关于支持小微企业融资有关税收政策的公告》（财政部 税务总局公告 2023 年第 13 号）。

（4）《工业和信息化部 国家统计局 国家发展和改革委员会 财政部关于印发中小企业划型标准规定的通知》（工信部联企业〔2011〕300 号）。

·政策案例·

2024年第一季度,假设A银行向30户小型企业、微型企业发放的单笔额度100万元以下的小额贷款,取得的利息收入共计300万元(不含税收入)。4月份A银行纳税申报时,可直接申报享受免税政策,对应免税额18万元(300×6%)。

八、为农户、小微企业及个体工商户提供融资担保及再担保业务免征增值税政策

·享受主体·

为农户、小型企业、微型企业及个体工商户借款、发行债券提供融资担保以及为上述融资担保(以下称原担保)提供再担保的纳税人。

·优惠内容·

2027年12月31日前,纳税人为农户、小型企业、微型企业及个体工商户借款、发行债券提供融资担保取得的担保费收入,以及为原担保提供再担保取得的再担保费收入,免征增值税。

·享受条件·

(1)农户是指长期(一年以上)居住在乡镇(不包括城关镇)行政管理区域内的住户,还包括长期居住在城关镇所辖行政村范围内的住户和户口不在本地而在本地居住一年以上的住户,国有农场的职工。位于乡镇(不包括城关镇)行政管理区域内和在城关镇所辖行政村范围内的国有经济的机关、团体、学校、企事业单位的集体户;有本地户口,但举家外出谋生一年以上的住户,无论是否保留承包耕地均不属于农户。农户以户为统计单位,既可以从事农业生产经营,也可以从事非农业生产经营。农户担保、再担保的判定应以原担保生效时的被担保人是否属于农户为准。

(2)小型企业、微型企业是指符合《中小企业划型标准规定》(工信部联企业〔2011〕300号)的小型企业和微型企业。其中,资产总额和从业人员指标均以原担保生效时的实际状态确定;营业收入指标以原担保生效前12个自然月的累计数确定,不满12个自然月的,按照以下公式计算:

营业收入(年)=企业实际存续期间营业收入÷企业实际存续月数×12

(3)再担保合同对应多个原担保合同的,原担保合同应全部适用免征增值税政策。否则,再担保合同应按规定缴纳增值税。

·享受方式·

（1）享受方式：纳税人在增值税纳税申报时按规定填写申报表相应减免税栏次。

（2）办理渠道：纳税人可以通过电子税务局、办税服务厅办理。

·政策依据·

（1）《财政部　税务总局关于租入固定资产进项税额抵扣等增值税政策的通知》（财税〔2017〕90号）。

（2）《财政部　税务总局关于延续实施普惠金融有关税收优惠政策的公告》（财政部　税务总局公告2020年第22号）。

（3）《财政部　税务总局关于延续执行农户、小微企业和个体工商户融资担保增值税政策的公告》（财政部　税务总局公告2023年第18号）。

（4）《工业和信息化部　国家统计局　国家发展和改革委员会　财政部关于印发中小企业划型标准规定的通知》（工信部联企业〔2011〕300号）。

·政策案例·

2024年1月，假设A公司为10户农户、小型企业、微型企业及个体工商户借款、发行债券提供融资担保取得的担保费收入10万元（不含税收入）。2月份A公司纳税申报时，可直接申报享受免税政策，对应免税额0.6万元（10×6%）。

九、金融机构与小型、微型企业签订借款合同免征印花税

·享受主体·

金融机构和小型企业、微型企业。

·优惠内容·

2027年12月31日前，对金融机构与小型企业、微型企业签订的借款合同免征印花税。

·享受条件·

小型企业、微型企业是指符合《中小企业划型标准规定》（工信部联企业〔2011〕300号）的小型企业和微型企业。其中，资产总额和从业人员指标均以贷款发放时的实际状态确定，营业收入指标以贷款发放前12个自然月的累计数确定，不满12个自然月的，按照以下公式计算：

营业收入（年）＝企业实际存续期间营业收入÷企业实际存续月数×12

·享受方式·

纳税人享受印花税优惠政策，实行"自行判别、申报享受、相关资料留存备查"的办理方式。纳税人对留存备查资料的真实性、完整性和合法性承担法律责任。

·政策依据·

（1）《财政部 税务总局关于支持小微企业融资有关税收政策的通知》（财税〔2017〕77号）。

（2）《工业和信息化部 国家统计局 国家发展和改革委员会 财政部关于印发中小企业划型标准规定的通知》（工信部联企业〔2011〕300号）。

（3）《财政部 税务总局关于延长部分税收优惠政策执行期限的公告》（财政部 税务总局公告2021年第6号）。

（4）《财政部 税务总局关于支持小微企业融资有关税收政策的公告》（财政部 税务总局公告2023年第13号）。

（5）《财政部 税务总局关于印花税若干事项政策执行口径的公告》（财政部 税务总局公告2022年第22号）。

（6）《国家税务总局关于实施〈中华人民共和国印花税法〉等有关事项的公告》（国家税务总局公告2022年第14号）。

·政策案例·

甲企业为微型企业，2023年5月与乙银行签订了借款合同，借款10万元，期限一年，年利率4%。甲企业、乙银行是否都可以享受免征借款合同印花税优惠？

根据《财政部 税务总局关于印花税若干事项政策执行口径的公告》（财政部 税务总局公告2022年第22号）第四条第（一）项规定，对应税凭证适用印花税减免优惠的，书立该应税凭证的纳税人均可享受印花税减免政策，明确特定纳税人适用印花税减免优惠的除外。因此，甲企业、乙银行申报该笔借款合同印花税时，均可享受免征印花税优惠。

十、创业投资企业和天使投资个人有关税收政策

相关内容参见本章第二节第二项"（十五）创业投资企业和天使投资个人有关税收优惠政策"，此处不再赘述。

十一、重点群体创业税费减免政策

相关内容参见本章第二节第二项"（一）重点群体创业税费扣减政策"，此处不再赘述。

十二、退役士兵创业税费减免政策

相关内容参见本章第二节第二项"（五）自主就业退役士兵创业税费扣减政策"，此处不再赘述。

十三、吸纳重点群体就业税费减免政策

相关内容参见本章第二节第二项"（二）吸纳重点群体就业税费扣减政策"，此处不再赘述。

十四、吸纳退役士兵就业税费减免政策

相关内容参见本章第二节第二项"（六）吸纳退役士兵就业税费扣减政策"，此处不再赘述。

第六节 支持乡村振兴税费优惠政策指引

一、支持农村基础设施建设

（一）基础设施建设税收优惠

1. 国家重点扶持的公共基础设施项目企业所得税"三免三减半"

·享受主体·

从事国家重点扶持的公共基础设施项目的企业。

·优惠内容·

企业从事国家重点扶持的公共基础设施项目的投资经营的所得，自项目取得第一笔生产经营收入所属纳税年度起，第一年至第三年免征企业所得税，第四年至第六年减半征收企业所得税。

·享受条件·

（1）国家重点扶持的公共基础设施项目是指《公共基础设施项目企业所得税优惠目录》规定的港口码头、机场、铁路、公路、城市公共交通、电力、水利等项目。

（2）企业投资经营符合《公共基础设施项目企业所得税优惠目录》规定条件和标准的公共基础设施项目，采用一次核准、分批次（如码头、泊位、航站楼、跑道、路段、发电机组等）建设的，凡同时符合以下条件的，可按每一批次为单位计算所得，并享受企业所得税"三免三减半"优惠：①不同批次在空间上相互独立；②每一批次自身具备取得收入的功能；③以每一批次为单位进行会计核算，单独计算所得，并合理分摊期间费用。

·政策依据·

（1）《中华人民共和国企业所得税法》第二十七条第二项。

（2）《中华人民共和国企业所得税法实施条例》第八十七条、第八十九条。

（3）《财政部 国家税务总局 国家发展和改革委员会关于公布〈公共基础设施项目企业所得税优惠目录（2008年版）〉的通知》（财税〔2008〕116号）。

（4）《国家税务总局关于实施国家重点扶持的公共基础设施项目企业所得税优惠问题的通知》（国税发〔2009〕80号）。

（5）《财政部 国家税务总局关于公共基础设施项目和环境保护 节能节水项目企业所得税优惠政策问题的通知》（财税〔2012〕10号）。

（6）《财政部 国家税务总局关于公共基础设施项目享受企业所得税优惠政策问题的补充通知》（财税〔2014〕55号）。

2. 农村电网维护费免征增值税

·享受主体·

农村电管站以及收取农村电网维护费的其他单位。

·优惠内容·

（1）自1998年1月1日起，在收取电价时一并向用户收取的农村电网维护费免征增值税。

（2）对其他单位收取的农村电网维护费免征增值税。

·享受条件·

农村电网维护费包括低压线路损耗和维护费以及电工经费。

·政策依据·

（1）《财政部 国家税务总局关于免征农村电网维护费增值税问题的通知》（财税字〔1998〕47号）。

（2）《国家税务总局关于农村电网维护费征免增值税问题的通知》（国税函〔2009〕591号）。

（二）农田水利建设税收优惠

1. 县级及县级以下小型水力发电单位可选择按照简易办法计算缴纳增值税

·享受主体·

县级及县级以下小型水力发电单位（增值税一般纳税人）。

·优惠内容·

自 2014 年 7 月 1 日起，县级及县级以下小型水力发电单位生产的电力，可选择按照简易办法依照 3% 征收率计算缴纳增值税。

·享受条件·

小型水力发电单位是指各类投资主体建设的装机容量为 5 万千瓦以下（含 5 万千瓦）的小型水力发电单位。

·政策依据·

（1）《财政部 国家税务总局关于部分货物适用增值税低税率和简易办法征收增值税政策的通知》（财税〔2009〕9 号）第二条第（三）项、第四条。

（2）《财政部 国家税务总局关于简并增值税征收率政策的通知》（财税〔2014〕57 号）第二条、第四条。

2. 水利设施用地免征城镇土地使用税

·享受主体·

水利设施及其管护用地的城镇土地使用税纳税人。

·优惠内容·

对水利设施及其管护用地（如水库库区、大坝、堤防、灌渠、泵站等用地），免征城镇土地使用税。

·享受条件·

纳税人的土地用于水利设施及其管护用途。

·政策依据·

《国家税务局关于水利设施用地征免土地使用税问题的规定》（〔1989〕国税地字第 14 号）。

3. 农田水利设施占用耕地不征收耕地占用税

· 享受主体 ·

占用耕地建设农田水利设施的单位和个人。

· 优惠内容 ·

占用耕地建设农田水利设施的单位和个人,不缴纳耕地占用税。

· 享受条件 ·

占用耕地用于农田水利设施建设。

· 政策依据 ·

《中华人民共和国耕地占用税法》第二条第二款。

4. 国家重大水利工程建设基金免征城市维护建设税

· 享受主体 ·

收取国家重大水利工程建设基金的纳税人。

· 优惠内容 ·

自 2010 年 5 月 25 日起,对国家重大水利工程建设基金免征城市维护建设税。

· 享受条件 ·

纳税人收取国家重大水利工程建设基金。

· 政策依据 ·

(1)《财政部 国家税务总局关于免征国家重大水利工程建设基金的城市维护建设税和教育费附加的通知》(财税〔2010〕44号)。

(2)《财政部 税务总局关于继续执行的城市维护建设税优惠政策的公告》(财政部 税务总局公告2021年第27号)。

(三)农民住宅建设税收优惠

1. 农村居民占用耕地新建自用住宅减半征收耕地占用税

· 享受主体 ·

农村居民。

· 优惠内容 ·

农村居民在规定用地标准以内占用耕地新建自用住宅，按照当地适用税额减半征收耕地占用税；其中农村居民经批准搬迁，新建自用住宅占用耕地不超过原宅基地面积的部分，免征耕地占用税。

· 享受条件 ·

农村居民占用耕地新建自用住宅享受上述优惠政策，应留存农村居民建房占用土地及其他相关证明材料。

· 政策依据 ·

（1）《中华人民共和国耕地占用税法》第七条第三款。

（2）《中华人民共和国耕地占用税法实施办法》（财政部、税务总局、自然资源部、农业农村部、生态环境部公告2019年第81号发布）第十六条。

（3）《国家税务总局关于耕地占用税征收管理有关事项的公告》（国家税务总局公告2019年第30号）第九条。

2. 农村烈属等优抚对象及低保农民新建自用住宅免征耕地占用税

· 享受主体 ·

农村烈士遗属、因公牺牲军人遗属、残疾军人以及符合农村最低生活保障条件的农村居民。

· 优惠内容 ·

农村烈士遗属、因公牺牲军人遗属、残疾军人以及符合农村最低生活保障条件的农村居民，在规定用地标准以内新建自用住宅，免征耕地占用税。

· 享受条件 ·

占用耕地新建自用住宅享受上述优惠政策，应留存农村居民建房占用土地及其他相关证明材料。

· 政策依据 ·

（1）《中华人民共和国耕地占用税法》第七条第四款。

（2）《中华人民共和国耕地占用税法实施办法》（财政部、税务总局、自然资源部、农业农村部、生态环境部公告2019年第81号发布）第十六条。

（3）《国家税务总局关于耕地占用税征收管理有关事项的公告》（国家税务总局公告2019年第30号）第九条。

(四)农村饮水工程税收优惠

1. 农村饮水安全工程新建项目投资经营所得企业所得税"三免三减半"

- 享受主体 -

农村饮水安全工程运营管理单位。

- 优惠内容 -

从事《公共基础设施项目企业所得税优惠目录》规定的农村饮水安全工程新建项目投资经营的所得,自项目取得第一笔生产经营收入所属纳税年度起,第一年至第三年免征企业所得税,第四年至第六年减半征收企业所得税。

- 享受条件 -

(1)农村饮水安全工程是指为农村居民提供生活用水而建设的供水工程设施。
(2)农村饮水安全工程运营管理单位是指负责饮水工程运营管理的自来水公司、供水公司、供水(总)站(厂、中心)、村集体、农民用水合作组织等单位。

- 政策依据 -

(1)《财政部 税务总局关于继续实行农村饮水安全工程税收优惠政策的公告》(财政部 税务总局公告2019年第67号)第五条。
(2)《财政部 税务总局关于延长部分税收优惠政策执行期限的公告》(财政部 税务总局公告2021年第6号)第一条。

2. 农村饮水安全工程免征增值税

- 享受主体 -

农村饮水安全工程运营管理单位。

- 优惠内容 -

自2019年1月1日至2027年12月31日,农村饮水安全工程运营管理单位向农村居民提供生活用水取得的自来水销售收入,免征增值税。对于既向城镇居民供水,又向农村居民供水的农村饮水安全工程运营管理单位,依据向农村居民供水收入占总供水收入的比例免征增值税。

- 享受条件 -

(1)农村饮水安全工程是指为农村居民提供生活用水而建设的供水工程设施。

（2）农村饮水安全工程运营管理单位是指负责饮水工程运营管理的自来水公司、供水公司、供水（总）站（厂、中心）、村集体、农民用水合作组织等单位。

· 政策依据 ·

（1）《财政部　税务总局关于继续实行农村饮水安全工程税收优惠政策的公告》（财政部　税务总局公告 2019 年第 67 号）第四条。

（2）《财政部　税务总局关于延长部分税收优惠政策执行期限的公告》（财政部　税务总局公告 2021 年第 6 号）第一条。

（3）《财政部　税务总局关于继续实施农村饮水安全工程税收优惠政策的公告》（财政部　税务总局公告 2023 年第 58 号）。

3. 农村饮水安全工程运营管理单位自用房产免征房产税

· 享受主体 ·

农村饮水安全工程运营管理单位。

· 优惠内容 ·

自 2019 年 1 月 1 日至 2027 年 12 月 31 日，农村饮水安全工程运营管理单位自用的生产、办公用房产，免征房产税。对于既向城镇居民供水，又向农村居民供水的农村饮水安全工程运营管理单位，依据向农村居民供水量占总供水量的比例免征房产税。

· 享受条件 ·

（1）农村饮水安全工程是指为农村居民提供生活用水而建设的供水工程设施。

（2）农村饮水安全工程运营管理单位是指负责饮水工程运营管理的自来水公司、供水公司、供水（总）站（厂、中心）、村集体、农民用水合作组织等单位。

· 政策依据 ·

（1）《财政部　税务总局关于继续实行农村饮水安全工程税收优惠政策的公告》（财政部　税务总局公告 2019 年第 67 号）第三条。

（2）《财政部　税务总局关于延长部分税收优惠政策执行期限的公告》（财政部　税务总局公告 2021 年第 6 号）第一条。

（3）《财政部　税务总局关于继续实施农村饮水安全工程税收优惠政策的公告》（财政部　税务总局公告 2023 年第 58 号）。

4. 农村饮水安全工程运营管理单位自用土地免征城镇土地使用税

·享受主体·

农村饮水安全工程运营管理单位。

·优惠内容·

自 2019 年 1 月 1 日至 2027 年 12 月 31 日，农村饮水安全工程运营管理单位自用的生产、办公用土地，免征城镇土地使用税。对于既向城镇居民供水，又向农村居民供水的饮水工程运营管理单位，依据向农村居民供水量占总供水量的比例免征城镇土地使用税。

·享受条件·

（1）农村饮水安全工程是指为农村居民提供生活用水而建设的供水工程设施。

（2）农村饮水安全工程运营管理单位是指负责饮水工程运营管理的自来水公司、供水公司、供水（总）站（厂、中心）、村集体、农民用水合作组织等单位。

·政策依据·

（1）《财政部　税务总局关于继续实行农村饮水安全工程税收优惠政策的公告》（财政部　税务总局公告 2019 年第 67 号）第三条。

（2）《财政部　税务总局关于延长部分税收优惠政策执行期限的公告》（财政部　税务总局公告 2021 年第 6 号）第一条。

（3）《财政部　税务总局关于继续实施农村饮水安全工程税收优惠政策的公告》（财政部　税务总局公告 2023 年第 58 号）。

5. 建设农村饮水安全工程承受土地使用权免征契税

·享受主体·

农村饮水安全工程运营管理单位。

·优惠内容·

自 2019 年 1 月 1 日至 2027 年 12 月 31 日，农村饮水安全工程运营管理单位为建设饮水工程而承受土地使用权，免征契税。对于既向城镇居民供水，又向农村居民供水的农村饮水安全工程运营管理单位，依据向农村居民供水量占总供水量的比例免征契税。

·享受条件·

（1）农村饮水安全工程是指为农村居民提供生活用水而建设的供水工程设施。

（2）农村饮水安全工程运营管理单位是指负责饮水工程运营管理的自来水公司、供水公司、供水（总）站（厂、中心）、村集体、农民用水合作组织等单位。

- 政策依据 -

（1）《财政部 税务总局关于继续实行农村饮水安全工程税收优惠政策的公告》（财政部 税务总局公告 2019 年第 67 号）第一条。

（2）《财政部 税务总局关于延长部分税收优惠政策执行期限的公告》（财政部 税务总局公告 2021 年第 6 号）第一条。

（3）《财政部 税务总局关于契税法实施后有关优惠政策衔接问题的公告》（财政部 税务总局公告 2021 年第 29 号）第四条。

（4）《财政部 税务总局关于继续实施农村饮水安全工程税收优惠政策的公告》（财政部 税务总局公告 2023 年第 58 号）。

6.农村饮水安全工程免征印花税

- 享受主体 -

农村饮水安全工程运营管理单位。

- 优惠内容 -

自 2019 年 1 月 1 日至 2027 年 12 月 31 日，农村饮水安全工程运营管理单位为建设饮水工程取得土地使用权而签订的产权转移书据，以及与施工单位签订的建设工程承包合同，免征印花税。对于既向城镇居民供水，又向农村居民供水的农村饮水安全工程运营管理单位，依据向农村居民供水量占总供水量的比例免征印花税。

- 享受条件 -

（1）农村饮水安全工程是指为农村居民提供生活用水而建设的供水工程设施。

（2）农村饮水安全工程运营管理单位是指负责饮水工程运营管理的自来水公司、供水公司、供水（总）站（厂、中心）、村集体、农民用水合作组织等单位。

- 政策依据 -

（1）《财政部 税务总局关于继续实行农村饮水安全工程税收优惠政策的公告》（财政部 税务总局公告 2019 年第 67 号）第二条。

（2）《财政部 税务总局关于延长部分税收优惠政策执行期限的公告》（财政部 税务总局公告 2021 年第 6 号）第一条。

（3）《财政部 税务总局关于继续实施农村饮水安全工程税收优惠政策的公告》（财政部 税务总局公告 2023 年第 58 号）。

二、推动乡村特色产业发展

（一）优化土地资源配置税收优惠

1. 转让土地使用权给农业生产者用于农业生产免征增值税

• 享受主体 •

转让土地使用权的纳税人。

• 优惠内容 •

将土地使用权转让给农业生产者用于农业生产，免征增值税。

• 享受条件 •

（1）土地使用权转让给农业生产者。
（2）农业生产者取得土地使用权后用于农业生产。

• 政策依据 •

《财政部 国家税务总局关于全面推开营业税改征增值税试点的通知》（财税〔2016〕36号）附件3《营业税改征增值税试点过渡政策的规定》第一条第（三十五）项。

2. 承包地流转给农业生产者用于农业生产免征增值税

• 享受主体 •

采取转包、出租、互换、转让、入股等方式流转承包地的纳税人。

• 优惠内容 •

纳税人采取转包、出租、互换、转让、入股等方式将承包地流转给农业生产者用于农业生产，免征增值税。

• 享受条件 •

（1）采取转包、出租、互换、转让、入股等方式将承包地流转给农业生产者。
（2）农业生产者将土地用于农业生产。

• 政策依据 •

《财政部 税务总局关于建筑服务等营改增试点政策的通知》（财税〔2017〕58号）第四条。

第十三章 主要税收优惠政策指引

3. 出租国有农用地给农业生产者用于农业生产免征增值税

·享受主体·

出租国有农用地的纳税人。

·优惠内容·

纳税人将国有农用地出租给农业生产者用于农业生产,免征增值税。

·享受条件·

(1)出租的土地为国有农用土地。
(2)农业生产者将土地用于农业生产。

·政策依据·

《财政部 税务总局关于明确国有农用地出租等增值税政策的公告》(财政部 税务总局公告2020年第2号)第一条。

4. 直接用于农、林、牧、渔业生产用地免征城镇土地使用税

·享受主体·

从事农业生产的纳税人。

·优惠内容·

直接用于农、林、牧、渔业的生产用地免征城镇土地使用税。

·享受条件·

直接用于农、林、牧、渔业的生产用地是指直接从事于种植、养殖、饲养的专业用地,不包括农副产品加工场地和生活、办公用地。

·政策依据·

(1)《中华人民共和国城镇土地使用税暂行条例》第六条第五项。
(2)《国家税务局关于检发〈关于土地使用税若干具体问题的解释和暂行规定〉的通知》(国税地字〔1988〕15号)第十一条。

5. 农村集体经济组织股份合作制改革免征契税

·享受主体·

农村集体经济组织。

·优惠内容·

自 2017 年 1 月 1 日起，对进行股份合作制改革后的农村集体经济组织承受原集体经济组织的土地、房屋权属，免征契税。

·享受条件·

经股份合作制改革后，承受原集体经济组织的土地、房屋权属。

·政策依据·

（1）《财政部 税务总局关于支持农村集体产权制度改革有关税收政策的通知》（财税〔2017〕55 号）第一条。

（2）《财政部 税务总局关于契税法实施后有关优惠政策衔接问题的公告》（财政部 税务总局公告 2021 年第 29 号）第四条。

6. 农村集体经济组织清产核资免征契税

·享受主体·

农村集体经济组织以及代行集体经济组织职能的村民委员会、村民小组。

·优惠内容·

自 2017 年 1 月 1 日起，对农村集体经济组织以及代行集体经济组织职能的村民委员会、村民小组进行清产核资收回集体资产而承受土地、房屋权属，免征契税。

·享受条件·

进行清产核资收回集体资产而承受土地、房屋权属。

·政策依据·

（1）《财政部 税务总局关于支持农村集体产权制度改革有关税收政策的通知》（财税〔2017〕55 号）第二条。

（2）《财政部 税务总局关于契税法实施后有关优惠政策衔接问题的公告》（财政部 税务总局公告 2021 年第 29 号）第四条。

7. 收回集体资产签订产权转移书据免征印花税

·享受主体·

农村集体经济组织以及代行集体经济组织职能的村民委员会、村民小组。

· 优惠内容 ·

自 2017 年 1 月 1 日起，对因农村集体经济组织以及代行集体经济组织职能的村民委员会、村民小组进行清产核资收回集体资产而签订的产权转移书据，免征印花税。

· 享受条件 ·

因进行清产核资收回集体资产而签订的产权转移书据。

· 政策依据 ·

《财政部 税务总局关于支持农村集体产权制度改革有关税收政策的通知》（财税〔2017〕55 号）第二条。

8. 农村土地、房屋确权登记不征收契税

· 享受主体 ·

集体土地所有权人，宅基地和集体建设用地使用权人及宅基地、集体建设用地的地上房屋所有权人。

· 优惠内容 ·

对农村集体土地所有权、宅基地和集体建设用地使用权及地上房屋确权登记，不征收契税。

· 享受条件 ·

对农村集体土地所有权、宅基地和集体建设用地使用权及地上房屋确权登记。

· 政策依据 ·

（1）《财政部 税务总局关于支持农村集体产权制度改革有关税收政策的通知》（财税〔2017〕55 号）第三条。
（2）《财政部 税务总局关于契税法实施后有关优惠政策衔接问题的公告》（财政部 税务总局公告 2021 年第 29 号）第四条。

（二）促进农业生产税收优惠

1. 农业生产者销售的自产农产品免征增值税

· 享受主体 ·

农业生产者。

· 优惠内容 ·

农业生产者销售的自产农产品免征增值税。

· 享受条件 ·

（1）从事种植业、养殖业、林业、牧业、水产业的单位和个人生产的初级农产品免征增值税。

（2）农产品应当是列入《农业产品征税范围注释》（财税字〔1995〕52号）的初级农业产品。

· 政策依据 ·

（1）《中华人民共和国增值税暂行条例》第十五条第一项。

（2）《中华人民共和国增值税暂行条例实施细则》第三十五条第一项。

（3）《财政部 国家税务总局关于印发〈农业产品征税范围注释〉的通知》（财税字〔1995〕52号）。

2. 进口种子种源免征进口环节增值税

· 享受主体 ·

进口种子种源的增值税纳税人。

· 优惠内容 ·

自2021年1月1日至2025年12月31日，对符合《进口种子种源免征增值税商品清单》的进口种子种源免征进口环节增值税。

· 享受条件 ·

（1）纳税人进口《进口种子种源免征增值税商品清单》内的种子种源范围。《进口种子种源免征增值税商品清单》由农业农村部会同财政部、海关总署、税务总局、林草局另行制定印发，并根据农林业发展情况动态调整。

（2）第一批印发的《进口种子种源免征增值税商品清单》自2021年1月1日起实施，至该清单印发之日后30日内已征应免税款，准予退还。以后批次印发的清单，自印发之日后第20日起实施。

· 政策依据 ·

《财政部 海关总署 税务总局关于"十四五"期间种子种源进口税收政策的通知》（财关税〔2021〕29号）。

第十三章 主要税收优惠政策指引

3. 进口玉米糠、稻米糠等饲料免征增值税

·享受主体·

进口饲料的纳税人。

·优惠内容·

经国务院批准,对《进口饲料免征增值税范围》所列进口饲料范围免征进口环节增值税。

·享受条件·

纳税人进口《进口饲料免征增值税范围》内的饲料。

·政策依据·

《财政部 国家税务总局关于免征饲料进口环节增值税的通知》(财税〔2001〕82号)。

4. 单一大宗饲料等在国内流通环节免征增值税

·享受主体·

从事饲料生产销售的纳税人。

·优惠内容·

饲料生产企业生产销售单一大宗饲料、混合饲料、配合饲料、复合预混料、浓缩饲料,免征增值税。

·享受条件·

(1)单一大宗饲料是指以一种动物、植物、微生物或矿物质为来源的产品或其副产品。其范围仅限于糠麸、酒糟、鱼粉、草饲料、饲料级磷酸氢钙及除豆粕以外的菜籽粕、棉籽粕、向日葵粕、花生粕等粕类产品。

(2)混合饲料是指由两种以上单一大宗饲料、粮食、粮食副产品及饲料添加剂按照一定比例配置,其中单一大宗饲料、粮食及粮食副产品的掺兑比例不低于95%的饲料。

(3)配合饲料是指根据不同的饲养对象,饲养对象的不同生长发育阶段的营养需要,将多种饲料原料按饲料配方经工业生产后,形成的能满足饲养动物全部营养需要(除水分外)的饲料。

(4)复合预混料是指能够按照国家有关饲料产品的标准要求量,全面提供动物饲养相应阶段所需微量元素(4种或以上)、维生素(8种或以上),由微量元素、维生

素、氨基酸和非营养性添加剂中任何两类或两类以上的组分与载体或稀释剂按一定比例配置的均匀混合物。

（5）浓缩饲料是指由蛋白质、复合预混料及矿物质等按一定比例配制的均匀混合物。

• 政策依据 •

（1）《财政部　国家税务总局关于饲料产品免征增值税问题的通知》（财税〔2001〕121号）第一条。

（2）《国家税务总局关于修订"饲料"注释及加强饲料征免增值税管理问题的通知》（国税发〔1999〕39号）。

5. 生产销售有机肥免征增值税

• 享受主体 •

从事生产销售和批发、零售有机肥产品的纳税人。

• 优惠内容 •

自2008年6月1日起，纳税人生产销售和批发、零售有机肥产品免征增值税。

• 享受条件 •

（1）享受上述免税政策的有机肥产品是指有机肥料、有机——无机复混肥料和生物有机肥。

（2）有机肥料是指来源于植物和（或）动物，施于土壤以提供植物营养为主要功能的含碳物料。

（3）有机——无机复混肥料是指由有机和无机肥料混合和（或）化合制成的含有一定量有机肥料的复混肥料。

（4）生物有机肥是指特定功能微生物与主要以动植物残体（如禽畜粪便、农作物秸秆等）为来源并经无害化处理、腐熟的有机物料复合而成的一类兼具微生物肥料和有机肥效应的肥料。

• 政策依据 •

（1）《财政部　国家税务总局关于有机肥产品免征增值税的通知》（财税〔2008〕56号）。

（2）《国家税务总局关于公布取消一批税务证明事项以及废止和修改部分规章规范性文件的决定》（国家税务总局令第48号）。

6. 滴灌产品免征增值税

· 享受主体 ·

生产销售和批发、零售滴灌带和滴灌管的纳税人。

· 优惠内容 ·

自 2007 年 7 月 1 日起，纳税人生产销售和批发、零售滴灌带和滴灌管产品免征增值税。

· 享受条件 ·

滴灌带和滴灌管产品是指农业节水滴灌系统专用的、具有制造过程中加工的孔口或其他出流装置、能够以滴状或连续流状出水的水带和水管产品。滴灌带和滴灌管产品按照国家有关质量技术标准要求进行生产，并与 PVC 管（主管）、PE 管（辅管）、承插管件、过滤器等部件组成滴灌系统。

· 政策依据 ·

（1）《财政部　国家税务总局关于免征滴灌带和滴灌管产品增值税的通知》（财税〔2007〕83 号）第一条、第四条。

（2）《国家税务总局关于公布取消一批税务证明事项以及废止和修改部分规章规范性文件的决定》（国家税务总局令第 48 号）。

7. 生产销售农膜免征增值税

· 享受主体 ·

从事生产销售农膜的纳税人。

· 优惠内容 ·

对农膜产品，免征增值税。

· 享受条件 ·

（1）纳税人从事农膜生产销售、批发零售。
（2）农膜是指用于农业生产的各种地膜、大棚膜。

· 政策依据 ·

（1）《财政部　国家税务总局关于农业生产资料征免增值税政策的通知》（财税〔2001〕113 号）第一条。

（2）《国家税务总局关于印发〈增值税部分货物征税范围注释〉的通知》（国税发〔1993〕151号）第十五条。

8. 批发零售种子、种苗、农药、农机免征增值税

· 享受主体 ·

从事种子、种苗、农药、农机批发零售的纳税人。

· 优惠内容 ·

批发、零售的种子、种苗、农药、农机，免征增值税。

· 享受条件 ·

（1）纳税人批发、零售种子、种苗、农药、农机。
（2）农药是指用于农林业防治病虫害、除草及调节植物生长的药剂。
（3）农机是指用于农业生产（包括林业、牧业、副业、渔业）的各种机器和机械化和半机械化农具，以及小农具。

· 政策依据 ·

（1）《财政部 国家税务总局关于农业生产资料征免增值税政策的通知》（财税〔2001〕113号）第一条。
（2）《国家税务总局关于印发〈增值税部分货物征税范围注释〉的通知》（国税发〔1993〕151号）第十四条、第十六条。

9. 纳税人购进农业生产者销售自产的免税农业产品可以抵扣进项税额

· 享受主体 ·

购进农产品的增值税一般纳税人。

· 优惠内容 ·

（1）2019年4月1日起，纳税人购进农产品允许按照农产品收购发票或者销售发票上注明的农产品买价和9%的扣除率抵扣进项税额；其中，购进用于生产或委托加工13%税率货物的农产品，按照农产品收购发票或者销售发票上注明的农产品买价和10%的扣除率抵扣进项税额。
（2）纳税人购进农产品进项税额已实行核定扣除的，按核定扣除的相关规定执行。

· 享受条件 ·

纳税人购进的是农业生产者销售的自产农产品。

第十三章 主要税收优惠政策指引

政策依据

（1）《中华人民共和国增值税暂行条例》第八条第二款第三项。

（2）《财政部 税务总局关于简并增值税税率有关政策的通知》（财税〔2017〕37号）第二条。

（3）《财政部 税务总局关于调整增值税税率的通知》（财税〔2018〕32号）第二条、第三条。

（4）《财政部 税务总局 海关总署关于深化增值税改革有关政策的公告》（财政部 税务总局 海关总署公告2019年第39号）第二条。

10. 农产品增值税进项税额核定扣除

享受主体

纳入农产品增值税进项税额核定扣除试点行业的增值税一般纳税人。

优惠内容

（1）自2012年7月1日起，以购进农产品为原料生产销售液体乳及乳制品、酒及酒精、植物油的增值税一般纳税人，纳入农产品增值税进项税额核定扣除试点范围，其购进农产品无论是否用于生产上述产品，增值税进项税额均按照《财政部 国家税务总局关于在部分行业试行农产品增值税进项税额核定扣除办法的通知》（财税〔2012〕38号）附件1《农产品增值税进项税额核定扣除试点实施办法》的规定抵扣。

（2）自2013年9月1日起，各省、自治区、直辖市、计划单列市税务部门可商同级财政部门，根据《财政部 国家税务总局关于在部分行业试行农产品增值税进项税额核定扣除办法的通知》（财税〔2012〕38号）附件1《农产品增值税进项税额核定扣除试点实施办法》的规定，结合本省（自治区、直辖市、计划单列市）特点，选择部分行业开展核定扣除试点。

（3）试点纳税人可以采用投入产出法、成本法、参照法等方法计算增值税进项税额。

享受条件

（1）农产品应当是列入《财政部 国家税务总局关于印发〈农业产品征税范围注释〉的通知》（财税字〔1995〕52号）附件《农业产品征税范围注释》的初级农业产品。

（2）以农产品为原料生产货物的试点纳税人应于当年1月15日前（2012年为7月15日前）或者投产之日起30日内，向主管税务机关提出扣除标准核定申请并提供有关资料。

（3）试点纳税人购进农产品直接销售、购进农产品用于生产经营且不构成货物实体扣除标准的核定采取备案制，抵扣农产品增值税进项税额的试点纳税人应在申报缴纳税款时向主管税务机关备案。

·政策依据·

（1）《财政部　国家税务总局关于在部分行业试行农产品增值税进项税额核定扣除办法的通知》（财税〔2012〕38号）。

（2）《财政部　国家税务总局关于扩大农产品增值税进项税额核定扣除试点行业范围的通知》（财税〔2013〕57号）。

（3）《财政部　税务总局关于简并增值税税率有关政策的通知》（财税〔2017〕37号）第二条。

（4）《财政部　税务总局关于调整增值税税率的通知》（财税〔2018〕32号）第二条、第三条。

（5）《财政部　税务总局　海关总署关于深化增值税改革有关政策的公告》（财政部　税务总局　海关总署公告2019年第39号）第二条。

11. 从事农、林、牧、渔业项目减免企业所得税

·享受主体·

从事农、林、牧、渔业项目的纳税人。

·优惠内容·

（1）免征企业所得税项目：①从事蔬菜、谷物、薯类、油料、豆类、棉花、麻类、糖料、水果、坚果的种植；②农作物新品种的选育；③中药材的种植；④林木的培育和种植；⑤牲畜、家禽的饲养；⑥林产品的采集；⑦灌溉、农产品初加工、兽医、农技推广、农机作业和维修等农、林、牧、渔服务业项目；⑧远洋捕捞。

（2）减半征收企业所得税项目：①花卉、茶以及其他饮料作物和香料作物的种植；②海水养殖、内陆养殖。

企业从事国家限制和禁止发展的项目，不得享受上述企业所得税优惠政策。

·享受条件·

（1）享受税收优惠的农、林、牧、渔业项目，除另有规定外，参照《国民经济行业分类》（GB/T4754—2002）的规定标准执行。

（2）企业从事农、林、牧、渔业项目，凡属于国家发展改革委发布的《产业结构调整指导目录》中限制和淘汰类的项目，不得享受《企业所得税法实施条例》第八十六条规定的优惠政策。

（3）企业同时从事适用不同企业所得税待遇的项目的，其优惠项目应当单独计算所得，并合理分摊企业的期间费用；没有单独计算的，不得享受企业所得税优惠。

·政策依据·

（1）《中华人民共和国企业所得税法》第二十七条第一项。

（2）《中华人民共和国企业所得税法实施条例》第八十六条第一项、第二项以及第一百零二条。

（3）《财政部 国家税务总局关于发布〈享受企业所得税优惠政策的农产品初加工范围（试行）〉的通知》（财税〔2008〕149号）。

（4）《财政部 国家税务总局关于享受企业所得税优惠的农产品初加工有关范围的补充通知》（财税〔2011〕26号）。

（5）《国家税务总局关于实施农 林 牧 渔业项目企业所得税优惠问题的公告》（国家税务总局公告2011年第48号）。

12. 从事"四业"的个人暂不征收个人所得税

·享受主体·

从事"四业"的个人或者个体户。

·优惠内容·

对个人、个体户从事种植业、养殖业、饲养业和捕捞业，且经营项目属于农业税（包括农业特产税）、牧业税征税范围的，取得的"四业"所得，暂不征收个人所得税。

·享受条件·

符合条件的从事"四业"的个人或个体户，取得的"四业"所得。

·政策依据·

《财政部 国家税务总局关于农村税费改革试点地区有关个人所得税问题的通知》（财税〔2004〕30号）。

13. 农业服务免征增值税

·享受主体·

提供农业机耕等农业服务的增值税纳税人。

·优惠内容·

纳税人提供农业机耕、排灌、病虫害防治、植物保护、农牧保险以及相关技术培训业务，家禽、牲畜、水生动物的配种和疾病防治，免征增值税。

·享受条件·

（1）农业机耕是指在农业、林业、牧业中使用农业机械进行耕作（包括耕耘、种植、收割、脱粒、植物保护等）的业务。

（2）排灌是指对农田进行灌溉或者排涝的业务。

（3）病虫害防治是指从事农业、林业、牧业、渔业的病虫害测报和防治的业务。

（4）农牧保险是指为种植业、养殖业、牧业种植和饲养的动植物提供保险的业务。

（5）相关技术培训是指与农业机耕、排灌、病虫害防治、植物保护业务相关以及为使农民获得农牧保险知识的技术培训业务。

（6）家禽、牲畜、水生动物的配种和疾病防治业务的免税范围，包括与该项服务有关的提供药品和医疗用具的业务。

·政策依据·

《财政部 国家税务总局关于全面推开营业税改征增值税试点的通知》（财税〔2016〕36号）附件3《营业税改征增值税试点过渡政策的规定》第一条第（十）项。

14. 捕捞、养殖渔船免征车船税

·享受主体·

渔船的所有人或管理人。

·优惠内容·

捕捞、养殖渔船免征车船税。

·享受条件·

捕捞、养殖渔船是指在渔业船舶登记管理部门登记为捕捞船或者养殖船的船舶。

·政策依据·

（1）《中华人民共和国车船税法》第三条第一项。

（2）《中华人民共和国车船税法实施条例》第七条。

15. 农村居民拥有使用的三轮汽车等定期减免车船税

·享受主体·

摩托车、三轮汽车和低速载货汽车的所有人或管理人。

·优惠内容·

省、自治区、直辖市人民政府根据当地实际情况，可以对公共交通车船，农村居民拥有并主要在农村地区使用的摩托车、三轮汽车和低速载货汽车定期减征或者免征车船税。

> ·享受条件·

（1）摩托车、三轮汽车和低速载货汽车，由农村居民拥有并主要在农村地区使用。
（2）三轮汽车是指最高设计车速不超过每小时50公里，具有三个车轮的货车。
（3）低速载货汽车是指以柴油机为动力，最高设计车速不超过每小时70公里，具有四个车轮的货车。

> ·政策依据·

（1）《中华人民共和国车船税法》第五条。
（2）《中华人民共和国车船税法实施条例》第二十六条。

（三）支持新型农业经营主体发展税收优惠

1. "公司＋农户"经营模式销售畜禽免征增值税

> ·享受主体·

"公司＋农户"经营模式下，从事畜禽回收再销售的纳税人。

> ·优惠内容·

采取"公司＋农户"经营模式从事畜禽饲养，纳税人回收再销售畜禽，属于农业生产者销售自产农产品，免征增值税。

> ·享受条件·

（1）纳税人采取"公司＋农户"经营模式从事畜禽饲养。
（2）畜禽应当是列入《财政部 国家税务总局关于印发〈农业产品征税范围注释〉的通知》（财税字〔1995〕52号）附件《农业产品征税范围注释》的农业产品。

> ·政策依据·

（1）《中华人民共和国增值税暂行条例》第十五条第一项。
（2）《中华人民共和国增值税暂行条例实施细则》第三十五条第一项。
（3）《财政部 国家税务总局关于印发〈农业产品征税范围注释〉的通知》（财税字〔1995〕52号）。
（4）《国家税务总局关于纳税人采取"公司＋农户"经营模式销售畜禽有关增值税问题的公告》（国家税务总局公告2013年第8号）。

2. "公司＋农户"经营模式从事农、林、牧、渔业生产减免企业所得税

· 享受主体 ·

采用"公司＋农户"经营模式从事农、林、牧、渔业项目生产的企业。

· 优惠内容 ·

（1）以"公司＋农户"经营模式从事农、林、牧、渔业项目生产的企业，可以享受减免企业所得税优惠政策。

（2）免征企业所得税项目：①从事蔬菜、谷物、薯类、油料、豆类、棉花、麻类、糖料、水果、坚果的种植；②农作物新品种的选育；③中药材的种植；④林木的培育和种植；⑤牲畜、家禽的饲养；⑥林产品的采集；⑦灌溉、农产品初加工、兽医、农技推广、农机作业和维修等农、林、牧、渔服务业项目；⑧远洋捕捞。

（3）减半征收企业所得税项目：①花卉、茶以及其他饮料作物和香料作物的种植；②海水养殖、内陆养殖。

· 享受条件 ·

自 2010 年 1 月 1 日起，采取"公司＋农户"经营模式从事牲畜、家禽的饲养，即公司与农户签订委托养殖合同，向农户提供畜禽苗、饲料、兽药及疫苗等（所有权〈产权〉仍属于公司），农户将畜禽养大成为成品后交付公司回收。

· 政策依据 ·

（1）《中华人民共和国企业所得税法》第二十七条。

（2）《中华人民共和国企业所得税法实施条例》第八十六条第一项、第二项以及第一百零二条。

（3）《财政部　国家税务总局关于发布〈享受企业所得税优惠政策的农产品初加工范围（试行）〉的通知》（财税〔2008〕149 号）。

（4）《财政部　国家税务总局关于享受企业所得税优惠的农产品初加工有关范围的补充通知》（财税〔2011〕26 号）。

（5）《国家税务总局关于"公司＋农户"经营模式企业所得税优惠问题的公告》（国家税务总局公告 2010 年第 2 号）。

（6）《国家税务总局关于实施农　林　牧　渔业项目企业所得税优惠问题的公告》（国家税务总局公告 2011 年第 48 号）。

3. 农民专业合作社销售本社成员生产的农产品免征增值税

· 享受主体 ·

农民专业合作社。

· 优惠内容 ·

农民专业合作社销售本社成员生产的农产品,视同农业生产者销售自产农产品免征增值税。

· 享受条件 ·

(1)农产品应当是列入《财政部 国家税务总局关于印发〈农业产品征税范围注释〉的通知》(财税字〔1995〕52号)附件《农业产品征税范围注释》的初级农业产品。

(2)农民专业合作社是指依照《中华人民共和国农民专业合作社法》规定设立和登记的农民专业合作社。

· 政策依据 ·

(1)《财政部 国家税务总局关于农民专业合作社有关税收政策的通知》(财税〔2008〕81号)。

(2)《财政部 国家税务总局关于印发〈农业产品征税范围注释〉的通知》(财税字〔1995〕52号)。

4.农民专业合作社向本社成员销售部分农用物资免征增值税

· 享受主体 ·

农民专业合作社。

· 优惠内容 ·

农民专业合作社向本社成员销售的农膜、种子、种苗、农药、农机,免征增值税。

· 享受条件 ·

(1)纳税人为农民专业合作社。
(2)农用物资销售给本社成员。
(3)农民专业合作社是指依照《中华人民共和国农民专业合作社法》(以下简称《农民专业合作社法》)规定设立和登记的农民专业合作社。

· 政策依据 ·

《财政部 国家税务总局关于农民专业合作社有关税收政策的通知》(财税〔2008〕81号)。

5. 购进农民专业合作社销售的免税农产品可以抵扣进项税额

· 享受主体 ·

增值税一般纳税人。

· 优惠内容 ·

2019年4月1日起，纳税人购进农产品允许按照农产品收购发票或者销售发票上注明的农产品买价和9%的扣除率计算抵扣进项税额；其中，购进用于生产或委托加工13%税率货物的农产品，按照农产品收购发票或者销售发票上注明的农产品买价和10%的扣除率计算抵扣进项税额。

· 享受条件 ·

（1）纳税人为增值税一般纳税人。
（2）从农民专业合作社购进免税农产品。
（3）农产品应当是列入《财政部 国家税务总局关于印发〈农业产品征税范围注释〉的通知》（财税字〔1995〕52号）附件《农业产品征税范围注释》的农业产品。
（4）农民专业合作社是指依照《农民专业合作社法》规定设立和登记的农民专业合作社。

· 政策依据 ·

（1）《财政部 国家税务总局关于印发〈农业产品征税范围注释〉的通知》（财税字〔1995〕52号）。
（2）《财政部 国家税务总局关于农民专业合作社有关税收政策的通知》（财税〔2008〕81号）。
（3）《财政部 税务总局关于调整增值税税率的通知》（财税〔2018〕32号）第二条、第三条。
（4）《财政部 税务总局 海关总署关于深化增值税改革有关政策的公告》（财政部 税务总局 海关总署公告2019年第39号）第二条。

6. 农民专业合作社与本社成员签订的涉农购销合同免征印花税

· 享受主体 ·

农民专业合作社及其社员。

· 优惠内容 ·

农民专业合作社与本社成员签订的农业产品和农业生产资料购销合同免征印花税。

第十三章 主要税收优惠政策指引

- 享受条件 -

（1）购销合同签订双方为农民专业合作社与本社成员。
（2）合同标的为农业产品和农业生产资料。
（3）农民专业合作社是指依照《农民专业合作社法》规定设立和登记的农民专业合作社。

- 政策依据 -

《财政部 国家税务总局关于农民专业合作社有关税收政策的通知》（财税〔2008〕81号）。

（四）促进农产品流通税收优惠

1. 蔬菜流通环节免征增值税

- 享受主体 -

从事蔬菜批发、零售的纳税人。

- 优惠内容 -

从事蔬菜批发、零售的纳税人销售的蔬菜免征增值税。

- 享受条件 -

蔬菜是指可作副食的草本、木本植物，包括各种蔬菜、菌类植物和少数可作副食的木本植物及经挑选、清洗、切分、晾晒、包装、脱水、冷藏、冷冻等工序加工的蔬菜。蔬菜的主要品种参照《蔬菜主要品种目录》执行。

- 政策依据 -

《财政部 国家税务总局关于免征蔬菜流通环节增值税有关问题的通知》（财税〔2011〕137号）。

2. 部分鲜活肉蛋产品流通环节免征增值税

- 享受主体 -

从事部分鲜活肉蛋产品农产品批发、零售的纳税人。

- 优惠内容 -

对从事农产品批发、零售的纳税人销售的部分鲜活肉蛋产品免征增值税。

·享受条件·

免征增值税的鲜活肉产品是指猪、牛、羊、鸡、鸭、鹅及其整块或者分割的鲜肉、冷藏或者冷冻肉，内脏、头、尾、骨、蹄、翅、爪等组织。免征增值税的鲜活蛋产品是指鸡蛋、鸭蛋、鹅蛋，包括鲜蛋、冷藏蛋以及对其进行破壳分离的蛋液、蛋黄和蛋壳。

·政策依据·

《财政部 国家税务总局关于免征部分鲜活肉蛋产品流通环节增值税政策的通知》（财税〔2012〕75号）。

3. 农产品批发市场、农贸市场免征房产税

相关内容参见本章第二节第二项"（十）农产品批发市场、农贸市场免征房产税、城镇土地使用税政策"，此处不再赘述。

4. 农产品批发市场、农贸市场免征城镇土地使用税

相关内容参见本章第二节第二项"（十）农产品批发市场、农贸市场免征房产税、城镇土地使用税政策"，此处不再赘述。

5. 国家指定收购部门订立农副产品收购合同免征印花税

·享受主体·

国家指定的收购部门与村民委员会、农民个人。

·优惠内容·

国家指定的收购部门与村民委员会、农民个人书立的农副产品收购合同，免纳印花税。

·享受条件·

订立收购合同的双方应为国家指定的收购部门与村民委员会或农民个人。

·政策依据·

（1）《中华人民共和国印花税法》第四条。
（2）《中华人民共和国印花税暂行条例施行细则》第十三条。
注：2022年7月1日《中华人民共和国印花税法》实施后，该项优惠政策终止。

第十三章 主要税收优惠政策指引

（五）促进农业资源综合利用税收优惠

1. 以部分农林剩余物为原料生产燃料燃气电力热力及生物油实行增值税即征即退100%

·享受主体·

以部分农林剩余物等为原料生产生物质压块、生物质破碎料、生物天然气、热解燃气、沼气、生物油、电力、热力的纳税人。

·优惠内容·

自2022年3月1日起，对销售自产的以厨余垃圾、畜禽粪污、稻壳、花生壳、玉米芯、油茶壳、棉籽壳、三剩物、次小薪材、农作物秸秆、蔗渣，以及利用上述资源发酵产生的沼气为原料，生产的生物质压块、生物质破碎料、生物天然气、热解燃气、沼气、生物油、电力、热力，实行增值税即征即退100%的政策。

·享受条件·

（1）纳税人在境内收购的再生资源，应按规定从销售方取得增值税发票；适用免税政策的，应按规定从销售方取得增值税普通发票。销售方为依法依规无法申领发票的单位或者从事小额零星经营业务的自然人，应取得销售方开具的收款凭证及收购方内部凭证，或者税务机关代开的发票。本款所称小额零星经营业务是指自然人从事应税项目经营业务的销售额不超过增值税按次起征点的业务。纳税人从境外收购的再生资源，应按规定取得海关进口增值税专用缴款书，或者从销售方取得具有发票性质的收款凭证、相关税费缴纳凭证。纳税人应当取得上述发票或凭证而未取得的，该部分再生资源对应产品的销售收入不得适用上述即征即退规定。

$$\text{不得适用即征即退规定的销售收入} = \text{当期销售综合利用产品和劳务的销售收入} \times \frac{\text{纳税人应当取得发票或凭证而未取得的购入再生资源成本}}{\text{当期购进再生资源的全部成本}}$$

纳税人应当在当期销售综合利用产品和劳务销售收入中剔除不得适用即征即退政策部分的销售收入后，计算可申请的即征即退税额：

$$\text{可申请退税额} = \left[\left(\text{当期销售综合利用产品和劳务的销售收入} - \text{不得适用即征即退规定的销售收入} \right) \times \text{适用税率} - \text{当期即征即退项目的进项税额} \right] \times \text{对应的退税比例}$$

各级税务机关要加强发票开具相关管理工作，纳税人应按规定及时开具、取得发票。

（2）纳税人应建立再生资源收购台账，留存备查。台账内容包括：再生资源供货方单位名称或个人姓名及身份证号、再生资源名称、数量、价格、结算方式、是否取得增值税发票或符合规定的凭证等。纳税人现有账册、系统能够包括上述内容的，无需单独建立台账。

（3）销售综合利用产品和劳务，不属于发展改革委《产业结构调整指导目录》中的淘汰类、限制类项目。

（4）销售综合利用产品和劳务，不属于生态环境部《环境保护综合名录》中的"高污染、高环境风险"产品或重污染工艺。"高污染、高环境风险"产品是指在《环境保护综合名录》中标注特性为"GHW/GHF"的产品，但纳税人生产销售的资源综合利用产品满足"GHW/GHF"例外条款规定的技术和条件的除外。

（5）综合利用的资源，属于生态环境部《国家危险废物名录》列明的危险废物的，应当取得省级或市级生态环境部门颁发的《危险废物经营许可证》，且许可经营范围包括该危险废物的利用。

（6）纳税信用级别不为C级或D级。

（7）纳税人申请享受上述规定的即征即退政策时，申请退税税款所属期前6个月（含所属期当期）不得发生下列情形：①因违反生态环境保护的法律法规受到行政处罚（警告、通报批评或单次10万元以下罚款、没收违法所得、没收非法财物除外；单次10万元以下含本数，下同）；②因违反税收法律法规被税务机关处罚（单次10万元以下罚款除外），或发生骗取出口退税、虚开发票的情形。纳税人在办理退税事宜时，应向主管税务机关提供其符合本条规定的上述条件以及《目录》规定的技术标准和相关条件的书面声明，并在书面声明中如实注明未取得发票或相关凭证以及接受环保、税收处罚等情况。未提供书面声明的，税务机关不得给予退税。

（8）产品原料或者燃料80%以上来自所列资源。

（9）纳税人符合《锅炉大气污染物排放标准》（GB13271—2014）、《火电厂大气污染物排放标准》（GB13223—2011）或《生活垃圾焚烧污染控制标准》（GB18485—2014）规定的技术要求。

· 政策依据 ·

《财政部　税务总局关于完善资源综合利用增值税政策的公告》（财政部　税务总局公告2021年第40号）。

2.以部分农林剩余物为原料生产纤维板等资源综合利用产品实行增值税即征即退90%

· 享受主体 ·

以部分农林剩余物等为原料生产纤维板等资源综合利用产品的纳税人。

第十三章 主要税收优惠政策指引

· 优惠内容 ·

对销售自产的以三剩物、次小薪材、农作物秸秆、沙柳、玉米芯为原料，生产的纤维板、刨花板、细木工板、生物炭、活性炭、栲胶、水解酒精、纤维素、木质素、木糖、阿拉伯糖、糠醛、箱板纸实行增值税即征即退90%的政策。

· 享受条件 ·

（1）纳税人在境内收购的再生资源，应按规定从销售方取得增值税发票；适用免税政策的，应按规定从销售方取得增值税普通发票。销售方为依法依规无法申领发票的单位或者从事小额零星经营业务的自然人，应取得销售方开具的收款凭证及收购方内部凭证，或者税务机关代开的发票。本款所称小额零星经营业务是指自然人从事应税项目经营业务的销售额不超过增值税按次起征点的业务。

纳税人从境外收购的再生资源，应按规定取得海关进口增值税专用缴款书，或者从销售方取得具有发票性质的收款凭证、相关税费缴纳凭证。纳税人应当取得上述发票或凭证而未取得的，该部分再生资源对应产品的销售收入不得适用上述即征即退规定。

$$\text{不得适用即征即退规定的销售收入} = \text{当期销售综合利用产品和劳务的销售收入} \times \frac{\text{纳税人应当取得发票或凭证而未取得的购入再生资源成本}}{\text{当期购进再生资源的全部成本}}$$

纳税人应当在当期销售综合利用产品和劳务销售收入中剔除不得适用即征即退政策部分的销售收入后，计算可申请的即征即退税额：

$$\text{可申请退税额} = \left[\left(\text{当期销售综合利用产品和劳务的销售收入} - \text{不得适用即征即退规定的销售收入} \right) \times \text{适用税率} - \text{即退项目的进项税额} \right] \times \text{对应的退税比例}$$

各级税务机关要加强发票开具相关管理工作，纳税人应按规定及时开具、取得发票。

（2）纳税人应建立再生资源收购台账，留存备查。台账内容包括：再生资源供货方单位名称或个人姓名及身份证号、再生资源名称、数量、价格、结算方式、是否取得增值税发票或符合规定的凭证等。纳税人现有账册、系统能够包括上述内容的，无需单独建立台账。

（3）销售综合利用产品和劳务，不属于发展改革委《产业结构调整指导目录》中的淘汰类、限制类项目。

（4）销售综合利用产品和劳务，不属于生态环境部《环境保护综合名录》中的"高污染、高环境风险"产品或重污染工艺。"高污染、高环境风险"产品是指在《环境保护综合名录》中标注特性为"GHW/GHF"的产品，但纳税人生产销售的资源综合利用产品满足"GHW/GHF"例外条款规定的技术和条件的除外。

（5）综合利用的资源，属于生态环境部《国家危险废物名录》列明的危险废物的，应当取得省级或市级生态环境部门颁发的《危险废物经营许可证》，且许可经营范围包括该危险废物的利用。

（6）纳税信用级别不为 C 级或 D 级。

（7）纳税人申请享受上述规定的即征即退政策时，申请退税税款所属期前 6 个月（含所属期当期）不得发生下列情形：①因违反生态环境保护的法律法规受到行政处罚（警告、通报批评或单次 10 万元以下罚款、没收违法所得、没收非法财物除外；单次 10 万元以下含本数，下同）；②因违反税收法律法规被税务机关处罚（单次 10 万元以下罚款除外），或发生骗取出口退税、虚开发票的情形。纳税人在办理退税事宜时，应向主管税务机关提供其符合本条规定的上述条件以及《目录》规定的技术标准和相关条件的书面声明，并在书面声明中如实注明未取得发票或相关凭证以及接受环保、税收处罚等情况。未提供书面声明的，税务机关不得给予退税。

（8）产品原料 95% 以上来自所列资源。

· 政策依据 ·

《财政部 税务总局关于完善资源综合利用增值税政策的公告》（财政部 税务总局公告 2021 年第 40 号）。

3. 以废弃动植物油为原料生产生物柴油和工业级混合油实行增值税即征即退 70%

· 享受主体 ·

以废弃动植物油为原料生产生物柴油和工业级混合油的纳税人。

· 优惠内容 ·

对销售自产的以废弃动物油和植物油为原料生产的生物柴油、工业级混合油实行增值税即征即退 70% 政策。

· 享受条件 ·

（1）纳税人在境内收购的再生资源，应按规定从销售方取得增值税发票；适用免税政策的，应按规定从销售方取得增值税普通发票。销售方为依法依规无法申领发票的单位或者从事小额零星经营业务的自然人，应取得销售方开具的收款凭证及收购方内部凭证，或者税务机关代开的发票。本款所称小额零星经营业务是指自然人从事应税项目经营业务的销售额不超过增值税按次起征点的业务。

纳税人从境外收购的再生资源，应按规定取得海关进口增值税专用缴款书，或者从销售方取得具有发票性质的收款凭证、相关税费缴纳凭证。

纳税人应当取得上述发票或凭证而未取得的，该部分再生资源对应产品的销售收入不得适用上述即征即退规定。

第十三章 主要税收优惠政策指引

$$\text{不得适用即征即退规定的销售收入} = \text{当期销售综合利用产品和劳务的销售收入} \times \frac{\text{纳税人应当取得发票或凭证而未取得的购入再生资源成本}}{\text{当期购进再生资源的全部成本}}$$

纳税人应当在当期销售综合利用产品和劳务销售收入中剔除不得适用即征即退政策部分的销售收入后,计算可申请的即征即退税额:

$$\text{可申请退税额} = \left[\left(\text{当期销售综合利用产品和劳务的销售收入} - \text{不得适用即征即退规定的销售收入} \right) \times \text{适用税率} - \text{当期即征即退项目的进项税额} \right] \times \text{对应的退税比例}$$

各级税务机关要加强发票开具相关管理工作,纳税人应按规定及时开具、取得发票。

(2)纳税人应建立再生资源收购台账,留存备查。台账内容包括:再生资源供货方单位名称或个人姓名及身份证号、再生资源名称、数量、价格、结算方式、是否取得增值税发票或符合规定的凭证等。纳税人现有账册、系统能够包括上述内容的,无需单独建立台账。

(3)销售综合利用产品和劳务,不属于发展改革委《产业结构调整指导目录》中的淘汰类、限制类项目。

(4)销售综合利用产品和劳务,不属于生态环境部《环境保护综合名录》中的"高污染、高环境风险"产品或重污染工艺。"高污染、高环境风险"产品是指在《环境保护综合名录》中标注特性为"GHW/GHF"的产品,但纳税人生产销售的资源综合利用产品满足"GHW/GHF"例外条款规定的技术和条件的除外。

(5)综合利用的资源,属于生态环境部《国家危险废物名录》列明的危险废物的,应当取得省级或市级生态环境部门颁发的《危险废物经营许可证》,且许可经营范围包括该危险废物的利用。

(6)纳税信用级别不为C级或D级。

(7)纳税人申请享受上述规定的即征即退政策时,申请退税税款所属期前6个月(含所属期当期)不得发生下列情形:①因违反生态环境保护的法律法规受到行政处罚(警告、通报批评或单次10万元以下罚款、没收违法所得、没收非法财物除外;单次10万元以下含本数,下同);②因违反税收法律法规被税务机关处罚(单次10万元以下罚款除外),或发生骗取出口退税、虚开发票的情形。纳税人在办理退税事宜时,应向主管税务机关提供其符合本条规定的上述条件以及《目录》规定的技术标准和相关条件的书面声明,并在书面声明中如实注明未取得发票或相关凭证以及接受环保、税收处罚等情况。未提供书面声明的,税务机关不得给予退税。

(8)产品原料70%以上来自所列资源。

(9)工业级混合油的销售对象须为化工企业。

· 政策依据 ·

《财政部 税务总局关于完善资源综合利用增值税政策的公告》（财政部 税务总局公告 2021 年第 40 号）。

4. 以农作物秸秆为原料生产纸浆、秸秆浆和纸实行增值税即征即退 50%

· 享受主体 ·

以农作物秸秆为原料生产纸浆、秸秆浆和纸的纳税人。

· 优惠内容 ·

对销售自产的以农作物秸秆为原料生产的纸浆、秸秆浆和纸实行增值税即征即退 50% 政策。

· 享受条件 ·

（1）纳税人在境内收购的再生资源，应按规定从销售方取得增值税发票；适用免税政策的，应按规定从销售方取得增值税普通发票。销售方为依法依规无法申领发票的单位或者从事小额零星经营业务的自然人，应取得销售方开具的收款凭证及收购方内部凭证，或者税务机关代开的发票。本款所称小额零星经营业务是指自然人从事应税项目经营业务的销售额不超过增值税按次起征点的业务。

纳税人从境外收购的再生资源，应按规定取得海关进口增值税专用缴款书，或者从销售方取得具有发票性质的收款凭证、相关税费缴纳凭证。

纳税人应当取得上述发票或凭证而未取得的，该部分再生资源对应产品的销售收入不得适用上述即征即退规定。

$$\text{不得适用即征即退规定的销售收入} = \text{当期销售综合利用产品和劳务的销售收入} \times \frac{\text{纳税人应当取得发票或凭证而未取得的购入再生资源成本}}{\text{当期购进再生资源的全部成本}}$$

纳税人应当在当期销售综合利用产品和劳务销售收入中剔除不得适用即征即退政策部分的销售收入后，计算可申请的即征即退税额：

$$\text{可申请退税额} = \left[\left(\text{当期销售综合利用产品和劳务的销售收入} - \text{不得适用即征即退规定的销售收入} \right) \times \text{适用税率} - \text{当期即征即退项目的进项税额} \right] \times \text{对应的退税比例}$$

各级税务机关要加强发票开具相关管理工作，纳税人应按规定及时开具、取得发票。

（2）纳税人应建立再生资源收购台账，留存备查。台账内容包括：再生资源供货方单位名称或个人姓名及身份证号、再生资源名称、数量、价格、结算方式、是否取得增值税发票或符合规定的凭证等。纳税人现有账册、系统能够包括上述内容的,无需单独建立台账。

(3)销售综合利用产品和劳务,不属于发展改革委《产业结构调整指导目录》中的淘汰类、限制类项目。

(4)销售综合利用产品和劳务,不属于生态环境部《环境保护综合名录》中的"高污染、高环境风险"产品或重污染工艺。"高污染、高环境风险"产品是指在《环境保护综合名录》中标注特性为"GHW/GHF"的产品,但纳税人生产销售的资源综合利用产品满足"GHW/GHF"例外条款规定的技术和条件的除外。

(5)综合利用的资源,属于生态环境部《国家危险废物名录》列明的危险废物的,应当取得省级或市级生态环境部门颁发的《危险废物经营许可证》,且许可经营范围包括该危险废物的利用。

(6)纳税信用级别不为C级或D级。

(7)纳税人申请享受上述规定的即征即退政策时,申请退税税款所属期前6个月(含所属期当期)不得发生下列情形:①因违反生态环境保护的法律法规受到行政处罚(警告、通报批评或单次10万元以下罚款、没收违法所得、没收非法财物除外;单次10万元以下含本数,下同);②因违反税收法律法规被税务机关处罚(单次10万元以下罚款除外),或发生骗取出口退税、虚开发票的情形。纳税人在办理退税事宜时,应向主管税务机关提供其符合本条规定的上述条件以及《目录》规定的技术标准和相关条件的书面声明,并在书面声明中如实注明未取得发票或相关凭证以及接受环保、税收处罚等情况。未提供书面声明的,税务机关不得给予退税。

(8)产品原料70%以上来自所列资源。

(9)废水排放符合《制浆造纸工业水污染物排放标准》(GB3544—2008)规定的技术要求。

(10)纳税人符合《制浆造纸行业清洁生产评价指标体系》规定的技术要求。

(11)纳税人必须通过ISO9000、ISO14000认证。

· 政策依据 ·

《财政部 税务总局关于完善资源综合利用增值税政策的公告》(财政部 税务总局公告2021年第40号)。

5. 以农作物秸秆及壳皮等原料生产的纤维板等产品取得的收入减按90%计入收入总额

· 享受主体 ·

以农作物秸秆及壳皮等为原料生产纤维板等产品的纳税人。

· 优惠内容 ·

自 2021 年 1 月 1 日起,对企业以农作物秸秆及壳皮(粮食作物秸秆、粮食壳皮、玉米芯等)、林业三剩物、次小薪材、蔗渣、糠醛渣、菌糠、酒糟、粗糟、中药渣、畜禽养殖废弃物、畜禽屠宰废弃物、农产品加工有机废弃物为主要原材料,生产的纤维板、刨花板、细木工板、生物质压块、生物质破碎料、生物天然气、热解燃气、沼气、生物油、电力、热力、生物炭、活性炭、栲胶、水解酒精、纤维素、木质素、木糖、阿拉伯糖、糠醛、土壤调理剂、有机肥、膨化饲料、颗粒饲料、菌棒、纸浆、秸秆浆、纸制品等取得的收入,减按 90% 计入收入总额。

· 享受条件 ·

(1)产品原料 70% 以上来自所列资源。
(2)产品符合国家和行业标准。

· 政策依据 ·

(1)《中华人民共和国企业所得税法》第三十三条。
(2)《中华人民共和国企业所得税法实施条例》第九十九条。
(3)《财政部 税务总局 发展改革委 生态环境部关于公布〈环境保护、节能节水项目企业所得税优惠目录(2021 年版)〉以及〈资源综合利用企业所得税优惠目录(2021 年版)〉的公告》(财政部 税务总局 发展改革委 生态环境部公告 2021 年第 36 号)。

6. 沼气综合开发利用项目享受企业所得税"三免三减半"

· 享受主体 ·

从事沼气综合开发利用项目的纳税人。

· 优惠内容 ·

纳税人从事沼气综合开发利用项目中"畜禽养殖场和养殖小区沼气工程项目"的所得,自项目取得第一笔生产经营收入所属纳税年度起,第一年至第三年免征企业所得税,第四年至第六年减半征收企业所得税。

· 享受条件 ·

(1)单体装置容积不小于 300 立方米,年平均日产沼气量不低于 300 立方米 / 天,且符合国家有关沼气工程技术规范的项目。
(2)废水排放、废渣处置、沼气利用符合国家和地方有关标准,不产生二次污染。
(3)项目包括完整的发酵原料的预处理设施、沼渣和沼液的综合利用或进一步处理系统，沼气净化、储存、输配和利用系统。

（4）项目设计、施工和运行管理人员具备国家相应职业资格。

（5）项目按照国家法律法规要求，通过相关验收。

· 政策依据 ·

（1）《中华人民共和国企业所得税法》第二十七条。

（2）《中华人民共和国企业所得税法实施条例》第八十八条。

（3）《财政部 税务总局 发展改革委 生态环境部关于公布〈环境保护、节能节水项目企业所得税优惠目录（2021年版）〉以及〈资源综合利用企业所得税优惠目录（2021年版）〉的公告》（财政部 税务总局 发展改革委 生态环境部公告2021年第36号）。

（4）《财政部 国家税务总局关于公共基础设施项目和环境保护 节能节水项目企业所得税优惠政策问题的通知》（财税〔2012〕10号）。

7. 农村污水处理项目享受企业所得税"三免三减半"

· 享受主体 ·

从事农村污水处理项目的纳税人。

· 优惠内容 ·

纳税人从事公共污水处理项目中的"农村污水处理项目"的所得，自项目取得第一笔生产经营收入所属纳税年度起，第一年至第三年免征企业所得税，第四年至第六年减半征收企业所得税。

· 享受条件 ·

（1）农村污水处理项目包括农村生活污水处理及资源化利用项目、畜禽养殖废水处理及资源化利用项目、农村黑臭水体治理项目。

（2）污染物排放达到国家或地方规定的要求，项目通过相关验收。

· 政策依据 ·

（1）《中华人民共和国企业所得税法》第二十七条。

（2）《中华人民共和国企业所得税法实施条例》第八十八条。

（3）《财政部 税务总局 发展改革委 生态环境部关于公布〈环境保护、节能节水项目企业所得税优惠目录（2021年版）〉以及〈资源综合利用企业所得税优惠目录（2021年版）〉的公告》（财政部 税务总局 发展改革委 生态环境部公告2021年第36号）。

（4）《财政部　国家税务总局关于公共基础设施项目和环境保护　节能节水项目企业所得税优惠政策问题的通知》（财税〔2012〕10号）。

8. 生活垃圾分类和无害化处理处置项目享受企业所得税"三免三减半"

·享受主体·

从事生活垃圾分类和无害化处理处置项目的纳税人。

·优惠内容·

纳税人从事公共垃圾处理项目中的"生活垃圾分类和无害化处理处置项目"的所得，自项目取得第一笔生产经营收入所属纳税年度起，第一年至第三年免征企业所得税，第四年至第六年减半征收企业所得税。

·享受条件·

（1）生活垃圾分类和无害化处理处置项目是指对农村生活垃圾（含厨余垃圾）进行减量化、资源化、无害化处理的项目，涉及生活垃圾分类收集、贮存、运输、处理、处置项目。（对原生生活垃圾进行填埋处理的除外）

（2）项目通过相关验收，涉及污染物排放的，指标应达到国家或地方规定的排放要求。

·政策依据·

（1）《中华人民共和国企业所得税法》第二十七条。
（2）《中华人民共和国企业所得税法实施条例》第八十八条。
（3）《财政部　税务总局　发展改革委　生态环境部关于公布〈环境保护、节能节水项目企业所得税优惠目录（2021年版）〉以及〈资源综合利用企业所得税优惠目录（2021年版）〉的公告》（财政部　税务总局　发展改革委　生态环境部公告2021年第36号）。
（4）《财政部　国家税务总局关于公共基础设施项目和环境保护　节能节水项目企业所得税优惠政策问题的通知》（财税〔2012〕10号）。

三、激发乡村创业就业活力

（一）小微企业税费优惠

1. 小规模纳税人阶段性免征增值税

相关内容参见本章第二节第一项"（六）增值税小规模纳税人减免增值税政策"，

第十三章 主要税收优惠政策指引

此处不再赘述。

2. 小型微利企业减免企业所得税

相关内容参见本章第二节第一项"（八）小型微利企业减免企业所得税政策"，此处不再赘述。

3. 增值税小规模纳税人、小微企业和个体工商户减免地方"六税两费"

相关内容参见本章第二节第一项"（七）小微企业'六税两费'减免税政策"，此处不再赘述。

4. 符合条件的缴纳义务人免征有关政府性基金

·享受主体·

符合条件的缴纳义务人。

·优惠内容·

免征教育费附加、地方教育附加、水利建设基金。

·享受条件·

按月纳税的月销售额不超过10万元，以及按季度纳税的季度销售额不超过30万元的缴纳义务人免征教育费附加、地方教育附加、水利建设基金。

·政策依据·

《财政部　国家税务总局关于扩大有关政府性基金免征范围的通知》（财税〔2016〕12号）。

5. 符合条件的增值税小规模纳税人免征文化事业建设费

·享受主体·

符合条件的增值税小规模纳税人。

·优惠内容·

增值税小规模纳税人中月销售额不超过2万元（按季纳税6万元）的企业和非企业性单位提供的应税服务，免征文化事业建设费。

| 437 |

- 享受条件 -

月销售额不超过2万元（按季纳税6万元）的增值税小规模纳税人，免征文化事业建设费。

- 政策依据 -

《财政部 国家税务总局关于营业税改征增值税试点有关文化事业建设费政策及征收管理问题的通知》（财税〔2016〕25号）。

6. 符合条件的缴纳义务人减征文化事业建设费

- 享受主体 -

符合条件的缴纳义务人。

- 优惠内容 -

对归属中央收入的文化事业建设费，按照缴纳义务人应缴费额的50%减征；对归属地方收入的文化事业建设费，各省（区、市）财政、党委宣传部门可以结合当地经济发展水平、宣传思想文化事业发展等因素，在应缴费额50%的幅度内减征。

- 享受条件 -

自2019年7月1日至2024年12月31日，对归属中央收入的文化事业建设费，按照缴纳义务人应缴费额的50%减征；对归属地方收入的文化事业建设费，各省（区、市）财政、党委宣传部门可以结合当地经济发展水平、宣传思想文化事业发展等因素，在应缴费额50%的幅度内减征。各省（区、市）财政、党委宣传部门应当将本地区制定的减征政策文件抄送财政部、中共中央宣传部。

- 政策依据 -

《财政部关于调整部分政府性基金有关政策的通知》（财税〔2019〕46号）。

（二）重点群体创业就业税收优惠

1. 重点群体创业税费扣减

相关内容参见本章第二节第二项"（一）重点群体创业税费扣减政策"，此处不再赘述。

2. 吸纳重点群体就业税费扣减

相关内容参见本章第二节第二项"（二）吸纳重点群体就业税费扣减政策"，此处不再赘述。

3. 残疾人创业免征增值税

· 享受主体 ·

残疾人个人。

· 优惠内容 ·

残疾人个人提供的加工、修理修配劳务，为社会提供的应税服务，免征增值税。

· 享受条件 ·

残疾人是指在法定劳动年龄内，持有《中华人民共和国残疾人证》或者《中华人民共和国残疾军人证（1至8级）》的自然人，包括具有劳动条件和劳动意愿的精神残疾人。

· 政策依据 ·

（1）《财政部　国家税务总局关于全面推开营业税改征增值税试点的通知》（财税〔2016〕36号）附件3《营业税改征增值税试点过渡政策的规定》第一条第（六）项。

（2）《财政部　国家税务总局关于促进残疾人就业增值税优惠政策的通知》（财税〔2016〕52号）第八条。

4. 安置残疾人就业的单位和个体户增值税即征即退

· 享受主体 ·

安置残疾人的单位和个体工商户。

· 优惠内容 ·

对安置残疾人的单位和个体工商户（以下称纳税人），实行由税务机关按纳税人安置残疾人的人数，限额即征即退增值税。每月可退还的增值税具体限额，由县级以上税务机关根据纳税人所在区县（含县级市、旗）适用的经省（含自治区、直辖市、计划单列市）人民政府批准的月最低工资标准的4倍确定。

一个纳税期已交增值税额不足退还的，可在本纳税年度内以前纳税期已交增值税扣除已退增值税的余额中退还，仍不足退还的可结转本纳税年度内以后纳税期退还，但不得结转以后年度退还。纳税期限不为按月的，只能对其符合条件的月份退还增值税。

· 享受条件 ·

（1）纳税人（除盲人按摩机构外）月安置的残疾人占在职职工人数的比例不低于25%（含25%），并且安置的残疾人人数不少于10人（含10人）；盲人按摩机构月安置的残疾人占在职职工人数的比例不低于25%（含25%），并且安置 86 的残疾人人数不少于 5 人（含 5 人）。

（2）依法与安置的每位残疾人签订了一年以上（含一年）的劳动合同或服务协议。

（3）为安置的每位残疾人按月足额缴纳了基本养老保险、基本医疗保险、失业保险、工伤保险和生育保险等社会保险。

（4）通过银行等金融机构向安置的每位残疾人，按月支付了不低于纳税人所在区县适用的经省人民政府批准的月最低工资标准的工资。

（5）纳税人纳税信用等级为税务机关评定的 C 级或 D 级的，不得享受此项税收优惠政策。

（6）如果既适用促进残疾人就业增值税优惠政策，又适用重点群体、退役士兵、随军家属、军转干部等支持就业的增值税优惠政策的，纳税人可自行选择适用的优惠政策，但不能累加执行。一经选定，36 个月内不得变更。

（7）此项税收优惠政策仅适用于生产销售货物，提供加工、修理修配劳务，以及提供营改增现代服务和生活服务税目（不含文化体育服务和娱乐服务）范围的服务取得的收入之和，占其增值税收入的比例达到 50% 的纳税人，但不适用于上述纳税人直接销售外购货物（包括商品批发和零售）以及销售委托加工的货物取得的收入。

· 政策依据 ·

（1）《财政部　国家税务总局关于促进残疾人就业增值税优惠政策的通知》（财税〔2016〕52 号）。

（2）《国家税务总局关于发布〈促进残疾人就业增值税优惠政策管理办法〉的公告》（国家税务总局公告 2016 年第 33 号）。

5. 特殊教育校办企业安置残疾人就业增值税即征即退

· 享受主体 ·

特殊教育校办企业。

· 优惠内容 ·

（1）对安置残疾人的特殊教育学校举办的企业，实行由税务机关按纳税人安置残疾人的人数，限额即征即退增值税。

（2）安置的每位残疾人每月可退还的增值税具体限额，由县级以上税务机关根据纳税人所在区县（含县级市、旗，下同）适用的经省（含自治区、直辖市、计划单列市，下同）人民政府批准的月最低工资标准的 4 倍确定。

（3）在计算残疾人人数时可将在企业上岗工作的特殊教育学校的全日制在校学生计算在内，在计算企业在职职工人数时也要将上述学生计算在内。

第十三章 主要税收优惠政策指引

- 享受条件 -

（1）特殊教育学校举办的企业是指特殊教育学校主要为在校学生提供实习场所、并由学校出资自办、由学校负责经营管理、经营收入全部归学校所有的企业。

（2）纳税人（除盲人按摩机构外）月安置的残疾人占在职职工人数的比例不低于25%（含25%），并且安置的残疾人人数不少于10人（含10人）。

（3）纳税人纳税信用等级为税务机关评定的C级或D级的，不得享受此项税收优惠政策。

（4）如果既适用促进残疾人就业增值税优惠政策，又适用重点群体、退役士兵、随军家属、军转干部等支持就业的增值税优惠政策的，纳税人可自行选择适用的优惠政策，但不能累加执行。一经选定，36个月内不得变更。

（5）此项税收优惠政策仅适用于生产销售货物，提供加工、修理修配劳务，以及提供营改增现代服务和生活服务税目（不含文化体育服务和娱乐服务）范围的服务取得的收入之和，占其增值税收入的比例达到50%的纳税人，但不适用于上述纳税人直接销售外购货物（包括商品批发和零售）以及销售委托加工的货物取得的收入。

- 政策依据 -

（1）《财政部 国家税务总局关于促进残疾人就业增值税优惠政策的通知》（财税〔2016〕52号）第三条。

（2）《国家税务总局关于发布〈促进残疾人就业增值税优惠政策管理办法〉的公告》（国家税务总局公告2016年第33号）。

6. 安置残疾人就业的企业残疾人工资加计扣除

- 享受主体 -

安置残疾人就业的企业。

- 优惠内容 -

企业安置残疾人员的，在按照支付给残疾职工工资据实扣除的基础上，可以在计算应纳税所得额时按照支付给残疾职工工资的100%加计扣除。

- 享受条件 -

（1）依法与安置的每位残疾人签订了1年以上（含1年）的劳动合同或服务协议，并且安置的每位残疾人在企业实际上岗工作。

（2）为安置的每位残疾人按月足额缴纳了企业所在区县人民政府根据国家政策规定的基本养老保险、基本医疗保险、失业保险和工伤保险等社会保险。

（3）定期通过银行等金融机构向安置的每位残疾人实际支付了不低于企业所在区县适用的经省级人民政府批准的最低工资标准的工资。

（4）具备安置残疾人上岗工作的基本设施。

·政策依据·

（1）《中华人民共和国企业所得税法》第三十条第二项。

（2）《中华人民共和国企业所得税法实施条例》第九十六条第一款。

（3）《财政部 国家税务总局关于安置残疾人员就业有关企业所得税优惠政策问题的通知》（财税〔2009〕70号）。

7. 安置残疾人就业的单位减免城镇土地使用税

·享受主体·

安置残疾人就业的单位。

·优惠内容·

减征或免征城镇土地使用税。

·享受条件·

在一个纳税年度内月平均实际安置残疾人就业人数占单位在职职工总数的比例高于25%（含25%）且实际安置残疾人人数高于10人（含10人）的单位。

·政策依据·

《财政部 国家税务总局关于安置残疾人就业单位城镇土地使用税等政策的通知》（财税〔2010〕121号）第一条。

四、推动普惠金融发展

（一）银行类金融机构贷款税收优惠

1. 金融机构农户小额贷款利息收入免征增值税

·享受主体·

向农户提供小额贷款的金融机构。

·优惠内容·

2027年12月31日前，对金融机构向农户发放小额贷款取得的利息收入，免征增值税。

·享受条件·

（1）农户是指长期（一年以上）居住在乡镇（不包括城关镇）行政管理区域内的

住户，还包括长期居住在城关镇所辖行政村范围内的住户和户口不在本地而在本地居住一年以上的住户，国有农场的职工。位于乡镇（不包括城关镇）行政管理区域内和在城关镇所辖行政村范围内的国有经济的机关、团体、学校、企事业单位的集体户；有本地户口，但举家外出谋生一年以上的住户，无论是否保留承包耕地均不属于农户。农户以户为统计单位，既可以从事农业生产经营，也可以从事非农业生产经营。农户贷款的判定应以贷款发放时的借款人是否属于农户为准。

（2）小额贷款是指单户授信小于100万元（含本数）的农户贷款；没有授信额度的是指单户贷款合同金额且贷款余额在100万元（含本数）以下的贷款。

· 政策依据 ·

（1）《财政部 税务总局关于支持小微企业融资有关税收政策的通知》（财税〔2017〕77号）第一条、第三条。

（2）《财政部 税务总局关于延续实施普惠金融有关税收优惠政策的公告》（财政部 税务总局公告2020年第22号）。

（3）《财政部 税务总局关于延续实施金融机构农户贷款利息收入免征增值税政策的公告》（财政部 税务总局公告2023年第67号）。

2. 金融机构小微企业及个体工商户小额贷款利息收入免征增值税

相关内容参见本章第五节"六、金融机构小微企业及个体工商户1 000万元及以下小额贷款利息收入免征增值税政策"和"七、金融机构小微企业及个体工商户100万元及以下小额贷款利息收入免征增值税政策"，此处不再赘述。

3. 金融机构农户小额贷款利息收入企业所得税减计收入

· 享受主体 ·

向农户提供小额贷款的金融机构。

· 优惠内容 ·

2027年12月31日前，对金融机构农户小额贷款的利息收入，在计算应纳税所得额时，按90%计入收入总额。

· 享受条件 ·

（1）农户是指长期（一年以上）居住在乡镇（不包括城关镇）行政管理区域内的住户，还包括长期居住在城关镇所辖行政村范围内的住户和户口不在本地而在本地居住一年以上的住户，国有农场的职工和农村个体工商户。位于乡镇（不包括城关镇）行政管理区域内和在城关镇所辖行政村范围内的国有经济的机关、团体、学校、企事业单位的集体户；有本地户口，但举家外出谋生一年以上的住户，无论是否保留承包耕地均不属于农户。农户以户为统计单位，既可以从事农业生产经营，也可以从事非农业生产经营。农户贷款的判定应以贷款发放时的承贷主体是否属于农户为准。

（2）小额贷款是指单笔且该农户贷款余额总额在10万元（含本数）以下的贷款。

· 政策依据 ·

（1）《财政部 税务总局关于延续支持农村金融发展有关税收政策的通知》（财税〔2017〕44号）第二条、第四条。

（2）《财政部 税务总局关于延续实施普惠金融有关税收优惠政策的公告》（财政部 税务总局公告2020年第22号）。

（3）《财政部 税务总局关于延续实施支持农村金融发展企业所得税政策的公告》（财政部 税务总局公告2023年第55号）。

4.金融企业涉农和中小企业贷款损失准备金税前扣除

· 享受主体 ·

提供涉农贷款、中小企业贷款的金融企业。

· 优惠内容 ·

金融企业根据《贷款风险分类指引》（银监发〔2007〕54号），对其涉农贷款和中小企业贷款进行风险分类后，按照以下比例计提的贷款损失准备金，准予在计算应纳税所得额时扣除：

（1）关注类贷款，计提比例为2%。

（2）次级类贷款，计提比例为25%。

（3）可疑类贷款，计提比例为50%。

（4）损失类贷款，计提比例为100%。

· 享受条件 ·

（1）涉农贷款是指《涉农贷款专项统计制度》（银发〔2007〕246号）统计的以下贷款：①农户贷款；②农村企业及各类组织贷款。

农户贷款是指金融企业发放给农户的所有贷款。农户贷款的判定应以贷款发放时的承贷主体是否属于农户为准。

农户是指长期（一年以上）居住在乡镇（不包括城关镇）行政管理区域内的住户，还包括长期居住在城关镇所辖行政村范围内的住户和户口不在本地而在本地居住一年以上的住户，国有农场的职工和农村个体工商户。位于乡镇（不包括城关镇）行政管理区域内和在城关镇所辖行政村范围内的国有经济的机关、团体、学校、企事业单位的集体户；有本地户口，但举家外出谋生一年以上的住户，无论是否保留承包耕地均不属于农户。农户以户为统计单位，既可以从事农业生产经营，也可以从事非农业生产经营。

农村企业及各类组织贷款是指金融企业发放给注册地位于农村区域的企业及各类组织的所有贷款。农村区域是指除地级及以上城市的城市行政区及其市辖建制镇之外的区域。

（2）中小企业贷款是指金融企业对年销售额和资产总额均不超过2亿元的企业的贷款。

（3）金融企业发生的符合条件的涉农贷款和中小企业贷款损失，应先冲减已在税前扣除的贷款损失准备金，不足冲减部分可据实在计算应纳税所得额时扣除。

· 政策依据 ·

（1）《财政部　税务总局关于金融企业涉农贷款和中小企业贷款损失准备金税前扣除有关政策的公告》（财政部　税务总局公告2019年第85号）。

（2）《财政部　税务总局关于延长部分税收优惠政策执行期限的公告》（财政部　税务总局公告2021年第6号）第四条。

5.金融企业涉农和中小企业贷款损失税前扣除

· 享受主体 ·

提供涉农贷款、中小企业贷款的金融企业。

· 优惠内容 ·

金融企业涉农贷款、中小企业贷款逾期1年以上，经追索无法收回，应依据涉农贷款、中小企业贷款分类证明，按下列规定计算确认贷款损失进行税前扣除：

（1）单户贷款余额不超过300万元（含300万元）的，应依据向借款人和担保人的有关原始追索记录（包括司法追索、电话追索、信件追索和上门追索等原始记录之一，并由经办人和负责人共同签章确认），计算确认损失进行税前扣除。

（2）单户贷款余额超过300万元至1 000万元（含1 000万元）的，应依据有关原始追索记录（应当包括司法追索记录，并由经办人和负责人共同签章确认），计算确认损失进行税前扣除。

（3）单户贷款余额超过1 000万元的，仍按《国家税务总局关于发布〈企业资产损失所得税税前扣除管理办法〉的公告》（国家税务总局公告2011年第25号）有关规定计算确认损失进行税前扣除。

· 享受条件 ·

（1）涉农贷款是指《涉农贷款专项统计制度》（银发〔2007〕246号）统计的以

下贷款：①农户贷款；②农村企业及各类组织贷款。

农户贷款是指金融企业发放给农户的所有贷款。农户贷款的判定应以贷款发放时的承贷主体是否属于农户为准。

农户是指长期（一年以上）居住在乡镇（不包括城关镇）行政管理区域内的住户，还包括长期居住在城关镇所辖行政村范围内的住户和户口不在本地而在本地居住一年以上的住户，国有农场的职工和农村个体工商户。位于乡镇（不包括城关镇）行政管理区域内和在城关镇所辖行政村范围内的国有经济的机关、团体、学校、企事业单位的集体户；有本地户口，但举家外出谋生一年以上的住户，无论是否保留承包耕地均不属于农户。农户以户为统计单位，既可以从事农业生产经营，也可以从事非农业生产经营。

农村企业及各类组织贷款是指金融企业发放给注册地位于农村区域的企业及各类组织的所有贷款。农村区域是指除地级及以上城市的城市行政区及其市辖建制镇之外的区域。

（2）中小企业贷款是指金融企业对年销售额和资产总额均不超过2亿元的企业的贷款。

（3）金融企业发生的符合条件的涉农贷款和中小企业贷款损失，应先冲减已在税前扣除的贷款损失准备金，不足冲减部分可据实在计算应纳税所得额时扣除。

· 政策依据 ·

（1）《财政部　国家税务总局关于企业资产损失税前扣除政策的通知》（财税〔2009〕57号）。

（2）《国家税务总局关于金融企业涉农贷款和中小企业贷款损失税前扣除问题的公告》（国家税务总局公告2015年第25号）。

（3）《国家税务总局关于发布〈企业资产损失所得税税前扣除管理办法〉的公告》（国家税务总局公告2011年第25号）。

6.保险公司农业大灾风险准备金税前扣除

· 享受主体 ·

经营财政给予保费补贴的农业保险的保险公司。

· 优惠内容 ·

保险公司经营财政给予保费补贴的农业保险，按不超过财政部门规定的农业保险大灾风险准备金（简称大灾准备金）计提比例，计提的大灾准备金，准予在企业所得税前据实扣除。

第十三章 主要税收优惠政策指引

· 享受条件 ·

本年度扣除的大灾准备金＝本年度保费收入×规定比例－上年度已在税前扣除的大灾准备金结存余额

按上述公式计算的数额如为负数，应调增当年应纳税所得额。

财政给予保费补贴的农业保险是指各级财政按照中央财政农业保险保费补贴政策规定给予保费补贴的种植业、养殖业、林业等农业保险。

规定比例是指按照《财政部关于印发〈农业保险大灾风险准备金管理办法〉的通知》（财金〔2013〕129号）确定的计提比例。

· 政策依据 ·

（1）《财政部　国家税务总局关于保险公司准备金支出企业所得税税前扣除有关政策问题的通知》（财税〔2016〕114号）。

（2）《财政部　税务总局关于延长部分税收优惠政策执行期限的公告》（国家税务总局公告2021年第6号）第四条。

7.农村信用社等金融机构提供金融服务可选择适用简易计税方法缴纳增值税

· 享受主体 ·

农村信用社、村镇银行、农村资金互助社、由银行业机构全资发起设立的贷款公司、法人机构在县（县级市、区、旗）及县以下地区的农村合作银行和农村商业银行。

· 优惠内容 ·

农村信用社、村镇银行、农村资金互助社、由银行业机构全资发起设立的贷款公司、法人机构在县（县级市、区、旗）及县以下地区的农村合作银行和农村商业银行提供金融服务收入，可以选择适用简易计税方法按照3%的征收率计算缴纳增值税。

· 享受条件 ·

（1）村镇银行是指经中国银行业监督管理委员会依据有关法律、法规批准，由境内外金融机构、境内非金融机构企业法人、境内自然人出资，在农村地区设立的主要为当地农民、农业和农村经济发展提供金融服务的银行业金融机构。

（2）农村资金互助社是指经银行业监督管理机构批准，由乡（镇）、行政村农民和农村小企业自愿入股组成，为社员提供存款、贷款、结算等业务的社区互助性银行业金融机构。

（3）由银行业机构全资发起设立的贷款公司是指经中国银行业监督管理委员会依据有关法律、法规批准，由境内商业银行或农村合作银行在农村地区设立的专门为县域农民、农业和农村经济发展提供贷款服务的非银行业金融机构。

(4) 县（县级市、区、旗），不包括直辖市和地级市所辖城区。

> **·政策依据·**

《财政部 国家税务总局关于进一步明确全面推开营改增试点金融业有关政策的通知》（财税〔2016〕46号）第三条。

8. 中国农业银行三农金融事业部涉农贷款利息收入可选择适用简易计税方法缴纳增值税

> **·享受主体·**

中国农业银行纳入"三农金融事业部"改革试点的各省、自治区、直辖市、计划单列市分行下辖的县域支行和新疆生产建设兵团分行下辖的县域支行（也称县事业部）。

> **·优惠内容·**

对中国农业银行纳入"三农金融事业部"改革试点的各省、自治区、直辖市、计划单列市分行下辖的县域支行和新疆生产建设兵团分行下辖的县域支行（也称县事业部），提供的农户贷款、农村企业和农村各类组织贷款取得的利息收入，可以选择适用简易计税方法按照3%的征收率计算缴纳增值税。

> **·享受条件·**

（1）农户贷款是指金融机构发放给农户的贷款，但不包括免征增值税的农户小额贷款。

（2）农户是指长期（一年以上）居住在乡镇（不包括城关镇）行政管理区域内的住户，还包括长期居住在城关镇所辖行政村范围内的住户和户口不在本地而在本地居住一年以上的住户，国有农场的职工和农村个体工商户。位于乡镇（不包括城关镇）行政管理区域内和在城关镇所辖行政村范围内的国有经济的机关、团体、学校、企事业单位的集体户；有本地户口，但举家外出谋生一年以上的住户，无论是否保留承包耕地均不属于农户。农户以户为统计单位，既可以从事农业生产经营，也可以从事非农业生产经营。农户贷款的判定应以贷款发放时的承贷主体是否属于农户为准。

（3）农村企业和农村各类组织贷款是指金融机构发放给注册在农村地区的企业及各类组织的贷款。

（4）可享受本优惠的涉农贷款业务应属于《财政部 国家税务总局关于进一步明确全面推开营改增试点金融业有关政策的通知》（财税〔2016〕46号）附件《享受增值税优惠的涉农贷款业务清单》所列业务。

> **·政策依据·**

《财政部 国家税务总局关于进一步明确全面推开营改增试点金融业有关政策的通知》（财税〔2016〕46号）第四条及附件《享受增值税优惠的涉农贷款业务清单》。

9. 中国邮政储蓄银行三农金融事业部涉农贷款利息收入可选择适用简易计税方法缴纳增值税

· 享受主体 ·

中国邮政储蓄银行纳入"三农金融事业部"改革的各省、自治区、直辖市、计划单列市分行下辖的县域支行。

· 优惠内容 ·

2027年12月31日前，对中国邮政储蓄银行纳入"三农金融事业部"改革的各省、自治区、直辖市、计划单列市分行下辖的县域支行，提供农户贷款、农村企业和农村各类组织贷款取得的利息收入，可以选择适用简易计税方法按照3%的征收率计算缴纳增值税。

· 享受条件 ·

（1）农户是指长期（一年以上）居住在乡镇（不包括城关镇）行政管理区域内的住户，还包括长期居住在城关镇所辖行政村范围内的住户和户口不在本地而在本地居住一年以上的住户，国有农场的职工和农村个体工商户。位于乡镇（不包括城关镇）行政管理区域内和在城关镇所辖行政村范围内的国有经济的机关、团体、学校、企事业单位的集体户；有本地户口，但举家外出谋生一年以上的住户，无论是否保留承包耕地均不属于农户。农户以户为统计单位，既可以从事农业生产经营，也可以从事非农业生产经营。农户贷款的判定应以贷款发放时的借款人是否属于农户为准。

（2）农村企业和农村各类组织贷款是指金融机构发放给注册在农村地区的企业及各类组织的贷款。

（3）可享受本优惠的涉农贷款业务应属于《财政部　税务总局关于中国邮政储蓄银行三农金融事业部涉农贷款增值税政策的通知》（财税〔2018〕97号）附件《享受增值税优惠的涉农贷款业务清单》所列业务。

· 政策依据 ·

（1）《财政部　税务总局关于中国邮政储蓄银行三农金融事业部涉农贷款增值税政策的通知》（财税〔2018〕97号）。

（2）《财政部　税务总局关于延长部分税收优惠政策执行期限的公告》（国家税务总局公告2021年第6号）第一条。

（3）《财政部　税务总局关于延续实施中国邮政储蓄银行三农金融事业部涉农贷款增值税政策的公告》（财政部　税务总局公告2023年第66号）。

10. 金融机构与小型、微型企业签订借款合同免征印花税

相关内容参见本章第五节"九、金融机构与小型、微型企业签订借款合同免征印

花税",此处不再赘述。

(二)小额贷款公司贷款税收优惠

1. 小额贷款公司农户小额贷款利息收入免征增值税

·享受主体·

经省级金融管理部门(金融办、局等)批准成立的小额贷款公司。

·优惠内容·

2027年12月31日前,对经省级金融管理部门(金融办、局等)批准成立的小额贷款公司取得的农户小额贷款利息收入,免征增值税。

·享受条件·

(1)农户是指长期(一年以上)居住在乡镇(不包括城关镇)行政管理区域内的住户,还包括长期居住在城关镇所辖行政村范围内的住户和户口不在本地而在本地居住一年以上的住户,国有农场的职工和农村个体工商户。位于乡镇(不包括城关镇)行政管理区域内和在城关镇所辖行政村范围内的国有经济的机关、团体、学校、企事业单位的集体户;有本地户口,但举家外出谋生一年以上的住户,无论是否保留承包耕地均不属于农户。农户以户为统计单位,既可以从事农业生产经营,也可以从事非农业生产经营。农户贷款的判定应以贷款发放时的承贷主体是否属于农户为准。

(2)小额贷款是指单笔且该农户贷款余额总额在10万元(含本数)以下的贷款。

·政策依据·

(1)《财政部 税务总局关于小额贷款公司有关税收政策的通知》(财税〔2017〕48号)第一条、第四条。

(2)《财政部 税务总局关于延续实施普惠金融有关税收优惠政策的公告》(财政部 税务总局公告2020年第22号)。

(3)《财政部 税务总局关于延续实施小额贷款公司有关税收优惠政策的公告》(财政部 税务总局公告2023年第54号)。

2. 小额贷款公司农户小额贷款利息收入企业所得税减计收入

·享受主体·

经省级金融管理部门(金融办、局等)批准成立的小额贷款公司。

第十三章 主要税收优惠政策指引

·优惠内容·

2027年12月31日前,对经省级金融管理部门(金融办、局等)批准成立的小额贷款公司取得的农户小额贷款利息收入,在计算应纳税所得额时,按90%计入收入总额。

·享受条件·

(1)农户是指长期(一年以上)居住在乡镇(不包括城关镇)行政管理区域内的住户,还包括长期居住在城关镇所辖行政村范围内的住户和户口不在本地而在本地居住一年以上的住户,国有农场的职工和农村个体工商户。位于乡镇(不包括城关镇)行政管理区域内和在城关镇所辖行政村范围内的国有经济的机关、团体、学校、企事业单位的集体户;有本地户口,但举家外出谋生一年以上的住户,无论是否保留承包耕地均不属于农户。农户以户为统计单位,既可以从事农业生产经营,也可以从事非农业生产经营。农户贷款的判定应以贷款发放时的承贷主体是否属于农户为准。

(2)小额贷款是指单笔且该农户贷款余额总额在10万元(含本数)以下的贷款。

·政策依据·

(1)《财政部 税务总局关于小额贷款公司有关税收政策的通知》(财税〔2017〕48号)第二条、第四条。

(2)《财政部 税务总局关于延续实施普惠金融有关税收优惠政策的公告》(财政部 税务总局公告2020年第22号)。

(3)《财政部 税务总局关于延续实施小额贷款公司有关税收优惠政策的公告》(财政部 税务总局公告2023年第54号)。

3.小额贷款公司贷款损失准备金企业所得税税前扣除

·享受主体·

经省级金融管理部门(金融办、局等)批准成立的小额贷款公司。

·优惠内容·

2027年12月31日前,对经省级金融管理部门(金融办、局等)批准成立的小额贷款公司按年末贷款余额的1%计提的贷款损失准备金准予在企业所得税税前扣除。

·享受条件·

贷款损失准备金所得税税前扣除具体政策口径按照《财政部 税务总局关于金融企业贷款损失准备金企业所得税税前扣除有关政策的公告》(财政部 税务总局公告2019年第86号)执行。

· 政策依据 ·

（1）《财政部　税务总局关于小额贷款公司有关税收政策的通知》（财税〔2017〕48号）第三条。

（2）《财政部　税务总局关于延续实施普惠金融有关税收优惠政策的公告》（财政部　税务总局公告2020年第22号）。

（3）《财政部　税务总局关于延续实施小额贷款公司有关税收优惠政策的公告》（财政部　税务总局公告2023年第54号）。

（三）融资担保及再担保业务税收优惠

1. 为农户及小型微型企业提供融资担保及再担保业务免征增值税

相关内容参见本章第五节"八、为农户、小微企业及个体工商户提供融资担保及再担保业务免征增值税政策"，此处不再赘述。

2. 中小企业融资（信用）担保机构有关准备金企业所得税税前扣除

· 享受主体 ·

符合条件的中小企业融资（信用）担保机构。

· 优惠内容 ·

对于符合条件的中小企业融资（信用）担保机构提取的以下准备金准予在企业所得税税前扣除：

（1）按照不超过当年年末担保责任余额1%的比例计提的担保赔偿准备，允许在企业所得税税前扣除，同时将上年度计提的担保赔偿准备余额转为当期收入。

（2）按照不超过当年担保费收入50%的比例计提的未到期责任准备，允许在企业所得税税前扣除，同时将上年度计提的未到期责任准备余额转为当期收入。

· 享受条件 ·

符合条件的中小企业融资（信用）担保机构，必须同时满足以下条件：

（1）符合《融资性担保公司管理暂行办法》（银监会等七部委令2010年第3号）相关规定，并具有融资性担保机构监管部门颁发的经营许可证。

（2）以中小企业为主要服务对象，当年中小企业信用担保业务和再担保业务发生额占当年信用担保业务发生总额的70%以上（上述收入不包括信用评级、咨询、培训等收入）。

（3）中小企业融资担保业务的平均年担保费率不超过银行同期贷款基准利率的50%。

（4）财政、税务部门规定的其他条件。

- 政策依据 -

（1）《财政部　国家税务总局关于中小企业融资（信用）担保机构有关准备金企业所得税税前扣除政策的通知》（财税〔2017〕22号）。

（2）《财政部　税务总局关于延长部分税收优惠政策执行期限的公告》（财政部　税务总局公告2021年第6号）第四条。

（四）农牧保险业务税收优惠

1. 农牧保险业务免征增值税

- 享受主体 -

提供农牧保险业务的纳税人。

- 优惠内容 -

提供农牧保险业务免征增值税。

- 享受条件 -

农牧保险是指为种植业、养殖业、牧业种植和饲养的动植物提供保险的业务。

- 政策依据 -

《财政部　国家税务总局关于全面推开营业税改征增值税试点的通知》（财税〔2016〕36号）附件3《营业税改征增值税试点过渡政策的规定》第一条第（十）项。

2. 保险公司种植业、养殖业保险业务企业所得税减计收入

- 享受主体 -

为种植业、养殖业提供保险业务的保险公司。

- 优惠内容 -

2027年12月31日前，对保险公司为种植业、养殖业提供保险业务取得的保费收入，在计算应纳税所得额时，按90%计入收入总额。

- 享受条件 -

保费收入是指原保险保费收入加上分保费收入减去分出保费后的余额。

· 政策依据 ·

（1）《财政部 税务总局关于延续支持农村金融发展有关税收政策的通知》（财税〔2017〕44号）第三条、第四条。

（2）《财政部 税务总局关于延续实施普惠金融有关税收优惠政策的公告》（财政部 税务总局公告2020年第22号）。

（3）《财政部 税务总局关于延续实施支持农村金融发展企业所得税政策的公告》（财政部 税务总局公告2023年第55号）。

3.农牧业畜类保险合同免征印花税

· 享受主体 ·

订立农林作物、牧业畜类保险合同的双方纳税人。

· 优惠内容 ·

对农林作物、牧业畜类保险合同免征印花税。

· 享受条件 ·

保险合同属于农林作物、牧业畜类。

· 政策依据 ·

《国家税务局关于对保险公司征收印花税有关问题的通知》（国税地字〔1988〕37号）第二条。

五、促进区域协调发展

（一）扶持欠发达地区和革命老区发展税收优惠

1.西部地区鼓励类产业企业所得税优惠

· 享受主体 ·

设在西部地区的鼓励类产业企业。

· 优惠内容 ·

自2021年1月1日至2030年12月31日，对设在西部地区的鼓励类产业企业减按15%的税率征收企业所得税。

第十三章 主要税收优惠政策指引

·享受条件·

（1）鼓励类产业企业是指以《西部地区鼓励类产业目录》中规定的产业项目为主营业务，且其主营业务收入占企业收入总额60%以上的企业。

（2）西部地区包括内蒙古自治区、广西壮族自治区、重庆市、四川省、贵州省、云南省、西藏自治区、陕西省、甘肃省、青海省、宁夏回族自治区、新疆维吾尔自治区和新疆生产建设兵团。湖南省湘西土家族苗族自治州、湖北省恩施土家族苗族自治州、吉林省延边朝鲜族自治州和江西省赣州市，可以比照西部地区的企业所得税政策执行。

·政策依据·

（1）《财政部 税务总局 国家发展改革委关于延续西部大开发企业所得税政策的公告》（财政部 税务总局 国家发展改革委公告2020年第23号）。

（2）《国家税务总局关于深入实施西部大开发战略有关企业所得税问题的公告》（国家税务总局公告2012年第12号）。

（3）《国家税务总局关于执行〈西部地区鼓励类产业目录〉有关企业所得税问题的公告》（国家税务总局公告2015年第14号）。

（4）《西部地区鼓励类产业目录（2020年本）》（国家发展和改革委员会令第40号）。

2. 边民互市限额免税优惠

·享受主体·

通过互市贸易进口生活用品的边境地区居民。

·优惠内容·

边民通过互市贸易进口的生活用品，每人每日价值在人民币8 000元以下的，免征进口关税和进口环节税。

·享受条件·

边民通过互市贸易进口的商品应以满足边民日常生活需要为目的，边民互市贸易进口税收优惠政策的适用范围仅限生活用品（不包括天然橡胶、木材、农药、化肥、农作物种子等）。在生活用品的范畴内，除国家禁止进口的商品不得通过边民互市免税进口外，其他不予免税商品已列入边民互市进口不予免税清单。

·政策依据·

（1）《财政部 海关总署 国家税务总局关于促进边境贸易发展有关财税政策的通知》（财关税〔2008〕90号）。

（2）《财政部 海关总署 国家税务总局关于边民互市进出口商品不予免税清单的通知》（财关税〔2010〕18号）。

3. 边销茶销售免征增值税

· 享受主体 ·

符合条件的边销茶生产企业及经销企业。

· 优惠内容 ·

自2021年1月1日起至2027年12月31日，对边销茶生产企业销售自产的边销茶及经销企业销售的边销茶免征增值税。

· 享受条件 ·

（1）边销茶是指以黑毛茶、老青茶、红茶末、绿茶为主要原料，经过发酵、蒸制、加压或者压碎、炒制，专门销往边疆少数民族地区的紧压茶。

（2）适用企业仅为边销茶的生产企业或经销企业，生产企业仅指列名企业。

· 政策依据 ·

（1）《财政部 税务总局关于继续执行边销茶增值税政策的公告》（财政部 税务总局公告2021年第4号）。

（2）《财政部 税务总局关于延续实施边销茶增值税政策的公告》（财政部 税务总局公告2023年第59号）。

（二）支持少数民族地区发展税收优惠

1. 民族自治地方企业减征或者免征属于地方分享的企业所得税

· 享受主体 ·

民族自治地方企业。

· 优惠内容 ·

民族自治地方的自治机关对本民族自治地方的企业应缴纳的企业所得税中属于地方分享的部分，可以决定减征或者免征。

· 享受条件 ·

（1）自治州、自治县决定减征或者免征的，须报省、自治区、直辖市人民政府批准。

(2) 对民族自治地方内国家限制和禁止行业的企业，不得减征或者免征企业所得税。

·政策依据·

（1）《中华人民共和国企业所得税法》第二十九条。
（2）《中华人民共和国企业所得税法实施条例》第九十四条。

2. 新疆困难地区新办鼓励发展产业企业所得税优惠政策

·享受主体·

新疆困难地区新办属于《新疆困难地区重点鼓励发展产业企业所得税优惠目录》范围内的企业。

·优惠内容·

（1）自 2021 年 1 月 1 日至 2030 年 12 月 31 日，对在新疆困难地区新办的属于《新疆困难地区重点鼓励发展产业企业所得税优惠目录》（以下简称《目录》）范围内的企业，自取得第一笔生产经营收入所属纳税年度起，第一年至第二年免征企业所得税，第三年至第五年减半征收企业所得税。
（2）享受企业所得税定期减免税政策的企业，在减半期内，按照企业所得税 25% 的法定税率计算的应纳税额减半征税。

·享受条件·

（1）新疆困难地区包括南疆三地州、其他脱贫县（原国家扶贫开发重点县）和边境县市。
（2）属于《目录》范围内的企业是指以《目录》中规定的产业项目为主营业务，其主营业务收入占企业收入总额 60% 以上的企业。
（3）第一笔生产经营收入是指产业项目已建成并投入运营后所取得的第一笔收入。
（4）属于《新疆困难地区重点鼓励发展产业企业所得税优惠目录（试行）（2016 版）》（以下简称《2016 版目录》）范围内的企业，2020 年 12 月 31 日前已经进入优惠期的，可按《财政部　国家税务总局关于新疆困难地区新办企业所得税优惠政策的通知》（财税〔2011〕53 号）规定享受至优惠期满为止，如属于《目录》与《2016 版目录》相同产业项目范围，可在剩余期限内按照财税〔2021〕27 号文件规定享受至优惠期满为止；未进入优惠期的，不再享受财税〔2011〕53 号文件规定的税收优惠，如属于《目录》与《2016 版目录》相同产业项目范围，可视同新办企业按照财税〔2021〕27 号文件规定享受相关税收优惠。

·政策依据·

（1）《财政部　国家税务总局关于新疆困难地区新办企业所得税优惠政策的通知》

（财税〔2011〕53号）。

（2）《财政部　国家税务总局　国家发展改革委　工业和信息化部关于完善新疆困难地区重点鼓励发展产业企业所得税优惠目录的通知》（财税〔2016〕85号）。

（3）《财政部　税务总局关于新疆困难地区及喀什、霍尔果斯两个特殊经济开发区新办企业所得税优惠政策的通知》（财税〔2021〕27号）。

（4）《财政部　税务总局　发展改革委　工业和信息化部关于印发新疆困难地区重点鼓励发展产业企业所得税优惠目录的通知》（财税〔2021〕42号）。

3. 新疆喀什、霍尔果斯两个特殊经济开发区企业所得税优惠政策

·享受主体·

新疆喀什、霍尔果斯两个特殊经济开发区内新办属于《新疆困难地区重点鼓励发展产业企业所得税优惠目录》（以下简称《目录》）范围内的企业。

·优惠内容·

自2021年1月1日至2030年12月31日，对在新疆喀什、霍尔果斯两个特殊经济开发区内新办的属于《目录》范围内的企业，自取得第一笔生产经营收入所属纳税年度起，五年内免征企业所得税。

·享受条件·

（1）第一笔生产经营收入是指产业项目已建成并投入运营后所取得的第一笔收入。

（2）属于《目录》范围内的企业是指以《目录》中规定的产业项目为主营业务，其主营业务收入占企业收入总额60%以上的企业。

（3）属于《新疆困难地区重点鼓励发展产业企业所得税优惠目录（试行）（2016版）》（以下简称《2016版目录》）范围内的企业，2020年12月31日前已经进入优惠期的，可按《财政部　国家税务总局关于新疆喀什霍尔果斯两个特殊经济开发区企业所得税优惠政策的通知》（财税〔2011〕112号）规定享受至优惠期满为止，如属于《目录》与《2016版目录》相同产业项目范围，可在剩余期限内按照财税〔2021〕27号文件规定享受至优惠期满为止；未进入优惠期的，不再享受财税〔2011〕112号文件规定的税收优惠，如属于《目录》与《2016版目录》相同产业项目范围，可视同新办企业按照财税〔2021〕27号文件规定享受相关税收优惠。

·政策依据·

（1）《财政部　国家税务总局关于新疆喀什霍尔果斯两个特殊经济开发区企业所得税优惠政策的通知》（财税〔2011〕112号）。

（2）《财政部　国家税务总局　国家发展改革委　工业和信息化部关于完善新疆

困难地区重点鼓励发展产业企业所得税优惠目录的通知》（财税〔2016〕85号）。

（3）《财政部 税务总局关于新疆困难地区及喀什、霍尔果斯两个特殊经济开发区新办企业所得税优惠政策的通知》（财税〔2021〕27号）。

（4）《财政部 税务总局 发展改革委 工业和信息化部关于印发新疆困难地区重点鼓励发展产业企业所得税优惠目录的通知》（财税〔2021〕42号）。

4.青藏铁路公司及其所属单位营业账簿免征印花税

· 享受主体 ·

青藏铁路公司及其所属单位。

· 优惠内容 ·

对青藏铁路公司及其所属单位营业账簿免征印花税。

· 享受条件 ·

青藏铁路公司及其所属单位免征印花税，对合同其他各方当事人应缴纳的印花税照章征收。

· 政策依据 ·

《财政部 国家税务总局关于青藏铁路公司运营期间有关税收等政策问题的通知》（财税〔2007〕11号）第二条。

5.青藏铁路公司货物运输合同免征印花税

· 享受主体 ·

青藏铁路公司。

· 优惠内容 ·

对青藏铁路公司签订的货物运输合同免征印花税。

· 享受条件 ·

青藏铁路公司签订的货物运输合同免征印花税，对合同其他各方当事人应缴纳的印花税照章征收。

· 政策依据 ·

《财政部 国家税务总局关于青藏铁路公司运营期间有关税收等政策问题的通知》

（财税〔2007〕11号）第二条。

6. 青藏铁路公司及其所属单位自采自用的砂、石等材料免征资源税

·享受主体·

青藏铁路公司及其所属单位。

·优惠内容·

对青藏铁路公司及其所属单位自采自用的砂、石等材料免征资源税。

·享受条件·

对青藏铁路公司及其所属单位自采自用的砂、石等材料免征资源税；对青藏铁路公司及其所属单位自采外销及其他单位和个人开采销售给青藏铁路公司及其所属单位的砂、石等材料照章征收资源税。

·政策依据·

《财政部 国家税务总局关于青藏铁路公司运营期间有关税收等政策问题的通知》（财税〔2007〕11号）第三条。

7. 青藏铁路公司及其所属单位承受土地、房屋权属用于办公及运输免征契税

·享受主体·

青藏铁路公司及其所属单位。

·优惠内容·

对青藏铁路公司及其所属单位承受土地、房屋权属用于办公及运输主业的，免征契税。

·享受条件·

对青藏铁路公司及其所属单位承受土地、房屋权属用于办公及运输主业的，免征契税；对于因其他用途承受的土地、房屋权属，应照章征收契税。

·政策依据·

（1）《财政部 国家税务总局关于青藏铁路公司运营期间有关税收等政策问题的通知》（财税〔2007〕11号）第四条。

（2）《财政部　税务总局关于契税法实施后有关优惠政策衔接问题的公告》（财政部　税务总局公告 2021 年第 29 号）。

8.青藏铁路公司及其所属单位自用的房产免征房产税

·享受主体·

青藏铁路公司及其所属单位。

·优惠内容·

对青藏铁路公司及其所属单位自用的房产免征房产税。

·享受条件·

对青藏铁路公司及其所属单位自用的房产免征房产税；对非自用的房产照章征收房产税。

·政策依据·

《财政部　国家税务总局关于青藏铁路公司运营期间有关税收等政策问题的通知》（财税〔2007〕11 号）第五条。

9.青藏铁路公司及其所属单位自用的土地免征城镇土地使用税

·享受主体·

青藏铁路公司及其所属单位。

·优惠内容·

对青藏铁路公司及其所属单位自用的土地免征城镇土地使用税。

·享受条件·

对青藏铁路公司及其所属单位自用的土地免征城镇土地使用税；对非自用的土地照章征收城镇土地使用税。

·政策依据·

《财政部　国家税务总局关于青藏铁路公司运营期间有关税收等政策问题的通知》（财税〔2007〕11 号）第五条。

（三）易地扶贫搬迁税收优惠政策

1. 易地扶贫搬迁贫困人口有关收入免征个人所得税

· 享受主体 ·

易地扶贫搬迁贫困人口。

· 优惠内容 ·

2025 年 12 月 31 日前，对易地扶贫搬迁贫困人口按规定取得的住房建设补助资金、拆旧复垦奖励资金等与易地扶贫搬迁相关的货币化补偿和易地扶贫搬迁安置住房，免征个人所得税。

· 享受条件 ·

易地扶贫搬迁项目、易地扶贫搬迁贫困人口、相关安置住房等信息由易地扶贫搬迁工作主管部门确定。

· 政策依据 ·

（1）《财政部　国家税务总局关于易地扶贫搬迁税收优惠政策的通知》（财税〔2018〕135 号）第一条第（一）项。

（2）《财政部　税务总局关于延长部分税收优惠政策执行期限的公告》（财政部　税务总局公告 2021 年第 6 号）第三条。

2. 易地扶贫搬迁贫困人口取得安置住房免征契税

· 享受主体 ·

易地扶贫搬迁贫困人口。

· 优惠内容 ·

2018 年 1 月 1 日至 2025 年 12 月 31 日，对易地扶贫搬迁贫困人口按规定取得的安置住房，免征契税。

· 享受条件 ·

易地扶贫搬迁项目、易地扶贫搬迁贫困人口、相关安置住房等信息由易地扶贫搬迁工作主管部门确定。

· 政策依据 ·

（1）《财政部　国家税务总局关于易地扶贫搬迁税收优惠政策的通知》（财税

〔2018〕135 号）第一条第（二）项。

（2）《财政部　税务总局关于延长部分税收优惠政策执行期限的公告》（财政部　税务总局公告 2021 年第 6 号）第三条。

（3）《财政部　税务总局关于契税法实施后有关优惠政策衔接问题的公告》（财政部　税务总局公告 2021 年第 29 号）。

3. 易地扶贫搬迁项目实施主体取得建设土地免征契税、印花税

· 享受主体 ·

易地扶贫搬迁项目实施主体。

· 优惠内容 ·

2025 年 12 月 31 日前，对易地扶贫搬迁项目实施主体（以下简称项目实施主体）取得用于建设安置住房的土地，免征契税、印花税。

· 享受条件 ·

（1）易地扶贫搬迁项目、项目实施主体、易地扶贫搬迁贫困人口、相关安置住房等信息由易地扶贫搬迁工作主管部门确定。

（2）在商品住房等开发项目中配套建设安置住房的，按安置住房建筑面积占总建筑面积的比例，计算应予免征的安置住房用地相关的契税，以及项目实施主体相关的印花税。

· 政策依据 ·

（1）《财政部　国家税务总局关于易地扶贫搬迁税收优惠政策的通知》（财税〔2018〕135 号）第二条第（一）项。

（2）《财政部　税务总局关于延长部分税收优惠政策执行期限的公告》（财政部　税务总局公告 2021 年第 6 号）第三条。

（3）《财政部　税务总局关于契税法实施后有关优惠政策衔接问题的公告》（财政部　税务总局公告 2021 年第 29 号）。

4. 易地扶贫搬迁项目实施主体、项目单位免征印花税

· 享受主体 ·

易地扶贫搬迁项目实施主体（以下简称项目实施主体）、项目单位。

· 优惠内容 ·

2025 年 12 月 31 日前，对安置住房建设和分配过程中应由项目实施主体、项目单位缴纳的印花税，予以免征。

·享受条件·

（1）易地扶贫搬迁项目、项目实施主体、易地扶贫搬迁贫困人口、相关安置住房等信息由易地扶贫搬迁工作主管部门确定。

（2）在商品住房等开发项目中配套建设安置住房的，按安置住房建筑面积占总建筑面积的比例，计算应予免征的项目实施主体、项目单位相关的印花税。

·政策依据·

（1）《财政部 国家税务总局关于易地扶贫搬迁税收优惠政策的通知》（财税〔2018〕135号）第二条第（二）项。

（2）《财政部 税务总局关于延长部分税收优惠政策执行期限的公告》（财政部 税务总局公告2021年第6号）第三条。

5. 易地扶贫搬迁安置住房用地免征城镇土地使用税

·享受主体·

易地扶贫搬迁项目实施主体（以下简称项目实施主体）、项目单位。

·优惠内容·

2025年12月31日前，对易地扶贫搬迁安置住房用地，免征城镇土地使用税。

·享受条件·

（1）易地扶贫搬迁项目、项目实施主体、易地扶贫搬迁贫困人口、相关安置住房等信息由易地扶贫搬迁工作主管部门确定。

（2）在商品住房等开发项目中配套建设安置住房的，按安置住房建筑面积占总建筑面积的比例，计算应予免征的安置住房用地相关的城镇土地使用税。

·政策依据·

（1）《财政部 国家税务总局关于易地扶贫搬迁税收优惠政策的通知》（财税〔2018〕135号）第二条第（三）项。

（2）《财政部 税务总局关于延长部分税收优惠政策执行期限的公告》（财政部 税务总局公告2021年第6号）第三条。

第十三章 主要税收优惠政策指引

6.易地扶贫搬迁项目实施主体购置安置房源免征契税、印花税

・享受主体・

易地扶贫搬迁项目实施主体（以下简称项目实施主体）。

・优惠内容・

2025年12月31日前，对项目实施主体购买商品住房或者回购保障性住房作为安置住房房源的，免征契税、印花税。

・享受条件・

易地扶贫搬迁项目、项目实施主体、易地扶贫搬迁贫困人口、相关安置住房等信息由易地扶贫搬迁工作主管部门确定。

・政策依据・

（1）《财政部 国家税务总局关于易地扶贫搬迁税收优惠政策的通知》（财税〔2018〕135号）第二条第（五）项。

（2）《财政部 税务总局关于延长部分税收优惠政策执行期限的公告》（财政部 税务总局公告2021年第6号）第三条。

（3）《财政部 税务总局关于契税法实施后有关优惠政策衔接问题的公告》（财政部 税务总局公告2021年第29号）。

六、鼓励社会力量加大乡村振兴捐赠

1.企业符合条件的扶贫捐赠所得税税前据实扣除

・享受主体・

进行扶贫捐赠的企业。

・优惠内容・

（1）自2019年1月1日至2025年12月31日，企业通过公益性社会组织或者县级（含县级）以上人民政府及其组成部门和直属机构，用于目标脱贫地区的扶贫捐赠支出，准予在计算企业所得税应纳税所得额时据实扣除。在政策执行期限内，目标脱贫地区实现脱贫的，可继续适用上述政策。

（2）企业同时发生扶贫捐赠支出和其他公益性捐赠支出，在计算公益性捐赠支出年度扣除限额时，符合上述条件的扶贫捐赠支出不计算在内。

（3）企业在 2015 年 1 月 1 日至 2018 年 12 月 31 日期间已发生的符合上述条件的扶贫捐赠支出，尚未在计算企业所得税应纳税所得额时扣除的部分，可执行上述企业所得税政策。

·享受条件·

"目标脱贫地区"是指 832 个国家扶贫开发工作重点县、集中连片特困地区县（新疆阿克苏地区 6 县 1 市享受片区政策）和建档立卡贫困村。

·政策依据·

（1）《财政部　税务总局　国务院扶贫办关于企业扶贫捐赠所得税税前扣除政策的公告》（财政部　税务总局　国务院扶贫办公告 2019 年第 49 号）。

（2）《财政部　税务总局　人力资源社会保障部　国家乡村振兴局关于延长部分扶贫税收优惠政策执行期限的公告》（财政部　税务总局　人力资源社会保障部　国家乡村振兴局公告 2021 年第 18 号）。

2. 符合条件的扶贫货物捐赠免征增值税

·享受主体·

进行扶贫货物捐赠的纳税人。

·优惠内容·

（1）自 2019 年 1 月 1 日至 2025 年 12 月 31 日，对单位或者个体工商户将自产、委托加工或购买的货物通过公益性社会组织、县级及以上人民政府及其组成部门和直属机构，或直接无偿捐赠给目标脱贫地区的单位和个人，免征增值税。在政策执行期限内，目标脱贫地区实现脱贫的，可继续适用上述政策。

（2）在 2015 年 1 月 1 日至 2018 年 12 月 31 日期间已发生的符合上述条件的扶贫货物捐赠，可追溯执行上述增值税政策。

·享受条件·

"目标脱贫地区"是指 832 个国家扶贫开发工作重点县、集中连片特困地区县（新疆阿克苏地区 6 县 1 市享受片区政策）和建档立卡贫困村。

·政策依据·

（1）《财政部　税务总局　国务院扶贫办关于扶贫货物捐赠免征增值税政策的公告》（财政部　税务总局　国务院扶贫办公告 2019 年第 55 号）。

（2）《财政部 税务总局 人力资源社会保障部 国家乡村振兴局关于延长部分扶贫税收优惠政策执行期限的公告》（财政部 税务总局 人力资源社会保障部 国家乡村振兴局公告 2021 年第 18 号）。

3. 个人通过公益性社会组织或国家机关的公益慈善事业捐赠个人所得税税前扣除

· 享受主体 ·

通过中国境内公益性社会组织、县级以上人民政府及其部门等国家机关向教育、扶贫、济困等公益慈善事业捐赠的个人。

· 优惠内容 ·

个人将其所得对教育、扶贫、济困等公益慈善事业进行捐赠，捐赠额未超过纳税人申报的应纳税所得额 30% 的部分，可以从其应纳税所得额中扣除；国务院规定对公益慈善事业捐赠实行全额税前扣除的，从其规定。

· 享受条件 ·

（1）个人通过中华人民共和国境内的公益性社会组织、县级以上人民政府及其部门等国家机关向教育、扶贫、济困等公益慈善事业进行捐赠。

（2）捐赠额未超过纳税义务人申报的应纳税所得额 30% 的部分，可以从其应纳税所得额中扣除。

（3）境内公益性社会组织，包括依法设立或登记并按规定条件和程序取得公益性捐赠税前扣除资格的慈善组织、其他社会组织和群众团体。

（4）个人发生的公益捐赠支出金额，按照以下规定确定：①捐赠货币性资产的，按照实际捐赠金额确定；②捐赠股权、房产的，按照个人持有股权、房产的财产原值确定；③捐赠除股权、房产以外的其他非货币性资产的，按照非货币性资产的市场价格确定。

（5）居民个人按照以下规定扣除公益捐赠支出：①居民个人发生的公益捐赠支出可以在财产租赁所得、财产转让所得、利息股息红利所得、偶然所得（以下统称分类所得）、综合所得或者经营所得中扣除。在当期一个所得项目扣除不完的公益捐赠支出，可以按规定在其他所得项目中继续扣除。②居民个人发生的公益捐赠支出，在综合所得、经营所得中扣除的，扣除限额分别为当年综合所得、当年经营所得应纳税所得额的 30%；在分类所得中扣除的，扣除限额为当月分类所得应纳税所得额的 30%。③居民个人根据各项所得的收入、公益捐赠支出、适用税率等情况，自行决定在综合所得、分类所得、经营所得中扣除的公益捐赠支出的顺序。

（6）非居民个人发生的公益捐赠支出，未超过其在公益捐赠支出发生的当月应纳税所得额 30% 的部分，可以从其应纳税所得额中扣除。扣除不完的公益捐赠支出，可以在经营所得中继续扣除。

（7）国务院规定对公益捐赠全额税前扣除的，按照规定执行。个人同时发生按 30% 扣除和全额扣除的公益捐赠支出，自行选择扣除次序。

• 政策依据 •

（1）《中华人民共和国个人所得税法》第六条第三款。

（2）《中华人民共和国个人所得税法实施条例》第十九条。

（3）《财政部 税务总局关于公益慈善事业捐赠个人所得税政策的公告》（财政部 税务总局公告 2019 年第 99 号）。

4. 境外捐赠人捐赠慈善物资免征进口环节增值税

• 享受主体 •

接受境外捐赠的受赠人。

• 优惠内容 •

（1）境外捐赠人无偿向受赠人捐赠的直接用于慈善事业的物资，免征进口环节增值税。

（2）国际和外国医疗机构在我国从事慈善和人道医疗救助活动，供免费使用的医疗药品和器械及在治疗过程中使用的消耗性的医用卫生材料比照前款执行。

• 享受条件 •

（1）慈善事业是指非营利的慈善救助等社会慈善和福利事业，包括以捐赠财产方式自愿开展的下列慈善活动：①扶贫济困，扶助老幼病残等困难群体；②促进教育、科学、文化、卫生、体育等事业的发展；③防治污染和其他公害，保护和改善环境；④符合社会公共利益的其他慈善活动。

（2）境外捐赠人是指中华人民共和国境外的自然人、法人或者其他组织。

（3）受赠人是指：①国务院有关部门和各省、自治区、直辖市人民政府；②中国红十字会总会、中华全国妇女联合会、中国残疾人联合会、中华慈善总会、中国初级卫生保健基金会、中国宋庆龄基金会和中国癌症基金会；③经民政部或省级民政部门登记注册且被评定为 5A 级的以人道救助和发展慈善事业为宗旨的社会团体或基金会。民政部或省级民政部门负责出具证明有关社会团体或基金会符合本办法规定的受赠人条件的文件。

（4）用于慈善事业的物资是指：①衣服、被褥、鞋帽、帐篷、手套、睡袋、毛毯及其他生活必需用品等。②食品类及饮用水（调味品、水产品、水果、饮料、烟酒等除外）。③医疗类包括医疗药品、医疗器械、医疗书籍和资料。其中，对于医疗药品及医疗器械捐赠进口,按照相关部门有关规定执行。④直接用于公共图书馆、公共博物馆、各类职业学校、高中、初中、小学、幼儿园教育的教学仪器、教材、图书、资料和一般学习用品。其中,教学仪器是指专用于教学的检验、观察、计量、演示用的仪器和器具;一般学习用品是指用于各类职业学校、高中、初中、小学、幼儿园教学和学生专用的文具、教具、体育用品、婴幼儿玩具、标本、模型、切片、各类学习软件、实验室用器皿和试剂、学生校服(含鞋帽)和书包等。⑤直接用于环境保护的专用仪器,包括环保系统专用的空气质量与污染源废气监测仪器及治理设备、环境水质与污水监测仪器及治理设备、环境污染事故应急监测仪器、固体废物监测仪器及处置设备、辐射防护与电磁辐射监测仪器及设备、生态保护监测仪器及设备、噪声及振动监测仪器和实验室通用分析仪器及设备。⑥经国务院批准的其他直接用于慈善事业的物资。上述物资不包括国家明令停止减免进口税收的特定商品以及汽车、生产性设备、生产性原材料及半成品等。捐赠物资应为未经使用的物品(其中,食品类及饮用水、医疗药品应在保质期内),在捐赠物资内不得夹带危害环境、公共卫生和社会道德及进行政治渗透等违禁物品。

(5)进口捐赠物资,由受赠人向海关申请办理减免税手续,海关按规定进行审核确认。经审核同意免税进口的捐赠物资,由海关按规定进行监管。

(6)进口的捐赠物资按国家规定属于配额、特定登记和进口许可证管理的商品的,受赠人应当向有关部门申请配额、登记证明和进口许可证,海关凭证验放。

(7)经审核同意免税进口的捐赠物资,依照《公益事业捐赠法》第三章有关条款进行使用和管理。

(8)免税进口的捐赠物资,未经海关审核同意,不得擅自转让、抵押、质押、移作他用或者进行其他处置。如有违反,按国家有关法律、法规和海关相关管理规定处理。

• 政策依据 •

《财政部 海关总署 国家税务总局关于公布〈慈善捐赠物资免征进口税收暂行办法〉的公告》(财政部 海关总署 国家税务总局公告2015年第102号)。